Michael Demuth

Investmentgeheimnisse: Fonds

Wie Investmentfonds funktionieren

Welche unterschiedlichen Fondsarten es gibt

Wie Sie bei Kapitalanlagen mit
Investmentfonds die besten Renditen erzielen

Michael Demuth

Investmentgeheimnisse: Fonds

Wie Investmentfonds funktionieren

Welche unterschiedlichen Fondsarten es gibt

Wie Sie bei Kapitalanlagen mit
Investmentfonds die besten Renditen erzielen

mowe

Die Deutsche Bibliothek - CIP Einheitsaufnahme

Demuth, Michael:
Investmentgeheimnisse: Fonds : wie Investmentfonds funktionieren ; welche unterschiedlichen Fondsarten es gibt ; wie Sie bei Kapitalanlagen mit Investmentfonds die besten Renditen erzielen / Michael Demuth. - 1. Aufl. - Idstein : Möwe-Verl.,1993
ISBN 3-925127-54-2

Satz: Möwe Verlag GmbH; Peter Jäger

Druck: Druckhaus Thamhayn GmbH, Gräfenhainichen

Cover: Gabor Pécze Design, Frankfurt

Redaktionelle Mitarbeit: Dipl. Kfm Olaf Thiel, Dipl. Kfm Henrik Bustorf, Dorothe Holz, Josette Chiquet, Peter P. Talkenberger

Autor und Verlag bedanken sich bei allen Personen, die durch sachdienliche Hinweise, Recherchen und Ratschläge an der Entstehung dieses Buches mitgewirkt haben.

WICHTIGER HINWEIS

Die Angaben in diesem Buch beruhen auf sorgfältigen Recherchen des Autors und des redaktionellen Teams. Es gilt jedoch zu beachten, daß diese Angaben Änderungen unterliegen und daß dem Autor und der Redaktion die Prüfung aller Details nicht immer möglich ist. Verlag und Autor können daher keine Haftung für Vollständigkeit und Richtigkeit der Angaben in diesem Buch übernehmen. Bei steuerlichen Fragen ist ein Steuerberater hinzuzuziehen. Für Aussagen der in diesem Buch interviewten Fachleute können Autor und Verlag keine Haftung übernehmen. Für Verbesserungsvorschläge und Hinweise auf Fehler sind Verlag und Autor dankbar.

Möwe Verlag GmbH, 65510 Idstein, In der Ritzbach 13

Telefon: 06126 / 51038

Telefax: 06126 / 1325

ISBN 3-925 127-54-2

Inhalt

VIII. ANHANG

I. KLEINER EINSATZ, GROSSES SPIEL – DER FONDSGEDANKE

Geld im rechten Augenblick
haben, das allein ist Geld.

Detlev von Liliencron

1. Warum lesen Sie dieses Buch?

Man redet über sie! Nein, nicht über Sie, sondern über Fonds. Sie haben auch schon davon gehört? Investmentfonds sind im Gespräch. Und jeder hat was zu sagen. Die Optimisten prophezeien „...das Jahrzehnt der Fonds“, mit „eingebautem Fallschirm gegen Börsencrash“. Die Fondsgegner warnen vor „...legaler Geldvernichtung“ und vor „...Fonds auf der Verliererstraße“.

Investmentfonds in Katalogen, Fondsboutiquen in den Einkaufszentren Ihrer Stadt oder gar Fondskauf am Automaten? Legen Sie das Buch nicht gleich aus der Hand ... darum geht es hier nicht in erster Linie; hier werden keine Utopien behandelt, sondern Fakten, die Ihnen bei der Geldanlage mit Investmentfonds helfen werden. Und genau darum — eben weil wir keinen Science-Fiction-Roman schreiben wollten — paßt auch der erste Satz in dieses Buch.

Zugegeben: Noch können Sie keine Fonds am Automaten kaufen, aber eine Fondsboutique existiert bereits (in Berlin) und auch der Vertrieb über Kataloge liegt schon in den Schreibtischen einiger Investmentgesellschaften. In den beliebten „in-“ und „out-“Kolumnen der Illustrierten gehören Fonds auf jeden Fall auf die „in“-Seite.

Der Investmentfonds-Branche wird von Experten und solchen, die es gerne wären, ein Jahrzehnt des Booms vorhergesagt. Und wenn es denn boomt, dann wollen Sie doch bestimmt auch ein Wörtchen mitreden, oder? Und deshalb lesen Sie dieses Buch?

Völlig richtig! Sie werden auf den folgenden Seiten viel über die Vielfalt der Fondswelt erfahren und hoffentlich für sich auch einige brauchbare Strategien finden, denn natürlich sollen Sie nicht nur mitreden können, sondern hoffentlich auch mitkassieren. Werfen wir zunächst einen kritischen Blick in den Markt.

2. Die Marktentwicklung

Ein Blick in die Wirtschaftsseiten der Tageszeitung genügt, um festzustellen, daß Fonds „en vogue" sind. Das Angebot wird immer vielfältiger, für potentielle Anleger damit aber immer schwerer überschaubar. Ohne den Leser mit Zahlen langweilen zu wollen, seien an dieser Stelle doch einige wichtige Daten genannt, die die rasante Entwicklung des Investmentsparens verdeutlichen.

Das Vermögen der öffentlich angebotenen deutschen Investmentfonds stieg von 2 Millionen DM im Gründungsjahr 1950 über 10 Milliarden (!) DM in 1969 auf über 30,4 Milliarden DM im Jahre 1979. Aber es kommt noch besser: Ende 1992 belief sich das Fondsvermögen auf sage und schreibe mehr als 305 Milliarden DM.

Das ist schon eine atemberaubende Entwicklung und noch ist kein Ende in Sicht. Daher sollten Investmentfonds in jedem Anlagegespräch mit Ihrem Anlageberater eine Rolle spielen.

Die steigende Bedeutung der Investmentbranche zeigt sich auch an dem zunehmenden Anteil der Investmentanlage am Geldvermögen der privaten Haushalte, der im Laufe der achtziger Jahre von 2,6 Prozent auf deutlich über 4 Prozent angestiegen ist. Im internationalen Vergleich wirkt dieser Anteil am Geldvermögen allerdings geradezu armselig. Lag das Investmentvermögen pro Kopf der Bevölkerung per Ende 1992 in Deutschland bei ca. 1.757,- DM, lag das Vermögen in den USA bei 10.327,- DM, in Frankreich sogar bei 12.863,- DM und selbst in Österreich lag es mit 3.160,- DM pro Kopf höher als hierzulande.

Nach Angaben des Bundesverbandes Deutscher Investmentgesellschaften (BVI), verwalteten per Ende 1992 die *Publikumsfonds* — also alle der Öffentlichkeit zugänglichen Fonds — der in diesem Bundesverband zusammengeschlossenen Gesellschaften knapp 140 Milliarden DM. Derzeit sind mehr als 350 vorwiegend nach deutschem Recht zugelassene Publikumsfonds im Angebot.

Rund 21,6 Milliarden DM investieren Deutschlands Sparer allein in den letzten zwei Jahren in Publikumsfonds. Zu diesem Volumen müssen noch die *Spezialfonds*, die nur Gelder von *institutionellen Anlegern* — das sind beispielsweise Versicherungsgesellschaften oder Pensionskassen — verwalten, mit einem Fondsvolumen von ebenfalls nahezu 140 Milliarden DM hinzugerechnet werden.

International ist der Anstieg und das verwaltete Volumen weitaus höher.

Rosige Zeiten also für die Kapitalanlagegesellschaften. Ein weiter wachsendes Pro-Kopf-Vermögen der deutschen Bevölkerung und die Abwendung vom renditeschwachen Sparbuch werden wohl auch in der Zukunft für kräftige Mittelzuflüsse sorgen.

Abb. : Entwicklung der Fondsbranche von 1950-1992

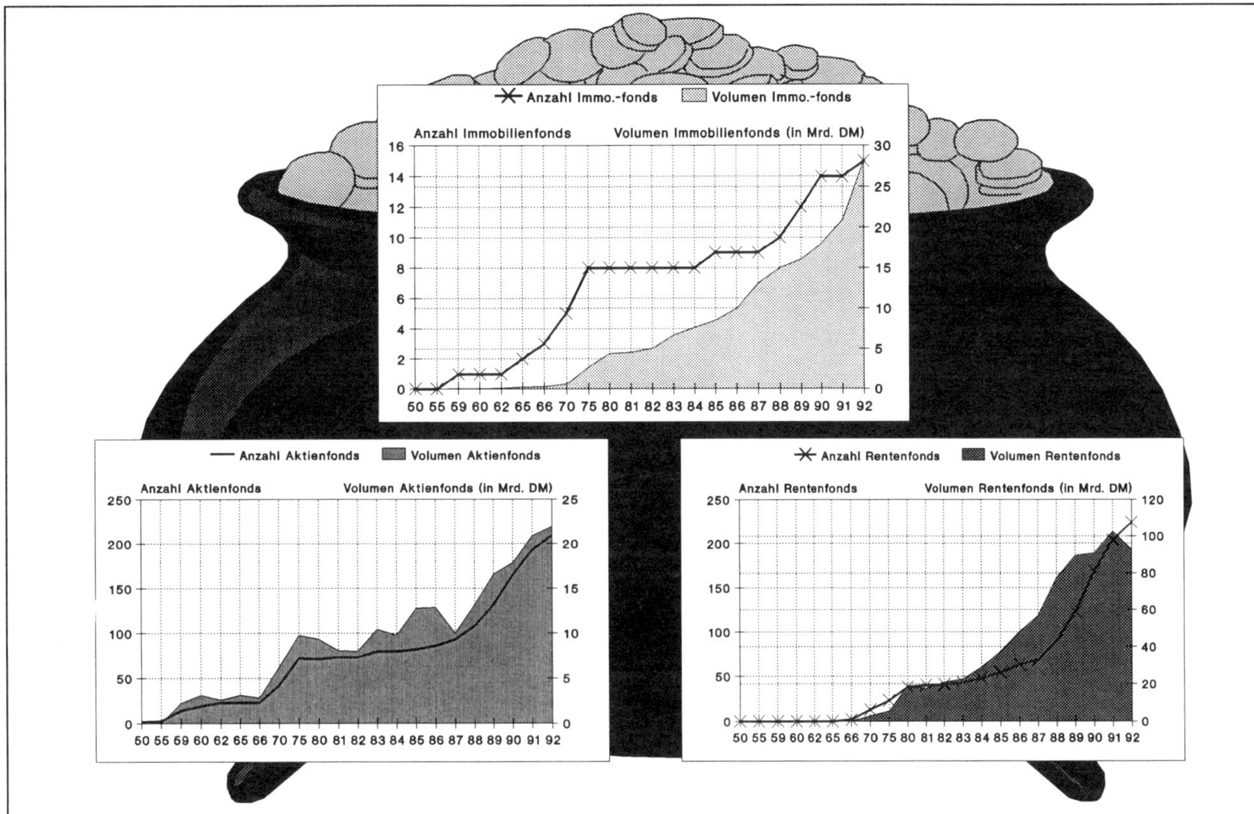

Quelle: Eigene Erstellung nach Daten Deutsche Bundesbank, BVI.

Abb. : Vermögen der deutschen Wertpapierfonds

	Mio DM
A Rentenwerte (Inland)	122.823
B Aktien (Inland)	47.173
C Rentenwerte (Ausland)	68.552
D Aktien (Ausland)	13.993
E Barreserve, Forderungen und sonstige Vermögen	26.346
Fondsvermögen insgesamt	278.887

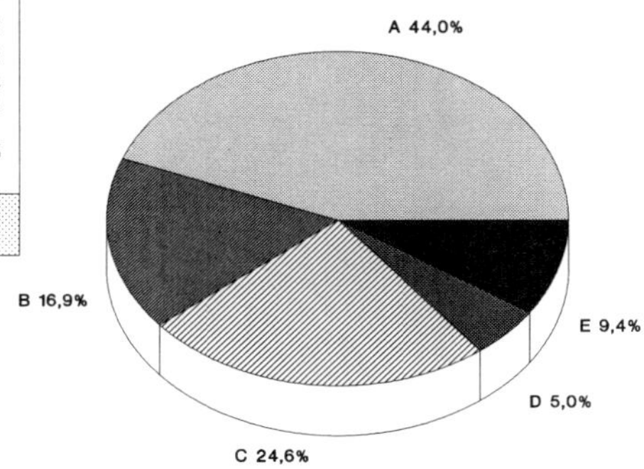

Anmerkung: Die Übersicht weist die absoluten und prozentualen Anteile verschiedener Vermögensarten am gesamten Fondsvermögen aller deutschen Wertpapierfonds (Publikumsfonds und Spezialfonds) am 31.12.1992

Quelle: Eigene Erstellung nach Daten Deutsche Bundesbank.

Denn wer möchte sich im Alter nicht sicher sein, seinen Lebensstandard trotz unzureichender gesetzlicher Renten halten zu können. Auszahlpläne sind hier das Zauberwort — ein flexibles und renditestarkes Instrument der Investmentsparszene.

Und Wertpapiere werden bei Anlegern immer populärer, aber in ihrer Anschaffung auch immer teurer. Fonds sind da ein wirksames Mittel zur Reduzierung der Bankgebühren. Risikostreuung in kleinen *Depots* oder Wertpapieranlagen läßt sich mit Fonds kostengünstiger erreichen als der Weg über eine direkte Streuung auf einzelne Werte. Und der Verwaltungsaufwand bleibt zudem gering.

Bevor wir in die Details einsteigen und das Wesen und die Funktionsweise von Fonds erläutern, sei die Frage beantwortet: Wie sind Fonds überhaupt entstanden?

3. Kleiner historischer Exkurs

Die Idee des Investmentsparens entstand in England und Schottland bereits Mitte des vorigen Jahrhunderts. Im Laufe der zweiten Hälfte des letzten Jahrhunderts und speziell seit der Jahrhundertwende erlebte das Investmentwesen auf der britischen Insel eine lebhafte Expansion. Seit den zwanziger Jahren nach dem Ende des ersten Weltkriegs sind Investmentanlagen auch in den USA und in verschiedenen Ländern des europäischen Festlandes enwickelt worden.

In Deutschland kam es erst nach dem zweiten Weltkrieg zur Gründung erster Investmentgesellschaften. Hierfür wird neben der politischen Unrast der ersten Jahrhunderthälfte vor allem der Umstand verantwortlich gemacht, daß der rechtzeitige Aufbau eines Sozialversicherungswesens den Blick für Eigeninitiative bei der Altersvorsorge verstellt hat.

In Deutschland hatte die Einführung und Förderung des Investmentsgeschäfts nach dem Kriege dann auch einen sozialpolitischen Hintergrund: Nur ein sehr geringer Teil der Bevölkerung vefügte über Anteile am Produktivvermögen. Die Auflage von Aktienfonds, die — kleingestückelt und risikogestreut — breiten Bevölkerungsschichten den adäquaten Einstieg in Risikokapital ermöglichen sollten, schien das geeignete Konzept zur Überwindung dieser Problematik. Es lag daher im politischen Sinne, eine das Investmentwesen begünstigende gesetzliche, vor allen Dingen eine steuerliche Regelung zu schaffen, um die Voraussetzungen für einen erfolgreichen Start der Investmentbranche zu gewährleisten.

1949 riefen einige Banken die „Allgemeine Deutsche Investmentgesellschaft" (ADIG) ins Leben. 1956 gründeten andere Bankengruppen dann weitere Investment- bzw. Kapitalanlagegesellschaften.

Heute existieren mehr als 60 Investmentgesellschaften, von denen 53 Gesellschaften im *Bundesverband Deutscher Investmentgesellschaften*, kurz *BVI,* organisiert sind. Der BVI als Bundesverband vertritt die Interessen der deutschen Investmentgesellschaften in der Öffentlichkeit, betreut und unterrichtet seine Mitglieder und vertritt sie gegenüber dem Bundesaufsichtsamt für das Kreditwesen (BAK). Die Mitgliedschaft im BVI ist zwar freiwillig, gilt aber als obligatorisch. Jede größere Kapitalanlagegesellschaft gehört diesem Verband an. Vergleichbar mit diesem nationalen Verband ist die *Vereinigung ausländischer Investment-Gesellschaften e.V.* mit Sitz in Hamburg, die die Interessen der nach ausländischem Recht zugelassenen Investmentfonds vertritt.

Wie sahen und sehen die gesetzlichen Grundlagen aus? Die folgende Aufstellung gibt einen kurzen Überblick:

Gesetzliche Grundlagen

Das heutige Investmentwesen in Deutschland wird vor allem durch das im Jahr 1957 erlassene und mittlerweile gründlich reformierte „Gesetz über Kapitalanlagegesellschaften“ (KAGG) geregelt. 1969 kam das „Auslandsinvestmentgesetz“ hinzu. Beide Gesetze beziehen sich auf alle Kapitalanlagegesellschaften, deren *Sondervermögen*[1] in Wertpapieren angelegt werden, und auf solche mit risikogemischten offenen Immobilienfonds.

Die Novellierung (Anpassung) beider Gesetze erfolgte im Rahmen der Umsetzung einer *EG-Investment-Richtlinie vom Dezember 1985 zur Koordinierung des europäischen Investmentrechts.* Ziel der Harmonisierungs-Richtlinie war es,

- im gesamten EG- Bereich die Wettbewerbsbedingungen der Investmentgesellschaften anzugleichen,
- eine weitgehende Angleichung der Vorschriften zum Anlegerschutz in Form eines Mindeststandards zu erreichen, und
- die grenzüberschreitenden Dienstleistungen von Wertpapier-Publikumsfonds[2] zu erleichtern (zum Beispiel den Vertrieb ausländischer Fonds im Inland).

Fixiert wurden insbesondere Mindestregelungen für die Zulassung, die Fonds-Aufsicht, die Struktur und Geschäftstätigkeit sowie die Informationspflichten der Wertpapier-Publikumsfonds. Spezialfonds, reine Immobilienfonds[3] (Grundstücksfonds) und Geldmarktfonds[4] sind nicht Gegenstand dieser Richtlinie.

☞

1 Mit Sondervermögen bezeichnet man das gesamte von Anlegern in einen Fonds eingebrachte Vermögen.

2 Publikumsfonds sind alle der Öffentlichkeit zugängliche Fonds, im Gegensatz zu Spezialfonds, die nur institutionellen Anlegern zur Verfügung stehen.

3 Immobilienfonds legen das eingebrachte Geld vornehmlich in Grund und Bodenbesitz an. Mehr darüber siehe Kapitel II/8.

4 Unter Geldmarktfonds versteht man Fonds, die das Geld in Geldmarktgeschäfte (beispielsweise Bankeinlagen, Schatzbriefe, variabel verzinsliche Wertpapiere etc.) investieren. Sie sind zur Zeit in Deutschland noch nicht zugelassen (vgl. Kapitel II/6).

Gemäß der Richtlinie verpflichteten sich die jeweiligen Mitgliedstaaten, diese bis zum 1. Oktober 1989 in nationales Recht umzusetzen. In Deutschland ist das Gesetz über Kapitalanlagegesellschaften in seiner neuesten Fassung am 1. Juli 1990 in Kraft getreten. Das *Auslandinvestment-Gesetz* (AuslInvestG) bezüglich des Vertriebs und der Besteuerung der Erträge ausländischer Investmentanteile ist in seiner neuesten Fassung als Bestandteil des *Finanzmarktförderungsgesetzes* am 1. März 1990 in Kraft getreten. So können Fonds seither flexibler und offensiver operieren. Konkret dürfen Fonds sogar an den höchst spekulativen aber attraktiven *Optionsgeschäften* teilnehmen (es sei gestattet, hier ein wenig Fachchinesisch zu plaudern): Erlaubt sind nun auch sogenannte Stillhaltergeschäfte[5] und reine Optionsgeschäfte[6]: Sowohl Long- als auch Short-Positionen[7] dürfen Fonds bilden. Eine wichtige Neuerung, die es Fonds ermöglicht, auch von fallenden Kursen zu profitieren bzw. das Fondsvermögen dagegen abzusichern. Auch die Kombinationen unterschiedlicher Optionsgeschäfte sind erlaubt. Auch Aktienindex- und Zinsterminkontrakte sowie das Investieren in andere Wertpapierfonds sind neuerdings möglicher Bestandteil der Anlagepolitik. Aber speziell in Deutschland wurde mit der Verabschiedung des neuen Gesetzes auch der Anlegerschutz neu und restriktiver gesichert (vgl. Kapitel I/5. **„...mit Sicherheit sicher“**).

5 Stillhaltergeschäfte: ein Begriff aus dem Bereich der Optionsgeschäfte. Optionsgeschäfte beruhen bekanntlich darauf, daß ein Partner das Anrecht erwirbt, eine Ware (oder Aktie, Gold etc.) an oder bis zu einem bestimmten vereinbarten Termin zu einem fest vereinbarten Preis zu kaufen bzw. zu verkaufen. Der Stillhalter ist der Partner, der dabei die passive Rolle spielt.

6 Optionsgeschäft: Ein Wertpapier-Termingeschäft, das in Deutschland seit 1970 wieder zugelassen ist. Es erfolgt in zwei zeitlich voneinander getrennten Abschnitten: 1. dem Erwerb der Option (Recht auf Kauf oder Verkauf von Waren, Aktien etc.), 2. dem Ausüben der Option zum vereinbarten Basispreis. Kaufoptionen werden als Calls, Verkaufoptionen als Puts bezeichnet. Der Reiz besteht darin, durch einen geringen Einsatz (Optionspreis) einen hohen Gewinn zu erzielen, wenn der Marktpreis zum Zeitpunkt der Ausübung der Option stark über dem vereinbarten Kaufpreis liegt (bei Kaufoptionen) oder (bei Verkaufsoptionen) erheblich unter den vereinbarten Verkaufspreis gesunken ist. Tritt der umgekehrte Fall ein, verzichtet der Inhaber der Option auf die Ausübung seines Rechts und verliert die Optionsprämie (meist 10-15 % des Geschäftsvolumens, um das es bei der Option geht).

7 Long- bzw. Shortpositionen: Fachbegriffe aus dem Optionshandel. Sogenannte Longpositionen entstehen durch den Kauf einer Kauf- oder Verkaufsoption; Shortpositionen entstehend durch den Verkauf einer Kauf- oder Verkaufsoption. (Vgl. hierzu: I. Uszczapowski, Optionen und Futures verstehen, München 1991)

4. Das Investmentzertifikat: Anlage mit Komfort

Fahren wir fort in unserer allgemeinen Betrachtung über Investmentfonds. Vielerorts haben Investmentfonds ihr Image als biedere Form der Kapitalanlage mittlerweile abgelegt. Denn die Idee der Investmentanlage, professionelle Vermögensverwaltung in standardisierter Form nicht nur großen Anlegern, sondern auch Anlegergruppen mit kleinem und mittlerem Portemonnaie anzubieten, findet immer mehr Anhänger.

Die Idee der Investmentfonds ist einfach und überzeugend: Ein Investmentfonds sammelt die Gelder viele Anleger ein. Die verwaltende Investmentgesellschaft kauft für das Geld Wertpapiere oder Immobilien und übernimmt ihre laufende Verwaltung. Die einzelnen Anleger erhalten — entsprechend der Höhe ihrer Einzahlung — Anteilscheine des Fonds und erschließen sich damit all jene Vorteile, die sonst nur Großanleger haben — professionelles Depot-Management[8], niedrige Kosten und die Möglichkeit der Risikostreuung.

Das Vermögen (oder das, was mal Vermögen werden soll) wird nach konservativen Grundsätzen der Vermögensverwaltung und Vermögensstreuung professionell verwaltet. Täglich verfolgen *Fondsmanager* — diejenigen Experten also, die sich um den eigentlichen Kauf und Verkauf von Wertpapieren für den Fonds und somit um die Erzielung von Gewinnen aus den Wertpapiergeschäften kümmern — und *Wertpapieranalysten* — das sind, grob gesagt, jene Spezialisten, die einzuschätzen versuchen, mit welchen Wertpapieren gute Gewinne zu erwarten sind bzw. welche wohl besser verkauft werden sollten — was sich auf den Kapitalmärkten bewegt. Entsprechend disponieren sie, kaufen und verkaufen Wertpapiere und schichten das Fondsvermögen um. Der Vorteil ist offensichtlich, oder haben Sie jeden Tag die Zeit (und die Lust), sich um Ihr Vermögen zu kümmern?

Große Beträge und Stückzahlen, die einem Fonds aus dem gemeinsamen „Anlegertopf“ zur Verfügung stehen, senken zudem die Kosten. Als Privatanleger zahlen Sie bei einigen Banken schon mal 50 Mark Mindestgebühr, wenn sie nur eine einzige Aktie kaufen — und beim Verkauf werden abermals Gebühren verlangt. Da bedarf es schon einer kräftigen „Kursphantasie“, um mit kleinen Beträgen noch Gewinne zu machen. Bei den Summen, die ein Fonds bewegt, fallen diese *Transaktionskosten* (Bankgebühren, Maklerprovision) weit weniger ins Gewicht.

Nach wie vor ist jedoch die Risikostreuung der entscheidende Gedanke: Wer Aktien oder festverzinsliche Wertpapiere direkt kauft (Direktanlage), kann mit kleinen Anlagebeträgen naturgemäß nur eine kleine Auswahl von Papieren erwerben. Da können Verluste in einer Position (damit ist das Engagement in eine bestimmte Aktie

8 Unter Depot-Management versteht man die Verwaltung eines Aktien- oder Wertpapierdepots bei einer Bank. Siehe hierzu Kapitel IV.

oder ein Wertpapier, eine Option, Währung etc. gemeint) schnell die Gewinne einer anderen Position vernichten.

Durch die Alternative der Investmentfonds kann dagegen das Kapital auf viele verschiedene Wertpapiere, Laufzeiten, und/oder Währungen verteilt werden. Das Risiko einer zu einseitigen Geldanlage ist dadurch begrenzt. Der Fonds streut sein Vermögen je nach Anlageschwerpunkt in eine Vielzahl von unterschiedlichen Wertpapieren. Hierzu ist er gesetzlich sogar verpflichtet. Fallen beispielsweise bei einem Aktienfonds in einem Wert Kursverluste an, so werden diese Verluste dank der Streuung auf viele Werte durch Gewinne in anderen Papieren abgeschwächt oder sogar kompensiert.

Beobachten Sie einmal die Fondspreise in Ihrer Tageszeitung und Sie werden sehen: Fondspreise zum Beispiel rein deutscher Aktienfonds bewegen sich zwar generell in dieselbe Richtung wie der Aktienmarkt, aber die Preisschwankungen sind relativ zum Aktienmarkt oftmals schwächer. Dieser Sachverhalt wird durch die alte Börsenweisheit: „Lege nicht alle Eier in einen Korb“ anschaulich beschrieben.

Zumindest theoretisch erscheint das Investmentkonzept daher als nahezu ideales Anlageinstrument: Der Käufer erwirbt ein breit gestreutes und trotzdem „pflegeleichtes“ Depot. So muß er sich weder um Zinstermine noch um die Wiederanlage auslaufender Papiere kümmern.

So wie Aktien eine standardisierte Form der Unternehmensbeteiligung und festverzinsliche Anleihen eine standardisierte Form des Darlehns darstellen, sind Investmentfonds die standardisierte Form der professionellen Vermögensanlage durch das Fondsmanagement.

Auch die Übersichtlichkeit bei der Vermögenskontrolle ist ein zugkräftiges Argument: Statt fortlaufend die Entwicklung vieler *Einzeltitel* — also einzelner Aktien, Anleihen, Optionen etc. — zu überwachen, kontrollieren Sie als Anleger „Ihren“ Fonds mit nur einem Blick in die Tageszeitung. Hier finden Sie börsentäglich aktualisierte An- und Verkaufspreise (im Investment-Deutsch: Rücknahme- und Ausgabepreis) des jeweiligen Fonds.

Bei soviel Komfort besteht allerdings die Gefahr, daß die Bequemlichkeit zu weit geht. Richtig ist: Investmentfonds sind keine Selbstläufer, um die man sich nicht zu kümmern braucht! Zwar wird der Anleger nur sehr selten mit dramatischen Verlusten konfrontiert. Doch wer garantiert ihm, daß sich seine Einmalentscheidung noch Jahre später auf der Ideallinie wiederfindet?

Aber: Fonds sind bis auf wenige Ausnahmen keine kurzfristige Geldanlage. Denn allen Fonds ist gemeinsam, daß ihre Anteilswerte zwei Preise haben: Der *Ausgabepreis* (der Preis, den Sie beim Kauf zahlen müssen) ist stets höher als der *Rücknahmepreis* (der Preis, den Sie beim Verkauf Ihrer Anteile erhalten). Die Differenz nennt sich *Ausgabeaufschlag*, den die Investmentgesellschaft kassiert, um damit Vertriebs-

und Verwaltungskosten des Fonds abzudecken. Bei *Rentenfonds* — damit sind Fonds gemeint, die vornehmlich in festverzinsliche Wertpapiere investieren — liegt dieser Ausgabeaufschlag im Schnitt zwischen 1 bis 3 Prozent, bei *Aktienfonds* — also solchen Fonds, die überwiegend in Aktien investieren — zwischen 3 bis 6 Prozent.

Hinzu kommen noch fondsinterne Kosten, wie beispielsweise Depot-und Depotbankgebühren sowie Management- und Verwaltungsprovisionen. Diese werden genauso wie die *Transaktionskosten* — also die eigentlichen Kosten für An- und Verkauf einzelner Positionen — nicht dem Anleger, sondern dem Fondsvermögen direkt angelastet — das sind etwa 0,4 bis 0,9 Prozent p.a.

Damit Sie also mit Ihren gekauften Fondsanteilen in die Gewinnzone kommen (abgesehen von der jährlichen Ausschüttung, die sie erhalten), muß der Ausgabeaufschlag erst einmal verdient werden. Das kann sehr schnell gehen, muß aber nicht. Deshalb sollten Sie Ihr Fondsengagement tendenziell langfristig ausrichten.

Alle Gedanken dieses Kapitels werden Sie später in diesem Buch wiederfinden; sie werden Ihnen erläutert und sicherlich auch klarer werden, als es Ihnen bis jetzt möglicherweise erscheinen mag. Beginnen wir hier mit der Grundlage aller Grundlagen: der Funktionsweise eines Fonds.

Konkret funktionieren Fonds folgendermaßen: Sie und viele andere Anleger zahlen kleinere oder größere Beträge ein — in den großen Topf. Je nach der Höhe Ihrer Einzahlung bekommen Sie eine Anzahl von *Investmentzertifikaten*, das sind Anteilscheine am Vermögen des Fonds.

Ein Anteilschein, was ist das?

Ein Anteilschein ist eine Urkunde, in der ein Miteigentumsrecht des Inhabers an dem entsprechenden Fondsvermögen (Investmentfonds) einer Investmentgesellschaft (Kapitalanlagegesellschaft) verbrieft wird. Es handelt sich also um ein Wertpapier. Ein Anteilschein besteht aus der eigentlichen Urkunde, dem *Mantel*, sowie üblicherweise dem *Bogen*. Der Bogen enthält *Ertragsscheine*, gegen dessen Vorlage dem Anleger die jährliche *Ausschüttung* (Zinsen, Dividenden) ausbezahlt wird. Bei sogenannten *thesaurierenden* Fonds[9], die ihre Erträge nicht ausschütten, werden die dem Fonds zufließenden Erträge unverzüglich wieder angelegt. Demzufolge bestehen die Anteilscheine dieser Fonds nur aus dem Mantel. Der Ertrag von thesaurierenden Fonds schlägt sich also zusätzlich in einer Steigerung des Wertes des Anteilscheines nieder (= Zinseszinseffekt).

9 Mit thesaurierenden Fonds sind solche gemeint, die die Erträge wieder im Fonds anlegen, statt sie an die Anleger auszuschütten. Der Vorteil liegt im sogenannten Zinseszinseffekt: Je länger die Laufzeit, umso deutlicher wird der Zugewinn aus Zinseszinsen. (Von griechisch „thesauros“ = Schatz.)

Das zufließende Geld wird von der Fondsgesellschaft nach bestimmten Grundsätzen angelegt. Der Verkaufsprospekt hilft dabei, sich über diese Grundsätze zu orientieren. Dort lesen Sie, ob ein Fonds überwiegend in Aktien, in festverzinsliche Wertpapiere oder Immobilien anlegt und nach welchen Kriterien er investiert.

Ein gültiger Verkaufsprospekt muß jedem Anleger beim Kauf von Investmentanteilen zusammen mit einem sogenannten Rechenschaftsbericht ausgehändigt werden. Dieser enthält aktuelle Daten über die Zusammensetzung des Fonds, die Wertentwicklung, die Ertrags- und Aufwandsrechnung sowie die steuerliche Behandlung der Fondserträge.

In Deutschland stehen inzwischen mehr als 350 inländische und nahezu genauso viele ausländische Fonds mit jeweils unterschiedlichen Anlagestrategien zur Auswahl.

Die meisten Fondsgesellschaften stehen in sehr enger Verbindung zu einer Bank, Sparkasse oder Versicherung; diese übernimmt den Verkauf der Anteile. Beinahe jedes Geldinstitut vertreibt seine hauseigenen Fonds.

Welcher Fonds gehört zu wem (Beispiele)?

ADIG-Fonds	Bay. Vereinsbank, Commerzbank	Hansa-Fonds	Vereins- und Westbank
DEKA-Fonds	Sparkassen	MMWI-Fonds	Warburg Bank
DWS-Fonds	Deutsche Bank	OP-Fonds	Bank Oppenheim, Köln
DIT-Fonds	Dresdner Bank		
Euro-Inv.-Fonds	Bank in Lichtenstein, Frankfurt	Union-Fonds	Volks- und Raiffeisenbanken
INKA-Fonds	Trinkaus & Burkhardt	Universal-Fonds	Diverse Privatbanken

Vergleichen Sie die Fonds der verschiedenen Banken (auch dieses Buch wird Ihnen dabei eine Hilfe sein). Tests und einen umfassenden Überblick finden Sie in den einschlägigen Finanzzeitschriften. Denn Sie müssen nicht zwangsläufig die hauseigenen Fonds Ihrer Hausbank kaufen. Zum Kauf von Investmentfonds führen viele Wege.

Wo können Anteilscheine erworben werden?

1. **Der Erwerb über die Kapitalanlagegesellschaft (im Folgenden KAG genannt)**
   Jeder Anleger kann sich direkt telefonisch oder schriftlich an eine Investment-Gesellschaft wenden. Preisgünstiger als der Erwerb über eine Bank ist dieser Weg allerdings nicht. Dafür erhält der Kunde ausführliche Informationen über die Gesellschaft und die verwalteten Fonds.

2. **Der Kauf von Anteilscheinen bei Kreditinstituten**
   Der in Deutschland bislang übliche Weg, Fondsanteile zu kaufen. Beinahe jede deutsche Universalbank bietet hauseigene Fonds oder Anteile verbundener Fondsgesellschaften zum Erwerb an.

3. **Erwerb von Investmentfonds bei Versicherungsgesellschaften**
   Vergleichbar mit Banken sind viele Versicherungen an KAG's beteiligt oder kooperieren mit diesen. Für den Anleger, der in aller Regel einen Betreuer in Sachen Versicherungen hat, bedeutet dies, daß er auch jederzeit über seinen Versicherungsfachmann Fondsanteile erwerben kann.

4. **Der Erwerb von Anteilscheinen über freie Vermittler**
   Ein weiterer Weg zum Erwerb von Fondsanteilen, der zunehmend an Bedeutung gewinnt, ist der Weg über freie Vermittler am Finanzdienstleistungsmarkt. Für den Kunden ist dies ein bequemer Weg, denn er hat die Wahl zwischen
   Ausschließlichkeitsvertretern, die Investmentfonds von nur einer KAG anbieten,
   Vertriebsgesellschaften, die meist mit mehreren KAG's in Vertriebskooperation zusammenarbeiten und die Fonds mehrerer KAG's anbieten,
   Maklern und Mehrfachagenten, die ebenfalls im Regelfall Fonds mehrerer KAG's im Angebot haben, und die Beratung und Vermittlung findet in aller Regel in der Wohnung des Kunden statt. ☞

5. Der Erwerb von Anteilscheinen in einem Fonds-Center
Ein neuer, aber zukunftsträchtiger Weg ist die Möglichkeit, sich in einem Fonds-Center beraten zu lassen und dort ohne Zusatzkosten Investmentfonds zu erwerben.
Ihr Vorteil: Dieses Center ist unabhängig, denn es hat mit allen größeren Investment-Gesellschaften Vertriebsvereinbarungen und kann somit die meisten Fonds anbieten. Sitz des Fonds-Centers: 10787 Berlin, Nürnberger Straße 67, Tel. 030/21 06 31.

Haben Sie sich entschlossen, Investmentanteile zu erwerben, stellt sich Ihnen die Frage, wo Sie diese verwahren können. Denn seit der Zinsabschlagssteuer ist das Tafelgeschäft, sprich Wertpapiere im Tresor oder unter der Matratze — zumindest in Deutschland, nicht mehr zeitgemäß.

Aber trösten Sie sich!

Sie müssen Ihrer Hausbank auch jetzt keineswegs offenbaren, daß Sie Anteilscheine eines nicht hauseigenen Fonds gekauft haben. Obwohl noch mehr als die Hälfte aller Anleger Ihrer Hausbank treu bleiben und auch die Fondsanteile im eigenen Wertpapierdepot dort verwahren.

Denn Sie haben die Möglichkeit der Eröffnung eines Investmentkontos bei der entsprechenden Investment-Gesellschaft des gekauften Fonds. Dies ist für Sie die bequemste und billigste Lösung. In der Regel wird ein Investmentkonto kostenlos geführt. Sie müssen sich auch nicht um die jährliche Ertragswiederanlage bei ausschüttenden Fonds kümmern, da diese automatisch erfolgt. Sie können Beträge einzahlen und sich auszahlen lassen, wie und wann Sie wollen, das heißt also regelmäßig, unregelmäßig oder nur einmalig. Und es können auch Anteilbruchteile verwahrt werden, die Ein- und Auszahlung eines bestimmten Betrages ist also gleichermaßen möglich.

Stellen wir als nächstes die Frage nach der Anlagesicherheit. Wie sicher sind Investmentfonds eigentlich?

5. Anlage in Fonds ... mit Sicherheit sicher!

Gehören Sie auch zu den Anlegern, die der Finanzdienstleistungsbranche gegenüber mißtrauisch sind? Zum Teil haben Sie sicherlich Recht, denn zu den seriösen Anbietern haben sich mittlerweile eine ganze Reihe unseriöser Anbieter gemischt, besser bekannt als „Schwarze Schafe" der Branche. Dadurch ist der Ruf der gesamten Branche gefährdet. Von daher ist es angebracht, zu fragen, ob und inwiefern ein generelles Mißtrauen gegenüber Investmentfonds gerechtfertigt ist.

Aufsichtsbehörde

Im Gegensatz zum „grauen" oder „freien" Kapitalmarkt mit Anlageprodukten wie Öl-, Schiffs- oder Unternehmensbeteiligungen sowie geschlossenen Immobilienfonds, gehören offene Investmentfonds zum „weißen" Kapitalmarkt, der staatlich überwacht wird — sozusagen amtsgeprüfte Produkte.

So werden alle nach deutschem Recht aufgelegten oder zum Vertrieb zugelassenen Investmentfonds vom Bundesaufsichtsamt für das Kreditwesen kontrolliert. Diese Institution ist Ihnen sicherlich auch als oberste Aufsichtsbehörde der Banken bereits bekannt.

Die Vertragsbedingungen eines nach deutschem Recht aufgelegten Investmentfonds müssen zusammen mit dem offiziellen Verkaufsprospekt der Aufsichtsbehörde zur Genehmigung vorgelegt werden. Erst nach der Genehmigung dürfen die ersten Anteile verkauft werden. Die Genehmigung wird nur dann erteilt, *„... wenn die Vertragsbedingungen den gesetzlichen Bestimmungen entsprechen und die Interessen der Anteilinhaber ausreichend gewahrt werden..."* (Paragraph 15, 2 KAGG).

Gesetze

In Deutschland gibt es wie bereits erwähnt zwei Gesetze, die den Bereich der Investmentfonds regeln:

Das *„Gesetz über Kapitalanlagegesellschaften"* (KAGG) betrifft alle von deutschen Investment-Gesellschaften und nach deutschem Recht aufgelegten Fonds.

Das *„Auslandinvestmentgesetz"* (AuslInvG) betrifft alle von ausländischen Investment-Gesellschaften aufgelegten Fonds, die in Deutschland öffentlich vertrieben werden dürfen.

Beide Vorschriften sind am 1. März 1990 an das europäische *„Investment-Richtlinien-Gesetz"* vom 20. Dezember 1985 angepaßt worden. Dieses Gesetz wurde im Vorgriff auf den gemeinsamen Binnenmarkt ab 1993 und die übergreifende Funktion der Finanzdienstleistungsbranche bereits 1985 verabschiedet. Allerdings ist die Investmentrichtlinie in Deutschland im Sinne des Anlegerschutzes restriktiver als in anderen europäischen Ländern ausgelegt worden.

Beide Gesetze fordern bei Investmentfonds eine *Mindeststreuung* der Investitionen, zum Beispiel

- bei Aktienfonds mindestens 20 verschiedene Aktienpositionen,
- die größten acht Positionen dürfen nicht mehr als 40 Prozent des gesamten Fondsvermögens ausmachen,
- die größte Position darf nicht mehr als 5 Prozent des Fondsvermögens übersteigen, in Ausnahmefällen nicht mehr als 10 Prozent und begrenzen die Einsatzmöglichkeiten risikoreicher Termin- und Optionsgeschäfte auf nicht mehr als 2 Prozent des Fondsvermögens.

Zudem darf ein Fonds nur in sehr eingeschränktem Maße Wertpapiere kaufen, die nicht offiziell an einer Börse gehandelt werden. Gleichzeitig sind die Kreditmöglichkeiten eines Fonds stark eingeschränkt. Neben einer Vielzahl einzelner Vorschriften werden insbesondere gewisse Ansprüche an die Zuverlässigkeit und fachliche Eignung der Geschäftsleitung der Investment-Gesellschaft und deren Kapitalausstattung gestellt.

Investmentfonds-Partner

Kapitalanlagegesellschaft (KAG)
Die Kapitalanlagegesellschaften unterliegen in ihren Tätigkeiten genauso der Kontrolle des Bundesaufsichtsamtes wie die deutschen Banken. Sie sind im Rahmen der Investmentfonds für die Verwaltung und das Management der Fonds zuständig. Sie sind in aller Regel nicht zuständig bzw. verantwortlich für den Vertrieb. Dieser wird von einer Vertriebsgesellschaft, einer Bank, Versicherung etc. koordiniert.
Die Investment-Gesellschaften haben grundsätzlich die Rechtsform einer Kapitalgesellschaft. Sie berechnet außerdem an jedem Bewertungstag den Netto-Inventarwert und überwacht automatisch die Anlagegrundsätze.
Schließlich haftet sie für falsche Angaben im Verkaufsprospekt und bei Prospektmängeln.

☞

Depotbank
Ihr Geld, das Sie für den Ankauf von Fondsanteilen investieren, wird an die *Depotbank* des Investmentfonds auf ein *Depot-Sperrkonto* gezahlt. Die verwahrende Bank "hütet" also die Gelder der Kapitalanleger: Sie übt zum Schutze aller Anleger eine Art Treuhänderfunktion auf das Fondsvermögens aus. Sie ist dabei gesetzlich verpflichtet, nur im Interesse der Anteilinhaber zu handeln. Sie wacht darüber, daß nur gesetzlich zulässige Geschäfte getätigt und abgewickelt werden. Sie kontrolliert auch die Auszahlungen der Vergütungen an die Investment-Gesellschaft.
Um diese Kontroll- und Abwicklungsmodalitäten ausüben zu können, muß die Depotbank rechtlich eigenständig und getrennt von der Investment-Gesellschaft sein sowie über ein haftendes Eigenkapital von mindestens 10 Millionen DM verfügen.

Durch die gesetzlichen Regelungen und die genannten Kontrollmechanismen ist sichergestellt, daß bei nach deutschen Gesetzen registrierten Investmentfonds nach menschlichem Ermessen niemand unrechtmäßig auf das Fondsvermögen zurückgreifen kann. Das Risiko, daß ein Fondsmanager oder der Initiator sich mit Ihrem Geld auf eine Südseeinsel absetzt, ist gleich Null. Es besteht faktisch nicht.

Die Kontrollen durch die staatliche Aufsichtsbehörde, die Investment-Gesellschaft selbst sowie zusätzlich durch die Depotbank sind absolut zuverlässig und undurchlässig. Durch die gesetzlich vorgeschriebene Streuung bleibt der Anleger auch vor dem Risiko einer einzelnen Anlageposition geschützt.

Das allgemeine Marktrisiko der Börsenkursentwicklung läßt sich jedoch auch nicht durch einen Investmentfonds ausschließen. Es kann zwar, wie sich im Folgenden noch zeigen wird, unterschiedlich hoch sein und läßt sich nahezu im konservativen Bereich oder durch Kurssicherung vollständig eliminieren. Aber letztlich bleibt ja der Sinn einer Fondsanlage auch das Börsenengagement, damit Sie mehr Ertrag erwirtschaften als auf dem Sparbuch.

Im nächsten Kapitel werden wir untersuchen, welche Arten von Fonds es gibt, was ihre Chancen und welches ihre Risiken sind. Doch vorher das Wichtigste aus Kapitel I noch einmal ...

... auf einen Blick

1. Die Marktentwicklung zeigt ein stetiges Zunehmen des Interesses an Investmentfonds. Konkrete Zahlen sind:
   1950 2 Millionen Mark Fondsvermögen
   1969 10 Milliarden Mark
   1979 30,4 Millarden Mark
   1991 238 Milliarden Mark
   1992 305 Milliarden Mark
   Dennoch beträgt der Anteil der Investmentfonds am gesamten Sparvolumen hierzulande nur 4 Prozent. In Frankreich liegt dieser Wert fast fünfmal höher.

2. Man unterscheidet zwischen Publikumsfonds: Sie sind allen Anlegern zugänglich, und Spezialfonds: Sie sind nur institutionellen Anlegern (Versicherungen, Pensionskassen etc.) zugänglich.

3. Die älteste deutsche Investmentgesellschaft ist die ADIG, gegründet 1949. Heute exisiteren über 60 Investmentgesellschaften.
   Der Bundesverband deutscher Investmentgesellschaften ist der Interessenverband der Investmentgesellschaften in Deutschland. Ihm sind derzeit 53 Gesellschaften angeschlossen. Abkürzung: BVI.
   Interessenverband für die ausländischen Investmentgesellschaften ist die Vereinigung ausländischer Investmentgesellschaften e.V. mit Sitz in Hamburg.
   Kontrollorgan für die deutschen Investmentgesellschaften ist das Bundesaufsichtsamt für das Kreditwesen (BAK) in Berlin.

4. Die gesetzlichen Grundlagen für Investmentfonds in Deutschland werden durch das 1957 erlassene „Gesetz über Kapitalanlagegesellschaften“ (in diesem Buch abgekürzt mit KAGG) geregelt.1969 kam das „Auslandinvestmentgesetz“ hinzu.
   1985 wurde eine Anpassung an das EG-Recht vorgenommen.
   Am 1. Juli 1990 trat in Deutschland das „Finanzmarktförderungsgesetz “in Kraft. Dieses ermöglicht Investmentgesellschaften auch die Teilnahme an spekulativeren Geschäften. ☞

5. Die grundlegende Idee eines Fonds ist folgende:
Die Gelder vieler Anleger wandern in einen Topf.Dieser wird von einer Investmentgesellschaft verwaltet. Die Gelder werden nach bestimmten Richtlinien investiert und vermehrt.Dies geschieht durch das sogenannte Fondsmanagement: Experten, die den Finanzmarkt genau kennen und somit im Interesse der Anleger an den Bewegungen teilhaben können.

6. Durch die Teilnahme am Investmentfondsgeschäft ist einem einzelnen Anleger eine erheblich größere Risikostreuung möglich als mittels Direktengagement in Aktien etc. Die Überwachung für ihn ist sehr viel einfacher.
Für die Verwaltung und das Management der Fonds entstehen Kosten.
Die Fondsbeteiligung wird durch einen Anteilschein zertifiziert.

7. Grundsätzlich unterscheidet man zwischen
(1) thesaurierenden Fonds: sie schütten die Gewinne nicht aus, sondern investieren sie erneut in den gemeinsamen Topf (Zinseszinseffekt)
(2) ausschüttenden Fonds: hier erhalten die Anleger zu einem festgesetzten Zeitpunkt im Jahr ihre Gewinnanteile.

8. Anteilscheine können erworben werden:
(1) bei Kapitalanlagegesellschaften (KAG)
(2) bei Kreditinstituten
(3) bei Versicherungsgesellschaften
(4) über freie Vermittler
(5) in einem Fonds-Center

9. Durch die strenge Gesetzgebung sowie das Bundesaufsichtsamt für Kreditwesen erfolgt eine strenge Kontrolle der Investmentgesellschaften. Daher ist das Geld eines Anlegers bei in Deutschland registrierten in- oder ausländischen Fonds sicher angelegt.

10. Die beiden Partner des Anlegers sind:
(1) die Kapitalanlagegesellschaft (KAG)
(2) die Depotbank.
Die Kapitalanlagegesellschaft managt die Verwaltung und Vermehrung der Gelder des Fonds (=Sondervermögen); die Depotbank hütet sie treuhänderisch.

II. INVESTMENTFONDS-PRODUKTE: AUSWAHL MIT PFIFF

Zum Reichtum führen viele Wege...
Einer der besten ist die Sparsamkeit.

Cicero

1. Eine breite Fondspalette — Investment-Allerlei

Welcher Anlegertyp sind Sie? Sind Sie vorsichtig oder spekulativ? Wollen Sie eine vorher kalkulierbare, möglichst sichere regelmäßige Ausschüttung, oder ist Ihnen mehr daran gelegen, Ihr Kapital in großen Schritten zu vermehren? Ach, Sie stehen erst am Anfang Ihrer Berufslaufbahn, während Ihr Nachbar bereits an seinen Ruhestand denkt? Haben Sie sich bereits ein kleines Vermögen zusammengespart, vielleicht etwas geerbt, oder stehen Sie, wie viele andere, erst am Beginn der Kapitalbildung?

Kein Anleger ist wie der andere, und schon keiner ist so wie Sie. Jeder bringt andere Voraussetzungen mit, verschiedene Pläne und unterschiedliche Bedürfnisse. Deshalb kann Anlage A für Sie exakt maßgeschneidert, für Ihren Nachbarn dagegen genau das Falsche sein. Die breite Palette unterschiedlicher Vorstellungen der Anleger versucht die Investmentbranche mit einer zunehmenden Vielfalt an Fondsarten abzudecken. Entsprechend gibt es inzwischen für fast jeden Anlegertypus den richtigen Fondstyp. Aber wie aus der Vielzahl von Angeboten das Passende herausfischen?

Da hilft nur eines: Systematik!

Zunächst einmal steht eines fest:

Fondsanleger und solche, die es werden wollen, sollten ihre Kaufentscheidung in mehreren Schritten vorbereiten.

Ein erster Schritt besteht darin, sich über die verschiedenen Fondstypen einen Überblick zu verschaffen. Und sollte Ihnen dieser Gedanke nicht behagen, weil er Ihnen zu aufwendig erscheint, dann denken Sie daran: Fast 90 Prozent der Bundesbürger nehmen sich mehr Zeit für den Kauf einer Waschmaschine oder eines Fernsehgerätes als für ihre Geldanlage. Sie stehen also nicht allein mit diesem Gefühl. Dennoch: Die Zeit, die Sie dafür aufwenden, sich mit den Fondstypen vertraut zu machen, ist bares Geld wert. Versuchen wir, die Darstellung möglichst einfach und übersichtlich zu halten.

Abb.: Systematik der Investmentfonds

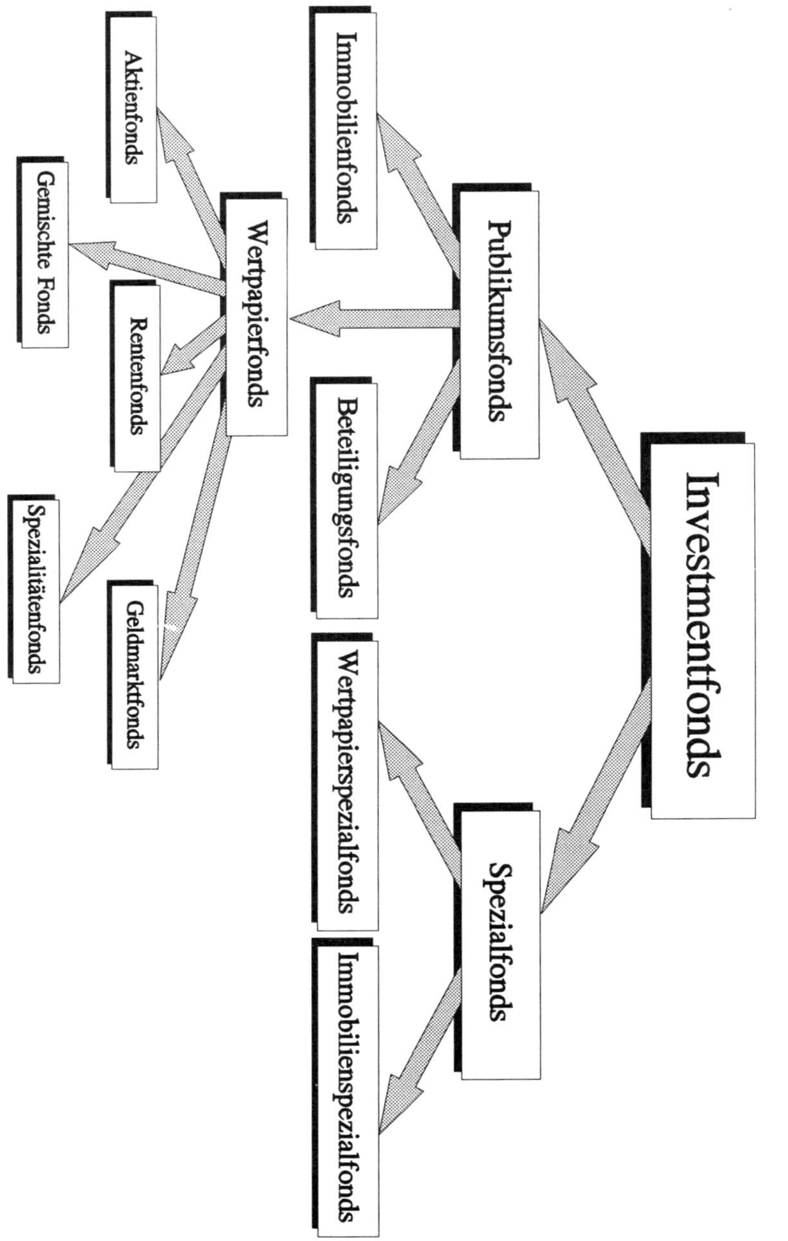

Quelle: Eigene Erstellung.

Um der Vielfalt der angebotenen Fonds einigermaßen Herr zu werden, geben wir Ihnen vorab einen kurzen Überblick über den Markt der Investmentfonds, der auf den ersten Blick zwar etwas trocken und theoretisch anmuten mag, aber Ihnen bei der Lektüre des Buches und vor allem der Gestaltung Ihrer Geldanlage eine große Hilfe sein wird. Gleichzeitig werden dabei einige Begriffe erklärt, die später in diesem Buch wie auch im praktischen Umgang mit Investmentfonds-Geschäften immer wieder eine Rolle spielen. Beginnen wir mit den wichtigsten Unterscheidungsmerkmalen der Fonds.

Man kann Fonds nach ihrer *geographischen Ausrichtung* bei der Anlage unterscheiden. So konzentrieren sich inländische Fonds ausschließlich bzw. überwiegend auf das Inland und unterscheiden sich so von international anlegenden Fonds. Die wiederum lassen sich unterscheiden nach *global international* anlegenden Fonds (also solche, die weltweit anlegen), nach *Regionalfonds* (solche, die in bestimmten Regionen dieser Erde anlegen) und *Länderfonds* (die ausschließlich in bestimmten Ländern investieren). Noch einmal im Klartext: Internationale Fonds enthalten Werte verschiedener Länder; laut Vertragsbedingungen ist die Anlage des Fondsvermögens ohne geographische Begrenzung erlaubt. Regionalfonds investieren in festgelegte internationale Regionen, während Länderfonds ihre Investitionen auf ein bestimmtes Land konzentrieren.

Ein wichtiges Merkmal zur Unterscheidung ist das hinsichtlich der *Struktur der Anteilinhaber*. Dabei unterscheidet man zwei grundsätzliche Arten von Fonds: die sogenannten *Publikumsfonds* — um die es in diesem Buch in erster Linie geht — sie kann jeder erwerben. *Spezialfonds* dagegen sind ausschließlich der Gruppe der sogenannten *institutionellen* Anleger vorbehalten. Dazu zählen in erster Linie Versicherungen, die einen Teil ihrer Kapitalanlagen in dieser Form investieren, sowie Pensionskassen von Großunternehmen, die ihre Pensionsgelder von Investmentgesellschaften verwalten lassen.

Hinsichtlich der *Ausschüttungspolitik* unterscheidet man Fonds, die ihre Erträge ausschütten, von *thesaurierenden* Fonds, die ihre Erträge nicht an die Anteilinhaber ausschütten, sondern sie gleich wieder anlegen. Ausschüttungsfonds schütten dabei in aller Regel einmal jährlich (in den Vertragsbedingungen können andere Ausschüttungsfristen vereinbart sein) die Zins- oder Dividendenerträge an die Anteilsinhaber aus.

Bezüglich der *Erwerbsmöglichkeit* unterteilt sich die Fondslandschaft in *offene* und *geschlossene* Fonds. Offene Fonds können die Zahl ihrer Anteile beliebig erweitern, sodaß Anleger jederzeit und unbeschränkt Fondsanteile erwerben können (das sogenannte *Open-end-Prinzip*).

Geschlossene Fonds hingegen weisen ein festgelegtes Fondsvolumen auf. Nach Verstreichen der Erwerbsfrist bzw. dem Verkauf des festgeschriebenen Fondsvolumens wird der Verkauf von Anteilen eingestellt. Dieses in der Fachsprache mit *Closed-end-Prinzip* bezeichnete Vorgehen findet man in erster Linie bei *geschlossenen Immobilienfonds* und *geschlossenen Länderfonds* (darüber mehr an späterer Stelle).

Das wichtigste Kriterium zur Einordnung eines Investmentfonds in die Fondslandschaft ist und bleibt aber der *Anlageschwerpunkt* jedes einzelnen Fonds. Erst hier wird Ihnen die Vielfalt der Fondsarten richtig deutlich werden. Hinsichtlich des Anlageschwerpunktes lassen sich Aktien- von Rentenfonds, Standardfonds von Spezialitätenfonds, Branchenfonds von Umbrellafonds, Geldmarktfonds von Laufzeitfonds etc. unterscheiden.

Gehen wir also ins Detail.

2. Sei ein Fuchs und schlag den DAX ... mit Aktienfonds

Von 2 auf 200 in 40 Jahren ... so könnte die zahlenmäßige Entwicklung der Aktienfonds in Deutschland kurz umrissen werden.

1950 wurden in Deutschland die ersten beiden Aktienfonds aufgelegt; 1990 waren es 150 und heute — 1993 — sind es noch mehr. Rein zahlenmäßig schon eine rasante Entwicklung, aber diese Zahlen sollten nicht darüber hinwegtäuschen, daß die Aktie und damit auch die Aktienfonds bei der großen Mehrheit deutscher Privatanleger immer noch die Rolle eines Stiefkindes bei der Wahl der Geldanlageform spielt.

Die Gründe dafür sind vielfältig und reichen von geschichtlich geprägter Risikoscheu über Anlegermentalität der Deutschen bis zu (in der Vergangenheit) niedrigen Inflationsraten.

Im inflationsgeplagten Großbritannien wandten sich die Anleger schon sehr früh von den festverzinslichen Wertpapieren ab und stiegen auf Aktien und Aktienfonds um. Kein Wunder: Bieten doch Aktien als Anlage in Sachwerten eine viel bessere Inflationssicherheit als reine Geldwertpapiere, wie es die „Festverzinslichen" darstellen. Wird das auch in Deutschland bald so sein?

Mit einem Anteil an einem Aktienfonds kaufen Sie sich ein kleines Stück Produktivkapital und können so am Wirtschaftswachstum einer Branche, eines Landes oder einer Region partizipieren.

Für Neugierige: So funktioniert die Aktienanalyse

Die Fondsmanager bedienen sich bei der Beurteilung des Aktienmarktes umfangreicher Recherchen-Ergebnisse. Dabei unterscheidet man zwischen zwei Beurteilungsmaßstäben: Aktien können einmal von *fundamentaler* Seite her und andererseits von *technischer* Seite her beurteilt werden.

Die *Fundamentalanalyse* untersucht wichtige volkswirtschaftliche Faktoren wie Export und Import, Investitionstätigkeit und monetäre Einflußgrößen. Die Situation des zu untersuchenden Unternehmens wird mit diesen Größen in Zusammenhang gebracht und es wird versucht, eine Prognose zu erstellen. Auf diese Art und Weise kann man — unter Berücksichtigung des aktuellen Börsenkurses — beurteilen, ob ein Unternehmen über- oder unterbewertet ist. Der *Gewinn je Aktie* und das *Kurs-Gewinn-Verhältnis* (KGV, drückt aus, in welchem Verhältnis die Aktienrendite und der Aktienkurs zueinander stehen) sind Beispiele für Ergebnisse der Fundamentalanalyse.

Die *Technische Analyse* stützt sich nicht auf volkswirtschaftliche und unternehmensspezifische Daten, sondern untersucht den Kurs- und Umsatzverlauf der Vergangenheit. Aus diesen Informationen wird versucht, zukünftige Kursentwicklungen zu prognostizieren. Zur Veranschaulichung dienen sogenannte *Charts*; das sind graphische Darstellungen von Kursverläufen der Vergangenheit.

Das Verhalten der Aktienkurse ist ebenso wie der Preis eines Aktienfonds abhängig vom Konjunkturzyklus, wenn auch aufgrund der Risikostreuung in abgeschwächter Form. Das *Timing* (die Wahl des richtigen Zeitpunkts für den Ein- oder Ausstieg) der Anlageentscheidung ist also gerade bei dieser Fondsart von großer Bedeutung; dazu später mehr.

Aktienfonds legen ihre Mittel überwiegend in Aktien an. Grundsätzlich kann ein Aktienfonds alle Aktien erwerben, die an den amtlichen Börsen, im geregelten Markt oder an anderen organisierten Märkten des In- und Auslandes gehandelt werden. Einschränkungen ergeben sich jedoch oftmals aus den Anlagegrundsätzen.

Durch die Festlegung auf einzelne Aktiengruppen entstehen

- *inländische Aktienfonds*,
  die ausschließlich in den heimischen Aktienmarkt investieren,
- *internationale Aktienfonds*,
  die das Geld vorwiegend in ausländischen Aktien anlegen,
- *Branchenfonds*,
  die das Fondsvermögen in festgelegten Branchen zu vermehren suchen,
- *Länder-* und *Regionalfonds*,
  die nur Aktien bestimmter Länder oder Regionen erwerben dürfen, sowie
- *Technologiefonds* und weitere Spezialitätenfonds,
  die ihr Geld ebenfalls nur nach bestimmten Grundsätzen zielgerichtet investieren dürfen.

TIP:
Als Einstieg in die Welt der von vielen inländischen Anlegern als Spekulationsobjekt verpönten Aktie eignet sich ein Aktienfonds, der in deutschen Standardwerten investiert. Dieser Umweg über einen Fonds erleichtert die ersten Schritte auf dem Börsenparkett. Während bei der Direktanlage in eine bestimmte Aktie schon manchmal die erwarteten Kursgewinne ausbleiben, weil man sich die falsche Aktie zum falschen Zeitpunkt ausgesucht hat, eignet sich ☞

ein Aktienfonds durchaus auch für risikoscheue Anleger, da ein solcher Fonds das Kursrisiko auf viele Aktien verteilt.

Sie wählen mit einem Aktienfonds also einen goldenen Mittelweg zwischen extrem hohen Gewinnen in Boomphasen und extrem hohen Verlusten in Baissephasen[1]. Der Aktienfonds wirft im Regelfall geringere Gewinne ab als eine Direktanlage. Das liegt daran, daß ein Aktienfonds in den seltensten Fällen zu 100 Prozent investiert ist (man spricht auch vom Investitionsgrad), denn die Fonds müssen permanent in der Lage sein, Rückgaben, das heißt Verkäufe von Anteilen zu finanzieren. Sie sind also gezwungen, Liquidität vorzuhalten. Dieser — nur Zinsen erbringende — Teil des Fondsvermögens nimmt in Boomphasen nicht am Kursgewinn der Aktien teil.

Im umgekehrten Fall, also in einer Baissephase können sich auch Fonds den Kursverlusten nicht vollständig entziehen, da das Gesetz über Kapitalanlagegesellschaften (KAGG) für Aktienfonds einen Investitionsgrad von mindestens 50,1 Prozent vorschreibt. Der Rest darf in Bankguthaben oder anderen kursstabilen Sparformen gehalten werden.

Der Aktienanteil von weniger als 100 Prozent ist auch ausschlaggebend dafür, daß die Fonds im Jahresvergleich meist schlechter abschneiden als der Deutsche Aktienindex, kurz DAX genannt. Dieser Index ist ein Maßstab für die Börse, der auf den 30 für den Aktienhandel bedeutendsten deutschen Aktiengesellschaften beruht (zum DAX siehe auch Expertentip „Das DAX-Konzept"). Aber im langfristigen Vergleich liegen die Fonds dann wieder vorn. Fonds eignen sich eben in erster Linie für die langfristige Geldanlage und nur dann schlagen Sie auch den DAX.

Expertentip: Das DAX-Konzept

Die Meßlatte aller Fondsmanager der Aktienfonds mit dem Anlageschwerpunkt Deutschland ist der Deutsche-Aktien-Index (DAX). Wie ein Fieberthermometer spiegelt der DAX die Verfassung des deutschen Aktienmarktes wieder. Der Index umfaßt die 30 größten Standardwerte, die anhand der Kriterien Börsenumsatz und Börsenkapitalisierung ausgewählt werden. Der Eröffnungskurs einer „DAX-Aktie" muß sehr früh im Verlauf der Börsensitzung verfügbar sein, da der Index börsenbegleitend minütlich an der Frankfurter Wertpapierbörse berechnet wird. Der DAX enthält Werte der wichtigsten Branchen, gewichtet nach dem jeweils zugelassenen

1 Baisse: stark fallende Kurse an der Börse. Französisch baisser = senken.

Grundkapital (Chemie, Automobilindustrie, Banken, Versorgung, Versicherungen usw.). Ein wesentlicher Vorteil des DAX gegenüber anderen in Deutschland verwendeten Indizes ist die Bereinigung von Dividendenabschlägen und Kapitalveränderungen; somit gibt der DAX nur die vom Markt ausgelösten Kursveränderungen unverfälscht wieder (Performance-Index). Was soll Ihnen nun ein DAX-Stand von beispielsweise 1700 sagen? Diese Zahl alleine ohne Vergleich zum Vortag hat lange nicht die gravierende Bedeutung wie ein Vergleich mit dem Stand von gestern, letztem Monats-Ultimo (Stand am Ende des letzten Monats) oder letztem Jahresendstand. Nur der Vergleich im Zeitablauf bringt die Aussagekraft dieser Zahl voll zur Geltung. Nur so lassen sich Tendenzen erkennen und es wird ein sehr gutes Stimmungsbild der Börse im Zeitablauf gezeichnet.

Für Insider sei noch erwähnt, daß der DAX gleichzeitig als Grundlage für alle Indexkontrakte, die an der Deutschen-Termin-Börse (DTB) gehandelt werden, dient. Mit anderen Worten, auch Spekulationen auf den DAX selbst können bares Geld wert sein! (siehe Tabelle nächste Seite)

Wenn Sie als Anleger Ihr Depot genau so strukturiert haben möchten wie einen bestimmten Index, zum Beispiel den DAX, eignet sich dazu idealerweise ein Index-Fonds. Index-Fonds sind eine Sonderform von Aktienfonds. Sie sind in ihrer Fondsstruktur genau so gewichtet wie der zugrundegelegte Index, also etwa der DAX, der FAZ-Index oder ein internationaler Aktienindex.

Um den US-amerikanischen Aktienmarkt zu verfolgen, betrachtet man den *Dow-Jones-Index*, der *Nikkei-Index* repräsentiert den japanischen Aktienmarkt. Die internationalen Aktienmärkte lassen sich mit dem *Morgan Stanley-Capital-International-Index* (MSCI) in ihrer Entwicklung messen.

Ein Index-Fonds wird also nicht aktiv, sondern eher passiv gemanagt. Denn die Zusammensetzung des Fonds wird vom Index vorgegeben. Da für die Auswahl der Wertpapiere keine besonderen Analysen oder Management-Ressourcen notwendig sind, kosten Indexfonds oft weniger als Aktienfonds. In Deutschland gibt es mit dem Oppenheim-DAX zur Zeit nur einen Publikums-Index-Fonds, der den DAX repräsentiert.

Nun könnte immer noch jemand einwenden, Aktien sind zu teuer für Ihre mühsam angesammelten Spargroschen. Weit gefehlt ... über den Umweg Aktienfonds können Sie schon mit Beträgen ab 30 DM einsteigen! Nach oben sind wie immer keine Grenzen gesetzt.

TIP:
Aktienfonds — wie übrigens alle anderen Fondsarten auch — sind eine äußerst liquide Geldanlage. Gemäß dem KAGG sind die Banken nämlich verpflichtet,

☞

die Fondsanteile jederzeit zum gültigen Rücknahmepreis — auch Netto-Inventarwert genannt — zurückzukaufen. Wenn also Not am Mann ist und Sie Ihre Fondsanteile vor dem Ende Ihrer geplanten Anlageperiode zurückgeben müssen, so können Sie das problemlos jeden Tag zu dem jeweils geltenden Rücknahmepreis tun. Das ändert nichts an der Tatsache, daß Investmentanteile grundsätzlich zu den langfristigen Anlagen zählen.

Fassen wir kurz zusammen:

Deutsche Aktienfonds eignen sich vor allem für Anleger, die
- sich an der heimischen Wirtschaft beteiligen wollen,
- ein bestimmtes, wenn auch begrenztes Kursrisiko nicht scheuen,
- mehr Wert auf Kursgewinne als auf eine sichere Ausschüttung legen,
- außer dem Aktienkursrisiko nicht noch ein Währungsrisiko eingehen wollen.

Auswahl und Gewichtung der DAX-Werte

(Stand: 18.9.1992)

Titel	Wertpapier-Kenn-Nummer	Kürzel	Kapital[1] in Mio. DM per 18.9.1992	Schlußkurse in DM per 18.9.1992	Gewichtungs-faktor F_i per 18.9.1992	Kapital[2] in Mio. DM per 30.12.1987	Schlußkurse in DM per 30.12.1987
Allianz	840 400	ALV	975,0	1837,0	2,76757	750,0	1144,00
BASF	515 100	BAS	2854,9	217,3	8,10368	2774,2	255,50
Bayer	575 200	BAY	3239,7	278,0	9,19616	3121,3	263,80
Bay. Hyp. u. W.-Bank	802 000	BHW	967,2	387,0	2,74532	750,6	333,00
BMW	519 000	BMW	892,9	551,5	2,53453	750,0	447,00
Bayer. Vereinsbank	802 200	BVM	830,4	407,0	2,35722	493,0	316,00
Commerzbank	803 200	CBK	1415,9	241,0	4,01909	1040,0	214,00
Continental	543 900	CON	448,0	249,0	1,27178	402,4	205,20
Daimler-Benz	550 000	DAI	2327,4	655,5	6,60654	2115,7	575,00
Degussa	551 200	DGS	365,0	300,0	1,03606	365,0	316,00
Deutsche Babcock	550 700	DBC	350,0	139,0	0,99348	350,0	153,00
Deutsche Bank	804 010	DBK	2376,2	661,5	6,74487	1772,6	388,00
Dresdner Bank	804 610	DRB	1867,8	355,5	5,30184	1311,6	232,00
Henkel	604 843	HEN3	302,5	605,1	0,85865	175,0	486,00
Hoechst	575 800	HFA	2956,5	253,0	8,39212	2797,4	250,00
Karstadt	627 500	KAR	420,0	526,0	1,19218	360,0	427,00
Kaufhof	781 900	KFH	451,3	420,5	1,28093	389,2	417,20
Linde	648 300	LIN	342,3	774,0	0,97152	238,0	522,00
Lufthansa	823 210	LHA	1526,0	98,5	4,33161	1200,0	135,50
MAN	593 700	MAN	771,0	288,5	2,18851	674,5	139,00
Mannesmann	656 000	MMW	1606,9	230,0	4,56130	1273,4	101,10
Metallgesellschaft	660 200	MET	445,0	316,0	1,26316	280,0	211,00
Preussag	695 200	PRS	755,1	360,1	2,14348	401,6	114,00
RWE	703 700	RWE	2220,7	399,5	6,30365	2213,3	209,50
Schering	717 200	SCH	341,7	701,0	0,96995	283,0	353,00
Siemens	723 600	SIE	2751,9	603,8	7,81127	2379,2	359,00
Thyssen	748 500	THY	1565,0	188,0	4,44231	1565,0	104,50
VEBA	761 440	VEB	2256,5	378,5	6,40522	1981,8	260,10
VIAG	762 620	VIA	898,0	354,0	2,54901	580,0	179,00
Volkswagen	766 400	VOW	1656,4	321,1	4,70190	1500,0	224,50
Summe			40177,3			34287,8	
Marktkapitalisierung der DAX-Werte in Mio DM			328742,5			201316,3	

1) Quelle: Frankfurter Wertpapierbörse.
2) Quelle: Amtliches Kursblatt der Frankfurter Wertpapierbörse.

Quelle: Deutsche Börse AG, DAX.

3. Die ganze Welt für wenig Geld ... mit internationalen Aktienfonds

Hausse[2] an der Wall Street, Rekorde auch in London, neue Chancen am Kabuto Cho, der Börse Japans — doch wie können Sie als Privatanleger davon profitieren?

Das begrenzte Angebot an Auslandsaktien, die in Deutschland gehandelt werden, kann nicht befriedigen und den direkten Weg können sich viele Anleger nicht leisten.

Für diejenigen unter Ihnen, die über die ersten Berührungen mit dem Anlagemedium Aktienfonds schon hinaus sind, eröffnen sich mit internationalen Aktienfonds zusätzliche Möglichkeiten einer Beteiligung an neuen oder direkt schwer zugänglichen Märkten. Denn sicherlich haben Sie auch schon einmal erlebt, daß eine interessante Auslandsaktie in Deutschland nicht gehandelt wird. Will man dieses Papier trotzdem über die Heimatbörse erwerben, so muß man entweder sehr hohe Gebühren in Kauf nehmen oder in Dimensionen kaufen, die dem Privatanleger verschlossen sind.

Was tun?

Richtig!

Sie kaufen einen internationalen Aktienfonds!

Dann haben Sie zwar nicht unbedingt Ihren „Geheimtip" gekauft, aber das muß kein Nachteil sein — im Gegenteil. Sie nehmen mit einem kleinen Anlagebetrag an den Auslandsmärkten teil, die Ihnen sonst verschlossen blieben und kaufen die Risikostreuung eines professionell gemanagten Fonds gleich mit.

Eine Verteilung der Geldmittel auf viele Länder, die Sie als Privatanleger kaum vernünftig wahrnehmen können, bietet neben der Verminderung des Risikos auch die Möglichkeiten, an Branchenentwicklungen teilzuhaben, die in Deutschland nicht oder kaum vertreten sind.

Das gilt beispielsweise für die Biotechnologie oder High-Tech-Branche, aber auch für reine Umweltschutzunternehmen. Natürlich ist auch bei diesen Fonds die Entwicklung der Weltbörsen der entscheidende Maßstab. Allen voran dient dabei die Leitbörse an der Wall Street als Trendsetter. Weitere wichtige Weltbörsen sind die Finanzmärkte in Großbritannien, Japan, Frankreich und der Schweiz.

Die Aktienmärkte rund um den Globus bieten zwar eine Vielzahl neuer Anlagemöglichkeiten, aber es eröffnen sich nicht nur Chancen. Denn zu den Kursschwankungen der Aktien kommen noch die Wechselkurschwankungen der

2 Hausse: Stark steigende Kurse an der Börse. Französisch hausser = erhöhen. Wird auch als Tätigkeitswort verwendet: Die Börse haussiert.

Währungen hinzu, die einen Anstieg des Aktienkurses durchaus reduzieren oder kompensieren können.

Dennoch: Die Fondsmanager haben einen wesentlich besseren Marktüberblick als Sie ihn als Privatinvestor allein schon aufgrund der Ihnen nur beschränkt zugänglichen Informationsquellen haben können.

Von kaum einer Fondsgattung schießen zur Zeit so viele neue Produkte aus dem Boden wie von Regional- und Länderfonds. Diese Fonds investieren gezielt in Spezialbereichen einzelner Länder oder Regionen, beispielsweise Europa, Asien oder Nordamerika.

Dabei gilt es zu unterscheiden zwischen reinen Länderfonds und Regionalfonds. Während sich Länderfonds — wie der Name schon sagt — in ihrer Anlagepolitik ausschließlich auf ein bestimmtes Land konzentrieren, legen letztere die Fondsgelder in verschiedenen Ländern einer Region an.

Der Vorteil von Länderfonds liegt nicht nur in der niedrigen Anlagesumme, mit der Sie sich als Anleger an einem Auslandsinvestment beteiligen können. Der Hauptvorteil liegt vielmehr in der Risikostreuung. Mit einer Direktanlage — bei vielen Banken ohnehin erst ab einer fünfstelligen Summe möglich und dann noch meist mit bis zu 5 Prozent Spesen — trägt der Investor sowohl das generelle Risiko des gewählten Aktienmarktes als auch das Risiko für die einzelne Aktie. Mit dem Erwerb schon eines Anteils an einem Länderfonds streut der Investor dagegen das Anlagerisiko auf einen ganzen Korb von Aktien des Landes, in dem der jeweilige Fonds investiert ist.

Bei den Regionalfonds tritt dieser Effekt noch stärker zutage, da die angelegten Fondsmittel hier noch auf mehrere Länder verteilt werden.

Nicht zu vernachlässigen ist auch, daß das Fondsmanagement in der Regel besser ausloten kann, in welchen Branchen oder Einzelwerten sich gerade Chancen bieten, um dadurch eine überdurchschnittliche Wertentwicklung zu gewährleisten.

Während sich der Privatanleger bei den Länderfonds zunächst auf gut entwickelte Aktienmärkte in Industrieländern konzentrieren sollte, kann der Profi auch in sogenannte Exotenfonds investieren, die bislang ausschließlich von ausländischen Fondsgesellschaften angeboten werden, wie zum Beispiel Länderfonds für Malaysia oder Indonesien (vgl. Kapitel Spezialitätenfonds). Diese Fonds locken zwar mit einem „ungeheueren“ Kurspotential, allerdings kann die jeweilige Börse aufgrund ihrer Marktenge oder politischen Querelen genauso „ungeheuere“ Bewegungen nach unten vollführen. Hier ist also grundsätzlich besondere Vorsicht geboten.

Fassen wir in aller Kürze zusammen:

Fonds mit Schwerpunkt internationale Aktien sind damit für Anleger geeignet, die

- ein höheres Risiko zu tragen bereit sind,
- einen langen Atem haben, das Geld also liegenlassen können,
- noch keine Auslandsaktien besitzen, aber an ausländischen Wirtschaftsentwicklungen partizipieren wollen,
- höhere Spesen als Preis für Internationalität nicht scheuen.
- speziell bei Länderfonds selbst die Märkte beobachten können und aus den Fonds je nach Einschätzung schnell ein- und aussteigen.

4. Fondsanlage versus Direktanlage... mit Rentenfonds

Seit Jahren fördern einschlägige Statistiken eine bemerkenswerte Vorliebe deutscher Anleger für festverzinsliche Wertpapiere zutage. Diese eindeutigen Präferenzen in der Anlegermentalität spiegeln sich auch im Erfolg der Rentenfonds wider. Und das, obwohl seit vielen Jahren — genauer seit 1966 — seit Auflage des ersten DM-Rentenfonds — die Existenzberechtigung von DM-Rentenfonds nicht nur unter Experten heiß diskutiert wird. Denn Rentenfonds und insbesondere inländische DM-Rentenfonds müssen sich stets im Vergleich zur Direktanlage in deutsche festverzinsliche Wertpapiere behaupten.

Die Befürworter von DM-Rentenfonds aber haben ein starkes Argument auf ihrer Seite: den Erfolg dieser Fondsanlage bei den Anlegern. Mitte 1991 entfielen mehr als 75 Prozent der Anlagesumme aller deutschen Publikumsfonds auf Rentenfonds. Allein die Hälfte der mehr als 350 in Deutschland aufgelegten Fonds fällt in die Kategorie Rentenfonds. In keinem anderen Land konnten sich Rentenfonds so nachhaltig durchsetzen.

Die Gegner belegen ihre Ablehnung von DM-Rentenfonds mit imposanten Performance[3]-Vergleichen zwischen Direktanlage und Fondsanlage und kommen zu dem Ergebnis, daß der Direktanleger mindestens genauso hohe, wenn nicht gar höhere Erträge erwirtschaftet wie der beste DM-Rentenfonds.

Risikostreuung — das Urprinzip der Fondsanlage — hat bei DM-Rentenfonds offensichtlich nicht die positive Wirkung wie bei Aktienfonds. Die Rendite bei einer Streuung auf Bundesanleihen, Pfandbriefe und DM-Auslandsanleihen von Schuldnern erstklassiger Bonität kann eben nun mal nicht höher sein als die am Markt erzielbare Rendite.

Diese können Sie aber genauso gut über die Direktanlage in eine oder mehrere Bundesanleihen erreichen. Warum also Risikostreuung bei DM-Rentenanlagen? Eine berechtigte Frage. Risikostreuung kann hier alleine über die Laufzeit der Papiere erfolgen.

Was von den Vorteilen der Fondsanlage bleibt, ist dennoch einiges: Der Anleger muß sich bei einem Rentenfonds nicht um Kupontermine, Auslosungen[4], Fälligkeiten, Umschichtungen, die Wiederanlage der anfallenden Zinsen kümmern. Auch das Timing von Anlageentscheidungen sowie Titel- und Laufzeitenwahl wird ihm abge-

3 Mit Performance bezeichnet man bei Investmentfonds das tatsächliche Ergebnis, das der Fonds erbringt. Englisch performance = Durchführung, Leistung.

4 Eine Auslosung ist eine vorzeitige, durch Los bestimmte Rückzahlung einer Anleihe, die in manchen Fällen bei bestimmten Anleihen vorgenommen wird. Dieser Modus der vorzeitigen Rückzahlung muß aber in jedem Fall Bestandteil der Emissionsbedingungen sein.

nommen. Allerdings bezahlt er mit dem Ausgabeaufschlag diesen Service, was zu Lasten der Rendite geht. Ist es das wirklich wert?

Das alles kann und soll aber nicht darüber hinwegtäuschen, daß Rentenfonds sich bei deutschen Anlegern großer Beliebtheit erfreuen. Es wird gar behauptet, Rentenfonds hätten das Fondssparen in Deutschland erst populär gemacht. Als Volk der Sparer legen die deutschen Anleger eben großen Wert auf eine sichere Geldanlage. Die risikoscheue Mentalität braucht eine Anlagealternative, bei der sich Ertrag und Risiko entsprechend der Mentalität und des Anlageziels sinnvoll ergänzen. Kein Wunder also, daß Sparbücher, Pfandbriefe oder festverzinsliche Wertpapiere schon immer mehr Anklang fanden als Aktien. Die Beliebtheit des Anlagemediums Rentenfonds ist daher leicht zu erklären.

Das wachsende Sparvermögen der Bundesbürger hat in den letzten Jahren eine regelrechte Flut neuer Rentenfonds zur Folge gehabt. Damit fällt es Ihnen als Anleger immer schwerer, sich einen Überblick zu verschaffen und den für Sie richtigen Fonds herauszufiltern. Die Banken sind Ihnen dabei meist auch keine große Hilfe, da sie in erster Linie daran interessiert sind, die von ihnen vertriebenen Produkte an die Frau/den Mann zu bringen.

Natürlich haben die Fondsmanager das Problem längst erkannt und reichern ihre DM-Rentenportefeuilles mit hochprozentigen Fremdwährungsanleihen (soweit dies mit dem Gesetz für Kapitalanlagegesellschaften und dem Prospekt des Fonds vereinbar ist) an, um die Performance zu verbessern. Und genau dann und spätestens bei den international ausgerichteten Rentenfonds wird die obige Diskussion hinfällig.

Es ist dann keine Frage mehr, daß diese Fonds dem Anleger und gerade dem Privatanleger neben dem Komfort einer Fondsanlage weitere Vorteile stiften.

Den direkten Kauf von Fremdwährungsanleihen verhindern viele Banken durch hohe Bank- und Brokerspesen und/oder hohe Mindestanlagebeträge. Während der direkte Kauf von DM-Anleihen also meist billiger als die Fondsanlage ist, kehrt sich das bei den Fremdwährungsanleihen um.

Hinzu kommt, daß nun bei Fremdwährungsanleihen eine Risikostreuung nicht nur sinnvoll, sondern aufgrund des Währungsrisikos absolut notwendig ist. Die jüngsten Turbulenzen der Währungen im Europäischen Währungs-System (EWS) haben gezeigt, daß auch eine nur auf Europa begrenzte Rentenmarktstrategie das Währungsrisiko unbedingt berücksichtigen sollte.

Außerdem muß man nicht nur den heimischen Rentenmarkt und die politischen Verhältnisse, sondern je nach Streuung auf mehrere Auslandsmärkte auch die dortigen wirtschaftlichen und politischen Verhältnisse berücksichtigen, um mit einer Direktanlagestrategie in Fremdwährungsanleihen Erfolg zu haben.

Kaum ein Privatanleger verfügt aber über die Zeit und die Informationen, um diese Märkte zu überblicken. Folglich wird er seine Entscheidung nur selten auf kalkulierte Zins- und Währungs-Szenarien und schon gar nicht auf wenig ermutigende Vergangenheitswerte stützen, sondern häufig auf seine Intuition bauen.

All diese Hindernisse beseitigt für Sie das Fondsmanagement mit professionellem Know-how und besten Informationsquellen.

Für Sie bedeutet das Zeitersparnis und Komfort, wenn Sie sich auch nicht für alle Zeit auf der einmal getroffenen Entscheidung ausruhen sollten, wie bereits im ersten Kapitel erwähnt wurde.

Insbesondere als *Tafelgeschäft*[5] erfreuten sich international ausgerichtete Rentenfonds großer Anlegerbeliebtheit, weil sie auch in kleinen Stückelungen[6] als effektive Stücke[7] erhältlich sind, was bei Fremdwährungsanleihen[8] im Direkterwerb nicht der Fall ist.

Aber Rentenfonds ist nicht gleich Rentenfonds; es finden sich die unterschiedlichsten Ausrichtungen. Uns soll hier die einfache, aber umfassende Unterscheidung nach den Kriterien der *Fristigkeit* und *Anlagewährung* genügen. Dies sei hier kurz erläutert.

Die Differenzierung hinsichtlich der *Anlagewährung* ist unproblematisch. Die Palette reicht von reinen DM-Rentenfonds über Fonds mit internationaler Ausrichtung und mehreren Währungen bis hin zu Rentenfonds mit Schwerpunkten auf ausgewählten ausländischen Währungen.

Unter DM-Rentenfonds versteht man Fonds, die überwiegend in deutschen Anleihen anlegen. Die Betonung liegt dabei auf dem Wörtchen überwiegend — denn auch deutsche Rentenfonds können je nach Anlagegrundsätzen einen Teil ihrer Gelder in ausländischen Zinstiteln anlegen. Reine deutsche Rentenfonds sind dagegen deutlich in der Minderheit. Nur 26 der insgesamt 109 sogenannten deutschen Rentenfonds haben zu 100 Prozent deutsche Zinstitel im Depot. Die überwiegende Zahl der deutschen Rentenfonds darf bis zu 50 Prozent der Fondsgelder in ausländischen Renten anlegen und können sich unter Umständen damit nur geringfügig von den internationalen Rentenfonds unterscheiden, die mindestens 50 Prozent der Fondsmittel in Fremdwährungsanleihen investieren.

Die zahlenmäßig geringe Bedeutung der reinen DM-Rentenfonds hat gute Gründe. Per Saldo können diversifizierte (also in unterschiedlichen Währungen anlegen-

5 Tafelgeschäft: Ein anonym am Bankschalter abgewickeltes Wertpapiergeschäft.
6 Stückelung: Die Aufteilung einer Wertpapieremission in mehrere Einheiten. Die Mindesteinheit beträgt i.d.R. 1000,- DM.
7 effektive Stücke: Einzelne Wertpapierstücke, die ge- und verkauft werden können sowie gegen Einlösung der Zinscoupons Erträge bringen.
8 Fremdwährungsanleihen: Wertpapieranleihen, die in fremder Währung gehandelt werden.

de) Rentenfonds mit bis zu 50 Prozent Fremdwährungstitel nämlich eine deutlich bessere Performance aufweisen als die ausschließlichen DM-Fonds.

Daß die ausschließlich in DM-Papieren investierenden Rentenfonds im Regelfall schlechter abschneiden als ihre unmittelbare Konkurrenz, liegt auf der Hand. Breiter gestreute Fonds können von den höheren Zinsen in Fremdwährungen profitieren und ihre Fondsgelder häufiger umschichten. Reine DM-Rentenfonds haben dagegen im Grunde nur die Wahl zwischen den klassischen DM-Papieren wie Pfandbriefen, Bundesanleihen und DM-Auslandsanleihen, die alle eine etwa gleichhohe Rendite bringen.

Ein weiterer Grund für die zahlenmäßig geringe Bedeutung liegt in der oben genannten Konkurrenz der *Direktanlage*. Ein zu 100 Prozent in DM-Anleihen investierter Fonds hat es immer schwer, im Vergleich zur Direktanlage bessere Ergebnisse zu erzielen.

Ob sich ein Anleger Bundesanleihen für 10.000 DM kauft oder Anteile an einem Rentenfonds erwirbt — die Erträge müssen in beiden Fällen etwa gleich hoch ausfallen. Für den Rentenfonds spricht dabei die Tatsache, daß Sie mit einem Rentenfonds über ein einziges — pflegeleichtes, weil übersichtliches — Wertpapier verfügen. Demgegenüber besitzen Sie als Direktanleger nach einiger Zeit bereits ein umfangreiches Depot, das sich aus Titeln mit unterschiedlichen Laufzeiten, Zinsterminen und eventuell Währungen zusammensetzt und daher einer aufwendigeren Pflege bedarf. Insbesondere, seit sich abzeichnet, daß die ruhigen Zeiten für Rentenwerte längst der Vergangenheit angehören, wird dieser Vorteil bares Geld wert.

Dennoch: Letztendlich ist Fondssparen nur dann lukrativ, wenn es im Durchschnitt eine höhere Verzinsung als die Direktanlage abwirft.

Wie man bei einem Vergleich am besten vorgeht, soll anhand des folgenden Beispiels gezeigt werden. (siehe Abb. nächste Seite)

Fassen wir kurz zusammen:

Rein deutsche Rentenfonds sind vor allem solchen Anlegern zu empfehlen, die

- monatlich nur kleine Beträge sparen können,
- regelmäßig bestimmte Beträge anlegen wollen,
- sich die Fondsanteile als Tafelgeschäft effektiv aushändigen lassen,
- absolut kein Kursrisiko eingehen wollen,
- es als Alternative zum Sparbuch bewerten,
- sich überhaupt nicht um ihre Kapitalanlage kümmern wollen.

Abb. : Vergleich Direktanlage vs. Fondsanlage

Ausgangssituation:
1. Sowohl Fondssparer als auch Direktanleger legen jeweils 100.000 DM an.
2. Die Anlage des Fondsvermögens und der Direktanlage erfolgt in 10% Rentenpapieren mit zweijähriger Laufzeit bei einem Kapitalmarktzins von 10%.
3. Nach dem ersten Jahr sinkt der Kapitalmarktzins auf 8% und damit steigt der Kurswert der Anleihe auf 105,0 (Kursentwicklung der Anleihe: Kurs beim Kauf 100; Kurs nach dem ersten Jahr 101,85; Kurs am Ende des zweiten Jahres (zur Fälligkeit) 100.
4. Sowohl die Zinserträge des Direktanlegers als auch die Folgeanlagebeträge des Fondssparers werden zu einem Zinssatz von 8% angelegt.
5. Kosten fallen in beiden Fällen nicht an.

	FONDSANLEGER	FOLGEANLEGER	DIREKTANLEGER
Anlagezeitpunkt Fondssparer kauft 1.000 Anteile à 100 DM Direktanleger kauft 1.000 Anleihen à 100 DM	1.000 Anteile = 100.000 DM		1.000 Anleihen = 100.000 DM
Nach dem ersten Jahr Ausschüttung pro Fondsanteil und Anleihe DM 10,--; Anlage der Ausschüttungsbeträge zu 8%	10.000 DM		10.000 DM
Zu Beginn des zweiten Jahres Neuer Fondssparer kauft Anteile für insgesamt 100.000 DM zu einem Preis pro Anteil von 101,85 DM		981,84 Anteile = 100.000 DM	
Ende 2. Jahr Summe der umlaufenden Anteile: 1.000 Anteile Fondssparer (1.Jahr) + 981,84 Anteile Folgesparer (2.Jahr) = 1.981,84 Anteile Ausschüttung im 2. Jahr: (10.000 DM + 8.000 DM) : 1.981,84 Anteile = 9,0825 DM / Anteil			
Ausschüttung 2. Jahr **Gesamte Ausschüttung** **Verzinsung Ausschüttung 1. Jahr zu 8%**	9.083,-- DM **19.083,-- DM** **800,- DM**	8.917,-- DM **8.917,-- DM**	10.000,-- DM **20.000,-- DM** **800,-- DM**
Rückzahlung der Wertpapiere zu 100% Fondsanteile: Fondsvermögen 200.000,-- DM / 1.981,84 Anteile = 100,917 DM / Anteil	1.000 * 100,917 DM = 100.917 DM	952,38 * 100,917 = 99.084 DM	100.000,-- DM
Vergleich der Zahlungsreihen ges. Ausschüttungen 1.+ 2. Jahr Verzinsung der 1. Ausschüttung Kapitalrückzahlung **Summen** **Rendite**	 19.083,-- DM 800,-- DM 100.917,-- DM **120.800,-- DM** **9,91%**	 8.917,-- DM 99.083,-- DM **108.000,-- DM** **8,0%**	 20.000,-- DM 800,-- DM 100.000,-- DM **120.800,-- DM** **9,91%**

Quelle: Eigene Erstellung.

Auch *Rentenfonds mit internationaler Ausrichtung* (bis zu 50 Prozent in Fremdwährungstiteln) und internationale Rentenfonds (mit mindestens 50 Prozent Fremdwährungstiteln) erfreuen sich bei den deutschen Anlegern schon seit Jahren sehr großer Beliebtheit.

Auslandsanleihen übten wegen ihrer attraktiven Zinsen schon immer einen besonderen Reiz auf die inländischen Investoren aus. Allerdings stellten die höheren Zinsen in der Vergangenheit nicht selten den Preis für ein erhöhtes Wechselkursrisiko dar. Währungsverluste können den Zinsvorteil erheblich reduzieren oder ganz zunichte machen und den Kapitaleinsatz empfindlich schmälern.

Besonders die Dollar-Währungen wie US-Dollar, CAN-Dollar, Austral-Dollar waren in den letzten Jahren vielgefragte Anlagewährungen. Viele Anleger mußten den Zinsvorteil aber teuer bezahlen: So rentierten Austral-Dollaranleihen von Anfang 1989 bis Ende 1991 mit bis zu 14 Prozent, verglichen mit 8,5 Prozent bei DM-Anleihen. Doch der Austral-Dollar fiel im gleichen Zeitraum von 1,63 DM bis auf 1,11 DM. Damit erwirtschaftete jeder Anleger aufgrund der herben Währungsverluste eine negative Performance.

Fassen wir zusammen:

Wer als Anleger in internationalen Rentenfonds investiert, sollte sich bewußt machen, daß

- er den Zinsvorteil für ein erhöhtes Währungsrisiko erhält, also eine Art Risikoprämie kassiert,
- er sorgfältig den Währungsmix des Fonds untersuchen muß,
- das Realzinsniveau (Zinsniveau abzüglich Inflationsrate) für den Anlageerfolg entscheidend ist.
- bei einem deutlich höheren Niveau in einem Land die Wahrscheinlichkeit groß ist, daß es zu Zinssenkungen kommt und damit zu steigenden Anleihekursen und damit steigenden Fondskursen. Aber meist fällt dann auch der Wechselkurs.

Nach der *Fristigkeit* der im Fonds enthaltenen verzinslichen Wertpapiere unterscheidet man im allgemeinen zwischen

Geldmarktfonds
Sie enthalten Titel mit einer durchschnittlichen Restlaufzeit von bis zu einem Jahr; (siehe hierzu das Kapitel „Immer mehr Geld als auf dem Sparbuch ... mit Geldmarktfonds"),

Kurzläuferfonds
Sie enthalten Titel mit einer durchschnittlichen Restlaufzeit zwischen einem und drei (maximal fünf) Jahren, und

Klassischen Rentenfonds mit mittel- bis langfristiger Orientierung
Sie enthalten Titel mit einer durchschnittlichen Restlaufzeit von mehr als drei Jahren.

Kurzläuferfonds sind eine Innovation aus dem Jahre 1983. Diese Fonds investieren gezielt in verzinsliche Wertpapiere mit kürzeren Laufzeiten und Restlaufzeiten, die sich zwischen einem und maximal fünf Jahren bewegen. Papiere mit kurzen Laufzeiten haben den Vorzug, daß sie in Zinsänderungsphasen weniger ausgeprägten Kursschwankungen unterliegen als solche mit längeren Laufzeiten. Darüber hinaus werden Fondsgelder in Anleihen mit variabler Verzinsung investiert — sogenannte Floating Rate Notes , deren Zinssätze viertel- oder halbjährlich dem aktuellen Geldmarktsatz angepaßt werden. Auch hier sind die Kursrisiken durch die regelmäßige Zinsanpassung stark begrenzt.

Kurzläufer-Rentenfonds federn also Rückgänge der Anteilspreise in Zeiten steigender Zinsen weitgehend ab. Sie eignen sich demnach für Privatanleger, die das Kursrisiko ihrer Geldanlage bewußt eingrenzen möchten, ohne dabei auf eine marktorientierte Rendite verzichten zu wollen.

Ohne hier dem Kapitel „Timing bei der Einmalanlage" vorgreifen zu wollen, werden wir jetzt einige grundsätzliche Merkmale festverzinslicher Anlagen aufgreifen.

Festverzinsliche Wertpapiere zeichnen sich durch eine feste *Nominalverzinsung*[9], feste Laufzeit und den festen *Nennwert*[10], zu dem sie bei Fälligkeit zurückgezahlt werden, aus.

Da der Marktzins aber während der Laufzeit schwankt, kann eine Anpassung eines Wertpapieres mit fester Nominalverzinsung an den derzeit geltenden Kapital-

9 Nominalverzinsung: Darunter versteht man den fest vereinbarten jährlichen Zinssatz.
10 Nennwert: Bezeichnet den auf dem Wertpapier aufgedruckten Betrag.

marktzins nur über den Kurs stattfinden. Es ist also wichtig, daß *inverse*[11] — also in umgekehrter Wechselwirkung stehende — Verhältnis von Kurs und Zins zu verstehen und zu beachten.

Die eiserne Regel lautet:

Steigt der Zins, fällt der Kurs; fällt der Zins, steigt der Kurs.

Abb.: Zusammenhang zwischen Zins- und Kursentwicklung

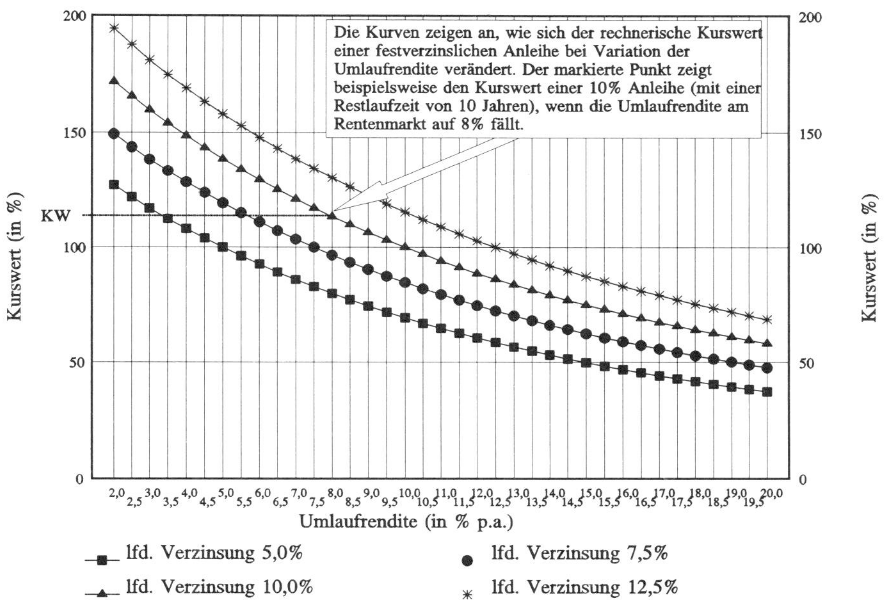

Quelle: Eigene Erstellung.

Auch Anleihen unterliegen also einem Kursrisiko, das — zugegebenermaßen — kleiner ist als das Kursrisiko bei Aktien. Zudem ist es nur für den Anleger relevant, der die Anleihe oder den Pfandbrief nicht bis zur Fälligkeit halten will. Bei Fälligkeit erhalten Sie dieses Papier auf jeden Fall (es sei denn der Schuldner wird zahlungsunfähig) zu 100 Prozent zurückgezahlt.

11 invers: aus dem Lateinischen invertus = umgekehrt

Wie diese Überlegungen beim Timing berücksichtigt werden sollten, wird später gezeigt. Für's erste mögen diese kurzen Erläuterungen also genügen.

Der *Gesamtertrag* eines Rentenfonds ergibt sich also nicht nur durch die *Zinserträge*, sondern auch eventuell anfallende *Kursgewinne* zählen zum Gesamtertrag.

A propos Ertrag ... bei Rentenfonds können Sie wählen zwischen *thesaurierenden* und *ausschüttenden* Fonds. Es liegt auf der Hand, daß Sie den ausschüttenden Fonds immer dann wählen sollten, wenn Sie von den Erträgen einen Teil Ihres Lebensunterhaltes bestreiten wollen. Der thesaurierende Fonds hingegen ist für eine lange Ansparzeit von Bedeutung: Hier macht sich nach einigen Jahren der Zinseszinseffekt bezahlt wie eine Bombe!

Vor dem Hintergrund der seit 1.1.1993 eingeführten Zinsabschlagssteuer werden sich die Akzente im Bereich der Rentenfonds verschieben. Neben den Laufzeitfonds, die im folgenden Kapitel besprochen werden, werden auch Fonds an Attraktivität gewinnen, die Ihren Ertrag mehr aus (steuerfreien) Kursgewinnen rekrutieren als aus (steuerpflichtigen) Zinserträgen.

Zum Beispiel sind die jüngsten Kinder der Rentenfondsfamilie Fonds mit Anleihen von *Schuldnern geringerer Bonität*[12] (sogenannte Junk[13]-Bonds), die zumeist unter Pari (unter dem Nennwert) gehandelt werden und mit einem höheren Nominalzins ausgestattet sind als beispielsweise Bundesanleihen. Das Risiko besteht in der Rückzahlung der Anleihe, die aufgrund der geringeren Bonität des Schuldners nicht garantiert ist. Wird die Anleihe zurückgezahlt, sind die Kursgewinne steuerfrei. So wurde Anfang 1991 der DWS-Spezial als erster deutscher Rentenfonds aufgelegt, der gemäß seiner Anlagegrundsätze vornehmlich in Anleihen mit zweitklassiger Bonität investiert. Die Performance der ersten Jahre gibt dem Konzept Recht: Sie lag mit mehr als 10 Prozent über dem Durchschnitt.

12 Bonität: Im Bankenjargon bezeichnet dieser Ausdruck die Zahlungsverläßlichkeit eines Schuldners. Aus dem Lateinischen bonus = gut.

13 junk (englisch) = Müll. Der Ausdruck wurde gewählt, um die mindere Bonität des Schuldners zum Ausdruck zu bringen.

5. Wenig Risiko, großes Spektrum ... mit gemischten Fonds

Sie können sich nicht entscheiden, ob Sie eher risikoavers sind — zu deutsch, das Risiko eher vermeiden möchten — oder ob Sie der typische Aktienanleger sind, dem kein Risiko zu hoch sein kann? Auch da kann Ihnen die Investmentwelt eine Alternative bieten: Sie nimmt Ihnen die Entscheidung einfach ab.

Steigen Sie doch erst mal in einen gemischten Fonds ein, bis Sie Ihr persönliches Risikoprofil besser ausgelotet haben.

Gemischte Fonds legen in Aktien und Renten an. Der besondere Reiz dieser breiten Anlagepalette besteht darin, daß das Fondsmanagement immer flexibel in dem Segment aktiv zu sein hat, das momentan die beste Wertentwicklung aufweist. Gemischte Fonds können sich so negativen Tendenzen in einzelnen Marktsegmenten — Aktiencrash oder starker Zinsanstieg — entziehen. Hört sich gut an — ist aber schwierig umzusetzen.

Gemessen an ihren — allerdings vergangenheitsorientierten — Anlageergebnissen hätten die gemischten Fonds eigentlich eine größere Aufmerksamkeit bei den Anlegern schon verdient. Die durchschnittliche Wertsteigerung in den letzten 10 Jahren betrug nämlich 183 Prozent. Das entspricht einer durchschnittlichen Jahresrendite von immerhin fast 11 Prozent. Damit liegen die gemischten Fonds deutlich vor DM-Rentenfonds und auch noch vor internationalen Rentenfonds.

Ein Problem aber hat das Fondsmanagement von Mixed-Fonds: Allzu häufige Umschichtungen zwischen den einzelnen Marktsegmenten können zu hohen Transaktionskosten führen, was sich negativ auf die Fondsperformance auswirken kann. Es ist für das Fondsmanagement ein durchaus schwieriges Unterfangen, hier den richtigen Mittelweg zwischen Umschichtungshäufigkeit und akzeptablem Ertragspotential zu finden.

Gemischte Fonds führen ein Zwitterdasein. Je nach Gewichtung performen sie eher wie Aktienfonds oder wie Rentenfonds. In keinem Fall aber sind sie deutlich besser als diese, denn ein gewisser Teil ist immer im anderen Marktsegment investiert. Boomt beispielsweise der Aktienmarkt, performt ein gemischter Fonds mit Sicherheit schwächer als ein Aktienfonds — aufgrund der geringeren Investitionsquote.

Sie schneiden in der Regel also schlechter ab als Aktienfonds, aber bei stärkerer Aktienorientierung besser als ein Rentenfonds.

Trotz der genannten Vorteile ist demnach aus verständlichen Gründen die Tendenz der Anlagevolumina rückläufig, weil die Fonds vielen Anlegern gegenüber reinen Aktienfonds zu lahm und gegenüber reinen Rentenfonds zu riskant erscheinen.

Summa summarum: der gemischte Fonds ist wohl eher den besonders Vorsichtigen vorbehalten. Er erfordert weder eiserne Nerven, noch läßt er die ganz großen Gewinne erwarten. Anders sieht es mit der nächsten Fondsgattung aus: dem Geldmarktfonds.

6. Immer mehr Geld als auf dem Sparbuch ... mit Geldmarktfonds

Was ist eigentlich ein Sparbuch mit gesetzlicher Kündigungsfrist?

Richtig! Es ist die einzige „Geldvernichtungsmaschine", die anscheinend kein deutscher Anleger missen möchte, denn jeder hat`s.

Viele ereifern sich bei jeder Gelegenheit am Bankschalter über die 2,5 Prozent — 3 Prozent Guthabenzinsen, die die Banken für derartige Spareinlagen gewähren. Bei einer Inflationsrate, die zur Zeit ca. 1 Prozent über diesem Satz liegt, ergibt dies unter dem Strich natürlich ein Verlustgeschäft.

Doch die bereits mehrfach angesprochene EG-Harmonisierung im Investmentbereich macht's möglich: Die neue Ausprägung der kurzfristigen Geldanlage, die allerdings viele Anleger noch nicht kennen: Reine Geldmarktfonds made in Luxemburg und Quasi-Geldmarktfonds made in Germany, auch geldmarktnahe Fonds genannt.

Quasi-Geldmarktfonds deshalb, weil diese Fonds nach deutschem Recht nur bis zu 49 Prozent des Fondsvermögens in Geldmarktpapieren mit einer Laufzeit von bis zu einem Jahr — das sind Einlagenzertifikate, Schatzwechsel und -anweisungen, variabel verzinslichen Anleihen (Floatern) sowie Bankeinlagen — investieren dürfen. Die restlichen 51 Prozent können in Wertpapieren mit kurzen Restlaufzeiten angelegt werden.

Die durchschnittliche Laufzeit eines Quasi-Geldmarktfonds liegt so deutlich unter einem Jahr. Ein Fonds mit dieser Zusammensetzung ist somit äußerst kursstabil.

Reine Geldmarktfonds, die ihre Fondsgelder ausschließlich in Geldmarktpapieren, Einlagen und Termingelder investieren, sind aufgrund des derzeit geltenden Gesetzes über Kapitalanlagegesellschaften (KAGG) in Deutschland noch nicht erlaubt, wohl aber der Vertrieb reiner Geldmarktfonds made in Luxemburg. Gemeinsam für beide Formen gilt: Fonds mit kurzen Laufzeiten sind „in".

Denn erstens bieten sie Anlegern eine Verzinsung, die mindestens doppelt, in manchen Fällen sogar dreimal so hoch wie auf dem Sparbuch ist. Zweitens sind die Kursrisiken eng begrenzt, da die Fonds nur in Papiere mit extrem kurzen Laufzeiten anlegen. Und drittens können Sie jederzeit die Fondsanteile veräußern und kommen so schnell an Ihr Geld; wie es sich für einen Investmentfonds gehört. Und zu guter Letzt sind die Kurzläufer auch noch kostengünstig, die Ausgabeaufschläge liegen bei einmalig 0,5 Prozent bis 1 Prozent.

Damit eignen sich diese Fonds als Alternative zum klassischen Sparbuch und als attraktive Parkmöglichkeit von Geldern in Konkurrenz zum Termingeld. Wegen der kurzen Laufzeiten, in die beide Formen der Geldmarktfonds investieren, eignen sich diese Fonds insbesondere für Zeiten steigender Zinsen, um Gelder zu parken.

Aus steuerlicher Sicht, sprich vor dem Hintergrund der Zinsabschlagssteuer, sind Geldmarktfonds ebenfalls noch interessant. Solange der Fonds noch nicht ausgeschüttet hat (normalerweise erfolgt die Ausschüttung einmal im Jahr), mehren alle dem Fonds zufließenden Erträge das Fondsvermögen und steigern deshalb die Anteilspreise.

Kauft man beispielsweise im Januar Anteile und verkauft diese im gleichen Jahr im November vor der jährlichen Ausschüttung, so hat man nur Kursgewinne vereinnahmt, die steuerfrei sind. Wartet man auf die Ausschüttung, sind die Erträge steuerpflichtig. Zumindest gilt dies noch für 1993 und 1994. Was danach wird, steht noch in den Sternen.

Neben reinen Geldmarktfonds, vor allem in Luxemburg aufgelegten DM-Geldmarktfonds wie dem H.C.M.Kurz und dem CS Money Market Fund DM gibt es eine Reihe weiterer Fonds, die nicht nur in DM, sondern auch oder nur in Fremdwährungen investieren.

So investiert der DM-Reserve-Fonds der IIM, einer Luxemburg-Tochter der Deutschen Bank, je nach Gelegenheit bis zu 50 Prozent in andere Währungen, zum Beispiel Dänenkronen, Irischen Pfund oder Österreichischen Schilling. Und neben dem DM-Reserve-Fonds gibt es noch den ECU-Reserve-Fonds und Fonds auf Yen oder US-Dollar Basis.

Entstanden sind Geldmarktfonds Anfang der siebziger Jahre während einer Hochzinsphase in den USA. Dafür existierten damals besonders zwei Gründe: Zum einen gab es in den USA einen bestimmten Höchstsatz für Bankeinlagen, der damals unter der Rendite für Geldmarktpapiere lag. Außerdem förderte das *Trennbankensystem*[14] diese Anlageart. Denn Wertpapierbanken konnten von zinsgünstigen Einlagen nicht wie die Sparkassen profitieren, wohl aber von hohen Einschüssen in Geldmarktfonds.

Besonders attraktiv sind Geldmarktfonds auch in Zeiten inverser Zinsstrukturen, das heißt, wenn kurzlaufende Anleihen mehr Zinsen abwerfen als langlaufende Anleihen. So erreichten Geldmarktfonds 1991 in den USA ein Volumen von mehr als 450 Mrd.US-Dollar. Das entspricht einem Anteil von mehr als 22 Prozent der Spar- und Termineinlagen bei Kreditinstituten.

Warum gibt es in Deutschland noch keine reinen Geldmarktfonds, wenn diese doch offensichtlich Vorteile für den Anleger bieten?

14 Trennbankensystem: In den USA und anderen Ländern bestehende Unterscheidung hinsichtlich der Arbeitsweise von Banken. So kennt man dort Privatbankhäuser und Spezialinstitute für das Finanzierungsgeschäft, State Banks und National Banks für das reguläre Kreditgeschäft und Broker-Firmen für das Börsengeschäft. In Deutschland existiert im wesentlichen ein Universalbankensystem, das heißt, daß die deutschen Kreditbanken sämtliche Zweige des Bankgeschäfts abdecken mit Ausnahme des Hypotheken- und Pfandbriefgeschäfts, das von den Hypothekenbanken abgewickelt wird.

Über die Gründe lassen sich nur Vermutungen anstellen. Allerdings ist sich die Finanzwelt bei diesen Vermutungen einig. Zum einen ist diese Art von Fonds gefährlich für das klassische Passivgeschäft der Banken, da erhebliche Umschichtungen in Geldmarktfonds zu Lasten der billigen Spareinlagen zu erwarten wären. Das würde sich nachteilig auf die Zinsmargen insbesondere der Sparkassen und Genossenschaftsbanken auswirken, die sich noch zu einem großen Teil aus Spareinlagen billig refinanzieren können.

Zum anderen befürchtet die Bundesbank einen Verlust der Wirksamkeit ihrer geldpolitischen Steuerungsinstrumente. Im Gegensatz zu Termin- und Spareinlagen unterliegen Geldmarktprodukte nicht der Mindestreservepflicht[15].

Da auch das novellierte Gesetz für Kapitalanlagegesellschaften (KAGG) nicht die Möglichkeit für die Auflage reiner Geldmarktfonds bietet, wird der Finanzplatz Deutschland wohl noch einige Zeit auf diese Erweiterung der Angebotspalette warten müssen.

15 Mindestreservepflicht: Ein gesetzlich geregeltes Instrument zur Sicherung der Zahlungsfähigkeit eines Kreditinstituts sowie zur Regulierung der Konjunktur. Die Mindestreserve ist die von der Deutschen Bundesbank vorgeschriebene Einlagesumme, die Geschäftsbanken bei der Bundesbank als unverzinsliches Guthaben unterhalten müssen und nicht weiterverleihen dürfen.

7. Fondsinvasion aus dem Ausland ... mit Auslandsfonds

Man hätte dieses Kapitel auch „Auslandsfonds, die Zweite“ oder „Let`s try it again — Vertrieb von Auslandsfonds in Deutschland“ nennen können. Denn der deutsche Kapitalmarkt wird nicht zum ersten Mal von einer wahren Flut von Auslandsfonds überschwemmt. Von 23 einst in Deutschland zum Vertrieb zugelassenen Auslandsfonds im Jahre 1985 stieg diese Zahl auf über 300 im Jahre 1992 und steigt kontinuierlich weiter. Der Boom in der deutschen Investmentbranche ist offenbar auch den ausländischen Fondsgesellschaften aufgefallen.

Die erste Welle von Auslandsfonds schwappte in den sechziger Jahren nach Deutschland. Die sparsamen Bundesbürger waren schon damals von den ausländischen Investmentgesellschaften als attraktiver Absatzmarkt ausgemacht worden. Den vorläufigen Schlußpunkt fand diese Entwicklung im Zusammenbruch der IOS-Organisation[16]. Das Geld — und vielleicht noch wichtiger — das Vertrauen der deutschen Anleger in Investmentfonds ging damals verloren.

Das 1969 erlassene *Auslandsinvestmentgesetz* (AuslInvG) sollte die Anlegersicherheit bei Engagements in Auslandsfonds fördern. Strenge Publizitätspflichten und unterschiedliche steuerliche Behandlung für die Auslandsfonds ließen ihre Absatzchancen und ihren Attraktivitätsgrad so deutlich absinken, daß sie für lange Zeit ein Schattendasein auf dem deutschen Investmentmarkt fristeten.

Zur Zeit erleben Auslandsfonds, allen voran Luxemburger Fonds ihren zweiten Frühling. Es verdient schon einige Bewunderung, wie schnell speziell Luxemburg die EG-Richtlinie in nationales Recht umgewandelt hat. Bereits am 30.März 1988 eröffneten sich damit für luxemburgische Investmentgesellschaften — oftmals Tochtergesellschaften deutscher und internationaler Banken — die Möglichkeiten für neue Fondskreationen wie reine Geldmarktfonds oder sogenannte *Umbrellafonds*[17]: Neuerungen, die deutschen Investmentgesellschaften bis heute noch nicht erlaubt sind.

Die Anleger dankten es den Luxemburgern mit riesigen Beträgen in zweistelliger Milliardenhöhe, die in luxemburgische Fonds umgeschichtet wurden; die Zinsabschlagssteuer tat ihr übriges.

16 IOS: International Overseas Services. Eine berühmt-berüchtigte Investmentfonds-Gesellschaft, die in den sechziger Jahren in Deutschland zahlreiche Anleger um ihr Vermögen brachte aufgrund unlauterer Machenschaften.

17 Umbrellafonds: Mehrere unter dem Dach einer Fondsgesellschaft vereinigte Fonds. Siehe Abschnitt 10 dieses Kapitels.

In der Tat erweist sich ein luxemburgischer Fonds nicht nur aufgrund der liberalen Gesetzgebung als attraktiv. Ein (noch) hervorragend geschütztes Bankgeheimnis und eine strenge Aufsicht fördern das Vertrauen in den kleinsten Finanzplatz Europas. Allerdings ist es ratsam, sich den Verkaufsprospekt genau anzusehen, da manche Gesellschaften in Luxemburg einen Rücknahmeabschlag bei der Rückgabe von Anteilen berechnen.

Neben luxemburgischen Fonds bieten sich vor allem Fonds aus der Schweiz und speziell amerikanische Fonds als interessante Investments an. Denn wer einen Blick über den großen Teich wagt, findet eine weites Feld von Fonds, die teilweise mit einer Performance aufwarten können, von der deutsche Fondsmanager nur zu träumen wagen. So konnte der größte US-Fonds, der Pioneer Fonds II, investiert in US-Aktien, im Laufe von 10 Jahren um fast 500 Prozent zulegen. Kein Wunder, denn die ausländischen Fondshäuser vor Ort kennen ihre jeweiligen Heimatmärkte besser und haben in den meisten Fällen eine Analysemannschaft vor Ort. Damit erhalten Sie Informationen aus erster Hand. Ein weiterer Vorteil für deutsche Anleger: die Fonds ausländischer Fondsgesellschaften sind oftmals wesentlich spezialisierter. Das liegt an der wesentlich weiter und länger verbreiteten Investmentmentalität.

Als Privatanleger sollten Sie jedoch nicht nur auf die Gewinnaussichten der jeweiligen Fonds achten, sondern auch die Verkaufskonditionen, die beim Erwerb der Zertifikate anfallen, genau unter die Lupe nehmen. Denn die Ausgabeaufschläge ausländischer Fonds reichen bis zu 8,5 Prozent und die meisten Fondsgesellschaften verlangen eine Mindestanlagesumme, die das Fondsvergnügen verteuern. Schließlich gibt es auch bei der steuerlichen Behandlung einige Regelungen zu beachten; darauf werden wir an späterer Stelle nochmals zurückkommen.

Grundsätzlich sollten Sie also bei der Wahl eines Auslandsfonds neben der Anlagewährung, den Anlageschwerpunkten, auch die Kosten, die Besteuerung der Erträge sowie Ihre Rechte als Anleger nach dem nationalen Investmentrecht des Auflagelandes begutachten.

Auslandsfonds sind in aller Regel nicht in DM, sondern üblicherweise in einer Fremdwährung aufgelegt. Ist dies der Fall, ergibt sich für Sie als Anleger, der in DM denkt, daraus ein Währungsrisiko. Denn das Fondsmanagement denkt stets in der Fondswährung, ohne dabei Rücksicht auf DM-Anleger zu nehmen.

Besondere Bedeutung kommt naturgemäß auch den jeweiligen Anlageschwerpunkten zu. Je nachdem, ob er nun in ausländische Aktien oder Renten investiert, die Fondspreise schwanken stets analog zur Börse, in die er investiert.

Die Performance eines Auslandsfonds summiert sich also aus Managementleistung und Währungsentwicklung. So nützt es einem DM-Anleger wenig, wenn der Fondspreis eines auf US-Dollar lautenden Fonds aufgrund steigender Aktienkurse an der Wall Street um 26 Prozent zulegt, der US-Dollar aber im Gegenzug um 15 Prozent verfällt. Die Netto-Rendite liegt dann nur bei 9 Prozent. Dieser Zusammenhang erklärt auch, warum in Hochzinsphasen ausländische Rentenfonds bislang nicht zwangsläufig renditeträchtiger waren als klassische DM-Rentenfonds.

Achten Sie bei Investmentfonds, die im Ausland aufgelegt sind, vor allem auf die Kosten. Denn anders als bei deutschen Fonds sind die Ausgabeaufschläge meist abhängig von der Anlagesumme und gerade bei kleinen Summen recht hoch (vgl. Kapitel über Kosten).

Neben den genannten Kriterien ist besonders die Frage der Besteuerung für Sie von Bedeutung. Grundlage für die Besteuerung von Auslandsfonds in Deutschland ist das vielfach genannte Auslandinvestmentgesetz (AuslInvG).

Danach werden drei Gruppen von Auslandsfonds unterschieden, die alle unterschiedlich besteuert werden. Aus dem unten angeführten Kasten wird deutlich, daß für Sie als Anleger nur die beiden ersten Kategorien in Frage kommen.

Vergessen Sie die letzte Kategorie, es sein denn, sie wollen Ihrem Finanzamt etwas Gutes tun — ganz nach dem Motto, jedes Jahr eine gute Tat.

Akzeptabel sind im Prinzip nur die Fonds der ersten Kategorie, da sie rechtlich kontrolliert werden und steuerlich den deutschen Investmentfonds gleichgestellt sind.

Bei der zweiten Kategorie können Sie die steuerlichen Nachteile zwar umgehen, indem Sie die Fondsanteile vor Ablauf des Fonds-Geschäftsjahres wieder verkaufen. Aber ein Anlagehorizont von höchstens einem Jahr minus einem Tag ist höchst spekulativ, vor allem unter Berücksichtigung des Ausgabeaufschlags.

Achten Sie besonders kritisch auf die dritte Kategorie, denn oft genug wird mit vielversprechenden Lockangeboten — nach dem Motto 20 Prozent p.a. ohne Risiko — für solche Fonds geworben, die steuerlichen Nachteile allerdings verschwiegen.

Besteuerung von Auslandsfonds (gem. AuslInvG)

1. Registrierte Auslandsfonds (Par. 17)
   Zu dieser Gruppe gehören Fonds, die beim Bundesaufsichtsamt für das Kreditwesen in Berlin zum Vertrieb zugelassen sind. Diese Fonds wurden vor der Genehmigung gründlich überprüft und werden laufend kontrolliert. So müssen diese Fonds regelmäßig Jahresberichte, Vertragsbedingungen etc. dem Aufsichtsamt vorlegen. Alle diese Fonds müssen in der Bundesrepublik einen Repräsentanten ernannt haben, an den sich der Anleger wen- ☞

den kann und der für Pannen geradesteht. Steuerlich sind sie deutschen Fonds gleichgestellt, das bedeutet, ordentliche Erträge (Zinsen, Dividenden) müssen versteuert werden, außerordentliche Erträge (Kursgewinne, Bezugsrechte) bleiben dagegen nach Berücksichtigung der Spekulationsfrist von sechs Monaten steuerfrei.

2. Nicht registrierte Auslandsfonds (Par.18 Abs.1+2)
Die Fonds dieser Kategorie haben zwar ebenfalls einen Repräsentanten ernannt, haben aber keine Vertriebsgenehmigung erhalten. Sie dürfen daher zwar verkauft, aber nicht öffentlich angeboten oder beworben werden. Steuerlich steht man sich als Anleger schlechter als bei den Fonds der 1. Kategorie. Hier müssen auch Kursgewinne außerhalb der 6-monatigen Spekulationsfrist versteuert werden. Sie gelten nach Ablauf des Fondsgeschäftsjahres als zugeflossen und müssen als Einkommen aus Kapitalvermögen versteuert werden: Dies kann das Ergebnis nach Steuern empfindlich drücken. Lösung: Verkauf der Fondsanteile vor Ablauf des Geschäftsjahres.

3. Alle übrigen Auslandsfonds (Par.18 Abs.3)
Zur letzten Kategorie gehören all die unsicheren Kandidaten, die man einem aufgeklärten Investmentsparer nicht zumuten sollte. Diese Fondskategorie hat die Mindestanforderungen der beiden ersten Kategorien nicht erfüllt. Neben einem erheblichen Ertragsrisiko gehen Sie noch große Steuernachteile ein, wenn Sie solche Fonds erwerben. Zum einen müssen sämtliche Ausschüttungen versteuert werden. Darüber hinaus sind auch noch 90 Prozent des jährlichen Wertzuwachses des Fondsanteils zu versteuern. Im Klartext heißt das, es sind auch Kursgewinne zu versteuern, die noch Buchgewinn sind, weil der Fonds sie noch nicht realisiert hat. Ausschlaggebend ist das Kalenderjahr und nicht das Fonds-Geschäftsjahr wie bei der 2. Kategorie. Lösung: Verkauf der Fondsanteile vor Jahresende. Fazit: Zu spekulativ.

Schließlich sollten Sie Ihre Rechte als Anleger nach dem nationalen Investmentrecht des Auflagelandes begutachten. Hier haben Sie allerdings den Vorteil, daß nicht nur deutsche Fonds strengen Richtlinien unterliegen. Die EG-Harmonisierung ist auf dem Investmentsektor bereits Wirklichkeit. Der EG-Ministerrat verabschiedete wie erwähnt am 20.Dezember 1985 eine Richtlinie zur Koordinierung des Investmentwesens, und bis 1989 mußten die nationalen Investmentgesetze EG-weit vereinheitlich werden (wir erwähnten dies). Danach kann ein Fonds, der in einem EG-Land die Vertriebsgenehmigung und ein sogenanntes EG-Testat erhalten hat, auch in anderen EG-Ländern vertrieben werden. Er muß den öffentlichen Vertrieb lediglich der jeweiligen Aufsichtsbehörde des Vertriebslandes anzeigen.

Bei Nicht-EG-Fonds ist das Anzeigeverfahren komplizierter und umfangreicher. Jeder Fonds aber, der die strengen Publizitäts-, Vertrags- und Besteuerungsgrundlagen erfüllt, kann von der Sicherheit des angelegten Geldes her gesehen guten Gewissens erworben werden (das hat nichts mit der zu erwartenden Rendite zu tun). Hierunter fallen so bekannte wie renommierte US-Fonds wie Pioneer, Templeton und Fidelity-Fonds.

Die meisten der in Deutschland zum öffentlichen Vertrieb zugelassenen Auslandsfonds sind ohnehin in Luxemburg und den USA beheimatet. In diesen Ländern unterliegen Investmentfonds jeweils strengster staatlicher Aufsicht und diese Reglementierungen sind durchaus mit deutschen Investmentgesetzen vergleichbar.

Last but not least ist für den einen oder anderen unter Ihnen die Möglichkeit wichtig, den Kursverlauf täglich in der Tageszeitung verfolgen zu können. Für öffentlich angebotene Auslandsfonds ist dies wie für deutsche Investmentfonds eine Selbstverständlichkeit.

Zu den Auslandsfonds, die seit längerem in Deutschland etabliert sind, gehört die Pioneer-Gruppe aus Boston. Während der Pioneer Fund ausschließlich in US-Aktien anlegt, investiert der Pioneer II einen Teil der angelegten Gelder auch weltweit. Der Vorteil bei Pioneer: Hier beträgt die Mindestanlage nur 500 US-Dollar. Wer sich für Pioneer Fonds interssiert, kann sich an die Pioneer Funds Marketing GmbH in Hamburg wenden. Kaufen kann man die Anteile über freie Vermittler oder bei der Vereins- und Westbank.

Auch Templeton Fonds wie der Templeton Growth Fund oder der Templeton Smaller Companies Fund des Börsenaltmeisters John Templeton sind den deutschen Anlegern schon länger bekannt. Von Nassau auf den Bahamas aus wird das weltweite Investmentimperium verwaltet. Während der Templeton Growth Funds auf langfristiges Wachstum ausgerichtet ist, investiert der Smaller Companies Fund von Templeton in kleine, aber wachstumsstarke Unternehmen. Repräsentant für Templeton in Deutschland ist die NORAMCO (Deutschland) GmbH in Frankfurt.

8. Nischenpolitik en détail... mit Spezialitätenfonds

Offen gestanden, Spezialitätenfonds zu erklären, ist gar nicht so einfach: Denn diese Fondsart ist quasi das Sammelbecken für alle Fonds, die sich den großen Gruppen nicht zuordnen lassen. Die Vielfalt ist immens und reicht von Länder- und Regionalfonds bis zu *Fonds für derivative Produkte*[18], wie Fonds für Wandel- und Optionsanleihen, spekulativen Fonds für Optionsscheinen, Future-Fonds, Fonds in bestimmten Währungen oder den bereits erwähnten Junk-Bond-Fonds. Was das nun wieder ist? Nun, bitte noch etwas Geduld.

Spezialitätenfonds sind neu.

Und Spezialitätenfonds sind erfolgreich.

Und Spezialitätenfonds sind anders als andere Fonds.

Denn Spezialitätenfonds geben das auf, was wir bisher als das markanteste Merkmal eines Fonds kennengelernt haben: Das Prinzip der breit gestreuten Anlagen, also der Risikomischung durch Verteilung des Fondsvermögens auf viele verschiedene Anlagemedien. Dieser Grundsatz ist bei den Spezialitätenfonds weniger — teils überhaupt nicht — ausgeprägt.

Von daher sind Spezialitätenfonds nur etwas für Wertpapier- und Fondskenner! Oder interessiert Sie das Besondere etwa auch?

Als Geburtsjahr der Spezialitätenfonds gilt das Jahr 1983 — jedenfalls offiziell. Obwohl es auch schon vorher Fonds mit ähnlichen Konzeptionen gab.

(siehe Abb nächste Seite)

Was macht nun also die „Spezialität" von Spezialitätenfonds aus? Dem Anleger sollen spezifische Anlagemärkte und -instrumente erschlossen werden, die ihm sonst nicht unmittelbar zur Verfügung stehen. Diese Fonds decken somit nicht die internationalen Märkte in ihrer vollen Breite ab und agieren auch bewußt nicht branchenübergreifend, sondern konzentrieren sich auf bestimmte Teilmärkte.

Die Gründe hierfür können zum einen relativ hohe Kosten beziehungsweise Mindestanlagesummen beim Direkterwerb sein, aber auch eine begrenzte Liquidität für Direktanlagen, Marktzugangsbeschränkungen für ausländische Anleger oder letztlich fehlende Detailkenntnis der Anleger.

Das gilt beispielsweise für Anlagen in fernen Regionen wie dem asiatischen Raum, oder für Investments an der Deutschen Termin-Börse (DTB), die — richtig gemanagt — sich durchaus als renditeträchtig erweisen können.

18 Derivative Produkte: Auf den klassischen Wertpapierarten wie Aktien und Anleihen basierende, aber abgeleitete und weiterentwickelte Produkte. Hierzu zählen insbesondere Optionen, Optionsscheine und Futures.

Abb.: Verschiedene Arten von Spezialitätenfonds

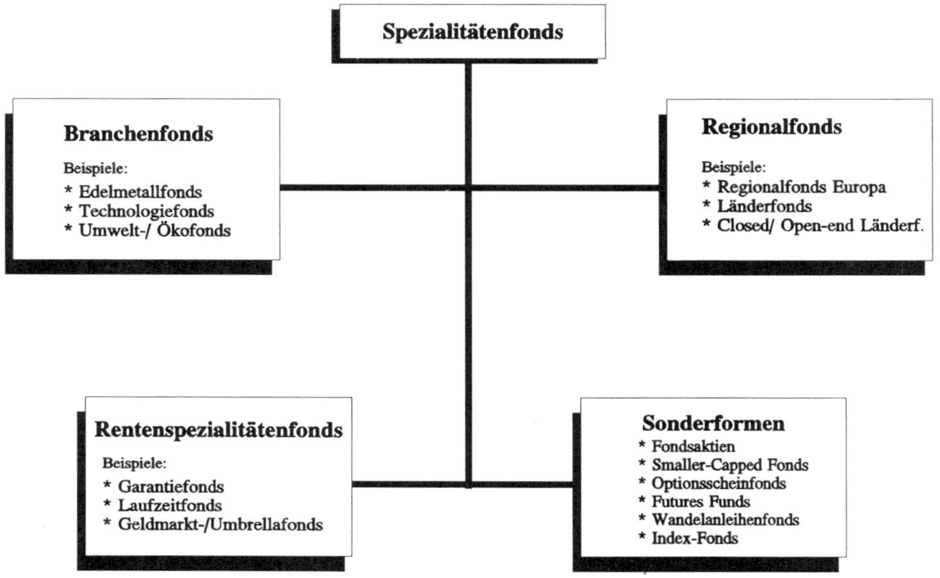

Quelle: Eigene Erstellung.

Dementsprechend sind die Anlagegrundsätze in den Vertragsbedingungen und damit auch die Anlagepolitik des Fondsmanagement im Gegensatz zu Standardfonds gezielter ausgerichtet. Mit der gezielteren Ausrichtung werden die Voraussetzungen für höhere Kursgewinne geschaffen. Gleichzeitig wird damit aber auch eine höhere *Kursvolatilität*[19], sprich ein höheres Maß an Risiko akzeptiert. Somit verschiebt sich das traditionelle Ertrags-/Risikoprofil von Standardfonds bei Spezialitätenfonds und wird risikolastig — mit höherem Ertrags- und Verlustpotential.

Zwar unterliegt auch ein Spezialitätenfonds — gemäß dem Gesetz über Kapitalanlagegesellschaften (KAGG) — dem Grundsatz der Risikostreuung. Die Risikostreuung beschränkt sich aber vornehmlich auf die Verteilung der Risiken auf einzelne Anlagetitel. Eine Risikostreuung hinsichtlich unterschiedlicher Märkte, Sektoren, Branchen etc. findet bewußt nicht statt.

19 Kursvolatilität: Damit ist die Schwankungsbreite eines Wertpapierkurses oder Fonds gemeint. Sie bemißt sich an den Höchst- und Tiefstständen innerhalb eines bestimmten Zeitraums. Ein Fonds mit einer hohen Volatilität schwankt stärker als ein solcher mit niedriger Volatilität. Von daher ist die Volatilität zugleich Ausdruck von Risiko wie auch Chance, die in einem Fonds steckt. — Aus dem Lateinischen volare = fliegen.

Im Gegensatz zu einem internationalen Aktienfonds beispielsweise, der in verschiedenen Märkten und verschiedenen Branchen investiert (Standardfonds), legt ein Spezialitätenfonds sein Fondsvermögen nur in einem bestimmten Markt, dort in bestimmten Teilmärkten oder in bestimmten Branchen an.

Entsprechend der gezielteren Anlagepolitik sind Spezialitätenfonds ein Angebot für einen bestimmten Anlegertypus. Vorausgesetzt wird ein größeres Maß an Wertpapier-Know-How — das heißt Kenntnisse über Chancen und Risiken bestimmter Wertpapieranlagen. Im Vordergrund der Anlegerinteressen stehen wie beim Fondsmanagement weniger die Daueranlage und ein langfristig stetiger Vermögensaufbau, sondern vielmehr eine konsequente Realisierung von sich bietenden Gewinnchancen und damit verbunden ein eventuell schnelles Umschichten in andere Wertpapieranlagen.

Die erste Gruppe von Spezialitätenfonds bilden solche Aktienfonds, die auf bestimmte Länder oder Regionen „spezialisiert" sind. So gibt es eine Vielzahl von Fonds, die sich in ihrer Anlagepolitik auf einzelne EG-Länder wie zum Beispiel Frankreich, Spanien, England konzentrieren. Hinzu kommen Fonds, die in Hongkong, Japan, den USA oder anderen, weniger bekannten Börsen investieren.

Ein Regional-Fonds dagegen betrachtet mehrere Länder als potentielles Anlagemedium. So existieren zum Beispiel Asia-Fonds, die in den gesamten asiatischen Raum investieren können.

Bei Regionalfonds, deren Anlagebereich sich auf Ländergruppen oder einen gesamten Kontinent erstreckt, übertragen Sie als Anlager dem Fondsmanagement zum einen die Entscheidungen, in welche einzelnen Aktien investiert wird, zum anderen, wie stark welches einzelne Land der Region im Fonds gewichtet werden soll.

Folgende spezielle Punkte seien dem interessierten Anleger noch mit auf den Weg gegeben: Mit einem Investment in Länder- und Regional-Fonds sind Währungschancen und -risiken verbunden, die sich nicht eliminieren lassen und somit eine eigene Dynamik auf die Wertentwicklung der Fonds entwickeln.

Je nach Schwerpunkt sind andere Faktoren für den Anlageerfolg mitentscheidend. Mitunter kann es dabei zu einseitigen Abhängigkeiten kommen, die das Risiko erhöhen können. So sind zum Beispiel der australische und der südafrikanische Markt wesentlich abhängiger von der Preisentwicklung bestimmter Rohstoffe als andere Märkte, ebenso wie die auf wenigen Produktbereichen basierende Exportabhängigkeit der sogenannten „Tiger-Märkte"[20] im asiatischen Raum.(siehe Abb. nächste Seiten)

Eine weitere Gruppe im Bereich der Aktienfonds sind Branchenfonds mit einer bewußten sektoralen Konzentration wie zum Beispiel Rohstoff-, Energie, Umwelt-

20 Tigermärkte: typischer Begriff für die fernöstlichen Märkte im asiatischen Raum außer Japan, z.B. Malaysia, Indonesien, Taiwan, Korea etc.

Abb. : Ausgewählte Aktien-Regionalfonds in Europa

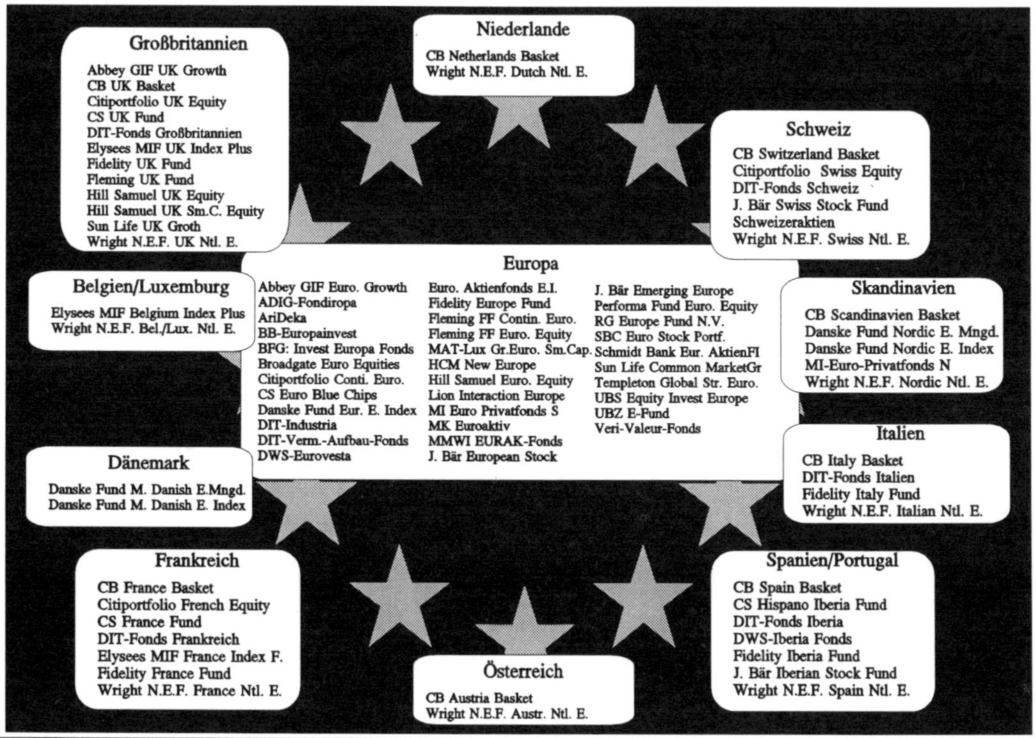

Quelle: F&V Investment-Fonds-Newsletter.

Abb.: Ausgewählte Aktien-Regionalfonds Asien/ Japan/ Australien/ Sonstige

Quelle: F&V Investment-Fonds-Newsletter.

oder Technologiefonds. Auch in diesem Produktsegment besteht die Risikostreuung in einer Mischung von verschiedenen Titeln der gleichen Branche und nicht in einer Streuung in verschiedene Branchen. Somit ist auch bei den Branchenfonds teilweise eine einseitige Risikoabhängigkeit gegeben.

Am deutlichsten entsprachen in der Vergangenheit Rohstoff-Fonds dem Ideal eines sogenannten *zyklischen Profils*[21]. Fonds dieser Gruppe verzeichneten kräftige Kursschwankungen — deutlich stärkere als Standardfonds. Ein demgegenüber eher unerwartetes stetiges Profil zeigten Energiefonds. Hier verlief die Wertentwicklung aufgrund bestimmter Preisabsprachen des OPEC-Kartells kontinuierlicher als erwartet.

Auch im Bereich der Rentenfonds sind in jüngster Zeit neue Formen von Spezialitätenfonds kreiert worden:

Aus den USA kommend sind vielen Anlegern *Junk Bonds* — zu Deutsch Anleihen von Schuldnern schlechter Bonität, sogenannte Müll-Anleihen — bestens bekannt. Nicht zuletzt ihnen verdankt die Wall Street eine enorme Fusionswelle, aber auch die Crashs der dortigen „Savings and Loans Banks“[22] und an der Wall Street selbst. Denn als aufgrund der Konjunkturschwäche viele Gesellschaften die Bonds tatsächlich nicht mehr mit Zins und Tilgung bedienen konnten, fiel das System auch aufgrund von Betrug und Insiderhandel wie ein Kartenhaus zusammen.

Nachdem nun das Schlimmste überstanden scheint, sind Rentenfonds mit höherem Schuldnerrisiko angesichts ihrer höheren Renditeerwartung von Interesse. So legte die DWS mit dem DWS-Spezial-Fonds einen solchen Fonds mit der Zielsetzung auf, Anleihen von Schuldnern mit nicht erstklassiger Bonität zu kaufen. Bislang ging das Konzept auf. Der Fonds liegt deutlich mit an der Spitze bei der Performance-Entwicklung.

Speziell sind auch Fonds für Wandel- und Optionsanleihen. Denn sie verbinden aufgrund der Instrumente, in die sie investieren, die Stabilität einer — allerdings niedrigen — Renditeverzinsung mit der Chance auf steigende Aktienkurse. Sie eignen sich daher zum Beispiel für den konservativen, mehr renditeorientierten Anleger. Und sie bieten sich in Zeiten an, in denen sich das Zinsniveau zurückbildet, bei Erwartung eines Aufwärtstrends der Aktienmärkte.

Wandelanleihen (engl. Convertible Bonds) sind in Deutschland kaum bekannt, werden aber international lebhaft als interessantes Anlagemedium genutzt. Mit einer geringen, aber festen Verzinsung ausgestattet, werden Wandelanleihen zum Ende ihrer Laufzeit wie eine normale Anleihe zum Nominalwert zurückgezahlt. Als Ausgleich für die geringere Verzinsung gewähren Wandelanleihen das Recht, die Anleihe zu einem festgelegten Basispreis in Aktien zu wandeln. Meist liegt der Basispreis

21 zyklisches Profil: davon spricht man, wenn sich ein Fonds typischerweise so im Preis entwickelt wie bestimmte, zugrundegelegte Rohstoffe.

22 Savings and Loans Banks: US-amerikanischer Sparkassensektor

Konzept von Wandelanleihen	
Zinscoupon	Je höher der nominale Zinssatz, desto höher ist der Wert des Anleiheteils gegenüber dem Optionsteil des Wandelrechts, und desto eher greift der Anleiheteil des CB's als Netz bei Kursrückgängen der Aktie.
Emissionskurs	Agio- oder Niedrig-Zins-Emission.
Laufzeit	Je länger die Laufzeit der Anleihe, desto sensibler reagiert die Anleihe auf Kursveränderungen und Volatilität bei Aktie und Zinsen.
Wandlungsverhältnis	Je nach Wandlungsverhältnis unterscheidet man Wandelanleihen des Aktien- oder Anleihetyps.
Umtauschfrist	Je früher der Beginn und je länger die Umtauschfrist, desto interessanter für die Anleger.
Zuzahlung	Je niedriger die Zuzahlung, desto stärker bestimmt der Aktienkurs die Wandelanleihe.
Kündigungsklauseln	Ermöglichen flexible Laufzeitregelung seitens des Schuldners oder der Gläubiger.
Rückzahlungskurs	Entspricht bei Fälligkeit meist dem Nennwert. Bei vorzeitiger Tilgung ist ein Agio üblich.
Kapitalverwässerungsklauseln	Dienen den Gläubigern als Absicherung vor weiteren Kapitalerhöhungen.

Quelle: Eigene Erstellung.

höher als der aktuelle Aktienkurs. Dies wird durch die Wandelprämie signalisiert. Steigt die Aktie nun im Wert, steigt auch der Wert des Wandelrechtes und dementsprechend der Kurs der Wandelanleihe. Fällt die Aktie im Wert und das Wandelrecht kann nicht ausgeübt werden, bleibt dem Anleger wenigstens noch die (geringere) Verzinsung. So sichert sich der Käufer zwar alle Chancen am Aktienmarkt, läuft aber keine Gefahr von Kursverlusten, wie sie mit den entsprechenden Aktien möglich sind. Der Preis, den er dafür bezahlt, liegt in einer etwas geringeren Verzinsung als bei vergleichbaren Anleihen. Eine Spekulation mit Sicherheitsnetz also.

Abb. : In Deutschland zugelassene Wandel- und Optionsanleihen-Fonds

FONDS-BEZEICHNUNG	KAG	DEPOTBANK	AUSGABE-AUFSCHLAG	KURS PER 04.06.1993
DWS-Wandel- und Optionsanleihen	DWS	Deutsche Bank	3,0%	81,89
DIT-Wandel- und Optionsanleihen	DIT	Dresdner Bank	3,0%	85,22
Säkular-Universal-Fonds	Universal	Schweizerische Kreditanstalt	3,0%	205,36
Convertfund	Smith, Barney, Harris Upham & Co.	Kredietbank S.A., Luxemburg	4,0%	156,40
Funisato-Fonds	MAT	Schweizerische Kreditanstalt	4,0%	107,38

Quelle: Eigene Erstellung.

Noch spezieller als speziell sind Optionsschein-Fonds, die mit einem spekulativen Instrument garantiert für überdurchschnittliche Kursbewegungen sorgen. Eine Konzentration der Vermögensanlage auf Optionsscheine und Optionsanleihen war in der zweiten Hälfte der achtziger Jahre eine der profitabelsten Anlagen, mit Ende der achtziger Jahre und mit Beginn der neunziger Jahre aber waren diese Fonds schlichtweg eine Katastrophe. Nun beginnen sich die Fonds — nicht zuletzt durch die geschaffene Konkurrenzsituation — zu etablieren und performen in den letzten beiden Jahren wieder deutlich positiv.

Optionsschein-Fonds legen das Fondsvermögens überwiegend in Optionsscheinen an. Klar? Aber was sind Optionsscheine?

Wesentliches Merkmal eines Optionsscheins ist es, innerhalb einer bestimmten Frist ein anderes festgelegtes Wertpapier für einen bestimmten Preis kaufen oder verkaufen zu dürfen. So berechtigt der Optionsschein der Deutschen Bank 91/95 zum Erwerb der Aktie der Deutschen Bank zu einem Preis von 550,- DM. Dieses Kaufrecht ist begrenzt bis zum 30.Juni 1995. Per 13.04.93 lag der Kurs der Aktie bei 709,- DM, der Schein notierte bei 184,-DM. Als Anleger können Sie dann wie folgt rechnen:

Wert des Optionsscheins	**Aktueller Aktienkurs**	**./. Basispreis**	**= innerer Wert des Optionsscheins**
	709,- DM	550,- DM	159,- DM

Die Differenz zwischen dem sogenannten *inneren Wert* und dem *aktuellen Preis* des Optionsscheins bezeichnet man als *Prämie* (für die Option, die Aktie noch zwei Jahre lang zum gleichen Preis kaufen zu dürfen). In diesem Fall liegt die Prämie bei 3,7 Prozent beziehungsweise einem Aufgeld von 25 DM.

Steigt die Aktie nun zum Beispiel um 10 Prozent auf 780,- DM, hat das Recht immerhin eine inneren Wert von ca. 230,- DM, ein Anstieg um über 25 Prozent. Je nachdem, wie hoch die Prämie dann ist, liegt der Börsenkurs noch höher. Der verstärkte Anstieg wird als Hebelwirkung bezeichnet und liegt an dem geringen Kapitaleinsatz beim Optionsschein im Vergleich zur Aktie.

An der Börse werden Optionsscheine als Wertpapiere gehandelt. Reizvoll sind Optionsscheine deshalb, weil die Kursgewinne enorm sein können. Wie immer bei hohen Gewinnchancen werden die Chancen durch das auf der anderen Seite bestehende Totalverlustrisiko relativiert (Wer mehr über Optionsscheine wissen möchte, dem sei das Buch „Profit mit Optionsscheinen" ans Herz gelegt[23]). Ähnlich volatil

23 Michael Demuth, Profit mit Optionsscheinen, München 1990

(schwankungsfreudig) ist also auch die Preisentwicklung eines Optionsschein-Fonds. Deshalb sollte man bei einem derartigen Engagement keinen festen Zeitpunkt fixiert haben, bis zu dem man sein Geld benötigt.

Weil die Kurse von Optionsscheinen starke Kursschwankungen aufweisen, sind tägliche Beobachtung und sofortige Reaktion auf Marktveränderungen für diesen Fonds von besonderer Bedeutung. Hierzu ist ein Privatanleger im seltensten Falle in der Lage.

Außerdem zahlt ein Fonds grundsätzlich keine Spekulationssteuer. Aufgrund der Kurzfristigkeit des Geschäfts mit Optionsscheinen, das heißt, dem schnellen Realisieren von Gewinnen und Verlusten, hat dies folgende Auswirkungen: Sämtliche innerhalb des Fonds realisierten Kursgewinne sind steuerfrei, auch wenn die Gewinne innerhalb der sechsmonatigen Spekulationsfrist erzielt werden. Ein Vorteil, der gesetzlich geschützt ist und auf den Sie als Privatanleger mit Direktanlagen leider verzichten müssen.(siehe Abb. nächste Seite)

Abb. : In Deutschland zugelassene Optionsschein-Fonds

FONDS-BEZEICHNUNG	KAG	DEPOTBANK	AUSGABE-AUFSCHLAG	KURS PER 04.06.1993
PEH-Universal-Fonds OS	Universal	Bethmann Bank	6,0%	52,71
MMWI-OSWA-Fonds	M.M.Warburg Invest	Dresdner Bank	5,0%	57,21
CC-Universal-OS-Fonds	Universal	Berenberg Bank	5,0%	136,65

Quelle: Eigene Erstellung.

Wachsende Bedeutung haben zu guter letzt Fonds im *derivativen Bereich*, die einen deutlichen Schwerpunkt auf Options- und Terminkontrakte legen. Solche Fonds haben als solide Basis einen hohen substanzsichernden Rentenanteil, der je nach Anlagegrundsatz und Zielrichtung des Fonds bei bis zu 90 Prozent liegt, ergänzt um Optionen und Terminkontrakte mit starken Kursschwankungen. „Speziell“ sind bei solchen Fondskonstruktionen die verwendeten Instrumente.

International wesentlich verbreiteter gehören auch hierzulande derivative Instrumente dank der Einführung der Deutschen Terminbörse (DTB) zunehmend zum normalen Handwerkszeug der Investmentbranche. Daher sollten sich solche Fondskonzepte relativ schnell etablieren und zum festen Bestandteil des Investmentangebots werden.

Ein ebenso spekulatives Instrument wie ein Optionsschein können Futures-Kontrakte (Termingeschäfte) sein. Bei einem Termingeschäft kauft oder verkauft man das Basisobjekt (zum Beispiel eine Aktie, Anleihe, Rohstoffe etc.) zu einem festen Preis auf einen zukünftigen Termin hin. Futures eignen sich zur Spekulation ebenso wie zur

Absicherung von größeren Portefeuilles (Aktien-Investmentanlagen) gegen Kursschwankungen. Future-Fonds allerdings nutzen die spekulativen Einsatzmöglichkeiten dieser Instrumente und versuchen so, eine überdurchschnittliche Performance zu ereichen. Daß dies mit einem hohen Risiko verbunden sein kann, bedarf keiner Erläuterung. Von daher sollten Future-Fonds von Ihnen nicht gleich beim Einstieg in die Welt der Investmentfonds erworben werden, und von fortgeschrittenen Anlegern auch nicht als eine solide Basisinvestition, sondern allenfalls als Beimischung eines größeren, diversifizierten Wertpapierdepots verstanden werden.

Mit dem Kauf eines Future können Sie als Anleger auf steigende, mit dem Verkauf auf fallende Kurse eines bestimmten Finanzproduktes, zum Beispiel Aktien setzen. Gegenüber einem Direkt-Investment in Aktien oder einem Leerverkauf hat das Engagement am Terminmarkt eine Reihe von Vorteilen. So beschränkt sich der Kapitaleinsatz bei Abschluß eines Termingeschäftes auf eine Sicherheitsleistung („Margin", ca. 5-15 Prozent des Kontraktwertes), mit der die Erfüllung der gesamten Kontraktverpflichtung garantiert wird. So vermeidet der Marktteilnehmer die längerfristige Bindung von Geldern beziehungsweise den kostenintensiven Erwerb von Einzelpositionen, die dann möglicherweise nicht zu den Börsenfavoriten gehören.

Dieser anfänglich geringe Kapitaleinsatz erklärt die extremen Gewinne und Verluste, die durch Termingeschäfte möglich sind und durchaus mehrere 100 Prozent betragen können. Aber: Ist die Sicherheitsleistung aufgrund unerwarteter Kursentwicklung aufgebraucht, muß über den Einsatz hinaus Geld „nachgeschossen" werden. Da ein Investmentfonds nur über das Fondsvermögen verfügt, kann er keine zusätzlichen Gelder nachschießen. Daher investieren Future-Fonds eben nur einen Bruchteil — meist nur bis zu 15 Prozent ihres Vermögens — in Termingeschäfte. Das restliche Fondsvermögen liegt wie bereits erwähnt als Reserve in festverzinslichen Wertpapieren.

Fazit für die beiden zuletzt genannten Spezialitätenfonds: Sie sind allerhöchstens als Depotbeimischung geeignet und das auch nur bei einem erfahrenen Fondsanleger. Zumal nach dem Gesetz über Kapitalanlagegesellschaften (KAGG) in Deutschland keine Future-Fonds aufgelegt werden dürfen und diese auch nach dem Ausland-Investment-Gesetz (AuslInvG) nicht unter die Kontrolle einer deutschen Aufsichtsbehörde fallen.

Es handelt sich somit um ein Produkt des grauen Kapitalmarktes. Sollten Sie dennoch Interesse an einem Future-Fonds zeigen, so sollten Sie sich beim Kauf unbedingt über die Seriosität der Anbieter und Manager erkundigen.

Dieses sind nur einige Beispiele von Spezialitätenfonds. Die Angebotspalette ist um einiges größer. Sie sehen aber anhand dieser Aufzählung, daß der Begriff der

Spezialitätenfonds viele der bereits betrachteten Fondstypen beinhaltet und sich nur eindeutig zum Begriff „Standardfonds“ abgrenzen läßt.

Der größte Vorteil des Spezialitätenfonds-Konzepts für den Anleger liegt für Sie in der Beweglichkeit der Anlage und in der Auswahl der Sektoren oder Auslandsmärkte, die Sie wohl selbst nur mit erheblichem Aufwand aufbringen könnten.

Was ist nun bei der Anlage in einen Spezialitätenfonds zu beachten?

Da die Spezialitätenfonds im Langfristvergleich in der Regel mal besser und mal schlechter abschneiden als die Standardfonds, gilt es, den gekauften Fonds zu beobachten und gegebenenfalls rechtzeitig vor dem Absinken der Performance (beispielsweise aufgrund ungünstiger Entwicklung des betreffenden Teilmarktes) abzustoßen und eine Umschichtung in eine andere Anlageart oder in einen anderen Spezialitätenfonds vorzunehmen.

Umschichtungen aber kosten Geld. Deshalb sollte man sich gerade bei Spezialitätenfonds vor dem Kauf sehr genau über die Ausgabeaufschläge informieren, um die Gewinne nicht durch Umschichtungskosten aufzehren zu lassen.

Fazit also: Wer in einen Spezialitätenfonds investiert, muß den Faktor Zeit berücksichtigen. Man braucht einerseits Zeit, um sich einen Marktüberblick zu verschaffen und dann die Entscheidung zu treffen, welcher Spezialitätenfonds gekauft wird. Andererseits braucht man Zeit, um den Marktüberblick zu behalten, weil nur mit Marktübersicht die richtige Umschichtungsentscheidung getroffen werden kann. Wer sich aber diesen Überblick verschafft hat, für den bestehen gute Chancen mit Spezialitätenfonds eine höhere Performance zu erzielen als mit Standardfonds in einem bestimmten Zeitraum.

Anders bei den folgenden Fonds — die wohl eher zu jenen zählen, die man abschließen und anschließend getrost für fünf oder zehn Jahre vergessen kann.

9. Die Zukunft hat begonnen ... mit Futures-Fonds[24]

In den Vereinigten Staaten sind sie bereits ein Renner, in Europa eher (noch) unbekannt: *Managed Futures*. Dabei handelt es sich um Fonds oder Pools, welche auf den internationalen Termin-Märkten (engl.: „Futures Exchanges“) partizipieren. Diese kollektiven Anlagen verzeichnen gegenwärtig die stärksten Zuwachsraten weltweit, da Investoren in steigenden wie in fallenden Märkten erhebliche Profite erzielen können. Managed Futures sind allerdings nicht unbedingt eine Alternative, sondern eher eine sinnvolle und notwenige Ergänzung zu klassischen Investment-Formen.

Futures, zu deutsch „Terminkontrakte“, entstanden ursprünglich als Instrument zur Absicherung (engl. „Hedging“) von Waren, um das Risiko von Preisschwankungen in der Zukunft zu minimieren. So gab es bereits in der Antike einen Terminmarkt für Getreide. Die uns bekannten regulierten Futuresbörsen hatten im vergangenen Jahrhundert ihren Ursprung in Chicago. Dort handelte man zuerst Terminkontrakte für reine Absicherungszwecke auf Rindfleisch und Saatgut. Rasch breitete sich die Kontraktpalette auch auf andere gängige Agrarprodukte aus und immer mehr Teilnehmer wurden von diesem Markt angezogen.

Mittlerweile existieren derartige Börsen in fast allen industrialisierten Staaten, wobei sich der Schwerpunkt von Terminkontrakten auf Agrarprodukte und Rohstoffe mehr zugunsten der sogenannten *Financial Futures* verschob. Hierunter sind Terminkontrakte auf Staatsanleihen, Devisen und Aktien-Indices zu verstehen. Zentralbanken, exportabhängige Konzerne und Investmenthäuser setzen diese im großen Stil ein, um etwaige Risiken bei Schwankungen in Devisen- oder Wertpapier-Kursen systematisch zu minimieren.

Futures — nichts für den Privatmann

Futures sind allerdings durch ihre volatile, also stark schwankende, Wesensart nur für den professionellen Anleger geeignet, da Privatpersonen nur schlecht die ungeheure Datenfülle rechtzeitig verarbeiten und der mitunter hohen Geschwindigkeit der Märkte folgen können. Ein Totalverlust und noch mehr, da bei Futures gegebenenfalls einer Nachschußpflicht nachgekommen werden muß, ist bei ungeübten Investoren keine Seltenheit. Daher taucht die folgende Frage auf: Ist es prinzipiell möglich, Futures in eine Investmentform zu integrieren, welche dem privaten Anleger angemessenen Schutz bieten kann?

24 Für diesen Beitrag (Kap. 9) bedanken sich Autor und Verlag bei GNI Fund Management

Managed Futures als Publikums-Pools/Fonds

Die Antwort: Ja, falls professionelles und diszipliniertes Trading im Rahmen eines Pools/Fonds betrieben werden kann. Somit wird der wichtige „Hedging-Gedanke“ in ein passendes Finanzprodukt verpackt, das im Gegensatz zu direkter Partizipation große Vorteile bietet. Man stelle sich ein ausgewogenes Portfolio einer Privatperson vor: Immobilien, Wertpapiere und Devisen — beziehungsweise deren Fonds — und Bargeld. All diese Vermögensarten haben ein gemeinsames Merkmal: Sie sind samt und sonders auf steigende Kurse oder Preise angewiesen. Natürlich fallen selten alle Märkte gleichzeitig, dennoch ist es möglich, auch über einen längeren Zeitraum hinweg eine schwache, aber trotzdem negative Performance zu erleiden. Eben diese kann durch die Hinzufügung von Managed Futures neutralisiert werden. Futures sind nicht auf steigende Märkte angewiesen: Egal ob Devisen- oder Wertpapierkurse nach unten oder nach oben zeigen, die darauf abgeschlossenen Terminkontrakte können je nach Ausmaß des Hebeleffektes Profite erzielen.

Investoren sollten allerdings beachten, daß je nach Gusto ein Maximum von 30 Prozent des gesamten Portfolios in einen Managed Futures Pools investiert werden sollte. Empirische Untersuchungen von Prof. John Lintner ergaben, daß bei diesem Mischungsverhältnis das optimale Gleichgewicht zwischen Ausschöpfung von Profitanteilen einerseits und einer Verminderung von Wertschwankungen andererseits erreicht wird (siehe Abbildung).

DIVERSIFIKATION IM AUSGEWOGENEN GLOBALEN PORTFOLIO:

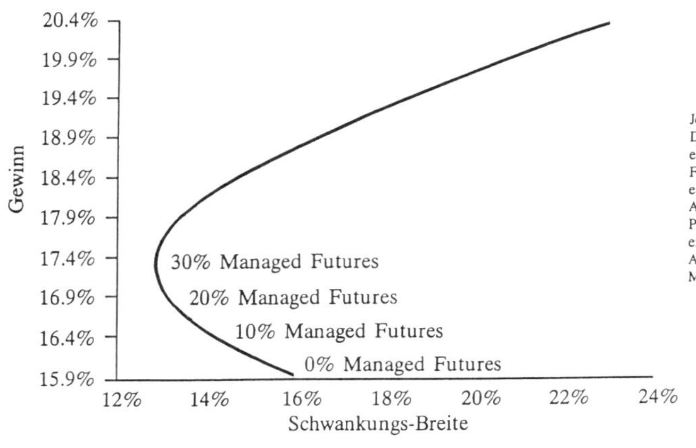

John Lintner 1983: Die Beimischung eines Managed Futures Fund zu einem globalen Aktien- und Renten-Portfolio bewirkt einen "optimalen Asset-Allocation-Mix".

Quelle: LaPorte Asset Allocation System

10. Spielen Sie doch auch mal Monopoly... mit Immobilienfonds

Mit Immobilien wurden Reichtümer und Imperien aufgebaut und gigantische Vermögen erwirtschaftet. Immobilienbesitz bedeutete stets Geld und Ansehen. Aber Immobilienmagnaten wie Donald Trump haben durch Fehlinvestitionen auch schon mal ihr ganzes Vermögen — und ihre teuren Frauen — verloren.

Jetzt werden Sie sich sagen, mit meinem bißchen Geld — und meiner teuren Frau (?) — ist das kein Thema für mich. Denn mit vielleicht 50.000 DM kann ich mir außer meiner eigenen Wohnung weder weitere Häuser bauen noch sie finanzieren. Trösten Sie sich: Rechtlich, wirtschaftlich und steuerlich können Sie mit diesem Betrag dennoch Bauherr werden: über die Beteiligung an Immobilienfonds.

Wenn Sie also nicht selbst bauen wollen oder Ihnen die finanzielle Puste noch fehlt, Sie auf eine Immobilie als inflationsgeschütztes Investment in ihrem Depot aber nicht verzichten wollen, dann bieten sich Immobilienfonds als Investment an.

Als reine, langfristig orientierte Kapitalanlage bieten sich offene Immobilienfonds an, die als eine Art „Grundbesitz für die Brieftasche“ Miteigentumsanteile an diversen, lukrativen Gewerbeimmobilien verbriefen. Der große Vorteil für Sie: Sie kommen in den Genuß einer langfristigen Investition mit dem Vorteil der jederzeitigen Möglichkeit, Ihren Anteil zu liquidieren.

Für vermögende Privatkunden kann aus steuerlicher Sicht dagegen insbesondere der geschlossene Immobilienfonds eine Alternative sein.

Hier wird in einzelne Gewerbe- und/oder Wohnimmobilien investiert, um als Bauherr beziehungsweise Ersterwerber voll in die wirtschaftlich-steuerliche Verantwortung zu gelangen, mit dem Ziel, Rentabilität und Steuervorteile zu erlangen.

Trotz der Namensähnlichkeit liegen Welten zwischen offenen und geschlossenen Immobilienfonds.

Grundbesitz für die Brieftasche — offene Immobilienfonds

Immobilienbesitz gehört zu jeder ausgewogenen Vermögensstreuung. Denn der Haus- und Grundbesitz schützt als Sach- und Substanzwert vor der Inflation, das heißt, dem Schwund der Kaufkraft und verschafft Ihnen regelmäßige Einkünfte.

Doch gerade der lukrative Bereich der Gewerbe- und Büroimmobilien in Ballungszentren mit Investitionssummen von mehreren Millionen DM bleibt dem privaten Anleger weitgehend verschlossen. Für Büroflächen in Spitzenlagen von Berlin liegen die Spitzenmieten bei 90 DM, bei Ladenflächen sogar über 350 DM. Eine

Möglichkeit, sich daran zu beteiligen und davon zu profitieren, bieten offene Immobilienfonds. Mit dem Kauf von Anteilscheinen beteiligt sich der Anleger an diversen Immobilienobjekten, größtenteils Gewerbeobjekten. Wohnobjekte sind für Immobilienfonds meist nicht renditeträchtig genug und erfordern einen zu hohen Verwaltungsaufwand. Außerdem lassen sich Indexierungen[25] beziehungsweise Mietgleit- oder Staffelklauseln bei gewerblichen Mietern leichter durchsetzen.

Nach Angaben des Bundesverbandes Deutscher Investmentgesellschaften (BVI) sind rund 63 Prozent der Fondsvermögens der deutschen offenen Immobilienfonds in Geschäftsgrundstücken und weniger als 1 Prozent in Mietwohngrundstücken investiert. Hinzu kommen noch gemischt genutzte Grundstücke mit gut 2 Prozent.(siehe Abb. nächste Seite).

Da die Anteilscheine wie bei klassischen Investmentfonds jederzeit zurückgegeben werden können, vereinigen Sie als Anleger die Vorteile der Immobilienanlage mit denen eines Wertpapiers. Einziger Unterschied: Die Anteilspreise von offenen Immobilienfonds werden nicht täglich, sondern in der Regel dreimal monatlich neu festgelegt. Dennoch: Die offenen Immobilienfonds haben die Immobilienanlage mobil gemacht.

Die Bezeichnung offener Immobilienfonds rührt daher, daß sowohl das Fondsvermögen, die Zahl der Anleger, als auch die Zahl der Objekte für neue Anleger offen sind. Da die Zahl der Anteile nicht begrenzt ist, können neue Anleger jederzeit Anteilscheine erwerben. Fließt dadurch neues Anlagekapital in den Fonds, können neue Objekte erworben beziehungsweise erstellt werden. Das Fondsvermögen ist also keine feststehende Größe.

Die Zielsetzung von offenen Immobilienfonds liegt auf langfristigem, möglichst kontinuierlichem Wertzuwachs und stetiger Ertragskraft. Die Fonds finanzieren in aller Regel konservativ, vornehmlich mit Eigenkapital. Das entscheidende Kriterium vieler Fonds ist „Lage, Lage und nochmals Lage“. Immobilien in guten Lagen sind nicht beliebig vermehrbar, daher setzt man hier auf Wertzuwachs. Und durch Indexierung der Mietverträge bei Gewerbeimmobilien an den Lebenshaltungsindex wird die Anlage inflationsgesichert. Während Aktienfonds als alternative Produktivanlage bei den Börsen-Crash's 1987 und 1989 massiv gefallen sind, konnten Immobilienfonds auch hier kontinuierliche Wertzuwächse verzeichnen.

Die zentrale Rolle für die Bewertung der Fondsanteile spielen Mieterträge. Denn die Bewertung der Objekte durch Gutachter erfolgt auf der Basis des Ertragswertes.

25 Indexierung: vertragsgemäß vereinbarte Anpassung der Miete an die jeweilige Inflationsrate

Abb. : Vermögen der BVI Grundstücksfonds

	Mio DM
A Mietwohngrundstücke	314,1
B Geschäftsgrundstücke	16.260,4
C Gemischt genutzte Grundstücke	407,3
D Grundstücke in der Bebauung	811,2
E Unbebaute Grundstücke	130,1
F Für Ankäufe und Bauvorhaben reservierte Mittel u. Liquidität	10.445,2
Fondsvermögen insgesamt	28.368,2

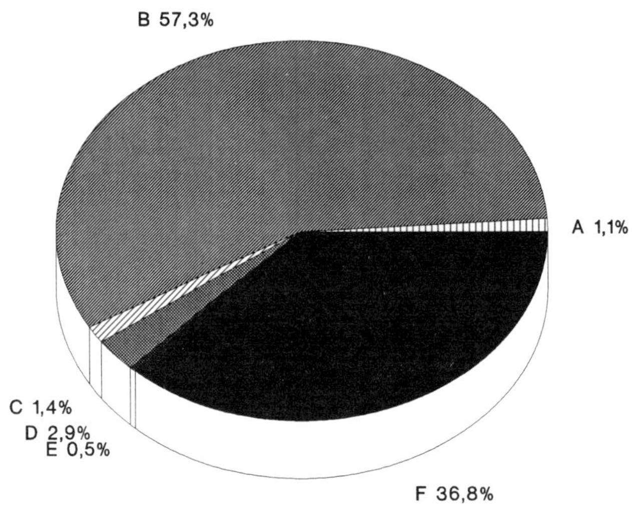

Anmerkung: Die Übersicht weist die absoluten und prozentualen Anteile verschiedener Vermögensarten am gesamten Fondsvermögen aller dem Bundesverband Deutscher Investment-Gesellschaften e.V. (BVI) angeschlossenen Offenen Immobilienfonds (Publikumsfonds und Spezialfonds) am 31.12.1992 aus. Bestehende Verbindlichkeiten wurden mit der Position F saldiert.

Quelle: Eigene Erstellung nach einer Erhebung des BVI.

Haupteinflußfaktor ist die nachhaltig erzielbare *Jahresnettokaltmiete* (JNKM) des Objektes unter Berücksichtigung der laufenden Kosten für Verwaltung, Instandhaltung, Versicherung etc. und des Bodenwertes. Der Gutachter multipliziert das Ergebnis mit einem Multiplikator, der sich aus der *Wertermittlungsverordnung* ergibt. Als konservativer Multiplikator im Falle des Verkaufs gilt das 12- bis 13-fache der Jahresnettokaltmiete. Die Bewertung nach dem Ertragswert entspricht dem Vorsichtsprinzip und ist für die Fondsverwaltung verbindlich. Somit ist sichergestellt, daß im Falle der Veräußerung durch den Fonds der Verkaufspreis in etwa dem Verkehrswert entspricht.

Einen Nachteil allerdings hat diese Bewertungsmodalität — zumindest für die Spekulanten unter den Anlegern: Spektakuläre Rekordverkäufe von Filetobjekten — so nennen Insider die besonders lukrativen Immobilien — schlagen sich nicht in einem höheren Fondspreis nieder, sondern erhöhen allenfalls die Ausschüttung. Eine Höher- oder Tieferbewertung findet nur bei Mietveränderungen statt. Sie können mit offenen Immobilienfonds daher nicht die schnelle Mark mit Preisschwankungen machen. Dafür benötigen die konservativen Anleger unter Ihnen aber nicht mal die Finger einer Hand, um die Fälle aufzuzählen, in denen einmal der Anteilspreis eines Immobilienfonds in einem Jahr zurückgenommen werden mußte.

Nimmt eine Fondsgesellschaft die Bauherrenfunktion wahr und baut im eigenen Namen selbst, hat Sie allerdings gleichzeitig die Chance, den Bauherren- beziehungsweise Bauträgergewinn für sich zu beanspruchen. Dieser Gewinn wirkt quasi wie eine Kostenersparnis, fördert die Wertentwicklung des betreffenden Objektes und erhöht so die Rendite der Investition und wirkt sich damit positiv auf den Fondsanteil aus.

Zur Sicherung Ihrer Anlegerinteressen dienen eine ganze Reihe von Vorschriften und Anlagegrundsätze des Gesetzes über Kapitalanlagegesellschaften. Maximal 95 Prozent des Fondsvermögens dürfen überhaupt in Immobilien investiert werden, mindestens 5 Prozent muß der Fonds als Barreserve halten, um beispielsweise jederzeit Anteile zurückkaufen zu können. Entsprechend dem Wesen der Investmentfonds gehört die Risikostreuung auch zum Grundsatz der offenen Immobilienfonds. Das Fondsvermögen muß in mindestens zehn Objekte investiert werden. Kein Grundstück darf mehr als 15 Prozent und keine Einzelobjekte (Bürohaus etc.) oder in Bau befindliche Grundstücke mehr als 20 Prozent des Fondsvermögens ausmachen. Dies gilt für Objekte in Mitgliedstaaten der Europäischen Gemeinschaft. Außereuropäische Investitionen dürfen in der Summe nicht mehr als 20 Prozent des Fondsvermögens ausmachen, Einzelgrundstücke oder -objekte nicht mehr als 4 Prozent.

Abb. : Die wichtigsten Vorschriften des KAGG bzgl. offener Immobilien-Fonds

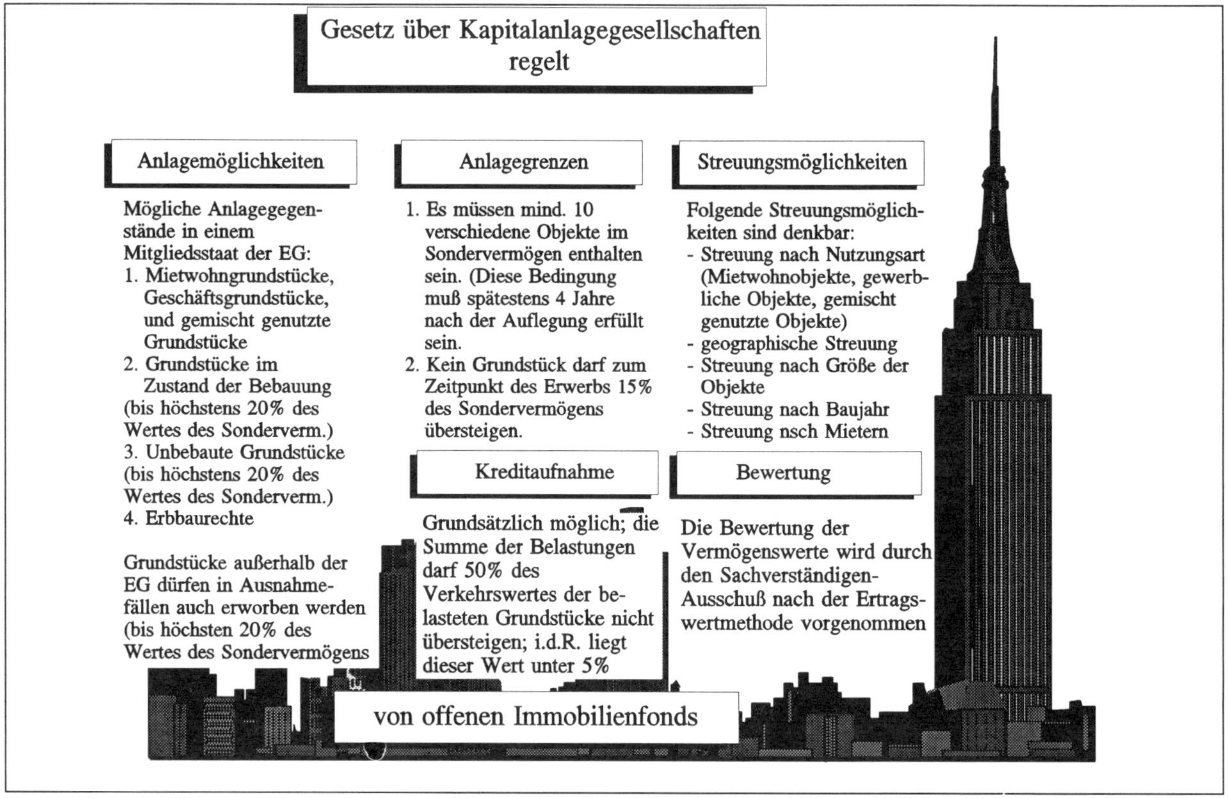

Quelle: Eigene Erstellung.

Auch steuerlich erwerben Sie einige Vorteile gleich mit: Ein Teil der Ausschüttungen bei offenen Immobilienfonds bleibt steuerfrei. Dies gilt für den Teil, der auf Veräußerungsgewinne entfällt, sofern die Anteile zum Privatvermögen gehören. Auch die Abschreibungen der Fondsgesellschaft auf Immobilien kommen dem einzelnen Fondsinhaber zugute und vermindern den steuerpflichtigen Anteil der Rendite. Insbesondere bei neuerstellten Immobilien sind die Abschreibungsmöglichkeiten günstig und erhöhen den steuerfreien Anteil der Ausschüttung. Die steuerfreien Anteile schwanken von Jahr zu Jahr. Teilweise liegen Sie bei 50 Prozent. Eine voll steuerpflichtige Anlage wie beispielsweise festverzinsliche Wertpapiere müßten einen erheblich höheren Ertrag als offene Immobilienfonds abwerfen, um dem Anleger nach Steuern eine gleichhohe Rendite zu gewährleisten.

Leider betrachtet der Fiskus Anteile an offenen Immobilienfonds als Wertpapiere und nicht als echten Immobilienbesitz. Dies hat zwar den Vorteil, daß die Spekulationsfrist wie bei Investment-Anteilen lediglich sechs Monate und nicht wie bei direktem Immobilienbesitz zwei Jahre beträgt. Auch unterliegt der Erwerb der Anteile nicht der Grunderwerbssteuer wie beim direkten Immobilienerwerb. Diese 2prozentige Steuer führt nur der Fonds selbst beim Erwerb von Objekten ab.

Allerdings können Sie für den Ankauf von Fondsanteilen kein Bauspardarlehen in Anspruch nehmen.

Der größte Nachteil aber ist, daß gemäß dem Zinsabschlagsgesetz die Erträge von offenen Immobilienfonds nunmehr auch der 30prozentigen Zinsabschlagssteuer unterliegen. Dies können Sie nur vermeiden, wenn Sie der Fondsgesellschaft einen Freistellungsauftrag erteilt haben, weil Sie unter dem Sparer-Freibetrag von 6.000/12.000 DM (Ledige/ Verheiratete) bleiben.

Auch können Sie beim Erwerb eines Anteils den Ausgabeaufschlag (Agio) nicht als Anschaffungskosten geltend machen. Dieser liegt bei 5 bis 6 Prozent und liegt damit höher als bei Rentenfonds und entspricht etwa der Belastung bei Aktienfonds. Bei höheren Anlagesummen sollten Sie allerdings gemäß unserer bewährten Empfehlung das Agio herunterhandeln.

Da der Ausgabeaufschlag erst einmal verdient werden muß und die Preisanstiege nicht so rasant vonstatten gehen, sollte die Anlage in offenen Immobilienfonds stets als *langfristige* Kapitalanlage betrachtet werden, auch wenn der jederzeitige Verkauf der Anteile möglich ist.

Laufende Depotgebühren fallen in aller Regel nicht an. Wenn doch, wechseln Sie die Bank und lassen Sie die Anteile von der entsprechenden Investmentbank selbst verwalten — sie wird es kostenlos tun.

Aber was passiert beispielsweise, wenn Holland in Not ist? Anschaulich dargestellt werden kann dies am niederländischen Immobilienfonds *Rodamco*, verwaltet von der Rotterdamer Robeco-Gruppe, mit einem Anlagevolumen von mehr als 6 Milliarden DM größer als der deutsche Branchenprimus Grundwert-Fonds 1. Investitionen in Bürobauten in London vor dem Zusammenbruch des Londoner Büromarktes speziell in 1990/1991 mußten aufgrund der Wertentwicklung und des Mietverfalls in der Folge um fast ein Viertel abgewertet werden.

Die Folge:

Viele Anleger wollten aus dem Fonds aussteigen. Obwohl die Rodamco-Fondsanteile als Aktien verbrieft und an der Börse gehandelt werden, garantierte die Gesellschaft stets den Rückkauf zum täglich festgesetzten Kurs. Aber im September 1990 passierte es: Die Fondsgesellschaft konnte der gesetzlichen Verpflichtung, die Anteile jederzeit anzukaufen, nicht mehr nachkommen. Die Barreserven waren erschöpft. Sie stellte den Ankauf ein und überließ den Preis den freien Kräften des Marktes. Die Folge war ein 40prozentiger Rückgang des Fondspreises in nur drei Tagen, obwohl die Immobilienobjekte nach wie vor im Bestand waren.

Glücklicherweise sind die deutschen offenen Immobilienfonds anders strukturiert. Seit der Auflegung des ersten Fonds verfügten die deutschen Immobilienfonds stets über genügend Liquidität, um Nettorückflüsse, das heißt, die Rücknahme von Anteilscheinen zu gewährleisten. Sie liegt üblicherweise bei 30 bis 50 Prozent des Fondsvermögens. Die Vorhaltepflicht an Liquidität ist in Paragraph 35 KAGG geregelt.

Allerdings regeln Vorschriften in den allgemeinen Vertragsbedingungen auch den allgemeinen Rücknahmeaufschub. So weist der Grundwert-Fonds 1 in Paragraph 7 seiner allgemeinen Vertragsbedingungen darauf hin, daß in extremen Ausnahmefällen die Rücknahme mit einer Frist von drei Monaten verweigert werden kann, sollte die Liquidität nicht ausreichen.

Reichen die Mittel nach dieser Frist noch immer nicht aus, sind Liegenschaften des Fondsvermögens zu veräußern. Dieser Vorgang kann und darf aber bis zu zwei Jahre in Anspruch nehmen. Erst danach sind die Liegenschaften zwangsweise zu beleihen, um die Rücknahmen vorzunehmen.

Im allerschlimmsten Fall der Fälle hätte der Anleger also schlechte Karten. Jedoch: bislang ist eben noch nie etwas vorgefallen. Und aufgrund der restriktiven Handhabung des KAGG durch die Fondsgesellschaften ist derartiges auch in Zukunft praktisch nicht zu erwarten.

Somit bleiben offene Immobilienfonds eine sichere, langfristig lohnende Kapitalanlage, mit dem Vorteil, jederzeit an sein Geld zu gelangen und somit liquide zu sein.

Liste ausgewählter offener Immobilienfonds	
Name des Investmentfonds	Investment-Gesellschaft
Grundwert-Fonds I	DEGI
Haus-Invest	DGI
Grundbesitz-Invest	DGI
Despa-Fonds	DESPA
iii-Fonds Nr. 1	III

Die Immobilie für Jedermann — Geschlossene Immobilienfonds

Geschlossene Immobilienfonds werden regelmäßig zur Errichtung beziehungsweise zum Erwerb und anschließender Vermietung/Verpachtung eines bestimmten Großbauprojektes (zum Beispiel Supermarkt, Wohn- und Geschäftshaus) aufgelegt.

Sie dienen wie offene Immobilienfonds primär als Kapitalsammelstellen für solche Immobilien, deren Finanzierung die Kapitalkraft eines einzelnen Investors übersteigt. Das Investitionsvolumen ist aber im Gegensatz zu einem offenen Immobilienfonds grundsätzlich auf das für die Anschaffung beziehungsweise Herstellung des Immobilienvorhabens benötigte Kapital zuzüglich einer eventuellen Liquiditätsreserve begrenzt. Sollen weitere Vorhaben begonnen werden, wird ein neuer Fonds gegründet.

Meist sind solche Fonds in Form von Personengesellschaften aufgelegt, zum Beispiel als Gesellschaft bürgerlichen Rechts (GbR) oder als Kommanditgesellschaft (KG). Dadurch wird erreicht, daß alle Anleger Mitgesellschafter werden und untereinander gleichgestellt sind. Weiterhin weist dies den prinzipiellen Vorteil auf, daß der Fondszeichner eines geschlossenen Fonds steuerlich wie ein Bauherr behandelt wird.

Wenn Sie sich an einem solchen „Closed-end-funds" beteiligen, können Sie mittlerweile zwischen einer Vielzahl von geschlossenen Immobilienfonds wählen. Je nach Art des Fonds können Sie sich an Wohn-, aber auch an Gewerbeimmobilien beteiligen.

Als Zeichner können Sie sich finanziell in dem Rahmen engagieren, der zu Ihnen paßt. Anteile an geschlossenen Fonds, die in der Regel auf den Namen des Zeichners lauten, werden meist in einer Stückelung bereits ab 5000 DM verkauft.

Es gibt Fonds mit einem Investitionsvolumen von weniger als 1 Million DM und von mehr als 100 Millionen DM. Entsprechend breit gestreut ist die Anzahl der Gesellschafter von einigen Personen bis zu tausend und mehr.

Man kommt leicht hinein, aber schwer wieder heraus...

Im Unterschied zu offenen Immobilienfonds wird nicht regelmäßig ein Kurs festgestellt. Es findet somit auch kein organisierter Handel in solchen Anteilen statt, sodaß die Anteile nicht jederzeit ohne weiteres verkauft werden können. Die Anteile können oft auch nicht einmal an die Fondsverwaltung zurückgegeben werden. Es existiert meist nur ein ansatzweise organisierter Zweitmarkt, der von der Fondsverwaltung beziehungsweise dem Fondsinitiator selbst gepflegt wird. Diese bemühen sich um die Vermittlung der Fondsanteile. Eine Investition in den geschlossenen Fondstyp ist also immer eine längerfristige Angelegenheit.

Eine Rückkauf-Garantie würde auch dem System dieser Anlageform widersprechen: die Anleger können auf der einen Seite nicht die zum Teil hohen steuerlichen Vorteile in Anspruch nehmen, andererseits das unternehmerische (Verkaufs-)Risiko jedoch ablehnen.

Abb.: Arten von geschlossenen Immobilienfonds

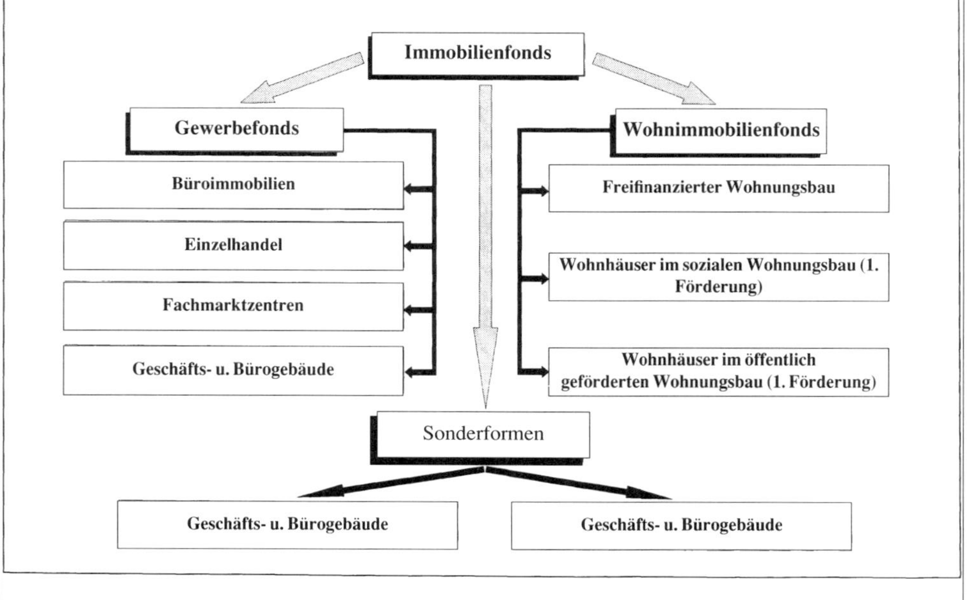

Quelle: Eigene Erstellung.

Nach der Art des Fonds lassen sich reine Gewerbefonds von Fonds im Wohnungsbau und gemischten Fonds unterscheiden. Der Renner seit der Wiedervereinigung waren bislang Gewerbefonds, zum einen aufgrund der frei zu vereinbarenden Mieten, zum anderen aufgrund des großen Nachholbedarfs gerade im Gewerbebereich. Wegen verhältnismäßig hoher Investitionsvolumina haben jedoch häufig nur institutionelle Anleger (Versicherungen, Banken, Pensionskassen etc.) oder andere Großanleger die Möglichkeit, die Vorteile von Gewerbeimmobilien auszunutzen. Die Beteiligung an der Form des geschlossenen Immobilienfonds eröffnet die Vorteile dieser Anlageform einem breiten Anlegerkreis.

Finanzierungsalternativen

Nach der Art der Finanzierung lassen sich *reine Eigenkapitalfonds* von Mischfinanzierungen mit Eigen- und Fremdkapital unterscheiden. Bei reinen Eigenkapitalfonds wird das gesamte Projekt nur durch Eigenkapital finanziert. Weder auf Seiten der

Abb.: Finanzierungsformen geschlossener Immobilienfonds

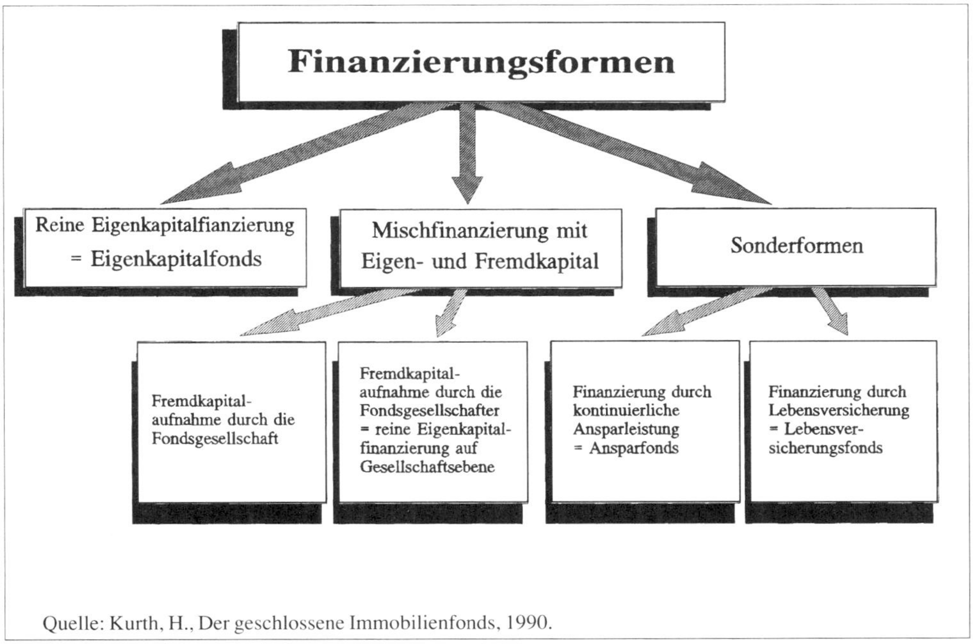

Quelle: Kurth, H., Der geschlossene Immobilienfonds, 1990.

Fondszeichner noch auf Seiten der Fondsgesellschaft wird Fremdkapital eingesetzt. Bei den gemischt finanzierten Fonds erfolgt eine Fremdkapitalaufnahme, entweder durch die Fondsgesellschaft oder individuell durch die einzelnen Fondszeichner.

Sonderformen stellen zum Beispiel Lebensversicherungsfonds dar. Zur Finanzierung eines Fondsanteils nimmt der Anleger ein persönliches, tilgungsfreies Darlehen auf und schließt gleichzeitig eine Lebensversicherung ab. Die komplette Rückzahlung des Fondsanteils erfolgt nach Ablauf des Einzahlungszeitraums von in der Regel 12 Jahren durch die dann fällige Lebensversicherung.

Die Art der Finanzierung ist wichtig für die spätere Verwendung der Mieteinnahmen, ob sie ausgeschüttet werden können beziehungsweise für die Zins- und Tilgungszahlungen verwendet werden müssen.

Will man die verschiedenen Fondskonzeptionen jeweils auf ihre Zielgruppe hin untergliedern, lassen sich steuerorientierte, ausschüttungsorientierte Fonds sowie Sonderformen unterscheiden.(siehe Abb. unten)

Wesentliche Merkmale steuerorientierter Immobilienfonds sind zum einen hohe Verlustzuweisungsquoten in der Investitionsphase sowie relativ hohe Folgeverluste

Abb.: Gängige Fondskonzeptionen von „Closed-End-Funds“

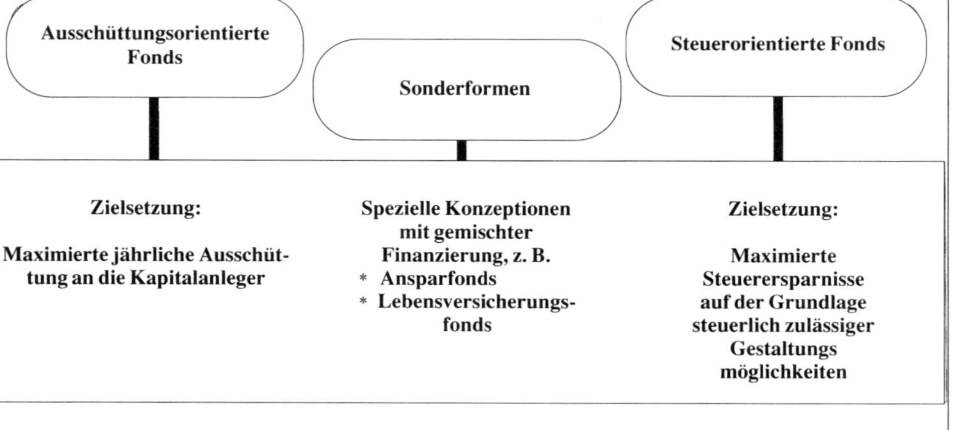

Quelle: Eigene Erstellung.

in der Vermietungsphase. Diese führen beim Anleger zu entsprechenden Steuerersparnissen. Der effektive Eigenkapitaleinsatz des Investors wird so gering gehalten. Entsprechend hoch ist der Fremdkapitaleinsatz.

Kennzeichen von ausschüttungsorientierten Fonds sind weitgehend steuerfreie Barausschüttungen, die durch einen vergleichsweise niedrigen Fremdkapitaleinsatz erreichbar sind. Dafür sind die erzielbaren Steuervorteile gering.

Neue Bundesländer

Populär geworden sind geschlossene Immobilienfonds besonders durch das Fördergebietsgesetz (FördGG) für die neuen Bundesländer und Berlin. Denn den Bauherren beziehungsweise Ersterwerbern werden gemäß Paragraph 3 und 4 des Fördergebietsgesetzes bei Investitionen in diesen Gebieten besonders lukrative Steuersparmöglichkeiten geboten: Bis zu 50 Prozent der Investitionssumme (Herstellungskosten) können sofort im Jahr des Erwerbs beziehungsweise der Erbauung und in den vier Folgejahren von den Anlegern in Form einer Sonderabschreibung für die Steuer geltend gemacht werden. Vom Jahr der Fertigstellung an sind neben den Sonderabschreibungen die Normal-Afa gemäß Paragraph 7 Abs.4 EStG in Höhe von 2 Prozent p.a. vorzunehmen, so daß bis zum Ablauf des Begünstigungszeitraums (vier bis fünf Jahre) rund 59 Prozent der Herstellungskosten abgeschrieben werden können. Damit ergeben sich, wie im unteren Zahlenbeispiel gezeigt wird, vor allem für vermögende Privatkunden interessante Steuersparmöglichkeiten.(siehe Beispiel nächste Seite)

So funktioniert ein geschlossener Immobilien-Fonds

Wie aber läuft die Auflegung eines geschlossenen Immobilienfonds ab? In der Regel suchen die Fondsinitiatoren ein geeignetes Grundstück, projektieren gemäß den baulichen Vorgaben und Möglichkeiten ein entsprechendes Objekt im Gewerbe- und/oder Wohnbereich und bieten den Fonds dann zum Verkauf an, das heißt, sie legen dieses Objekt zur Zeichnung auf. Entweder wird der Fonds über freie und unabhängige Finanzdienstleister (Finanz- und Vermögensberater, Versicherungsvertreter etc.) oder über Banken und Versicherungen vertrieben. Nachteil der Banken aus Anlegersicht: Meist haben Geldinstitute nur die Angebote von einer oder zwei Gesellschaften vorliegen, so daß sich eine umfassendere Recherche lohnt.

Abb.: Berechnungsbeispiel eines geschlossenen Immobilienfonds

Berechnungsbeispiel bei einem Steuersatz von 55 % incl. Kirchensteuer**
für eine Beteiligung von DM 100.000,–
an der B. Katz Verwaltungsgesellschaft mbH & Co. Borussiastraße KG

Jahr	Einzahlungen DM	voraussichtliche Verluste* ca. DM	voraussichtliche Steuerersparnis bei 55 % Steuersatz** ca. DM	voraussichtliche Ausschüttungen* ca. DM	Liquiditäts-überschuß*** ca. DM
1993	60.000,– incl. Agio	109.648,–	60.306,–	–,–	+ 306,–
1994	18.500,–	33.812,–	18.597,–	–,–	+ 97,–
1995	7.500,–	11.747,–	6.461,–	1.150,–	+ 111,–
1996	7.000,–	10.678,–	5.873,–	1.150,–	+ 23,–
1997	6.250,–	9.469,–	5.208,–	1.150,–	+ 108,–
1998	5.750,–	8.420,–	4.631,–	1.150,–	+ 31,–
	105.000,– incl. Agio	183.774,–	101.076,–	4.600,–	+ 676,–
Ergebnis 1993–1998 voraussichtlicher Netto-Liquiditätsüberschuß (nach Steuern) ca.					+ 676,–
1999	–,–	6.018,–	3.310,–	1.150,–	+ 4.460,–
2000	–,–	5.490,–	3.019,–	1.150,–	+ 4.169,–
2001	–,–	4.873,–	2.680,–	1.150,–	+ 3.830,–
2002	–,–	4.312,–	2.372,–	1.150,–	+ 3.522,–
2003	–,–	3.734,–	2.054,–	1.150,–	+ 3.204,–
2004	–,–	2.835,–	1.599,–	1.150,–	+ 2.709,–
2005	–,–	2.219,–	1.221,–	1.150,–	+ 2.371,–
2006	–,–	1.491,–	820,–	1.150,–	+ 1.970,–
2007	–,–	828,–	455,–	1.150,–	+ 1.605,–
2008	–,–	140,–	77,–	1.150,–	+ 1.227,–
2009	–,–	./. 573,–	./. 315,–	1.150,–	+ 835,–
	105.000,– incl. Agio	215.141,–	118.328,–	17.250,–	+ 30.578,–
Ergebnis 1993–2009 voraussichtlicher Netto-Liquiditätsüberschuß (nach Steuern) ca.					+ 30.578,–
Bei Verzinsung der voraussichtlichen Netto-Liquidität ab 1993 mit z.B. 6 % p.a. ergibt sich bis 2009 nach Steuern (55 %) ein Gesamtbetrag von DM 5.790,–					+ 36.368,–

* Zur Einzeldarstellung der steuerlich ausgleichsfähigen und steuerlich verrechenbaren Verluste sowie der voraussichtlichen Ausschüttungen wird auf die Erläuterungen zur Prognoseberechnung und auf die rechtlichen und steuerlichen Grundlagen des Emissionsprospektes verwiesen.

** Das Berechnungsbeispiel bezieht sich auf einen Steuersatz von 55% incl. Kirchensteuer. Unter Steuersatz ist der durchschnittliche Steuersatz für die jeweils durch den Ansatz der Verluste nicht versteuerte Einkommensspitze zu verstehen. Es wird vorausgesetzt, daß das Einkommen in den einzelnen Jahren so hoch ist, daß sich die in dem Berechnungsbeispiel angegebenen Verluste mit dem erwähnten Steuersatz auswirken. Die Steuerersparnis und damit auch die Liquidität verringert sich entsprechend bei einem niedrigeren persönlichen Steuersatz.

*** Die in diesem Beispiel ausgewiesenen Zahlen beziehen sich auf die jeweiligen Wirtschaftsjahre. Die Liquiditätsauswirkungen können jedoch zeitlich versetzt eintreten. Siehe auch rechtliche und steuerliche Grundlagen im Emissionsprospekt.

Anmerkung: In dem Berechnungsbeispiel sind Rundungsdifferenzen möglich.

(Quelle: Emissionsprospekt Banghard + Hohenlohe, Wohnanlage Berlin, Borussia-Germaniastraße, 1993)

Merkmale von Immobilienfonds
- Rechtsform der Personengesellschaft (GbR, KG)
- Auf Vermögensverwaltung gerichtete Tätigkeit
- Vielzahl von Gesellschaftern (Anlegern)
- Volumen des Fonds ist begrenzt
- Fondsanteile von jedermann frei erwerbbar und übertragbar
- Anzahl von Gesellschaftern ist nicht festgelegt
- Geschäftsführung des Fonds liegt bei Initiatoren des Projekts oder Steuerberatern / Wirtschaftsprüfern
- Schließung des Fonds bei Vollzeichnung
- Werbungskosten, Sonder-Afa, Rentabilität, Bonität als Anlagekriterien

Wenn alle Anteile eines Fonds gezeichnet sind, wird der Fonds geschlossen. Die Zahl der Investoren ist also begrenzt, steht aber vorher nicht fest. Meist parallel zum Vertrieb wird das Fondsobjekt bereits erstellt und (oft auch vorher) sind die Mietverträge mit den späteren Nutzern bereits abgeschlossen.

Sind Sie Fachmann?

Wer in einen geschlossenen Immobilienfonds investieren will, sollte das Objekt möglichst genau untersuchen und einem Fachmann, beispielsweise seinem Steuerberater oder Bankberater zur Begutachtung geben. Dabei sind eine Reihe von Anlagekriterien zu beachten, die über die Güte eines Fondsobjekts Auskunft geben. Wichtig sind vorab besonders die Erfahrungen eines Fondsinitiators. Lassen Sie sich — falls vorhanden — eine Leistungsbilanz der letzten Jahre vorlegen.

Für das Objekt selbst ist das wichtigste Kriterium der Standort und die Lage. Sie bestimmen entscheidend den Wert und die zukünftige Wertentwicklung einer Immobilie.

Ein weiterer, wichtiger Punkt ist die Vermietungssituation, insbesondere die Bonität der Mieter, die Laufzeit der Mietverträge sowie natürlich die absolute Miethöhe. Achten Sie auch darauf, ob die Mietverträge indexiert sind, das heißt, wie stark die Mieteinnahmen an die Entwicklung des Lebenshaltungsindex gebunden sind, damit ein Inflationsausgleich gewährleistet ist. Denn dieser Index gibt an, inwieweit Preissteigerungen der Lebenshaltungskosten an die Mieter weitergegeben werden dürfen.

Bei einer Indexierung von 100 Prozent können Preissteigerungen also voll auf den Mieter abgewälzt werden. Problem der Sache: Je besser die Bonität der Mieter, desto geringer fällt die Indexierung aus.

Untersuchen Sie auch die Prämissen der Modellrechnungen, die solchen Fondsprospekten regelmäßig beigefügt sind. Prüfen Sie, ob beispielsweise Rückstellungen für eventuelle Reparaturen, Instandhaltungen etc. gebildet werden und mit welchen Mietpreissteigerungen kalkuliert wird.Das Preis-Leistungs-Verhältnis eines Fondsprojekts läßt sich durch den Faktor der Jahreskaltmiete (Kaufpreis/Jahreskaltmiete) beziehungsweise die Rendite ermitteln und beurteilen.

ANLAGEKRITERIEN GESCHLOSSENE IMMOBILIENFONDS

- STANDORT & LAGE DES OBJEKTS
- PREIS-LEISTUNGS-VERHÄLTNIS (FAKTOR JAHRESKALTMIETE)
- ABSOLUTE HÖHE DES KAPITALEINSATZ
- EK/FK-QUOTE
- ART DES FONDS (GEWERBE-, GEMISCHT-, WOHNBEREICH)
- INVESTITIONSBEREICH (DIENSTLEISTUNG, PRODUKTION)
- MIETSITUATION, HÖHE DER MIET-/PACHTEINNAHMEN, MIETINDEXIERUNG
- ABSCHREIBUNGSMÖGLICHKEITEN (z.B. SONDER-AFA)
- BONITÄT DER MIETER
- ÄUßERE GESTALTUNG
- RAHMENBEDINGUNGEN, UMFELD (FLÄCHENSTRUKTUR, BEDARFSPLANUNG, NUTZUNGSMÖGLICHKEITEN)
- RECHTSFORM DER GESELLSCHAFT
- ETWAIGE RISIKEN, z.B. HAFTUNGSRISIKEN, NACHSCHUßPFLICHTEN
- VERTRAGSGESTALTUNG, ABWICKLUNG

Neben dem steuerlichen Aspekt sollte genauso stark auf den Renditeaspekt geachtet werden. Meist werfen solche Fonds weniger ab, als die Gesellschaften Glauben machen wollen. Je nach Finanzierungsform des Fonds werden erwirtschaftete Liquiditätsüberschüsse zur Bedienung des Fremdkapitals (bei Fremdkapital-Fonds) und/oder für regelmäßige Ausschüttungen (bei gemischt finanzierten Fonds und/oder Eigenkapital-Fonds) genutzt. Vor Steuern sollte die Anfangsrendite bei mindestens 5 Prozent liegen.

Zusätzlich zu den wirtschaftlichen Faktoren sind vor allem die rechtlichen Aspekte einer Anlage zu beachten. Besteht zum Beispiel eine Nachschußpflicht, wenn der Fonds wider Erwarten notleidend werden sollte, weil der jetzige Mieter seine Miete nicht mehr zahlt und das Objekt nicht weitervermietet werden kann? In der Regel sind solche Regelungen durch Klauseln auf eine dem Anteil entsprechende Haftung (sogenannte *quotale Haftungsklausel*) begrenzt.

Abb.: Anlegerziele bei geschlossenen Immobilienfonds.

Anlegerziele
- Steuerersparnis durch Abschreibungen, z.B. 50 % Sonder-Afa bei Immo-Fonds in Berlin und neuen Bundes-Bundesländern
- Steuerersparnis durch steuerfreien Wertzuwachs
- Verlagerung von Spitzeneinkommen in Jahre sinkender Progression mit dem Ziel der temporären Steuerersparnis
- Schutz von Inflation
- Aufbau zusätzlichen Altersversorgung
- Erzielung von Erträgen (regelmäßig) und Erlösen (bei Verkauf) zur Erhöhung des Lebensstandards
- Anlage von Finanzmitteln
- Risikostreuung (Sachwerte & Geldwerte)

(Quelle: eigene Erstellung)

Der besondere Vorteil von geschlossenen liegt wie bei offenen Immobilienfonds darin, daß Sie als Anleger mit dem Kauf eines Anteils gleichzeitig eine Managementleistung erwerben. Eigene Immobilien erfordern einen stärkeren persönlichen Einsatz bei der Vermietung, Verwaltung und Instandhaltung als lediglich die Pflege eines Fondsanteils. Die gesamte Arbeit wird Ihnen von der Fondsverwaltung abgenommen, die im Zweifelsfalle auch über große Erfahrung auf diesem Gebiet verfügt.

11. Heute schon geswitcht? ... mit Umbrellafonds

Seit sich der deutsche Markt für Investmentfonds geöffnet hat, profitieren Sie als Anleger von einer Reihe innovativer Produkte, die entweder vom Mutterland der Investmentfonds — Großbritannien — übernommen oder aber neu kreiert worden sind.

Eine dieser Innovationen ist kein spezieller Investmentfonds, sondern quasi ein neues Investmentkonzept — Umbrellafonds.

Umbrella ist der angelsächsische Begriff für „Schirm", im Deutschen ließe sich der Begriff aber wohl besser mit „Dach" übersetzen.

Ihren Ursprung fanden Umbrellafonds in Großbritannien. Die englische Einkommenssteuer-Gesetzgebung gab den Anstoß zur Konstruktion von Dachfonds. Anfang der 80er Jahre konnten britische Steuerzahler nämlich von einem „Subfonds" des Umbrellas in einen anderen wechseln, ohne mit der Steuer auf kurzfristige Kursgewinne belegt zu werden. Der Tausch einzelner Unterfonds galt lediglich als Umschichtung innerhalb einer Wertpapierposition. In Deutschland wird jeder „Subfonds" wie ein eigenständiger Investmentfonds behandelt. Das heißt, Kursgewinne sind erst nach der 6-Monats-Frist steuerfrei, ein vorheriger Wechsel ist grundsätzlich steuerpflichtig. Umbrellafonds hatten und haben in Deutschland keinen Steuervorteil.
Inzwischen hat sich auch die britische Steuergesetzgebung dahingehend geändert, daß ein Wechsel innerhalb der „Subfonds" wie in Deutschland steuerpflichtig ist.

Gemeint ist mit Umbrellafonds ein übergeordnetes Fondskonzept, unter dessen Dach sich mehrere „Subfonds" (Unter-Fonds) befinden. Alle Fonds werden unter dem Dach einer Investment-Gesellschaft verwaltet, weisen aber unterschiedliche Anlageschwerpunkte auf. Jeder „Subfonds" ist ein separater Investmentfonds, der rechtlich und wirtschaftlich völlig unabhängig von den anderen ist. Ein solcher Umbrellafonds kann zwei, aber auch 25 oder mehr verschiedene „Subfonds" unter seinem Dach konzipieren.

Ein Umbrellafonds ist also kein Dachfonds, der in andere Fonds investiert.

In Deutschland sind Umbrellafonds bislang nicht aufgelegt worden. Die angebotenen Umbrellafonds sind vorwiegend in Großbritannien, den USA und in Luxemburg aufgelegt worden. Sie sind aber in Deutschland zum öffentlichen Vertrieb zugelassen. Jede größere ausländische Fondsgesellschaft besitzt eigene Umbrellafonds mit einer Vielzahl von Subfonds.

Abb. : So funktionieren Umbrella-Fonds

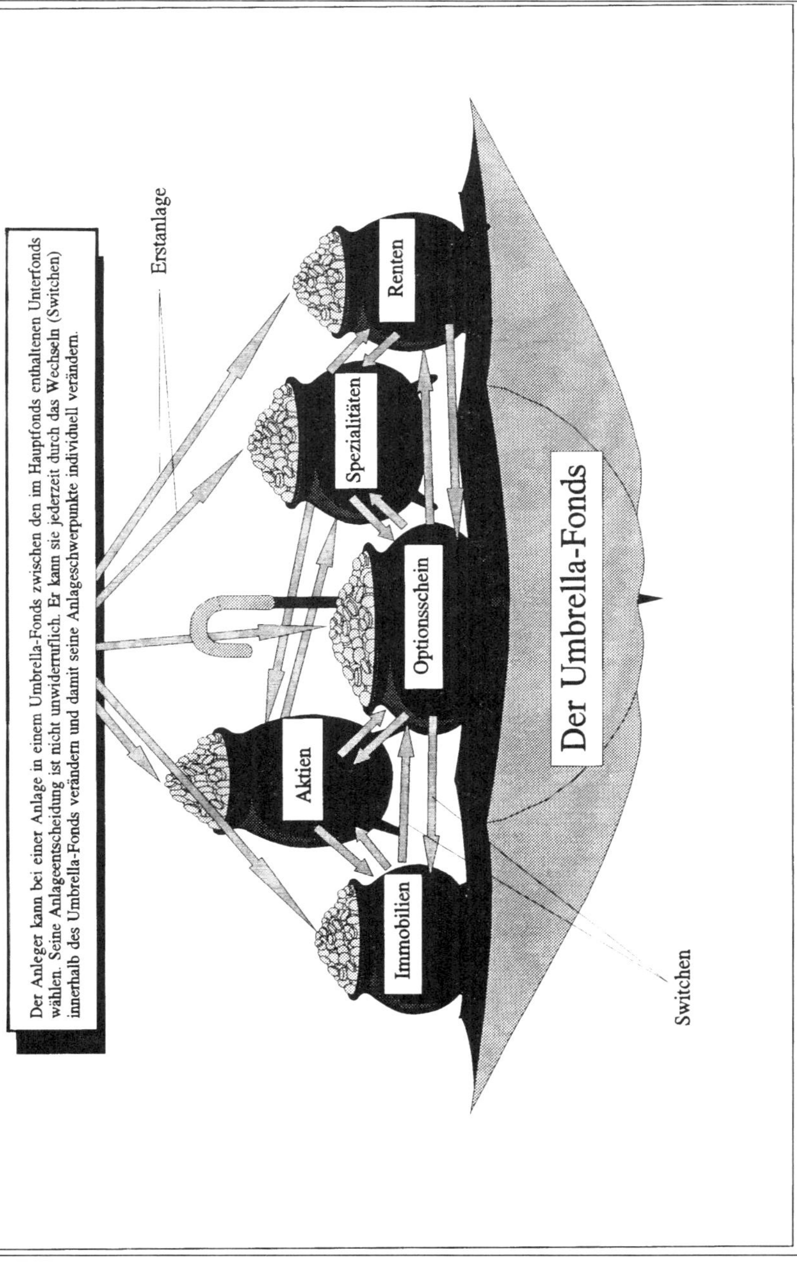

Quelle: Eigene Erstellung.

Auch Sie werden bereits die Erfahrung gemacht haben oder sie noch machen, bei der Umschichtung von einem Fonds in einen anderen, bei beiden Transaktionen — je nach Verhandlungsgeschick — den vollen oder einen reduzierten Ausgabeaufschlag zahlen zu müssen.

Das könnten Sie jetzt ändern, denn der wesentliche Vorteil des Umbrellafonds besteht eben darin, kostenfrei innerhalb der verschiedenen „Subfonds" wechseln (switchen) zu können. Sie zahlen den Ausgabeaufschlag nur einmalig beim Einstieg in den Umbrellafonds.

Besitzt ein Umbrellafonds beispielsweise neun „Subfonds", so können Sie innerhalb dieser neun „Subfonds" beliebig switchen. Meist bestehen eine bestimmte Anzahl kostenfreier Umschichtungen (Switches) pro Jahr. Switchen Sie öfter, wird eine geringe Gebühr erhoben. Die Mindesteinlagen für Umbrellafonds liegen selten über 20.000 DM, so daß auch Kleinanlegern diese professionelle Form der Vermögensverwaltung möglich ist. Ein solcher Service war bislang nur bei sechsstelligen Beträgen möglich.(siehe Abb. vorherige Seite)

Da Sie als Anleger unter den verschiedenen „Subfonds" beliebig auswählen und sie kombinieren dürfen, können Sie sich genau das Portfolio zusammenstellen, das Ihren persönlichen Risiko- und Ertragserwartungen entspricht. Als Fondsanleger brauchen Sie somit nicht mehr vorher abwägen, ob sich ein Fondswechsel auch nach Berücksichtigung eines erneut anfallenden Ausgabeaufschlages lohnt.(siehe Abb. nächste Seite)

Diese übergeordnete Fondskonstruktion erlaubt eine globale Anlagestrategie — je nach persönlicher Markteinschätzung und Risikomentalität. Um diese Strategie erfolgreich zu verfolgen, muß der Umbrellafonds eine Vielzahl von unterschiedlichen Fondstypen anbieten. Die Anzahl und die Anlageschwerpunkte sollten bei der Kaufentscheidung beachtet werden. So sollten möglichst ein Großteil der besprochenen Fondstypen (Aktien-, Renten-, Länder-, Geldmarktfonds etc.) im Umbrellafonds vertreten sein.

Insbesondere ist es wichtig, daß in Zeiten negativer Börseneinschätzung auch „Parkplätze für das Geld" vorhanden sind, wenn man nicht sicher ist, welcher Subfonds der richtige sein wird (zum Beispiel Geldmarktfonds oder geldmarktnahe Fonds).

F&V

INVESTMENT-FONDS-NEWSLETTER

Alle "Umbrellafonds" mit Vertriebsberechtigung in Deutschland auf einen Blick

Kapitalanlage-gesellschaft	Depotbank	Auf-lage-land	Zahl der Unter-fonds	Mindest-anlage-summe (DM)	Ausgabe-aufschlag	Wechselkonditionen
Adig	Commerzbank/ Bayerische Vereinsbank	D	17	100,-	2 - 5%	kostenlos
BB Investment	Berliner Bank	D	5	100,-	3 - 5%	0,5%
Broadgate Int. F.	Banque Intern. à Luxemb.	Lux.	10	2.000,-	1 - 5% (0,5% Rücknahmegebühr)	kostenlos
CICM Int. Inv. plc.	Commerzbank AG	Irland	17	1-5 Mio.	0-2%	kostenlos
Citiportfolios	Citicorp. Investment Bank	Lux..	14	10.000.-	5%	kostenlos
Danske Fund	Den Danske Bank	Lux.	11	2.500,-	3%	1,5%
Deka	Sparkasse	D	8	100,-	3 - 5,26%	0,5%
Fidelity Funds	Brown Broth. Harriman	Lux.	23	4.000,-	3,5 - 5,25%	1%
Fleming Flagsh. F.	Kredietbank S.A. (Lux.)	Lux.	12	3.000,-	5,5 - 6%	4x pro Jahr kostenlos (sonst max. 50 US$)
Frankfurt Trust	BHF Bank	D	11	5000,-	1-5%	0,5%
Hansainvest	Vereins- u. Westbank AG.	D	7	500,-	2,5 - 5%	kostenlos
GARTMORE I.F.	Bank Indosuez (Lux.)	Lux.	24	20.000,-	5,5%	0,5%
Global Assets Fund	Banque Intern. à Lux.	Lux.	15	Neuzulassung Juni 1992, bei Redaktionsschluß noch keine näheren Angaben vorliegend		
HILL SAMUEL G.	TSB Private Bank	Lux.	12	5.000,-	5,15%	1%
Invesco MIM P.S.	Banque Générale du Lux..	Lux.	10	10.000,-	3 - 6%	1%
Julius Bär Multist.	Julius Bär	Lux.	8	6.000,-	5% (oder 3% Rücknahmegebühr)	kostenlos
Lion Interaction	Credit Lyonnais	Lux.	4	20.000,-	2%	0,5%
MAT	BHF-Bank/SKA	D	4	20.000,-	3,09 - 5,26%	kostenlos
Mercury Selected T.	Chase Manhatten. B.(Lux.)	Lux.	18	10.000,-	5%	kostenlos
Metzler Investment	Bankhaus Metzler	D	6	10.000,-	5-6%	0,5% (mindestens 50,- DM)
Münchner KAG	diverse	D	9	1-5.000,-	0,1 - 7,53%	kostenlos
Regent (Abbey)	Bangue Intern. à Lux.	Lux.	7	3.000,-	6%	1x pro Jahr kostenlos (sonst max. 25 GBP)
SUN LIFE G.P.	Banque Générale du Lux.	Lux.	9	7500,-	5 - 6%	kostenlos
Templeton G.S.	Banque Intern. à Lux.	Lux.	14	10.000,-	2 - 6,1%	1%
Wright Ntl. Equi F.	Banque Générale du Lux.	Lux.	14	4.000,-	5%	0,5%

-98-

F&V

Quelle: F&V Investment-Fonds-Newsletter.

Fassen wir kurz zusammen:

Umbrellafonds sind für Anleger geeignet, die

- ein größeres Maß an Wertpapierreife besitzen, also bereits Kenntnisse über Chancen und Risiken einzelner Anlagen besitzen,
- gebührenbewußt Ihr eigenes Portfolio managen wollen,
- bereits mit kleineren Beträgen stark diversifizieren (streuen) wollen, und
- nicht das nötige Verhandlungsgeschick gegenüber ihrer Bank besitzen, um beim Switchen den Ausgabeaufschlag zu sparen.

12. Garantiert verdienen ... mit Laufzeitfonds

Während geldmarktnahe Rentenfonds insbesondere von Anlegern bevorzugt werden, die den Zeitpunkt, zu dem sie ihr Geld wieder benötigen, noch nicht exakt kennen, wenden sich Rentenfonds mit begrenzter Laufzeit an Anleger, die darüber bereits klare Vorstellungen haben.

Laufzeitfonds gehören in die Gruppe der neuen Fondsgeneration, die mit dem geänderten KAGG seit dem 1.März 1990 in Deutschland zugelassen sind. Sie investieren wie traditionelle Rentenfonds in verzinsliche Titel mit einer Restlaufzeit von zwei, drei oder fünf Jahren.

Die Besonderheit: Der Verkauf von Anteilen wird in der Regel nach einer bestimmten Frist eingestellt beziehungsweise die Fondsgesellschaft behält sich das Recht vor, bei ungünstiger Marktentwicklung, wie stark sinkenden Zinsen — und damit stark steigendem Anteilwert — den Verkauf von Anteilen auszusetzen.

Der Fonds selbst wird später zu einem vorher festgesetzten Zeitpunkt aufgelöst, zum Beispiel nach einer Laufzeit von drei Jahren. Danach wird den Anteilinhabern ihr Geld entsprechend dem Anteilwert zurückgezahlt.

Diese neuen Investment-Produkte sind in aller Regel thesaurierende Fonds, die die aufgelaufenen Zinsen während der Laufzeit automatisch wieder angelegen. So bleibt der Fonds für den Anleger aufgrund seiner festen Laufzeit kalkulierbar, denn zum Ende des von vornherein festgelegten Zeitraums steht das ursprünglich eingesetzte Kapital einschließlich der Zinsen und Zinseszinsen wieder zur Verfügung. Dennoch genießt der Anleger die Flexibilität, seine Fondsanteile jederzeit zum aktuell gültigen Rücknahmepreis zurückzugeben.

Wie geschaffen sind Laufzeitfonds insbesondere für Anleger, die für einen bestimmten Zweck oder mit einer genauen zeitlichen Begrenzung sparen wollen.

Welche Vorteile haben Sie nun vom Kauf eines Laufzeitfonds, dem Shooting-Star der Rentenfonds in der jüngsten Hochzinsphase?

Wenn Sie sich an die vorgegebene Laufzeit halten und nicht vorher verkaufen, erleiden Sie keine Kursverluste. Ihr Fonds enthält in aller Regel festverzinsliche Wertpapiere, die am Ende der Fondslaufzeit fällig werden. Da Rentenwerte bei Fälligkeit stets zu 100 Prozent zurückgezahlt werden, ist das Kursrisiko bei diesen Fonds ausgeschaltet. Sie besitzen also hinsichtlich der Wertentwicklung des Fonds am Rückzahlungsdatum eine kalkulierbare Größe und können mit dieser Größe rechnen und planen.

Laufzeitfonds sind Produkte der Hochzinsphasen. Da der Verkauf nur eine relativ kurze Zeit stattfindet und danach keine neuen Anlagegelder zu eventuell niedrigeren

Zinsen angelegt werden müssen, ist die Rendite des Kaufzeitpunktes garantiert. Laufzeitfonds eignen sich also zur Sicherung einer hohen Rendite. Sollten Sie dennoch einmal vorzeitig Geld benötigen, so können Sie Ihre Anteile zum jeweils gültigen Rücknahmepreis täglich verkaufen.

Das alles können sie mit einem relativ niedrigen Ausgabeaufschlag von durchschnittlich 1 Prozent erwerben.

Mittlerweile haben die deutschen Investmentgesellschaften über ihre Tochtergesellschaften in Luxemburg eine Vielzahl von Varianten kreiert und aufgelegt. Die Vielfalt reicht von Fonds mit Fälligkeit bei einem bestimmten Anteilwert (wird dieser Anteilwert erreicht, wird der Fonds aufgelöst) über Laufzeitfonds mit garantierten Rücknahmepreisen (Garantiefonds, die dem Anleger eine garantierte Verzinsung des Kapitals in Form eines garantierte Rücknahmepreises über die gesamte Laufzeit zusichern) bis zu Fonds mit garantierter Rückzahlung des eingesetzten Kapitals (thesaurierende Fonds, die nach Ablauf der Laufzeit mindestens die Rückzahlung des Kapitals versprechen).

All diese Varianten wurden in der Regel in Luxemburg aufgelegt, sind aber auch in Deutschland zum Vertrieb zugelassen und bei den Privatanlegern sehr beliebt.

Fassen wir in aller Kürze zusammen:

Laufzeitfonds sind für Anleger interessant,

- die Zeitpunktorientiert sparen und investieren wollen,
- die sich für einen bestimmten Anlagezeitraum eine hohe Anfangsrendite sichern wollen,
- die trotz bestimmter Anlagedauer jederzeit die Möglichkeit haben wollen, an ihr Geld zu gelangen.

Damit sei unser kurzer Überblick über die Vielfalt der Investmentfonds-Palette abgeschlossen. Wie Sie sehen, gibt es hier eine beträchtliche Menge an Know-how, doch mit dem, was Sie in diesem Kapitel gelernt haben, verfügen Sie bereits über ein handfestes und geldwertes Stückchen Wissen, mit dem Sie so manchen Bänker das Fürchten lehren könnten. Damit Sie es nicht alles noch einmal nachlesen müssen, wenn Sie sich orientieren wollen, hier noch einmal das Wichtigste …

... auf einen Blick

1. Die Investmentwelt hat sich stark gewandelt. Neben klassischen Aktien- und Rentenfonds gibt es mittlerweile eine Vielzahl von anderen Fonds. Dadurch hat sich der Anteil von klassischen Aktienfonds auf unter 20 % reduziert.

2. Bei Aktienfonds unterscheidet man grundsätzlich mehrere Formen, je nachdem, wie das Fondsvermögen investiert wird:

   (1) Inländische Aktienfonds investieren nur am heimischen Aktienmarkt.
   (2) Internationale Aktienfonds investieren weltweit.
   (3) Branchenfonds investieren in bestimmte Branchen, z. B. in den Umweltbereich, sog. Öko-Fonds.
   (4) Länderfonds investieren in bestimmte Länder, z. B. Spanien, sogenannte Iberia-Fonds.
   (5) Regionen- oder Regionalfonds investieren in bestimmte Regionen, z. B. Asien, sog. Asia-Fonds.
   (6) Spezialitätenfonds investieren in spezielle Wertpapierarten oder Bereiche, die aber genau festgelegt sind, z. B. Optionsscheine, sog. OS-Fonds.

3. Rentenfonds sind das erfolgreichste Steckenpferd der Investwelt. Mehr als 50 Prozent aller Fonds sind Rentenfonds. Neben klassischen Rentenfonds gibt es auch hier allerlei Neuerungen (sog. Rentenspezialitätenfonds).

4. Nach der Fristigkeit der im Fonds enthaltenen Wertpapiere unterscheidet man bei Rentenfonds:

   (1) Geldmarktfonds, die im Fonds vornehmlich Titel mit einer Restlaufzeit von bis zu einem Jahr halten.
   (2) Kurzläuferfonds, die vornehmlich Titel mit einer Restlaufzeit zwischen einem und drei Jahren halten.
   (3) Klassische Rentenfonds, die vornehmlich Titel mit einer Restlaufzeit von mehr als drei Jahren halten.

☞

5. Neben der Fristigkeit gibt es auch andere Kriterien, anhand derer man Rentenfonds unterscheiden kann. So gibt es Rentenfonds in unterschiedlichen Währungen, z.T. nur ausländischen Währungen. Es gibt Rentenfonds mit garantierter Ausschüttung, sog. Garantiefonds, die im voraus einen bestimmten Mindest-Rücknahmekurs zu einem festgelegten Zeitpunkt garantieren. Und es gibt Wandel- und Optionsanleihenfonds, die sich immer stärkerer Beliebtheit erfreuen.

6. Grundsätzlich gilt bei Rentenfonds, je höher die Zinsen, desto lukrativer ist ein Rentenfonds, weil fallende Zinsen zu Kurssteigerungen bei Festzinsanleihen führen. Sind die Zinsen niedrig, besteht das Risiko eines Zinsanstiegs. Das führt bei Rentenfonds meist zu Kursverlusten.

7. Geldmarktfonds sind die Entdeckung der letzten Jahre. In Deutschland sind sie jedoch noch nicht zulässig. Aber es gibt Geldmarktfonds aus Luxemburg von Tochtergesellschaften deutscher Banken. Geldmarktfonds bieten immer mehr Zinsen als das Sparbuch.

8. Auch Auslandsfonds gewinnen in Deutschland an Marktanteilen. Die Genehmigung und die Vertriebszulassung werden durch das Auslandinvestmentgesetz (AuslInvG) geregelt. Wichtig ist die Besteuerung, weil daran im Ansatz die Sicherheit und Seriosität der Fonds ersichtlich wird. Nur registrierte Fonds können unbesehen gekauft werden.

9. Spezialitätenfonds haben eine Nischenfunktion in der Investmentszene. Die bekanntesten„Spezi-Fonds“ sind u.a. Branchenfonds, Regionalfonds, Optionsscheinfonds. Weiterhin gibt es Sonderformen wie Futures- oder Indexfonds. Sie erfordern generell ein erhöhtes Anlage-Know-how und sollten nur in begrenzten Prozentsätzen im Depot enthalten sein.

10. Immobilienfonds gibt es in zwei Ausführungen: Als offene und als geschlossene Fonds. Dieser Unterschied ist wichtig.
Offene Immobilienfonds eignen sich gut zum langfristigen Vermögensaufbau. Man ist an einer Viezahl unterschiedlicher Fonds beteiligt, das Risiko ist gestreut. Sie sind jederzeit handelbar und unterliegen der Kontrolle durch das Bundesaufsichtsamt.

☞

11. Geschlossene Immobilienfonds eignen sich vornehmlich zum Steuern sparen. Man ist nur einem bestimmten Objekt beteiligt, hat also keine Risikostreuung. Der Fondsanteil kann nicht jederzeit veräußert werden und unterliegt nicht der Kontrolle einer amtlichen Institution wie dem Bundesaufsichtsamt.

12. Umbrellafonds kommen aus Großbritannien. In Deutschland noch nicht üblich, kann man unter dem Mantel eines solchen Dachfonds mehrere Sub-Fonds mit unterschiedlichen Anlageschwerpunkten erwerben und zwischen ihnen kostenlos oder -günstig wechseln (switchen). Das Fondsmanagement liegt stets bei einer Fondsgesellschaft.

III. DIE RICHTIGE ANLAGESTRATEGIE FÜR INVESTMENT-FÜCHSE

Das Geld, das man besitzt, ist das Mittel zur Freiheit, dasjenige, dem man nachjagt, das Mittel zur Knechtschaft.

Rousseau

1. Der individuelle Investment-Check

Nun wissen Sie zwar, daß es viele Formen und Typen von Investmentfonds gibt. Die Gretchenfrage dabei lautet jedoch: Wie unterscheidet man gute von schlechten Fonds? Wie trennt man die Spreu vom Weizen? Um ehrlich zu sein, wir wissen zwar nicht, was Ihnen der freundliche Banker empfiehlt, wir raten Ihnen auf jeden Fall folgendes:

Lesen Sie die nächsten Seiten einfach besonders aufmerksam, damit Sie auch morgen noch mit Ihrer Entscheidung zufrieden sind. Anhand der hier folgenden Checklisten erhalten Sie Möglichkeiten, die Sie bei der Optimierung Ihrer persönlichen Investmentstrategie mit Fonds unterstützen werden. Hier finden Sie jenes begehrte Handwerkszeug, mit dessen Hilfe Sie dei Werthaltigkeit von Hochglanzprospekten und Verkaufsbroschüren testen und „die Guten ins Töpfchen, die Schlechten ins Kröpfchen" sortieren können.

1) Der *Anteilwert* (= Rücknahmepreis) ist nichts anderes als das gesamte Fondsvermögen, dividiert durch die Anzahl der umlaufenden Anteile. Er ist die Grundlage für Ihre persönliche Wertberechnung. Er ist immer tiefer als der Ausgabepreis. Das führt zum nächsten wichtigen Begriff.

2) Der *Ausgabeaufschlag* ist jener Betrag, um den der Rücknahmepreis (=Anteilwert) erhöht wird; so ergibt sich der Ausgabepreis. Sie zahlen also beim Anteilkauf immer mehr als beim Verkauf der Anteile. Kaufen Sie jetzt und verkaufen eine Sekunde später, so erhalten Sie genau den Ausgabeaufschlag weniger als Sie beim Kauf bezahlt haben.

Der Ausgabeaufschlag wird in Prozent des Anteilwertes bemessen. Bei hohen Anlagebeträgen gewähren die meisten Fondsgesellschaften Rabatte. Der Ausgabeaufschlag ist der Preis für den Komfort der Fondsanlage. Die Fondsgesellschaften decken damit einen Teil ihrer Vertriebs- und Verwaltungskosten ab. Um mit Ihrem Fondsanteil in die Gewinnzone zu gelangen, muß der Anteilwert (Rücknahmepreis) erst um mehr als den Ausgabeaufschlag steigen.

3) Die Bedeutung der *Ausschüttung* soll anhand eines sehr einfachen Beispiels gezeigt werden. Es soll vor allen Dingen deutlich werden, daß eine Orientierung alleine an der Höhe der Ausschüttung zur falschen Fondsauswahl führt, da die Ausschüttung nichts über die tatsächliche Performance, die Leistungsstärke des Fonds aussagt.
Unser Rentenfonds enthalte also zwei Anleihen X und Y:
20 TDM der Anleihe X, Kurswert 99 %, Zinscoupon 7 %
30 TDM der Anleihe Y, Kurswert 98 %, Zinscoupon 7,5 %.
Das Gesamtvermögen des Fonds beträgt also:
(20 TDM x 99%) + (30 TDM x 98%) = 19.800 + 29.400 = 49.200 DM.
Das Fondsvermögen verteilt sich auf 1.000 Anteile, so daß sich ein Anteilswert von 49,20 DM (49.200 : 1.000) ergibt.
Am 1. Juli erhält der Fonds die Zinsen für beide Anleihen; summa summarum also 3.650 DM, die dem Fondsvermögen zugeschlagen werden. Das neue Fondsvermögen beläuft sich nunmehr auf 49.200 + 3.650 = 52.850 DM. Der neue Anteilwert liegt vor der Ausschüttung somit bei 52,85 DM. Jetzt erfolgt die Ausschüttung und wir wollen sehen, wie sich der Anteilwert nach der Ausschüttung zum Anteilwert vor der Ausschüttung verhält:
Die erhaltenen Zinsen in Höhe von 3.650 DM werden auf die Anteile verteilt. Es ergibt sich ein Fondsvermögen von 52.850 minus 3.650 = 49.200 DM; der Anteilwert nach der Ausschüttung ist also exakt der gleiche wie der Anteilwert vor Erhalt der Zinszahlung, also 49,20 DM. Der Anteilwert geht also im Moment der Ausschüttung genau um den Wert der Ausschüttung zurück. Die Rendite ist in diesem Fall: 3,65 DM (= Ausschüttung je Anteil) dividiert durch 49,20 DM ergibt 7,42 Prozent Rendite.
Allerdings liegt hier die unrealistische Annahme stabiler Anleihekurse vor. Nehmen wir an, der Kurs der Anleihe X steigt auf 101 Prozent und der von Y auf 100 Prozent. Dann ergibt sich ein Fondsvermögen von

(101 % x 20 TDM) + (100 % x 30 TDM) = 50.200 DM, also ein Anteilwert von 50,20 DM. Nach der Ausschüttung von 3,65 DM beträgt der Anteilwert 46,55 DM. Die Rendite müßte nun die Kurswertveränderung berücksichtigen und wird in diesem Falle höher sein als oben:
(3,65 + 1) : 49,20 = 9,45 %.
Sinken dagegen die Anleihekurse im Betrachtungszeitraum, so führt dies bei Rentenfonds leicht zu einer negativen Rendite, trotz relativ hoher Ausschüttung: Der Kurs der Anleihe X sinke beispielsweise auf 97 Prozent, der der Anleihe Y auf 96 Prozent. Der neue Anteilwert liegt dann bei 48,20 DM und die Rendite schrumpft auf magere 5,39 Prozent zusammen.
Fazit: Die Höhe der Ausschüttung allein sagt also nichts über die wahre Performance des Fonds aus.

TIP:

Für thesaurierende Fonds (solche also, die die Gewinnausschüttung nicht auszahlen, sondern wieder anlegen) können Sie sich diese ganzen Überlegungen sparen. Das Wiederanlegen der Erträge besitzt viele Vorteile: So fallen die Kosten für die Ertragsausschüttung nicht an, was höhere Renditen ermöglicht. Sie müssen sich nicht um eine geeignete Wiederanlage der Erträge kümmern und Sie können dies auch nicht vergessen. Die Fondsgesellschaft vermag Ihre Mittelanlage besser zu planen und ist nicht wie der ausschüttende Fonds auf Schätzungen über den Mittelrückfluß von ausgeschütteten Erträgen angewiesen. Wenn Sie nicht auf die Ertragsausschüttung angewiesen sind, ist ein thesaurierender Fonds die interessantere Alternative.

4) Der *Wiederanlagerabatt* ist eine Erfindung der Ausschüttungsfonds, um möglichst viel von den ausgeschütteten Erträgen zurückzuerhalten. Normalerweise müßten Sie für die wiederanzulegenden Erträge immer wieder den vollen Ausgabeaufschlag zahlen. Das würde zu einem großen Zinseszinseffekt-Nachteil gegenüber den thesaurierenden Fonds führen. Darum gewähren die meisten Fonds einen Wiederanlagerabatt auf ausgeschüttete Erträge, die Sie wieder anlegen wollen. Er variiert in der Höhe und ist ebenfalls eine Größe, die in das Entscheidungskalkül bei der Fondswahl eingehen muß.

5) Last but not least soll hier der Weg von der Größe „*Wertentwicklung*" zur Größe „*Anlegerrendite*" gezeigt werden. Dieses Wissen können Sie be-

sonders gut im Kapitel „Fondsperformance — Gradmesser Ihres Reichtums“ zur Anwendung bringen.
Die Wertentwicklung ist zwar von beiden immer die imposantere Zahl, aber sie sollte nie die entscheidungsrelevante Größe bei der Fondsauswahl für Sie sein. Die Berechnung der Wertentwicklung basiert auf der Annahme, daß Ausschüttungen wieder zum Kauf neuer Anteile eingesetzt werden. Allerdings wird der Ausgabeaufschlag außer acht gelassen. Nur die Anlegerrendite berücksichtigt den Ausgabeaufschlag.
Die Berechnung der Wertentwicklung könnte in einem einfachen Fall zum Beispiel so aussehen:
Kauf eines Anteils am Jahresanfang (1.1.92); der Anteilwert am 1.1.92 betrage 70 DM, die Ausschüttung in Höhe von 3 DM finde am 1.9.92 statt; für den Wert am Jahresende 1992 nehmen wir die Zahl 76 DM an. Am Tag der Ausschüttung (dem 1.9.92) sei unser Anteil 77 DM wert. Die Ausschüttung in Höhe von 3 DM am 1.9.92 werde wieder in den Fonds reinverstiert. Dafür erhält man 0,0405 neue Anteile.
Bei der Berechnung der Wertsteigerung am Ende des Jahres besitzt man also statt einem Anteil 1,0405 Anteile, die mit dem Anteilswert vom Jahresende multipliziert werden (76 DM x 1,0405), daraus ergibt sich der Wert von 79,08 DM.
Zieht man von diesem Wert den Anteilwert vom Jahresanfang ab, so erhält man die Wertsteigerung, die in diesem Fall
(79,08 - 70) = 9,08 DM beträgt, also 12,97 Prozent. Darin ist jedoch kein Ausgabeaufschlag enthalten. Erweitern wir dieses Beispiel um einen Ausgabeaufschlag von 3 Prozent und bereinigen die Wertentwicklung bei einjähriger Betrachtung mit dieser Größe, erhalten wir die Anlegerrendite. Bei einem Anteilwert von 70 DM hat der Anleger den Ausgabepreis von 72,10 DM (incl. 3 Prozent Agio) zu zahlen.
Der Bereinigungsfaktor wäre hier 1,03 (1 + (3:100)).
So ergibt sich eine Anlegerrendite in Höhe von
9,68 % : (79.08 DM : 1,03) = 76,77 DM;
((76,77 DM - 70 DM) : 70,00 DM) = 9,68 %.
Dies ist der Wert der Anlegerrendite, der für Sie bei der Wahl des richtigen Fonds von Bedeutung ist.
Hinweis: Häufig werden Wertentwicklungszahlen für mehrere Jahre angegeben. In diesem Fall wird der Ausgabeaufschlag linear auf die Anzahl der Jahre verteilt.

Nach diesem zugegebenermaßen für Laien nicht unbedingt alltäglichen Stückchen Anlegermathematik wechseln wir wieder zu leichter verdaulichen Menüs. Kommen wir zu den Strategien, die Sie als Fondsanleger kennen sollten.

2. Anlagestrategien für Insider

Investmentfonds können Sie auf den verschiedensten Wegen erwerben (vergleiche hierzu Kapitel I). Je nach persönlichem Anlageziel können Sie sich zwischen Einmalanlagen, Mehrfachanlage oder Sparplänen in den unterschiedlichsten Ausführungen entscheiden.

Diese Vielfalt der Anlagemöglichkeiten und dazu die Vielfalt der Fondsarten machen es natürlich nicht gerade einfach, den richtigen Weg bei der Investmentanlage zu finden.

Hier sind unter anderem auch die Berater der Banken gefordert. Aber auch dieses Buch wird Ihnen dabei eine Hilfestellung sein.

Timing bei der Einmalanlage

Entscheidend für den Erfolg einer Einmalanlage ist das richtige Timing. Wann sollte man Renten kaufen, wann Aktien? Das Urteil, ob Anlagezeitpunkte richtig oder falsch waren, kann daher erst im nachhinein erfolgen, ganz nach dem Motto: „Hoch kaufen und tief verkaufen".

Ob Sie nun Börsenprofi oder (zum Glück) nur Hobbybörsianer sind, Sie alle kennen die Situation, wenn Sie etwas zu teuer eingekauft oder zu billig verkauft haben: Sie ärgern sich — und zwar ordentlich. Das passiert zwar nicht immer — auch nicht immer öfter — aber oft genug.

Und haben Sie erstmal Fondsanteile zu Höchstpreisen gekauft, kann es sehr lange dauern, bis sich Wertsteigerungen bemerkbar machen. Haben Sie dagegen günstig eingekauft, merken Sie etwaige Kurssteigerungen sofort.

Das Risiko bei der Einmalanlage in einen Investmentfonds ist allerdings nicht so groß wie bei der Einmal-Direktanlage in Aktien. Denn das Fondsmanagement versucht bei seiner eigenen Anlageentscheidungen im Fonds den Tiefst- beziehungsweise Höchstpunkt der Kursentwicklung der einzelnen Papiere zu erzielen. Aber auch Fondsmanager sind „nur" Menschen und liegen nicht immer richtig.

Ihr Problem, den richtigen Kaufzeitpunkt zu treffen, können Sie durch die regelmäßig Anlage in Investmentanteilen umgehen. Wenn Sie dennoch aufgrund Ihrer finanziellen Situation eine Einmalanlage zum Beispiel in Rentenfonds bevorzugen, könnten die folgenden Zeilen für Sie bares Geld bedeuten:

Insider wissen: Für den optimalen Erwerbszeitpunkt von Rentenfonds sind der *Zinstrend* und die *Zinsstrukturkurve* entscheidend. Bei einer normalen Zinsstruktur werden längere Laufzeiten mit höheren Zinsen honoriert. Umgekehrt: Bei einer *inversen* Zinsstruktur werden Kurzanlagen höher verzinst als Langläufer. Um dieses Fachchinesisch zu erläutern, hier eine Abbildung:

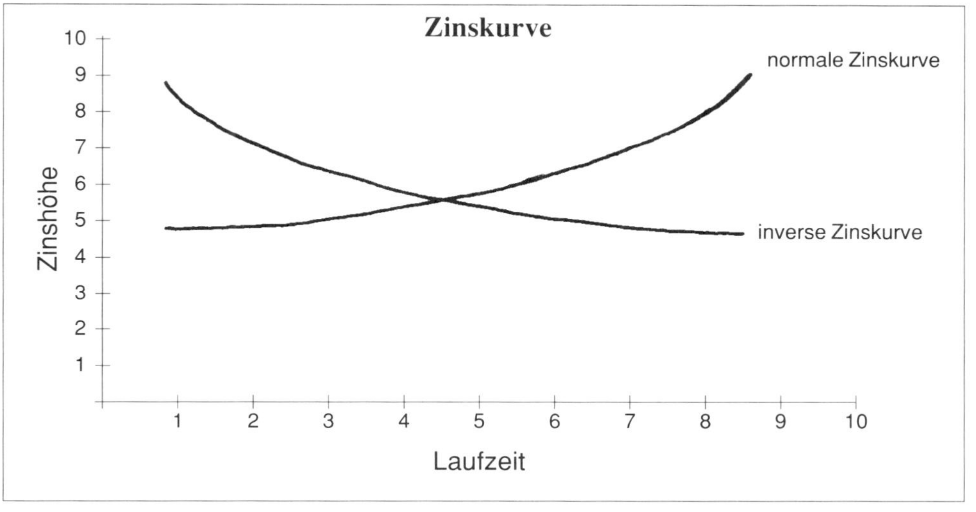

Zu einer inversen Zinskurve kommt es — wie 1992 — wenn der Markt fallende Zinsen erwartet: Niemand will sich festlegen. Als Faustregel gilt: Bei steigenden Zinsen kann ein inländischer Rentenfonds (der ja langfristig Papiere aus der Vergangenheit beinhaltet) selten zulegen. In dieser Situation fährt der Aktienfondskäufer tendenziell günstiger. Zumal Aktienkurse bei fallenden Zinsen tendenziell steigen. Besteht dagegen bei einem bestehend hohen Zinsniveau die Erwartung einer Zinssenkung, so kann man bei Rentenfonds getrost zugreifen. Zu der langfristigen Rendite kommen dann auch noch Kursgewinne hinzu, wenn die Zinsen wirklich fallen.

Allerdings ist auf dem deutschen Markt seit Jahren folgendes Phänomen zu beobachten: Viele Anleger gehen genau umgekehrt vor und handelt antizyklisch. Sie kaufen bei hohen Zinsen ihre Bundesanleihen und -obligationen direkt. Sind die Zinsen im Keller, so steigen sie um auf Rentenfonds. Der Grund dafür: Trotz niedriger Zinsen sind die Ergebnisse der Rentenfonds gut, weil sie vergangenheitsbezogen sind. Hiervon lassen sich viele Anleger beeindrucken.

Für das Engagement in Rentenfonds zeigt nachstehende Abbildung günstige und ungünstige Einstiegs- und Ausstiegssituationen:

Kauf	Verkauf	Ertrag
Hochzinsphase	Hochzinsphase	hoher Zinsertrag, aber kein Kursgewinn
Hochzinsphase	Niedrigzinsphase	nachlassende Zinserträge, aber hoher Kursgewinn
Niedrigzinsphase	Niedrigzinsphase	kleine Zinserträge **und** keine Kursgewinne
Niedrigzinsphase	Hochzinsphase	**!!!** kleine Zinserträge **und Kursverluste**

Fondsmanager können aber mit den jetzt zufließenden Geldern zwangsläufig nur Papiere mit niedrigen Zinsen oder hohen Kursen kaufen. Auf lange Sicht haben sich Aktien in den letzten dreißig Jahren eindeutig besser entwickelt als festverzinsliche Wertpapiere; ebenso ist es bei Fonds. Je länger der Betrachtungszeitraum gewählt wird, desto weniger fallen die zwischenzeitlich heftigen Kurskapriolen der Aktien ins Gewicht. Manche behaupten sogar, bei der Anlage in Aktien (und Aktienfonds) bestehe überhaupt kein Risiko. Man müsse nur lange genug Zeit haben — notfalls auch Jahrzehnte. Zugegeben, in der Vergangenheit hatten sie damit recht.

Cost-Average-Effekt & Kumulativ-Effekt

Lösen wir als nächstes das wichtigste Problem aller Investmentfüchse: Die Entscheidung über den richtigen Zeitpunkt für einen Einstieg. Die Antwort ist ebenso einfach wie mathematisch klug: Sie legen nicht nur einmal an, sondern mehrfach. Mit der regelmäßigen Investmentanlage, zum Beispiel einem Einzahlplan. Dazu brauchen Sie nicht mehr Geld, nur mehr Plan.

Bei konsequenter Durchführung, das heißt, Einzahlungen monatlicher oder vierteljährlicher Sparbeiträge in gleicher Höhe über bestimmte Zeiträume, werden Sie stets ein überdurchschnittliches Ergebnis erwirtschaften. Dem regelmäßigen Fondssparer kommen dabei zwei besondere Vorteile zugute, die nur bei regelmäßiger Anlage auf einem Investmentkonto mit gleichbleibenden Einzahlungen vorhanden sind: Einmal der „Cost-Average-Effekt" und zum anderen der Kumulativ-Effekt.

Eines der wichtigsten Prinzipien der Fondsanlage lautet:
Regelmäßige Geldanlage ist besser als Einmalanlage.

Denn bedauerlicherweise kann niemand vorhersagen, wie sich Börsenkurse entwickeln. Daher schwanken auch Investmentfonds im Kurs und die Anteile weisen im Zeitablauf unterschiedliche Preise auf. Diese Schwankungen lassen sich zwar durch eine *antizyklische* Anlagepolitik der Fondsmanager begrenzen, aber nicht total vermeiden.

Wenn Sie jeden Monat einen kleineren Betrag anlegen, können Sie das Auf und Ab an den Börsen und in den Zinsen nutzen. So bringt Ihnen das langfristig mehr, als wenn Sie hin und wieder eine größere Summe investieren. Der Grund: Mit „eingebauter Automatik" investieren Sie — meistens und ohne es geplant zu haben — antizyklisch. Das heißt: Sie kaufen bei steigenden Kursen relativ weniger als der Markt und bei fallenden relativ mehr — genau wie Börsenprofis. Der Einmalinvestor dagegen folgt meist dem Trend. Er muß — verglichen mit dem regelmäßigen Käufer — meist teurer einkaufen.

Für diesen erstaunlichen Zusammenhang gibt es sogar im Fachjargon den Ausdruck „Cost-Average-Effekt" oder „Cost-Averaging", das heißt übersetzt „Kosten-Durchschnitt" und meint damit ein Verfahren zur Erzielung günstiger Durchschnitts-Einstandspreise.

Der regelmäßige und langfristig orientierte Investmentsparer erwischt im Durchschnitt einen günstigeren Kurs als der Einmalanleger — er kann gar nichts dagegen tun. Voraussetzung ist die volle Umrechnung der Anlagen in Fondsanteile und Anteilbruchteile, wie es bei den Investment-Sparplänen üblich ist.

Je größer die Kursschwankungen, desto größer ist der Effekt: Daher wirkt er bei Aktienfonds mehr als bei Rentenfonds. Im Verlauf mehrerer Jahre kann das die Rendite spürbar verbessern. Ein Beispiel zeigt diesen Effekt deutlich:

Anlagebetrag	Ausgabepreis	erworbene Anteile
200,- DM	20,- DM	10,000 Stck.
200,- DM	15,- DM	13,333 Stck.
200,- DM	10,- DM	20,000 Stck.
200,- DM	15,- DM	3,333 Stck.
200,- DM	20,- DM	10,000 Stck.
1000,-DM	80,- DM	66,666 Stck.

Der Durchschnittsausgabepreis je Anteil beträgt 16,- DM (80,- DM : 5). Der Durchschnitts-Einstandspreis je Anteil ist 15,- DM (1000,- DM : 66,666 Anteile). Da die Ausgabepreise des Fonds ständig schwanken, hat die regelmäßige Anlage zur Folge, daß der Durchschnitts-Einstandspreis je Anteil niedriger ist als der Durchschnitts-Ausgabepreis. Die regelmäßige Anlage führt — bei schwankenden Börsenkursen — zu einem günstigeren durchschnittlichen Kaufpreis der Fondsanteile. Unabhängig von den Voraussetzungen schwankender Kurse und langer Anlagezeitraum schneidet das Cost-averaging immer besser ab als der regelmäßige Kauf einer festen Anzahl Anteile. Dazu wieder ein einfaches Beispiel:

Anlagebetrag	Ausgabepreis	erworbene Anteile
250,- DM	20,- DM	12,5 Stck.
187,50 DM	15,- DM	12,5 Stck.
125,- DM	10,- DM	12,5 Stck.
187,50 DM	15,- DM	12,5 Stck.
250,- DM	20,- DM	12,5 Stck.
1000,- DM	80,- DM	62,5 Stck.

Der Durchschnitts-Einstandspreis je Anteil ist jetzt 16,-DM und damit teurer als beim Cost-Averaging. Dieser Effekt verstärkt sich mit zunehmender Laufzeit. Dennoch sollte man sich davor hüten, den Cost-Average-Effekt als uneingeschränkt positiv zu sehen. Bleiben nämlich Kursschwankungen in beide Richtungen aus und bildet sich ein stetiger Aufwärtstrend, so kann der Einstandspreis-vermindernde Effekt des Cost-Averaging nicht eintreten. Außerdem sind auch Fälle vorstellbar, in denen der Einmalanleger besser abschneidet als der Regelsparer. Das wäre beispielsweise dann der Fall, wenn das Timing beim Einmalanleger optimal ist und er am Tiefpunkt einsteigt.

Der weitere Vorteil der Anlage auf einem Anlagekonto liegt im „Kumulativ-Effekt". Im Investment-Deutsch spiegelt dieser Effekt den Zinseszinseffekt wider. Er ergibt sich aufgrund der regelmäßigen Wiederanlage der Erträge, wenn die jährlich auf die Anteilscheine entfallenden auszuschütteten Erträge dem Investmentkonto nicht entnommen, sondern sofort kostenfrei wieder in Anteile angelegt werden.

Geschieht dies über einen längeren Zeitraum, so ergibt sich eine Art Zinseszinseffekt, der mit der Dauer der Anlage zunimmt. Die angenehme Folge: Ihre Vermögenssubstanz wächst mit der Zeit erheblich schneller als ohne den Effekt.

Ziehen wir ein Fazit: Ihr Problem der Einmalanlage und des Timing wird gelöst mit Hilfe regelmäßiger Einzahlungen nach Plan, günstiger Einstandspreise aufgrund des Cost-Average-Effektes und den Zinseszins-Effekt durch sofortige Wiederanlage der Ausschüttungen. (siehe Abb. nächste Seite)

Welche Arten von regelmäßigen Sparformen bieten Investmentfonds nun an? Die Nutzung des Cost-averaging ist auf vielerlei Spielarten möglich: Einzahlpläne mit und ohne Risikolebensversicherung, Auszahlpläne, Sparpläne, die die Voraussetzungen des 5. Vermögensbildungsgesetzes erfüllen und *fondsgebundene Lebensversicherungen*. Die beiden letztgenannten Anlagepläne werden in gesonderten Abschnitten behandelt. Wir wenden uns zunächst den Investmenkonten, auch Anlagekonten genannt zu. Es mangelt nicht an verschiedenen Bezeichnungen für ein und dieselbe Sache: Zuwachskonto, Aufbaukonto, Einzahlplan, usw. Möglich ist mit dieser flexiblen Anlageform fast alles; will heißen: Ihre Einzahlungen können von den vereinbarten Anlagebeträgen nach oben und unten abweichen, Sie können die Einzahlungen beliebig aussetzen und Sie können bei plötzlich auftretendem Liquiditätsbedarf die bereits erworbenen Anteile zum Rücknahmepreis verkaufen. Eine wahrhaft variable Anlageform. Aber das hat auch eine andere Seite. Um überhaupt jemals einen Anlageerfolg verbuchen zu können, erfordert es strenger Disziplin.

Bei den meisten Sparplänen ist ein kostenloses „Switchen" von einem Fonds in einen anderen möglich. Neben dem Cost-averaging-Vorteil wird im Zusammenhang mit Investmentkonten auch schnell der Kumulativeffekt genannt. Dahinter verbirgt sich, wie schon erwähnt, nichts anderes als der gute, alte Zinseszinseffekt. Die Erträge werden bei Investmentkonten nicht ausgeschüttet, sondern nach Thesaurierungsmanier wieder in Anteile investiert. Auch kleinste Ertäge können berücksichtigt werden, da Anteilsbruchteile bis zur dritten Stelle nach dem Komma gutgeschrieben werden können. Den Vorteil des Kumulativeffektes kann man sich selbstverständlich auch durch eine Einmaleinzahlung auf ein Investmentkonto sichern. Und ganz wichtig: Investmentkonten werden gebührenfrei bei den Investmentgesellschaften geführt.

Cost Average – mit Kursschwankungen auf Erfolgskurs

Bei regelmäßiger Einzahlung gleichhoher Beträge können Kursschwankungen sogar ausgenutzt werden. Denn mit der gleichen Sparleistung werden bei höheren Kursen weniger und bei niedrigen Kursen mehr Anteile erworben. Auf diese Weise wird ein günstigerer Durchschnittspreis erzielt als beim regelmäßigen Erwerb einer festgesetzten Anzahl von Einheiten. Mit den Jahren läßt sich durch diesen Preisvorteil der Anlageerfolg beträchtlich steigern. Dazu drei Beispiele:

Eine regelmäßige Anlage von 200 DM bei

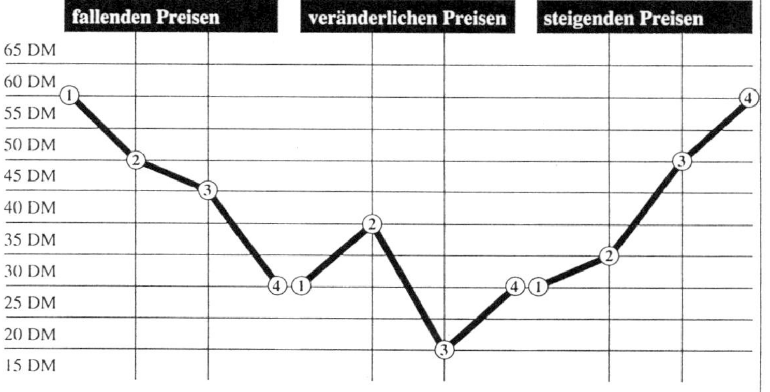

führt zu folgendem Ergebnis:

	fallenden Preisen: Preise pro Anteil	für je 200 DM erworbene Anteile	veränderlichen Preisen: Preise pro Anteil	für je 200 DM erworbene Anteile	steigenden Preisen: Preise pro Anteil	für je 200 DM erworbene Anteile
Kauf (1)	60 DM	3,333	30 DM	6,667	30 DM	6,667
Kauf (2)	50 DM	4,000	40 DM	5,000	35 DM	5,714
Kauf (3)	45 DM	4,444	20 DM	10,000	50 DM	4,000
Kauf (4)	30 DM	6,667	30 DM	6,667	60 DM	3,333
	185 DM	**18,444**	**120 DM**	**28,334**	**175 DM**	**19,714**

fallenden Preisen	veränderlichen Preisen	steigenden Preisen
Durchschnittlicher Ausgabepreis 185 DM : 4 = **46,25 DM**	Durchschnittlicher Ausgabepreis 120 DM : 4 = **30,00 DM**	Durchschnittlicher Ausgabepreis 175 DM : 4 = **43,75 DM**
Durchschnittlicher Einstandspreis bei regelmäßiger Anlage von 200 DM 800 DM : 18,444 = **43,37 DM**	Durchschnittlicher Einstandspreis bei regelmäßiger Anlage 200 DM 800 DM : 28,334 = **28,24 DM**	Durchschnittlicher Einstandspreis bei regelmäßiger Anlage 200 DM 800 DM : 19,714 = **40,58 DM**
Preisvorteil je Anteil mit Cost-Average = 2,88 DM	**Preisvorteil je Anteil mit Cost-Average = 1,76 DM**	**Preisvorteil je Anteil mit Cost-Average = 3,37 DM**

Quelle: BVI

Daß eine solch variable Anlageform auch für vielfältige Zwecke nutzbar ist, versteht sich von selbst. Auch im Rahmen der Altersversorgung spielt sie eine immer größere Rolle. Ob in Kombination mit Versicherungsschutz oder Auszahlplan als Zusatzrente; Investmentkonten bieten fast alles! Beim Einzahlplan mit Versicherungschutz werden die Risiken des Ablebens durch Kombination mit einer Risikolebensversicherung ausgeschaltet. Als Versicherter und Begünstigter können wie bei einer Kapitallebensversicherung unterschiedliche Personen eingesetzt sein, so daß auch Dritte aus dem Vertrag begünstigt werden können. Versichert ist die Differenz zwischen Sparziel und den geleisteten Sparleitungen zum Todeszeitpunkt. Die Versicherungsleistung ist unabhängig von Ertragswiederanlage, Kursschwankungen und eventuellen Höher- und Mindereinzahlungen. Bemessungsgrundlage ist allein die Höhe der noch nicht fäliig gewordenen Einzahlungen, die vereinbart wurden. Die Höhe des Versicherungsbeitrags ist wie immer abhängig von dem Eintrittsalter und — zusätzlich — von der Höhe der vereinbarten Zahlungen.

Auszahlpläne erfreuen sich zunehmender Beliebtheit. Das überrascht nicht, wenn man bedenkt, daß die gesetzliche Altersversorgung bei weitem nicht mehr ausreicht, um den Lebensstandard zur Zeit der Erwerbstätigkeit im Alter auch nur annähernd zu halten. Als Ergänzung zur gesetzlichen Rente bietet sich ein Auszahlplan als Zusatzrente an. Sie sind aber auch zur Ausbildungsfinanzierung der Kinder hervorragend geeignet, weil das Kapital der Eltern verschont bleiben könnte und die Kinder trotzdem eine regelmäßige Zahlung erhielten. Bei einem Auszahlplan können Sie bestimmen, ab welchem Zeitpunkt, für wielange und in welcher Höhe Sie eine monatliche (auch andere Zeiträume sind denkbar) Ausschüttung wünschen. Diese Vereinbarungen können Sie individuell treffen und jederzeit ändern. Die Höhe Ihrer monatlichen Auszahlung hängt davon ab, ob Sie nur die Erträge entnehmen oder auch das Kapital angreifen.

Zwei Beispiele:

1. Auszahlplan mit Kapitalerhaltung. Sie entnehmen also nur die Erträge, die hier mit sieben Prozent jährlich angenommen werden. Nach der Erstanlage warten Sie ein Jahr, bevor die Auszahlungen beginnen. Monatlich erhalten Sie bei einer Anlage von

20.000,- Mark etwa	120 DM
50.000,- Mark etwa	300 DM
100.000,- Mark etwa	600 DM

☞

2. *Auszahlplan mit Kapitalverzehr.* Sie haben 20.000,- Mark angelegt, und die Auszahlungen beginnen nach einem Jahr: Dann erhalten Sie

5 Jahre etwa	420 DM/mtl. oder
10 Jahre etwa	245 DM/mtl. oder
20 Jahre etwa	160 DM/mtl.

Bei einem Auszahlplan mit Kapitalverzehr sind natürlich längere und höhere Auszahlungen möglich als bei der Version mit Kapitalerhaltung; allerdings ist es nicht zwingend, daß bei Entnahmen, die über den erzielten Erträgen liegen, immer das Vermögen aufgezehrt wird. Dies kann unter Umständen durch die Wertsteigerung des Fonds kompensiert werden.

Da Sparpläne und insbesondere Auszahlpläne mit festen Größen kalkuliert werden müssen, bieten sich als geeignete Fondsarten Rentenfonds und Immobilienfonds an.

3. Die Sache mit den Tafelgeschäften

Geht es Ihnen auch so? Haben Tafelgeschäfte für Sie auch immer den Beigeschmack der Steuerhinterziehung? Welche Gründe sonst könnten Anleger dazu bewegen, ein Tafelgeschäft abzuschließen?

Es gibt sie, ...diese anderen Gründe und wir werden sie auch ansprechen, aber Sie werden feststellen, daß diese anderen Gründe wohl in den wenigsten Fällen die wirkliche Motivation für ein Tafelgeschäft sein werden.

Ein Tafelgeschäft wird am Schalter einer Bank getätigt, in dem der Kunde effektive Wertpapiere (Effekten) gegen Barzahlung erwirbt. Die Erfüllung des Geschäfts erfolgt somit Zug um Zug: Der Kunde leistet eine Bargeldzahlung, die Bank liefert sofort die effektiven Wertpapiere.

Wie wir bereits ausführlich im Kapitel der Besteuerung von Investmentfonds erfahren haben, sind Einkünfte aus Kapitalvermögen gemäß Paragraph 20 Einkommensteuergesetz (EStG) steuerpflichtig.

Egal ob Tafelgeschäft oder depotverwahrte Wertpapiere — Erträge sind in der Einkommensteuererklärung vollständig anzugeben. Bei Tafelgeschäften wurde dies bislang noch eher vergessen als bei depotverwahrten Wertpapieren — auch schon vor der Einführung der Zinsabschlagsteuer. Weil dies der Fall war, hat sich der Gesetzgeber für Tafelgeschäfte eine besonders teure Lösung ausgedacht: Seit dem 1.Januar 1993 zahlen Sie bei Einlösung Ihrer Zinskupons am Schalter 35 Prozent Zinsabschlagsteuer. Von Ihren 1000 DM Zinserträgen erhalten Sie bei Einlösung Ihrer Zinskupons nur 650 DM. 350 DM führt das einlösende Kreditinstitut an das Finanzamt ab. Für depotverwahrte Wertpapiere zahlen Sie nur 30 Prozent Zinsabschlagsteuer. Wo ist da noch der Anreiz für ein Tafelgeschäft?

Fazit: Seit dem Tag der Einführung der Zinsabschlagsteuer, dem 01.01.1993, sind Tafelgeschäfte „out“.

Das zeigte nicht nur die „Einlieferungswelle“ in die Depots des Jahres 1992, sondern auch die zurückgehende Kauflust der Anleger für diese Art der Papiere. Denn mal ehrlich: Was bleibt noch an Vorteilen des Tafelgeschäftes, wenn die „Steuerphantasie“ aus diesen Papieren gewichen ist? Vielleicht ein dekoratives Papier, das dem Auge des Betrachters gefällt, aber nichts Handfestes.

Im Gegenteil: man hat auch noch eine ganze Menge Arbeit mit dem erworbenen Tafelgeschäft. Sich um die geeignete Verwahrung kümmern, Zinskupons schneiden und zum Schalter gehen, bedeutet für Sie nicht nur ein hohes Maß an Aufmerksamkeit, sondern ab einer gewissen Größenordnung auch ein gehöriger Zeitaufwand.

Nicht zu vergessen, das Risiko des Verlustes der effektiven Stücke.

Obwohl wir die Tafelgeschäfte im Jahre 1993 für „out“ erklärt haben, sollen Sie trotzdem noch mehr darüber erfahren. Wer weiß? Vielleicht ändert sich die Steuergesetzgebung wieder einmal zu Gunsten der Tafelpapiere — sagen Sie niemals nie!

Besonderes Kennzeichen eines Tafelgeschäfts ist die Wahrung der Anonymität des Käufers. Die Bank, bei der Sie das Tafelgeschäft tätigen, hat keinerlei Unterlagen über Ihre Person des Käufers.

Sie gehen zu einer Bank und kaufen ein Wertpapier wie eine Tüte Bonbons. Auch der Verkäufer im Supermarkt hat keine Unterlagen über die Person. Ihre Anonymität ist nur in dem Fall gefährdet, wo der Supermarktverkäufer Sie persönlich kennt. Aber selbst wenn der Berater der Bank Sie persönlich kennt, ist bei einem Tafelgeschäft die Anonymität stets gewahrt, weil der Berater sich auf das Bankgeheimnis verpflichtet hat. Damit ist es klar, wie ein solches Geschäft nur bezahlt werden kann — nämlich wie die Tüte Bonbons — in bar! Nur Barzahlung ist möglich, da bei jeder Transaktion über Konten Namen ins Spiel kommen.

Wenn Sie die Papiere bezahlt haben, gehen Sie mit Ihnen nach Hause und stecken Sie unter die Matratze oder — was eindeutig schlauer wäre — Sie legen sie in ein Schließfach bei einer Bank. Nun heißt es aber aufgepaßt — und zwar auf die Zinstermine. Dann trennen Sie die Kupons vom Bogen und lösen Sie bei einer Bank ein. Vorsicht! Bei nicht bankeigenen Papieren oder Fonds können Einlösungsgebühren anfallen, die zusätzlich zur Zinsabschlagsteuer Ihren Ertrag schmälern. Gehen Sie also mit einem Sparbrief Ihrer Sparkasse zur Einlösung nicht zur Deutschen Bank, sondern zur Sparkasse. Diese wird die Zinskupons kostenlos einlösen.

Hier noch zwei wesentliche Vorteile der Depotverwahrung
(und gleichzeitig zwei Nachteile der Tafelgeschäfte):

Während man — wie oben schon erwähnt — auf depotverwahrte Wertpapiere immerhin „nur“ 30 Prozent Zinsabschlagssteuer (im Prinzip nichts weiter als eine Vorauszahlung auf die Einkommensteuer) abzuführen hat, werden die „Tafelgeschäftler“ gleich mit 35 Prozent zur Kasse gebeten.

Ein weiterer Vorteil: Bei depotverwahrten Papieren kann man die Zinsabschlagsteuer umgehen, indem man seiner depotführenden Bank einen Freistellungsauftrag für Kapitalerträge erteilt (sogenannte „Freistellungserklärung“).

Diese Möglichkeit haben Anleger, die in Tafelgeschäfte investiert haben, nicht. Sie müssen bis zur Einkommensteuererklärung warten, erst dann erhalten sie diese Vorauszahlung zurück, soweit ihre persönlichen Freibeträge noch nicht ausgeschöpft sind.

Wir wollen nun keineswegs unterstellen, daß jeder Tafelgeschäftskäufer ein Steuerhinterzieher ist. Aber wenn wir uns die weiteren Gründe ansehen, die einem Tafelgeschäft zugrunde liegen könnten, so stellen wir unweigerlich fest, daß wohl die wenigsten Anleger aus anderen Motiven heraus die Entscheidung für ein Tafelgeschäft treffen. Da gibt es zunächst einmal diejenigen unter uns, die ein Wertpapier verschenken wollen und ein effektives Stück dekorativer und greifbarer finden, als ein verschenkter Depotbestand.

Zweifellos ein Motiv — aber mal ehrlich ...wie oft haben Sie schon Wertpapiere verschenkt?

Zum anderen sind da die Zeitgenossen, die aus Angst vor Ehegatten und sonstigen geldgierigen Verwandten lieber keine Post ins Haus geschickt haben möchten. Auch diese Gruppe legt Ihre Wertpapiere lieber in ein Schließfach bei der Bank, ohne Angst davor haben zu müssen, daß jemand den jährlichen Depotauszug, den er eigentlich lieber hätte nicht sehen sollen, der per Post ins Haus kommt, öffnet. Auch das kann man verstehen, aber wir hoffen, daß das nicht der Regelfall ist.

Mit diesen Motiven aber läßt sich der zeitweilige Boom der Tafelgeschäfte nicht erklären. Etwas anderes muß bis zum Jahr 1993 ausschlaggebend gewesen sein. Und das könnte ja durchaus der Anreiz gewesen sein, unter dem Deckmantel des Bankgeheimnisses seine Wertpapiere und die daraus resultierenden Zinserträge vor dem Finanzamt zu verstecken.

Bei festverzinslichen Wertpapieren, die als Tafelgeschäft gehandelt werden, kann es vorkommen, daß sie teurer sind als die Stücke zur Einlieferung in ein Depot. Begründet wird dieser höhere Preis zumeist mit den Kosten für den Druck der effektiven Stücke. Das ist bei Investmentfonds allerdings nicht der Fall. Denn alle Investmentfonds müssen per Gesetz effektive Stücke drucken lassen. Sie können die Anteilscheine somit ohne zusätzliche Kosten für Sie zum Ausgabepreis kaufen.

Nicht nur die Anleger, auch die Banken sind inzwischen bei Tafelgeschäften sehr viel zurückhaltender geworden, als dies noch vor einigen Jahren der Fall war. Das bevorstehende Gesetz zur Gewinnaufspürung (Stichwort „Gesetz zur Vermeidung von Geldwäsche“) veranlaßt einige Banken schon jetzt dazu, bei sehr hohen Beträgen die Legitimationsprüfung gemäß Paragraph 154 AO (Abgabenordnung) durchzuführen. Denn nicht nur potentielle Steuerhinterzieher, sondern auch Geldwäscher bevorzugten bislang den anonymen Weg zur Erreichung ihrer Ziele. Soweit das möglich ist, soll das verabschiedete Gesetz zur Gewinnaufspürung den Geldwäschern diesen Weg verbauen.

Nun zu einem weiteren Risiko des Tafelgeschäftes. Was tun, wenn die Stücke verloren gehen oder gestohlen werden? Eigentlich darf so etwas gar nicht passieren. Wenn es dann aber doch geschehen ist, so gibt es eine eingeschränkte und umständliche Möglichkeit, die Papiere wiederzubeschaffen. Voraussetzung dafür ist, daß man die Nummern der effektiven Stücke noch weiß. Die verlorenen Stücke werden von der Kapitalanlagegesellschaft in einem sogenannten Aufgebotsverfahren (ähnlich wie beim Sparbuch) für kraftlos erklärt und werden in eine Sperrliste eingetragen. Diese Liste erhalten alle Banken inclusive „Updates" bei Neueintragungen. Da die Listen die Banken auf dem Postweg erreichen, hätte ein Dieb wenige Tage Zeit, die gestohlenen Papiere zu verkaufen. Die Kosten für die Herstellung der Ersatzurkunden müssen Sie im Verlustfall selbst tragen.

Soviel zu Tafelgeschäften. Abgesehen davon, daß dieses Kapitel mehr historischen Wert hat, ist es sicherlich für diejenigen unter Ihnen interessant gewesen, die in Zukunft einfach mal mehr Wertpapiere verschenken wollen; und sei es nur, wenn Sie hier einmal den kleinen Scherz erlauben, um den Beschenkten zu ärgern, weil der ja dann 35 Prozent Zinsabschlagsteuer zahlen muß.

Fassen wir zusammen:

- Tafelgeschäfte sind seit der Einführung der Zinsabschlags steuer „out". Denn sie zahlen 35 Prozent Zinsabschlagssteuer.
- Wenn schon Tafelgeschäft, dann wenigstens im Schließfach einer Bank aufbewahren, um einen Verlust der Stücke zu vermeiden.
- In jedem Fall die Nummern der effektiven Wertpapiere auf bewahren, um im Falle des Verlustes Ersatzstücke zu erhalten.
- Um die Einlösung der Zinskupons und die Fälligkeit des Wertpapieres müssen Sie sich selbst kümmern. Der Lohn der Arbeit ist Ihre relative Anonymität.

4. Vater Staat als Investmentpromotor durch Vermögensbildung — die 936-DM-Fonds

Seit der Änderung zum 5. Vermögensbildungsgesetzes (VermBG) zum 1.1.1990 stehen alle 936 DM-Sparer vor einer neuen Situation.

Die staatliche Förderung für das Konten- und Versicherungssparen wurde gestrichen. Nur Anleger, die in Aktien, Genußscheine, stille Beteiligungen und Aktienfonds mit mindestens 70 Prozent Aktienanteil investieren, können weiterhin 20 Prozent Prämie vom Staat kassieren. Auch das allseits beliebte Bausparen kann da nicht mehr mithalten. Es wird nur noch mit einer Prämie von 10 Prozent vom Staat berücksichtigt.

Einziger Vorteil für alle Förderarten: Die Bemessungsgrundlage wurde von 624 DM auf 936 DM als geförderter jährlicher Höchstbetrag hochgesetzt.

Außerdem wurden die Einkommensgrenzen, die für die Gewährung der staatlichen Sparzulage nicht überschritten werden dürfen, auf ein zu versteuerndes Jahreseinkommen von 27.000 DM für Alleinstehende und 54.000 DM für Verheiratete erhöht. Die Freibeträge erhöhten sich für jedes Kind unter 18 Jahren um 1.800 DM. Die Ansparfrist von sechs Jahren sowie die Festlegungsfrist von insgesamt sieben Jahren blieben dagegen unverändert.

Um Mißverständnissen vorzubeugen: Anspruch auf den Arbeitgeber-Anteil von monatlich 52 DM an 78 DM (78 mal 12 = 936 DM) hat jeder steuerpflichtige Arbeitnehmer, sowohl Arbeiter als auch Angestellte sowie die Auszubildenden — auch die, deren Einkommen oberhalb der genannten Grenzen liegt. Sie müssen nur auf die Sahne obendrauf, sprich die staatliche Sparprämie, verzichten.

Die Bundesregierung hat sich also damit die Förderung der Beteiligung am Produktivvermögen auf die Fahnen geschrieben. Zum einen, um der deutschen Wirtschaft eine gestärkte Eigenkapitalbasis auf dem Weg ins vereinte Europa zu verschaffen, zum anderen auch, um die Kleinsparer an das Wertpapier Aktie auf diesem Weg heranzuführen.

Bestand der staatlich geförderten Anlagen in Aktienfonds nach dem 5.VermBG.		
Stichtag	**Anzahl der Depots**	**Gesamtwert der Depots in DM**
31.12.1987	232.186	209.199.586
31.12.1988	327.081	294.699.981
31.12.1989	536.880	637.813.440
31.12.1990	908.613	975.545.740
31.12.1991	1.423.227	1.526.107.322
31.12.1992	1.780.985	2.251.216.867

(Quelle: BVI)

Was wäre in diesem Fall besser als Aktien-unerfahrene Sparer über einen Aktienfonds, der ja durch Streuung des Fondsvermögens schon einen Teil der Risiken herausfiltert, mit der Aktie als Kapitalanlage bekannt zu machen. Und so kam es denn auch — wenn auch in begrenztem Umfang.

Das Geschäft der Aktienfonds mit einem Mindestanteil von 70 Prozent Aktien erhielt einen spürbaren Nachfrageschub. Den Investmentgesellschaften konnte diese Hilfe des Staates einerseits nur recht sein, andererseits handelt es sich um kleine Beträge (936 DM pro Jahr; 78 DM im Monat), die es gilt, kostengünstig zu verwalten.

Deshalb sind nicht alle Aktienfonds für die Anlage nach dem 5. Vermögensbildungsgesetz verfügbar. Meistens beschränken sich die Gesellschaften auf das Angebot von ein bis zwei Fonds.

Insgesamt verwalteten per Jahresende 1992 deutsche Investmentgesellschaften mehr als 1,7 Millionen solcher Verträge mit einem Depotwert von mehr als 2,2 Milliarden DM. 1989 gab es erst gut 500.000 solcher Verträge. Der markante Anstieg der Anzahl der Vermögenswirksame-Leistung-Konten über Aktienfonds verdeutlicht die zunehmende Bereitschaft der Anleger, sich am Produktivvermögen zu beteiligen. Diese Tendenz dürfte sich in den nächsten Jahren fortsetzen, so daß die deutschen Aktienfonds auch zukünftig mit einem kontinuierlichen Mittelzufluß rechnen können.

Die staatliche Höchstförderung von 20 Prozent auf 936 DM jährlich kann also nur noch in Anspruch nehmen, wer sich in Beteiligungswerten (die oben aufgezählten Wertpapiere) engagiert und unter die genannten Einkommensgrenzen fällt.

Arbeitnehmer-Sparzulage für vermögenswirksame Leistungen		
Sparform	**Sparförderung bis 1990**	**Sparförderung ab 1990**
Kontensparen/ Verzinsliche Wertpapiere	16 % aus 624 DM (ab 3 Kindern 26 % Zulage)	Keine Förderung mehr
Lebensversicherung	16 % /26 % aus 624 DM	Keine Förderung mehr
Bausparverträge/wohnungs-wirtschaftliche Aufwendungen	23 % / 33 % aus 624 DM	10 % aus 936 DM
Produktivvermögen – Aktien, Aktienfonds – Beteiligungen der Mitarbeiter am eigenen Unternehmen – Genußscheine des eigenen Unternehmens		 20% aus 936 DM 20% aus 936 DM 20% aus 936 DM

(Quelle: BVI, ADIG)

Ein beliebtes Rechenbeispiel vieler Broschüren weist auf den geringen Eigenanteil von Vermögenssparern an der gesamten Sparleistung hin.

Von dem Jahresbeitrag von 936 DM übernimmt

der Arbeitgeber	624,— DM (52 DM x 12),
der Staat	187,20 DM (20% von 936 DM) und
eigener Sparbeitrag nur	124,80 DM .

In der Tat ist dies ein wirklich geringer Einsatz. Es ergibt sich ein gutes Chancen/Risikenpotential, denn wer wenig einsetzt, kann auch wenig verlieren.

Beispielrechnung für vermögenswirksames Sparen mit einem Aktienfonds	
Monatlicher Anlagebetrag	
minus Arbeitgeber-Anteil	52,00 DM
minus Arbeitnehmer-Sparzulage (20 %)	15,60 DM
ergibt Eigenaufwand pro Monat	10,40 DM
Monatliche Ansparsumme:	78,00 DM
Ansparsumme pro Jahr (mal 12) =	936,00 DM
Ansparsumme nach 6 Jahren:	5.616,00 DM
Wert der Anlage nach 7 Jahren*:	7.435,80 DM
Eigenaufwand (10,40 mal 12 mal 6) = 748,80 DM	

* Bei einer angenommenen Wertentwicklung eines Aktienfonds von durchschnittlich 7 % p.a.

Allerdings sollte man sich darüber im klaren sein, daß eine Anlage in einem Aktienfonds auch immer ein spekulatives Moment enthält. Die Wertentwicklung des Fonds ist wie besprochen abhängig von den Kursschwankungen an der Börse.

Es ist also durchaus berechtigte Vorsicht, wenn Sie in einem Beratungsgespräch auf die vom Berater zugrundegelegte Rendite von 7 Prozent jährlich einwenden, daß diese Rendite durchaus auch niedriger sein kann; sie kann allerdings auch höher sein. Die relativ lange Bindungsdauer von sieben Jahren bei einem vermögenswirksamen Sparvertrag macht diese Sparform zwar unflexibel, denn es besteht so keine Möglichkeit der Gewinnrealisierung von Gewinnen in einer Haussephase ohne Verlust der Sparförderung. Es gibt aber vier Ausnahmefälle, in denen eine vorzeitige Vertragsauflösung ohne Nachteile und Rückzahlungsverpflichtungen zulässig ist:

- im Falle des Todes des Arbeitnehmers
- wenn der Arbeitnehmer zu 90 Prozent erwerbsunfähig wird
- bei andauernder Arbeitslosigkeit
- im Falle der Heirat nach frühestens zwei Jahren nach Vertragsbeginn.

Trotz größerer Schwankungsbreite der Ergebnisse eines Aktienfonds im Vergleich zu einem Rentenfonds beispielsweise, ist der Aktienfonds im Langzeitvergleich fast immer überlegen. Bei gleichzeitiger Ausnutzung des Cost-Average-Effektes stehen also die Chancen für ein ansehnliches Ergebnis nach sieben Jahren gut. Aber engagieren Sie sich gerade im Rahmen der Vermögensbildung nur in deutschen Aktienfonds. Denn Auslandsfonds, die oft von freien Vermögensverwaltern (mit Traumrenditen) empfohlen werden, enthalten zusätzlich das Währungsrisiko.

Liste mit Fonds zum vermögenswirksamen Sparen

Gesellschaft	Fonds
Alte Leipziger Trust	AL Trust Fonds A
ADIG	Adiverba
BB-Investment	BB-Deutschland-Inves
BfG-Investment-Ges.	BfG:Invest Aktienfonds
DEKA	AriDeka
	DekaFonds
DIT	Thesaurus
DWS	Investa
	Provesta
Equity & Law	Elfoaktiv
Frankfurt Trust	TF Frankfurt-Effekten-Fonds
HANSA-INVEST	HANSAeffekt
Münchner Kapitalanlage-Ges.	MK Alfakapital
	MK Asia-Pazifik
	MK Euroaktiv
	MK Investors Fonds
Oppenheim KAG	Oppenheim Privat
Rheinische KAG	Nordstern-Invest RK
	Colonia Aktienfonds RK
Schröder, Münchmeyer	
Hengst Investment	SMH-International-Fonds
	SMH-Special-Fonds 1
Union Investment	UniFonds
	UniGlobal
Zürich Investment Ges.	Zürich Invest Aktien

(Quelle: BVI)

Im Vergleich zum Vermögensbildungsgesetz nimmt sich die Akzeptanz des zweiten Standbeins der Vermögensbeteiligung von Mitarbeitern am eigenen Unternehmen nach Paragraph 19a EStG recht bescheiden aus.

Diese Förderart erlaubt es Arbeitgebern, Arbeitnehmern unentgeltlich oder verbilligt Vermögensbeteiligungen zu überlassen — und zwar unabhängig von der jeweiligen Einkommenshöhe.

Das bekannteste Instrument dieser Fördermöglichkeit sind Belegschaftsaktien, die zu niedrigeren Kursen als dem aktuellen Aktienkurs an die Mitarbeiter vergeben werden.

Bis zur Hälfte des Wertes der Vermögensbeteiligung und bis zu maximal 500 DM jährlich bleiben sie dabei Lohn- beziehungsweise Sozialabgaben-frei.

Obwohl sich in den letzten Jahren beim Beteiligungssparen einiges entwickelt hat, sieht die Zwischenbilanz im europäischen Vergleich trostlos aus. Denn andere EG-Staaten fördern erheblich höhere Beträge als 936 DM und längere Laufzeiten als 7 Jahre.

Fassen wir zusammen:

- Beteiligungssparen lohnt sich nur noch in Form von Investmentsparen mit Aktienfonds.
- Bausparen wird nur noch mit 10 Prozent Sparzulage gefördert, andere Spararten nicht mehr.
- Durch die geringe Eigenbeteiligung lohnt sich vermögenswirksames Sparen in jedem Fall.
- Bietet Ihr Unternehmen Vermögensbeteiligungen am eigenen Unternehmen an, zum Beispiel Belegschaftsaktien, sollten Sie diese Gelegenheit nutzen.
- Die meisten Investmentgesellschaften bieten spezielle Aktienfonds für das 936-DM-Sparen an. Fragen Sie danach.

5. Die fondsgebundene Lebensversicherung ... das Interesse wächst

Die Idee der fondsgebundenen Lebensversicherung ist zwar einfach, aber sie hat es in sich. Und so sorgt die Idee für Zündstoff in der Versicherungs- und Finanzwelt.

Zahlen Sie auch noch fleißig Ihre Beiträge in die gesetzliche Rentenversicherung? Sind Sie sich denn auch sicher, welchen Geldbetrag Sie in zehn, zwanzig oder dreißig Jahren monatlich als Rente zur Verfügung haben? Die Rede ist hier und da bereits von einer Einheitsrente.

Sicher ist nur, daß die gesetzlichen Rentenzahlungen im Alter in den meisten Fällen nicht mehr ausreichen werden, um den gewohnten Lebensstandard zu erhalten. Maximal 60 Prozent des letzten Nettogehalts werden aus der gesetzlichen Rentenversicherung überwiesen. Es entsteht also eine Versorgungslücke. Besserverdienende, deren Einkommen langjährig über der Beitragsbemessungsgrenze lag, müssen im Alter erhebliche Einbußen hinnehmen. Denn sie können nur von einer Höchstrente von rund 3.300 DM ausgehen. Diese Einbußen können nur durch zusätzliche private Altersvorsorge geschlossen werden.

Bislang diente hier die klassische Kapital-Lebensversicherung als ideales Vorsorgeinstrument. Sie beinhaltet sowohl eine Risikokomponente (Todesschutz) als auch eine Anlagekomponente (Sparanteil).

Schon seit den siebziger Jahren befindet sich ein — bis heute weniger bekanntes — Produkt am Markt, welches die beiden Funktionen der Vorsorge — die Risikovorsorge und die Geldanlage — voneinander trennt und in eine eigene Kombination von Risiko-Lebensversicherungen und Investmentfonds einbringt: die *fondsgebundene Lebensversicherung* (Fondspolice), die die Risikovorsorge und Kapitalanlage in Wertpapieren verbindet.

Noch ist der Marktanteil gegenüber der klassischen Kapital-Lebensversicherung mit deutlich unter 10 Prozent gering. Doch die Zuwachsraten sind um ein Vielfaches höher als im klassischen Kapital-Lebensversicherung-Bereich.

Und die Versicherungsbranche ist sich sicher: In fünf bis zehn Jahren wird die Fondspolice einen Anteil von mindestens 35 Prozent haben. In Großbritannien liegt der Anteil der Fondspolicen bei weit über 60 Prozent.

Bei der Fondspolice werden die Beiträge des Versicherten für drei unterschiedliche Bereiche verwendet:

- Für die Abdeckung der Risikovorsorge, damit im Todesfall die vereinbarte Versicherungssumme an die Angehörigen ausbezahlt werden kann.

- Für die laufenden Verwaltungskosten der Versicherungsgesellschaft und die Provisionen des Außendienstes.
- Für den Sparanteil, der in Fonds investiert wird.

Die Verwendung des Sparanteils ist somit der Bereich, durch den sich eine Fondspolice von der klassischen Kapital-Lebensversicherung unterscheidet: Als versicherte Person werden Sie zum Anleger und können nunmehr selbst entscheiden, in welche Kapitalanlagen in Form von Investment- oder Immobilienfonds Ihr Sparanteil investiert werden soll. Sie sind also gleichzeitig Versicherungsnehmer und Anleger mit all den damit verbundenen Vor- und Nachteilen.

Als Anleger wissen Sie, daß die Entwicklung eines Fonds nicht vorhersehbar ist, schon gar nicht über die Mindestlaufzeit von 12 Jahren. Das bedeutet, daß Sie im Erlebensfall — das heißt, wenn Sie das Ende der Laufzeit der Fondspolice erleben und nicht vorher der Todesfall eintritt — keinen bestimmten Betrag garantiert bekommen. Zwar kann dies die klassische Kapital-Lebensversicherung auch nicht, aber die dort erzielten Erträge schwanken weit weniger als bei der fondsgebundenen Lebensversicherung.

Der Nachteil einer fondsgebundenen Lebensversicherung wird also sofort deutlich: Die sogenannte Ablaufleistung — das ist die Auszahlung am Ende der Laufzeit der Versicherung — kann sehr stark schwanken. Denn als Versicherter beziehungsweise Anleger nehmen Sie auch an eventuellen Kursverlusten teil. Fällt der Auszahlungstermin gerade in eine schwache Börsenphase oder in eine Hochzinsphase mit tiefen Anleihekursen hinein, kann der Auszahlungsbetrag weit unter dem einer Kapital-Lebensversicherung liegen. Die gute Nachricht dabei: Für diesen ungewünschten Fall kann die Laufzeit der Versicherung um bis zu fünf Jahre verlängert werden, um auf bessere Börsenzeiten zu warten.

Allerdings läßt sich das Risiko von Kursschwankungen durch einige Entscheidungen, die Sie treffen können, deutlich reduzieren:

1. Durch die Wahl der Fonds, in die Sie investieren. So haben Sie als Versicherter bei fast allen Versicherungen zum Beispiel die Wahl zwischen Aktien- und Rentenfonds. Einige andere Versicherungen bieten sogar ganze Fondspaletten, wie Länder-, Regionen- oder diverse internationale Aktienfonds verschiedener Fondsgesellschaften an. Bei einigen Fondspolicen können Sie sogar während der Laufzeit zwischen verschiedenen Fonds wechseln.
2. Durch die Wahl der Form der Auszahlung bei Fälligkeit. So haben Sie die Wahl, ob bei Fälligkeit der Versicherungsleistung die Fondsanteile oder der

Geldwert ausbezahlt werden sollen. Das ist abhängig von den jeweiligen Geschäftsbedingungen des jeweiligen Versicherten und dem Wert der Fondsanteile zum Zeitpunkt der Fälligkeit.

3. Durch die Nutzung einer sogenannten Nachlauffrist, die bis zu fünf Jahren gehen kann. Fällt der Auszahlungstermin gerade in eine schwache Börsenphase, haben Sie zunächst die Wahl, auf die Auszahlung zu verzichten und sich die Ablaufleistung auszahlen zu lassen, wenn der Fonds wieder eine stattliche Performance aufweist. Entsprechend höher fällt dann Ihre Ablaufleistung aus.

Insgesamt überwiegen aber die Vorteile den Risikonachteil deutlich: Aufgrund der Anlageentscheidung durch Sie als Versicherungsnehmer selbst ist die Transparenz bei der Geldanlage gewährleistet. Bei der klassischen Kapital-Lebensversicherung blieb die Trennung zwischen Risiko- und Sparanteil bislang verborgen, und die Anlage der Gelder blieb oftmals im Dunkeln. Und die erwirtschafteten Erträge fielen nicht immer zum Vorteil der Kunden aus, denn die Portfoliomanager der Versicherungen müssen bei der Kapitalanlage die konservativen Vorschriften des Bundesaufsichtsamtes für das Versicherungswesen (BAV) beachten. Bei der fondsgebundenen Lebensversicherung können Sie selbst bestimmen, können sich Informationen über die Fondsgesellschaft beschaffen, die Anlagestrategie beurteilen und so investieren, wie Sie die Kapitalmärkte beurteilen.

Für die Fachleute unter Ihnen sei noch auf einen wesentlichen Vorteil hingewiesen: Bei der klassischen Lebensversicherung sind die Rückkaufswerte in den ersten Jahren durch Kosten der Verwaltung und des Vertriebs sehr gering. Denn die Abschlußkosten belasten bei traditionellen Tarifen (auch gezillmerte Tarife genannt) voll das Konto des Versicherten zu Beginn der Laufzeit. Ein Guthaben entsteht erst nach etwa zwei Jahren.

Bei den neuen Tarifen der fondsgebundenen Lebensversicherung (auch ungezillmerte Tarife genannt) werden diese Kosten ratierlich über die Laufzeit verteilt, so daß Sie als Versicherungsnehmer bereits im ersten Jahr an den erzielten Anlageerfolgen teilhaben. Die angenehme Folge: Ihre Versicherung hat in den ersten Jahren höhere Rückkaufswerte.

Am Ende der Laufzeit sind die Auszahlungsbeträge beider Tarife bei gleicher Renditeentwicklung dann wieder annähernd gleich.

Die Befürworter der fondsgebundenen Lebensversicherung werben zusätzlich noch mit hohen Renditen, dem Cost-Averaging-Effekt und den reduzierten Ausgabeaufschlägen beim Fondserwerb. Die hohen Renditen basieren natürlich auf vergangenheitsorientierten Daten und deren Fortschreibung in die Zukunft. Von daher können die Beispielrechnungen wie bei der klassischen Lebensversicherung nicht garantiert werden.

Die Auswirkungen des Cost-Average-Effektes hatten wir erwähnt. Er wird unser Ansicht nach zurecht genannt, denn bei regelmäßiger Einzahlung gleichhoher Beträge können Kursschwankungen bei Aktienfonds ausgenutzt werden. Bei gleicher Sparleistung werden bei niedrigen Kursen mehr und bei höheren Kursen weniger Anteile erworben. Auf diese Weise wird ein günstigerer Durchschnittspreis erzielt als beim regelmäßigen Erwerb einer festgesetzten Anzahl von Einheiten — wir sprachen bereits darüber.

Auch die niedrigeren Ausgabeaufschläge im Vergleich zum Direkterwerb können sich erheblich auf die gesamte Rentabilität einer Fondspolice auswirken und sind positiv zu bewerten.

Wichtige Argumente ergeben sich schließlich noch aus steuerlicher Sicht:

Nach Paragraph 10 Einkommenssteuergesetz (EStG) sind Beiträge zu Ihrer fondsgebundenen Lebensversicherung zwar nicht wie bei der klassischen Kapital-Lebensversicherung zum Sonderausgabeabzug zugelassen. Aber vergleichbar zur herkömmlichen Kapital-Lebensversicherung bleiben sämtliche Erträge gemäß Paragraph 20 EStG auch aus der fondsgebundenen Lebensversicherung steuerfrei. Einzige Voraussetzung: Die Mindestlaufzeit der Versicherung beträgt 12 Jahre. Bei Tod der versicherten Person ist die Auszahlung ohnehin zu jedem Zeitpunkt steuerfrei.

(siehe Abb. nächste Seite)

Macht eine fondsgebundene Lebensversicherung nun aus Ihrer Sicht Sinn oder geht es mehr um ein Modell zur steuerbegünstigten Kapitalanlage? Damit Sie sich in Ruhe entscheiden können, sollten Sie auf jeden Fall verschiedene Angebote einholen, um Prämien, Anlageergebnisse, Vertragsgestaltung und Bedingungen zu vergleichen.

Abb.: Fondspolicen im Überblick

	AACHEN MÜNCHNER LEBEN	AXA EQUITY & LAW	COLONIA LEBEN	DEUTSCHE HEROLD	GERLING LEBEN
MINDESTPRÄMIE	DM 50,--	DM 150,--	DM 100,--	DM 50,--	DM 200,--
KAPITALANLAGE GESELLSCHAFT	* BFG-Invest * BFG-Immo-Invest	ELFO	Rheinische Kapitalanlage	* DWS * Dt. Grundbesitz-Invest	Gerling-Invest
ANZAHL FONDS	5	3	3	6	6
AUSGABE-AUFSCHLAG	0,6%	2,5%	kein Ausgabeaufschlag	kein Ausgabeaufschlag	3 - 4,5%
FONDSWECHSEL	einmal im Jahr gratis, sonst 50,-- DM	einmal im Jahr gratis, sonst 0,5%	einmal im Jahr gratis, sonst 30 bis 100 DM	50,-- DM pauschal	das erste Mal gratis, sonst 50,-- DM
VARIABLE TODESFALL-LEISTUNG	10-100%	10-bis 310-facher Jahresbeitrag	120- bis 800-facher Monatsbeitrag	fest 100%	10-150%
ADRESSE	AM-Leben Postfach 26 5100 Aachen	Equity & Law Postfach 2360 6200 Wiesbaden	Colonia-Leben Postfach 805060 5000 Köln 80	Deutsche Herold Postfach 1448 5300 Bonn 1	Gerling Leben Postf. 100808 5000 Köln 1
TELEFON	0241-600101	0611-7951	0221-969902	0228-26801	0221-1441
TELEFAX	0241-6001138	0611-795555	0221-969992750	0228-2683905	0221-1443833

Quelle: Eigene Erstellung in Anlehnung an Finanzen, 05/93.

	MLP	NÜRNBERGER LEBEN	SKANDIA LEBEN	WWK LEBEN
MINDESTPRÄMIE	DM 100,--	DM 50,--	DM 150,--	DM 50,--
KAPITALANLAGE GESELLSCHAFT	* ADIG * DWS * DGI * Fidelity * Fleming * Frankfurt-Trust * Gerling Invest * SMH	* ADIG * DEGEF * Frankfurt-Trust	* Oppenheim * Fidelity * Euroinvest * Alliance Capital * Dt. Grundbesitz Invest	* ADIG * MK * DWS * Dt. Grundbesitz Invest
ANZAHL FONDS	18	6	31	8
AUSGABE-AUFSCHLAG	3%	3,0%	1 - 3,25%	5%
FONDSWECHSEL	0,4%, mind. 50 DM	DM 50,-- pauschal	gratis	DM 50,-- pauschal
VARIABLE TODESFALL-LEISTUNG	10-100%	50% / 100% / 150%	50 - 400%	50% / 100% / 150%
ADRESSE	MLP-Lebensvers. AG Postfach 104504 6900 Heidelberg	Nürnberger Vers. Postfach 210180 8500 Nürnberg	Skandia Leben Postfach 151217 1000 Berlin 15	WWK-Leben Postfach 202620 8000 München
TELEFON	06221-3080	0911-5310	030-8857700	089-51140
TELEFAX	06221-308205	0911-5313206	030-8822310	089-51142337

Quelle: Eigene Erstellung in Anlehnung an Finanzen, 05/93.

Fassen wir zusammen:

Generell ist der Abschluß einer fondsgebundenen Lebensversicherung für solche Anleger beziehungsweise Versicherungsnehmer geeignet, die

- eine private Altersvorsorge planen und dabei Transparenz bei der Verwendung Ihrer eingezahlten Prämien wünschen.
- selbst über die Kriterien entscheiden wollen, nach denen die eingezahlten Prämien angelegt werden,
- zusätzlich zu einer bestehenden Kapital-Lebensversicherung, die als Grundabsicherung dient, weitere steuergünstige Altervorsorge betreiben wollen,
- bei mindestens 12-jähriger Laufzeit in den Genuß des Steuerprivilegs kommen wollen, das heißt, alle vereinnahmten Erträge steuerfrei kassieren wollen.
- keine Zeit haben, individuell eine Risiko-Lebensversicherung abzuschließen und sich gleichzeitig mit Fondssparen beschäftigen wollen.

6. Ihr ganz persönlicher Fondswegweiser: Checkliste für den Kauf von Fonds

Jeder Kauf von Wertpapieren sollte gut vorbereitet sein. Dies gilt in besonderem Maße für Investmentfonds. Der Wertpapierberater jeder Bank leistet dabei gute Hilfestellung, indem er sein Know-how zur Verfügung stellt.

Aus der Vielzahl der Fonds gibt es für fast jeden Anlegertyp den richtigen Fondstyp. Und durch eine effiziente Mischung von Fonds verschiedener Ertrags- und Risikostufen erhält der Anleger eine professionelle Vermögensverwaltung, auch für kleinere Portfolios.

Mit folgender Systematik wird die Kaufentscheidung in verschiedene Schritte zerlegt und somit gut vorbereitet:

1. Der Käufer formuliert die Erwartungen, die er mit dem Fonds verbindet
   Erwartet der Käufer vor allem Wertzuwachs — dann liegt er mit Aktien- und gemischten Fonds besser als mit Rentenfonds. Erwartet er eine sichere und hohe jährliche Ausschüttung bei geringem Risiko, dann sind Rentenfonds und bei geringerer jährlicher Ausschüttung Immobilienfonds die richtige Alternative.
   Kann er auf eine Ausschüttung ganz verzichten, bieten sich die in ihrer Laufzeit begrenzten Laufzeitfonds an. Für Anleger mit begrenzter Risikobereitschaft eignen sich gemischte Fonds mit dem Schwerpunkt Rentenanteil und einer Beimischung aus Aktien.
   Für hohe Risikobereitschaft als Entgelt für langfristig überdurchschnittliche Erträge bieten sich die Anlage in Spezialitätenfonds (zum Beispiel Optionsschein-Fonds), internationalen Aktienfonds und Auslandsfonds an.

2. Der Käufer überlegt sich, wie er zukünftig sein Kapital anlegen will
   Das Investmentsparen kann in Form einer Einmalanlage oder in Form von Anlageplänen erfolgen, wie wir im dritten Kapitel gezeigt haben. Hinzu kommt, daß viele Kunden im Rahmen des 936-DM-Gesetzes eine Anlage suchen. Immer beliebter wird auch die Anlage in Fonds in Form der fondsgebundenen Lebensversicherung.
   Bei der Einmalanlage ist inbesondere auf das Timing zu achten. Die regelmäßige Anlage auf einem Investmenkonto bietet den Vorteil des Cost-Average-Effektes, so daß Sie als Anleger unter bestimmten Umständen einen gün-

stigeren als den durchschnittlichen Ausgabepreis erzielen. Für Kunden, die im Rahmen ihrer vermögenswirksamen Leistungen in Fonds investieren wollen, bieten sich derzeit 23 Aktienfonds an, bei denen die Anlage nach dem 5. Vermögensbildungsgesetz möglich ist.

3. Der Investor steckt sich einen zeitlichen Horizont für die Kapitalanlage
Legt der Kunde für einen langen Zeitraum an, dann sollten aufgrund des höheren durchschnittlichen Wertzuwachses Aktienfonds zu Lasten der Rentenfonds überwiegen. Spart der Investor nur für wenige Jahre, um sich dann eine größere Anschaffung leisten zu können (sog. Zielsparen), dann sollten höchstens 50Prozent in Aktienfonds, der Restbetrag in Renten- und Laufzeitfonds investiert werden. So ist das eingesetzte Kapital unabhängiger vom aktuellen Kursniveau. Bei Eintritt ins Rentenalter können Auszahlpläne (mit und ohne Kapitalverzehr) erstellt werden, wenn Sie von den Erträgen leben wollen.

4. Der Investor berücksichtigt seine persönliche steuerliche Situation
Hat der Kunde eine hohe Steuerprogression von über 35 Prozent, dann sind Fonds vorteilhaft, bei denen die Komponente der steuerfreien Erträge am größten ist. Dies sind für risikoscheue Anleger Immobilienfonds, weil hier ein guter Teil der Erträge steuerfrei anfällt. Für etwas risikofreudigere Anleger bieten sich Aktienfonds an. Denn Kursgewinne unterliegen nicht der Steuer, wenn der Investor den Fonds länger als sechs Monate hält. Rentenfonds eigenen sich hier nicht, da der Großteil der Erträge zu versteuern ist.

5. Der Investor vergleicht die gängigen Fondsarten und trifft die Entscheidung
Wichtig sind bei der Entscheidung neben der Anlagepolitik und den Anlagegrundsätzen des Fonds die anfallenden Kosten und (falls der Fonds nicht neu aufgelegt ist) die bisherige Performance. Ein Blick in die Vergangenheit kann zeigen, ob das Fondsmanagement sein Handwerk versteht, auch wenn die vergangene Performance kein Indiz für zukünftige Entwicklung darstellt. Performance-Ranglisten werden von den verschiedensten Quellen regelmäßig auf Monats-, Halbjahres-und Jahresbasis angeboten.

Die Entscheidung darüber, welche Strategie für Sie die Richtige ist, sollte letztlich nicht einsam und in einem stillen Kämmerlein getroffen werden. Wir haben im zweiten Teil unseres Buches eine hochkarätige Auswahl von Experten zu Wort kommen lassen, an die Sie sich selbstredend jederzeit wenden können. Ein guter, unabhängiger Anlageberater oder Vermögensverwalter sollte Ihnen bei der Entwicklung Ihrer Strategie zur Seite stehen. Doch die hier angegebenen Leitlinien schützen Sie davor, unvorsichtig zu handeln — und zeigen Ihrem Berater, daß er Ihnen kein X für ein U vormachen kann.

Als nächstes dürfte Sie interessieren, wer sich eigentlich hinter dem Management eines Fonds verbirgt? Nun, die Frage ist berechtigt, immerhin hängt die Qualität eines Fonds, der Weg zum Reichtum, einzig vom Geschick jener Experten ab, die ständig das Ohr am Markt haben und die Zeichen der Zeit zu deuten wissen. Und zwar für Sie! Werfen wir also einen Blick hinter die Kulissen, doch zuerst, wie immer am Ende eines Kapitels, nochmals das Wichtigste....

... auf einen Blick

1. Beim Investment-Check sollten Sie einige Grundregeln beachten: Man unterscheidet Anteilwert und Ausgabepreis eines Fonds. Der Ausgabepreis ist grundsätzlich höher. Die Differenz dient der Investmentgesellschaft als Ausgleich der Verwaltungs- und Vertriebskosten. Sie liegen i.d.R. zwischen 1 und 5 %, je nach Fonds-Art.

2. Erhalten Sie eine Ausschüttung und wollen diese wieder anlegen, achten Sie darauf, daß Sie einen *Wiederanlagerabatt* erhalten. Denn bei vielen Fondsgesellschaften brauchen Sie bei der Wiederanlage nicht den vollen, sondern oft nur den halben Ausgabeaufschlag zu zahlen.

3. Die Anlegerrendite kann auf unterschiedliche Art berechnet werden. Unterschieden werden die BVI-Wertentwicklung, die Effektiv-Rendite sowie die Ex-Post-Anlegerrendite. Beachten Sie, daß der Ausgabeaufschlag berücksichtigt wird.

4. Bei der Anlage können unterschiedliche Strategien verfolgt werden. Bei der Einmalanlage steht neben der Fondsauswahl besonders das Timing im Vordergrund. Hier liegt der Gewinn im Einkauf.

5. Rentenfonds kauft man am besten bei hohen Zinsen, um Kursgewinne mit fallenden Zinsen zu erzielen. Aktien kaufen Sie am besten bei niedrigen Zinsen, weil die Unternehmen sich günstig refinanzieren können. Immobilien kaufen Sie sich ebenfalls am besten bei niedrigen Zinsen.

6. Bei der Daueranlage nach Plan, z.B. bei Anlageplänen, wird das Geld regelmäßig in die gleichen Fonds investiert. Dadurch kaufen sie automatisch antizyklisch, d.h. zu hohen Kursen kaufen Sie weniger Anteile als bei niedrigen Kursen.
   Dadurch ergibt sich ein sogenannter Cost-Average-Effekt, d.h. im Durchschnitt kaufen Sie billiger als der Markt.
7. Genauso wie es Einzahlpläne gibt, gibt es Auszahlpläne:
   Ein bestimmter Betrag wird dann regelmäßig für einen bestimmten Zeitraum ausbezahlt. Dabei kann zwischen Auszahlplänen mit und ohne Kapitalverzehr gewählt werden. Bei letzterem bleibt nach dem festgelegten Zeitraum kein Geld mehr übrig.
8. Tafelgeschäfte sind anonyme Zug um Zug-Geschäfte mit der Bank: Sie geben der Bank am Schalter Geld, die Bank gibt Ihnen am Schalter Fondsanteile. Noch funktioniert der Deal, doch nicht mehr lange. Zum einen müssen alle Einzahlungen über 25.000 DM demnächst von der Bank verifiziert werden, zum anderen werden gemäß dem Zinsabschlagsgesetz auf Tafelgschäfte 35 % ZAST vom Finanzamt einbehalten. Dann sind Tafelgeschäfte in Deutschland wohl endgültig out.
9. Beteiligungssparen lohnt sich nur noch in Form von Investmentsparen mit Aktienfonds, dann erhalten Anleger bis zu 20 % staatliche Fördermittel. Viele Investmentgesellschaft bieten spezielle 936-DM-Fonds an.
10. Belegschaftsaktien sind auch eine Art von Vermögensbildung auf 936-DM-Basis. Sollten Sie in einer AG arbeiten, nutzen Sie die Gelegenheit, wenn Belegschaftsaktien begeben werden und kaufen sich welche. Sie können nur gewinnen.
11. Fondsgebundene Lebensversicherungen werden das Versicherungswesen verändern. Hier entscheidet der Anleger selbst, wie seine Versicherungsbeiträge angelegt werden. Dadurch erfährt die private Altersvorsorge erheblich mehr Transparenz bei bleibenden Steuerprivilegien und bleibender Absicherung. Einziger Nachteil: Wollen Sie das Steuerprivileg in Anspruch nehmen, muß die Laufzeit mindestens 12 Jahre betragen.
12. Bereiten Sie sich gut vor, bevor Sie sich Fondsanteile kaufen. Seien Sie sich im klaren darüber, welchen Fondstyp Sie kaufen wollen. Kaufen Sie nicht unbedingt nur die Fonds ihrer Hausbank. Lesen Sie in Fachzeitschriften nach, welche Fonds die Besten ihrer jeweiligen Kategorie sind.

IV. DAS MANAGEMENT VON FONDS

Man muß das Geld nicht mit dem Hintern verdienen, sondern mit dem Kopf.

August Lenz

Angenommen Sie vertrauen einer Person Ihr Bestes — Ihr Vermögen — an, damit diese Frau oder dieser Mann Ihr Kapital optimal verwaltet und dabei eine angemessene Rendite erwirtschaftet.

Eine schwerwiegende Entscheidung, die Ihnen ein großes Maß an Vertrauen in die persönlichen Eigenschaften und die fachlichen Qualifikationen Ihres zukünftigen Finanzmanagers abverlangt. Bei Ihrer Beurteilung haben sicherlich Kriterien wie Integrität, Kreditwürdigkeit, Überzeugungskraft, Ausstrahlung, fachliche Kompetenz, Erfolge in der Vergangenheit und Referenzen von Freunden und Bekannten eine besondere Bedeutung.

In einem so direkten Verhältnis von Manager und Anleger sind die an den Manager gestellten Anforderungen durch Einsicht von Fakten und / oder durch persönliche Gespräche relativ schnell überprüfbar. Anlagepolitik, Kriterien der Anlageentscheidungen und im Zweifelsfall die einzelne Anlageentscheidung selbst können durch den persönlichen Kontakt in Erfahrung gebracht oder sogar mit beeinflußt werden.

Aber wer, so werden Sie sich jetzt fragen, wer managt mein Vermögen, wenn ich es in einem Investmentfonds anlege?

Wie kann ich dem Management eines Fonds vertrauen, obwohl ich die einzelnen Entscheidungsträger gar nicht kenne?

Wie kann man ausschließen, daß die Manager in die eigene Tasche wirtschaften?

Werden deren Aktivitäten überhaupt überprüft, und wenn von wem?

Welche Voraussetzungen muß ein Fondsmanager erfüllen, und welche fachlichen Qualifikationen bringt er mit?

Wer bestimmt die Anlagepolitik, und wer kontrolliert ihre Einhaltung?

Wer trifft die Anlageentscheidungen, und nach welchen Kriterien werden diese gefällt?

Und überhaupt, wie sicher ist mein Vermögen vor den Zugriffen Unberechtigter?

Fragen über Fragen — und sicherlich könnten dieser Liste noch weitere hinzugefügt werden. Im Folgenden werden wir versuchen, auf anschauliche Weise alle diese

Fragen zu beantworten und Ihnen gleichzeitig ein Bild des Management eines Fonds zu skizzieren.

Der Ort des Geschehens

Das Magische Dreieck der Beteiligten im Investmentfondsgeschäft haben Sie bereits kennengelernt. Diese Konstellation ist keine zufällige. Sie ist gewollt und gesetzlich vorgeschrieben.

Abb.: Das magische Dreieck der Investmentfonds

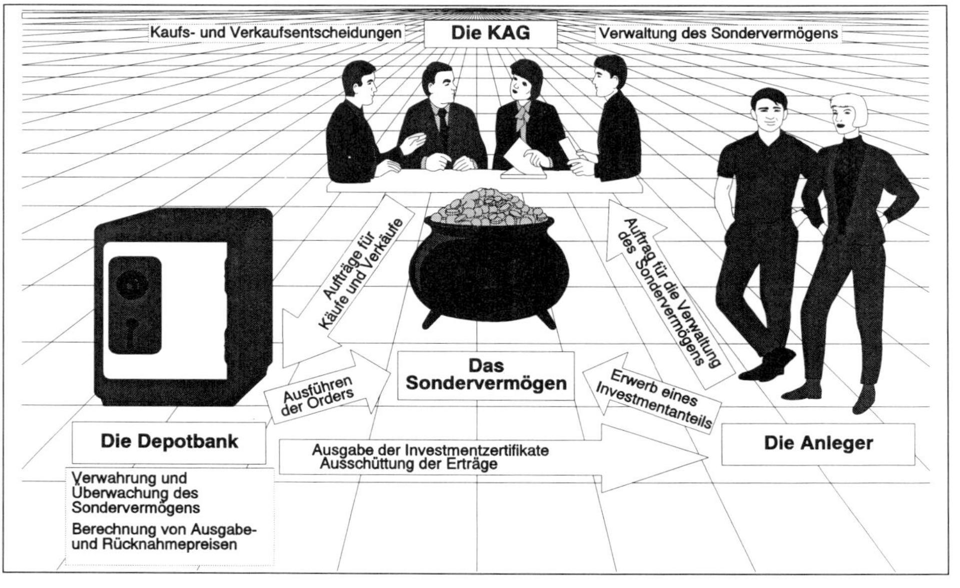

Quelle: Eigene Erstellung.

Diese Regelung und viele weitere des *Kreditwesengesetzes (KWG)* und des *Gesetzes über die Kapitalanlagesellschaften* (KAGG) sorgen dafür, daß Investmentfonds nicht das Bermuda-Dreieck für Ihre Investitionen werden.

Im gleichen Maße wie der Staat die Anlage in Investmentfonds fördert, reglementiert er diese Form der Anlage zur Sicherheit der Anleger. Der *Anlegerschutz* ist auch das oberste Prinzip für die Regeln, denen sich das Fondsmanagement unterwerfen muß.

„Aber wer betreibt denn nun das Fondsmanagement?“ werden Sie sich ungeduldig fragen.

Träger des Management eines Fonds ist die *Kapitalanlagegesellschaft*, kurz *KAG* genannt. Nach den gesetzlichen Regelungen des KAGG ist es ihre Aufgabe, das von den Investoren zur Verfügung gestellte Vermögen zu verwalten. Die Betonung liegt hier eindeutig auf der Tätigkeit des *Verwaltens*!

Das Vermögen der Kapitalanlagegesellschaft und das aus den Einlagen der Anleger gebildete Sondervermögen des eigentlichen Investmentfonds sind nämlich strikt getrennt. Die KAG kann demnach zwar über den Kauf oder Verkauf von Vermögensgegenständen des Fonds nach bestimmten Kriterien entscheiden. Dafür setzt die KAG für jeden Fonds einen Anlageausschuß ein, der über die Anlagepolitik des Fonds entscheidet. Die gekauften Gegenstände beziehungsweise die erlösten Bargeldbeträge fließen jedoch wieder direkt dem Fondsvermögen zu.

Ein Zugriff anderer Art der KAG ist dadurch ausgeschlossen, daß die Verwahrung und eine Überwachung des Sondervermögens durch die Depotbank vorgenommen wird. Außerdem berechnet die Depotbank die täglichen Ausgabe- und Rücknahmepreise, ist für die Ausgabe der Investmentanteile zuständig und vollzieht die Ausschüttung der Erträge. Insofern hat die Depotbank nicht nur Kontrollfunktionen, sie unterstützt die KAG auch bei der Verwaltung des Sondervermögens.

Fassen wir zusammen:
Das eigentliche Management eines Investmentfonds (Kauf-, Verkaufsentscheidungen) betreibt die KAG. Die Depotbank unterstützt das Management durch das Ausführen der Transaktionen, durch die Ausgabe von Zertifikaten und Ausschüttung der Erträge, durch die Berechnung von Ausgabe- und Rücknahmepreisen und durch die Verwahrung des Sondervermögens.

Die rechtlichen Anforderungen an die KAG

“Da kann ja jeder kommen!?“ Eben nicht! Die Gründung einer Kapitalanlagegesellschaft und damit das Auflegen und Verwalten von Investmentfonds ist an viele Voraussetzungen gebunden und letztendlich von der Zulassung durch das *Bundesaufsichtsamt für das Kreditwesen* (BAK) abhängig. Hier eine Checkliste, die Sie immer noch verwenden können, bevor Sie sich nach Berlin, dem Sitz des BAK, aufmachen:

- Sitz und Hauptverwaltung muß in Deutschland sein
- mögliche Rechtsform der Gesellschaft AG oder GmbH

- eingezahltes haftendes Nennkapital mindestens 5 Mio. DM
- mindestens 2 Geschäftsführer
- die Geschäftsführer müssen fachlich geeignet sein
- die Geschäftsführer müssen zuverlässig sein.

Sie sehen, ähnlich wie bei dem anfangs erläuterten fiktiven Auswahlverfahren Ihres persönlichen Finanzmanagers werden an die Verantwortlichen einer Kapitalanlagegesellschaft sehr präzise und weitreichende (gesetzliche) Anforderungen gestellt. Im Vergleich zu Ihren Anforderungen sind die Anforderungen an Fondsmanager gesetzlich fixiert. Und nur wenn alle Voraussetzungen erfüllt sind, kann die Zulassung einer KAG durch das Bundesaufsichtsamt für das Kreditwesen erfolgen.

Die Zulassung ist jedoch nicht unwiderruflich. Werden einzelne Anforderungen nicht mehr erfüllt oder liegt eine Gefährdung der Vermögenswerte des Investmentfonds vor, kann als letzte Maßnahme des BAK ein Widerruf der Zulassung erfolgen. Dies ist das äußerste Mittel und wurde in Deutschland bislang noch nicht angewendet. Sicherlich ist dies mit ein Verdienst der besonderen Reglementierung dieses Geschäftszweiges. Eine KAG unterliegt neben den handelsrechtlichen Bestimmungen des *Handelsgesetzbuches (HGB)* und des *Aktiengesetzes (AktG)* beziehungsweise *GmbH-Gesetzes (GmbHG)* als Kreditinstitut dem *Kreditwesengesetz (KWG)* und der besonderen Aufsicht des *Bundesaufsichtsamtes für das Kreditwesens (BAK)* und schließlich als Kapitalanlagegesellschaft den Bestimmungen des *KAGG*.

Abb.: Die rechtlichen Grundlagen für KAGs

Fassen wir zusammen:
Die mit dem Fondsmanagement betraute Kapitalanlagegesellschaft (KAG) nimmt einen durch verschiedene gesetzliche Bestimmungen, insbesondere das Kreditwesengesetz und das Gesetz über Kapitalanlagegesellschaften, festgelegten Platz im Dreieck der Beteiligten ein. An die Gründung und Führung einer KAG werden genau bestimmte Anforderungen gestellt, die von dem Bundesaufsichtsamt für das Kreditwesen (BAK) überprüft werden. Nur wenn eine Gesellschaft alle diese Anforderungen erfüllt, kann eine Zulassung durch das BAK erfolgen. Die Anforderungen werden auch nach der Zulassung ständig überprüft. Eine Nichteinhaltung der gesetzlichen Regelungen kann im Zweifelsfall zum Widerruf der Zulassung durch das BAK führen.

Die Anlagemöglichkeiten und Anlagegrenzen

Den komplexen Sachverhalt der rechtlichen Beschränkungen, denen ein Fondsmanager während seiner Arbeit unterliegt, möchten wir Ihnen anhand eines bildhaften Vergleiches aus dem Alltag veranschaulichen.

Jeder kennt ein Haus. Jedes Haus steht auf einem Grundstück, das heißt, es steht auf einem in seiner Größe genau abgegrenzten Teil unserer Erdoberfläche. Übertragen auf unser Thema ist dieses Grundstück das Terrain, auf dem sich jeder nur denkbare Geldanleger, also auch ein Fondsmanager, bewegen könnte. Das Grundstück ist im übertragenen Sinne der Markt für Kapitalanlagen. Zugegeben, dieses Grundstück ist sehr groß. Es ist jedoch trotzdem begrenzt.

Es eröffnen sich dem Betrachter eine Vielzahl verschiedener Standorte, die sich bezüglich ihrer äußerlichen Erscheinung und ihrer Sicherheit wesentlich unterscheiden.

Die rechtlichen Rahmenbedingungen für die Zulassung und Führung einer KAG bilden die äußere Struktur, in der sich die Manager eines Fonds bewegen können. Sie ist sozusagen die „häusliche Umgebung“ ihres Wirkens.

Komplettieren wir diesen Vergleich, indem wir dieses Haus in Zimmer unterteilen, so gelangen wir zu den rechtlichen Beschränkungen, denen ein Fondsmanager während seiner eigentlichen Arbeit, das heißt also bei der Anlage der Fondsmittel, unterworfen ist.

Lediglich die Einrichtung des Zimmers bleibt als individuelle und kreative Aufgabe dem Fondsmanager vorbehalten. „Lediglich“ ist ein bißchen untertrieben, denn im Endeffekt entscheidet gerade die Arbeit des „Innenarchitekten“ darüber, ob eine

Einrichtung auch in der Zukunft en vogue ist oder schon nach kurzer Zeit dem allgemeinen Trend hinterherhinkt.

Aber bleiben wir zunächst bei den Ausmaßen des Zimmers, sprich den gesetzlichen Bestimmungen bezüglich der Anlagemöglichkeiten und -grenzen, die für Investmentfonds bestehen.

Geregelt sind diese Bestimmungen in dem schon vielzitierten KAGG. Die Anlagemöglichkeiten und Anlagegrenzen sind je nach Fondstyp unterschiedlich geartet. Das ist ja auch einsichtig. Zum einen erschiene ein Haus mit nur einem Zimmer irgendwie seltsam, und zum anderen müssen selbst gesetzliche Bestimmungen den unterschiedlichen Gegebenheiten beispielsweise eines Wertpapier- oder Immobilienfonds Rechnung tragen. Allen Bestimmungen für die verschiedenen Fondstypen ist gemeinsam, daß durch sie genau bestimmt wird, welche Anlagen zulässig sind und welche Grenzen das Fondsmanagement bei den Investitionen einzuhalten hat.

Für den Manager eines Wertpapierfonds bedeutet dies beispielsweise, daß er nur Wertpapiere für das Fondsvermögen erwerben kann, die die im Gesetz ausdrücklich geforderten Eigenschaften erfüllen. Alle anderen Wertpapiere sind für den Manager tabu.

Anlagemöglichkeiten für Wertpapierfonds
(§§8,8a-8g KAGG)

Notierte Wertpapiere
- alle inländischen Wertpapiere, die an inländischen Börsen zum amtlichen Handel zugelassen sind oder an anderen organisierten Märkten in Deutschland gehandelt werden, d.h. **Aktien, Bezugsrechte, Optionsscheine, Genußscheine, festverzinsliche Schuldverschreibungen, Pfandbriefe, Kommunalobligationen, Schuldverschreibungen von Bund, Bahn und Post**
- alle ausländischen Wertpapiere, die an Börsen der Mitgliedsstaaten der Europäischen Gemeinschaft und in anderen Staaten des Auslandes zum amtlichen Handel zugelassen sind oder an anderen organisierten Märkten gehandelt werden.

Neuemissionen
- sofern die Zulassung dieser Wertpapiere an einer in- beziehungsweise ausländischen Börse oder an einem organisierten Markt des In- oder Auslandes vorgesehen ist.

Bezugsrechte

Nicht notierte Wertpapiere
- bis maximal 10% des Sondervermögens

Schuldscheindarlehen

Investmentanteilsscheine
- vorausgesetzt, daß die Anteile dieser Fonds dem Publikum ohne Begrenzung der Anzahl der Anteile angeboten werden und die Anteile von den Eignern jederzeit zurückgegeben werden können.

Bankguthaben
- Liquiditätsanlagen in Einzelzertifikaten von Kreditinstituten, unverzinsliche Schatzanweisungen und Schatzwechsel des Bundes und der Länder und vergleichbare Papiere anderer Staaten der OECD

☞

Optionen
- vorausgesetzt, die Optionen werden an einer in- oder ausländischen Terminbörse gehandelt

Devisentermingeschäfte
- zur Absicherung von Währungsrisiken können Devisen auf Termin veräußert werden, soweit diesen Devisen Vermögensgegenstände des Fondsvermögens in gleichem Umfang und in gleicher Währung gegenüberstehen.

Finanzterminkontrakte

Dem Grundkonzept des Fondsgedankens entspringen die gesetzlichen Anlagegrenzen. Fondsmanager sollen gerade *nicht* alles auf eine Karte setzen können, und damit in ihrem Erfolg beziehungsweise Mißerfolg von *einem* Investitionsobjekt abhängig sein. Die Mischung machts!

Das KAGG bestimmt hierzu genau, wie hoch der Anteil eines Investitionsobjektes an dem Gesamtvermögen des Fonds maximal sein darf. Beispielsweise darf der Wert der Papiere eines Ausstellers grundsätzlich einen Anteil von 5 Prozent des Gesamtvermögens nicht überschreiten. In einem offenen Immobilienfonds muß das Sondervermögen beispielsweise mindestens auf 10 verschiedene Objekte verteilt werden.

Fassen wir zusammen:
Nicht nur die Anforderungen an die Zulassung und Führung einer KAG, auch die Handlungsfreiheit der Fondsmanager ist gesetzlich genau bestimmt. An die Unterschiedlichkeit der Fondstypen angepaßt, werden die möglichen Anlageobjekte und Höchstgrenzen für die Investition in ein Anlageobjekt dem Fondsmanager genau vorgegeben.

Die Leistung des Fondsmanagements

"Wenn alles so genau festgelegt ist, dann sind wohl alle Fondsmanager gleich?" Weit gefehlt! Schon die Vielfalt der auf dem Markt angebotenen Investmentfonds zeigt, daß die wenigen Freiheiten genügen, um ein „Fondsmanagement-Einerlei" zu verhindern. Auch Sie, nein, vor allem Sie tragen zu der Vielfalt des Investmentsektors bei. Hätten alle Investmentsparer die gleichen Bedürfnisse, so wäre sicherlich nur eine sehr begrenzte Anzahl von verschiedenen Investmentfonds denkbar. So müssen sich jedoch die Kapitalanlagegesellschaften mit der Gestaltung ihrer Fonds an die vielschichtigen Bedürfnisse ihrer Kunden anpassen.

Der besondere Zuschnitt auf verschiedene Kundengruppen führt in der Regel zu einer weiteren, diesmal aber freiwilligen Beschränkung des Fondsmanagements. Aktienfonds werden beispielsweise nur mit deutschen oder nur mit ausländischen Aktienwerten angeboten. Es werden Immobilienfonds aufgelegt, die nur Grundstücke einer bestimmten Verwendung oder einer bestimmten Region enthalten.

Durch den Erwerb eines Investmentanteils bestimmen Sie, wie Ihr Geld angelegt werden soll. Jedenfalls legen Sie die grobe Fahrtrichtung fest. Entsprechend verpflichtet sich das Fondsmanagement, diese festgeschriebene Anlagepolitik zu verfolgen.

Die Festschreibung erfolgt aus Vereinfachungsgründen in einem standardisierten Vertragsgefüge. Mit dem Erwerb eines Investmentzertifikates schließen Sie mit der Kapitalanlagegesellschaft automatisch diesen Vertrag ab. Unter anderem beauftragen Sie mit diesem Vertrag die KAG, das Sondervermögen, nach den in den Vertragsbedingungen ausgewiesenen Grundsätzen der Anlagepolitik, zu verwalten.

Unter Einhaltung dieser Grundsätze (und natürlich der gesetzlichen Bestimmungen), kann nun das Fondsmanagement frei über die genaue Anlagepolitik und letztendlich über konkrete Anlagekriterien und Anlageentscheidungen befinden. Natürlich ist das in der Regel nicht die alleinige Aufgabe eines Fondsmanagers. Insbesondere bei der Festlegung der langfristigen Anlagepolitik stehen ihm dabei andere Kollegen und fachlich versierte Persönlichkeiten zur Seite.

Diesen sich in regelmäßigen oder auch unregelmäßigen Abständen treffende Club von Anlagespezialisten bezeichnet man als *Anlageausschuß*. In diesem Gremium wird, entsprechend der zu erwartenden Marktentwicklung, die allgemeine und langfristige Anlagepolitik formuliert und gegebenenfalls überprüft.

Im Rahmen dieser allgemeinen Vorgaben trifft schließlich der Fondsmanager die täglich anstehenden Kauf- beziehungsweise Verkaufsentscheidungen. Hier wird letztendlich über den Erfolg oder Mißerfolg des Managers entschieden. Allerdings erfährt der Manager auch hier die Unterstützung seines Arbeitgebers. Im Gegensatz zu einem privaten Anleger, stehen dem Fondsmanager die professionellen Instrumente der Informationsbeschaffung und Informationsverarbeitung der KAG zur Verfügung, und es kann somit das Vermögen der Investmentsparer optimal und renditebewußt verwalten.

Bevor wir nun im Detail darauf eingehen, wie Sie bei der Auswahl der Fonds richtig verfahren, wie üblich noch einmal das Wichtigste …

… auf einen Blick

1. Folgende Anforderungen werden zur Sicherung Ihrer Einlagen an eine Kapitalanlagegesellschaft (KAG) und deren Fondsmanager gestellt:
   Sitz und Hauptverwaltung der KAG in Deutschland
   Rechtform AG oder GmbH
   eingezahltes haftendes Nennkapital mindestens 5 Millionen DM
   mindestens zwei fachlich geeignete und zuverlässige Geschäftsführer

2. Bei der Investmentanlage haben Sie in der Regel zwei Partner:
   Zum einen die *Depotbank*, die das Fondsvermögen verwaltet und abwickelt, die Geschäfte regelt und täglich die Kurse feststellt. Zum anderen die *Investmentgesellschaft*, die die Anlagepolitik kontrolliert, den Fonds verwaltet und für die Öffentlichkeitsarbeit, zum Beispiel die regelmäßige Kursveröffentlichung, verantwortlich ist.

3. Sie haben keinen direkten Einfluß auf die Auswahl „Ihres Fondsmanagers“. Allerdings wird Ihnen dafür auch ein gutes Stück Arbeit, nämlich die Beurteilung der Beteiligten, durch das *Bundesaufsichtsamt für das Kreditwesen* abgenommen.

4. Ganz ohne Entscheidungsfreiheit bleiben Sie jedoch nicht: Durch Ihre Entscheidung für einen bestimmten Investmentfonds bestimmen Sie für Ihre Investition eine genau beschriebene Zusammensetzung von Anlageobjekt, Anlagepolitik und Risiko. Sie treffen somit auch eine indirekte Auswahl des Fondsmanagements. Eine Entscheidung ohne viel Aufwand und trotzdem relativ sicher.

V. DIE QUAL DER WAHL — WIE SIE BEI DER FONDSAUSWAHL RICHTIG VERFAHREN

Die mit Tränen säen,
werden mit Freuden ernten.

Psalm 126,5

1. Fondsperformance — Gradmesser Ihres Reichtums?

Das Fragezeichen in der Überschrift deutet schon an, daß die Performance ein umstrittenes und trotzdem immer wieder ein Thema ist, wenn es darum geht, die richtige Fondsauswahl zu treffen.

Ist die Performance wirklich das entscheidende Kriterium? Kann diese Meßzahl überhaupt alles das leisten, was man als Anleger von ihr erwartet? Kann man mit dieser Zahl den zukünftigen Anlageerfolg berechnen? Oder ist sie für Ihre persönliche Anlageentscheidung gar völlig unwichtig? Viele Fragen ... dieses Kapitel enthält viele Antworten.

Im ursprünglichen Sinne dient die Ermittlung der Performance oder Wertentwicklung nur dazu, daß Fondsmanager miteinander vergleichbarer werden und sich untereinander vergleichen können. Und genau mit diesem Verwendungszweck, nämlich als Erfolgskontrolle der Leistung des Fondsmanagements, ist ihre Eignung auch heute noch immer unbestritten. Daß heute Fonds zunehmend populärer werden, ist nicht zuletzt auf Performance-Vergleiche zurückzuführen, die vor allem in jüngster Vergangenheit häufig die Überlegenheit gegenüber sogenannten „benchmarks“, also zugrundeliegenden Vergleichsmarken wie bestimmte Aktien- oder Rentenindices, bewiesen haben.

Die Performance soll die reine Managementleistung über einen bestimmten Betrachtungszeitraum beurteilen. Zwar berücksichtigt sie laufende Kosten und Depotgebühren der Depotbank, aber den größten und aus Anlegersicht wichtigsten Kostenfaktor — den Ausgabeaufschlag — läßt die Performance außer acht. Und wenn man das erkannt hat, dann verliert die Wertentwicklung der Vergangenheit bei der Anlageentscheidung auch schon beträchtlich an Gewicht.

Wir haben bereits weiter vorne gezeigt, wie man die Wertentwicklung eines Fonds in einem bestimmten Zeitraum um den Ausgabeaufschlag bereinigt und so zur wirklich entscheidungs-relevanten Anlegerrendite gelangt. Und ohne, daß in diesem Buch in die finanzmathematischen Tiefen einer solchen Berechnung vorgedrungen wurde, haben wir doch gesehen, daß zumindest ein leistungsfähiger Taschenrechner erforderlich ist.

Bei der Performance-Messung wird zwischen verschiedenen Verfahren differenziert: Die BVI-Performance wird für unterschiedliche Laufzeiten (zum Beispiel ein, drei und fünf Jahre) ermittelt und gibt die Wertsteigerung eines Anteils innerhalb der Betrachtungsperiode an. Sie soll die reine Managementleistung über einen bestimmten Betrachtungszeitraum beurteilen. Zwar berücksichtigt sie laufende Kosten und Depotgebühren der Depotbank, aber den größten und aus Anlegersicht wichtigsten Kostenfaktor — den Ausgabeaufschlag — läßt die Performance außer Acht. Die Annahme ist nämlich der Erwerb und Veräußerung zum Rücknahmepreis und eine Wiederanlage der Ausschüttung zum Anteilswert am Tag der Ausschüttung. Aufgrund dieser idealtypischen Annahmen verliert die Wertentwicklung der Vergangenheit bei der Anlageentscheidung auch schon beträchtlich an Gewicht.

Diesen Nachteil sucht die Methode der Effektiv-Performance zu vermeiden. Sie bereinigt die BVI-Performance um den Ausgabeaufschlag. Die Annahme ist also der Erwerb zum Ausgabepreis und die Veräußerung zum Rücknahmepreis. Die Prämissen der Wiederanlage sind mit denen der BVI-Performance identisch. Im Ergebnis erhält der Anleger seine tatsächlich erzielte Performance — vor Steuern.

Um die persönliche Nachsteuerrendite zu berechnen, muß die Effektiv-Performance nach Steuern ermittelt werden, indem nur der nach der Besteuerung verbleibende Teil der Erträge wieder angelegt wird. Üblicherweise legt dabei jeder Anleger unterschiedliche Steuersätze zugrunde.

Es drängt sich also die Frage auf, welchen Sinn die vom BVI in Monatsabständen veröffentlichten Wertentwicklungszahlen für eine Vielzahl von Publikumsfonds haben. Zumal sie auch noch von jedermann kostenlos bezogen werden können. Wozu der ganze Aufwand?

Nun, diese Frage muß man differenziert betrachten: Zuerst einmal ist es unbestritten, daß die Berechnung und Veröffentlichung von Wertentwicklungszahlen der Fonds über verschiedene Zeiträume für jedermann kostenlos erhältlich ohne Zweifel ein besonderer Service der Investmentbranche ist.

Keine andere Anlageform ist mit soviel Transparenz und Wettbewerb ausgestattet wie die Investmentbranche. Das Problem heißt also nicht, warum gibt es diese BVI-Berechnungen über die Wertentwicklungen, sondern wie liest man sie richtig?

Das BVI-Konzept sieht so aus: Die Anlage eines Einmalbetrages erfolgt zum Anteilwert, also ohne Berechnung von Ausgabeaufschlägen. Die jährlich anfallenden Erträge werden kostenfrei wieder angelegt, wie das in der Regel bei Anlageplänen oder Anlagekonten der Fall ist. Die Endbewertung erfolgt ebenfalls zum Anteilwert. Damit will der BVI die reine Managementleistung messen und läßt bewußt die Kosten des Erwerbs — den Ausgabeaufschlag — zwecks besserer Vergleichbarkeit unberücksichtigt.

Der BVI hat die Fonds in Fondsklassen eingeteilt, um nicht Äpfel mit Birnen zu vergleichen. Der BVI unterscheidet folgende Klassen:

- Aktienfonds mit Anlageschwerpunkt Deutschland
- Aktienfonds mit Anlageschwerpunkt Ausland
- Rentenfonds mit Anlageschwerpunkt Deutschland
- Rentenfonds mit Anlageschwerpunkt Ausland
- gemischte Fonds
- Spezialitätenfonds
- offene Immobilienfonds

Daß sich bei einer solch groben Klassifizierung der Fondsvielfalt Abgrenzungsschwierigkeiten ergeben, ist sicherlich auch dem BVI klar gewesen. Aber zwecks praktischer Durchführung der Berechnungen ist es durchaus zweckmäßig, so zu verfahren.

Konsequenzen ergeben sich aber für Sie, wenn Sie die Zahlen des BVI verwenden. Wenn Ihr ausgewählter Fonds auch Klassenbester in seiner Gruppe ist, befreit Sie dieses gute Ergebnis nicht von einem Blick auf die tatsächliche Anlagestruktur des Fonds. Es kann bei dieser Grobeinteilung durchaus vorkommen, daß zwei Fonds sich in einer Klasse finden, von denen der eine Fonds einen erheblichen Teil im Ausland investieren darf, während der andere nur in inländischen Werten anlegen darf.

Klar, daß der mit dem weiteren Anlagespektrum im Falle einer schleppenden deutschen Börsenentwicklung besser abschneidet.

Ein weiterer Schwachpunkt der BVI-Methodik ist die Vernachlässigung des Risiko-Rendite-Profils der Fonds. Ein Fonds mit deutschen Standardwerten findet sich in derselben Klasse wie ein Fonds mit deutschen Spezialwerten.

Beide Fonds fallen in die Kategorie Aktienfonds mit Anlageschwerpunkt Deutschland, aber von ihrem Risikoprofil her sind beide keinesfalls vergleichbar. In der Regel sind Investoren nur dann bereit, ein höheres Risiko einzugehen, wenn sie dafür durch eine entsprechend hohe Risikoprämie, sprich einen höheren Ertrag entschädigt werden. Wünschenswert wären also risikobereinigte oder zumindest risikoadjustierte Renditen.

Zugegebenermaßen steht der Aufwand solch einer Berechnung in keinem Verhältnis zu ihrem Nutzen. Fest steht aber, daß die reinen Wertentwicklungsergebnisse, egal, ob Anlegerrendite oder BVI-Performance, nicht alleine ausreichen, um eine optimale Anlageentscheidung im Investmentbereich zu treffen.

Denn sehr oft ist es so, daß innerhalb einer Fondsklasse der herausragende Fonds sein Ergebnis nur erzielen konnte, weil er auch ein höheres Anlagerisiko eingegangen ist, also zum Beispiel ein Aktienfonds, der in sehr spekulativen Werten investiert hat.

Der BVI versucht auch dem Informationsbedürfnis der Anleger in puncto Risiko nachzukommen, indem zusätzlich zu den Performance-Zahlen die Volatilitäten der Fonds für den 5- und den 10-Jahreszeitraum veröffentlicht werden. Die *Volatilität* ist die Schwankungsbreite der monatlichen Wertentwicklungsergebnisse im Vergleich zur durchschnittlichen jährlichen Wertentwicklung. Sie zeigt also an, wie stark die Wertentwicklung in einem bestimmten Zeitraum schwankt. Je größer die Volatilität, desto mehr schwanken die monatlichen Wertentwicklungszahlen, das heißt, umso riskanter ist dieser Fonds investiert.

Je nach Fondstyp ist die Volatilität unterschiedlich hoch, aber auch innerhalb der Fondsklassen kann es große Unterschiede geben. Am geringsten ist die Volatilitätskennzahl in der Regel bei offenen Immobilienfonds, gefolgt von deutschen Rentenfonds, internationalen Rentenfonds und Aktienfonds.

Wenn Sie diese beiden Größen — Fondsperformance und Volatilität — berücksichtigen und am Ende noch einen Blick auf den Ausgabeaufschlag werfen, so sollte es zu einer Ihrem persönlichen Risikoprofil entsprechenden Fondsauswahl kommen.

(siehe Abb. nächste Seite)

Wie bei allen anderen Anlageformen, das Sparbuch ausgenommen, ist es auch bei Aktienfonds nicht möglich, Ihr Anlageergebnis in der Zukunft exakt vorauszusagen. Auch wenn in vielen Fondsverkaufsprospekten immer so getan wird, als ob die vergangenen positiven Wertentwicklungen eine Garantie für eine weitere positive Performance in der Zukunft sind, so ist hier für Sie allergrößte Skepsis angebracht.

Insbesondere ist es nie sinnvoll, sich die Einjahreszahlen vorzunehmen und den Klassenbesten des letzten Jahres auszuwählen. Nicht selten ist dieser Fonds nur aufgrund irgendwie gearteter Sonderbewegungen bestimmter Marktsegmente zur Tabellenspitze gelangt.

Aussagekräftiger, zumindest was die Qualität des Fondsmanagements angeht, ist da der 5-Jahresvergleich. Denn befindet sich ein Fonds in diesem Zeitraum im oberen Drittel der Tabelle, so ist das zwar kein Beweis, aber immerhin ein Indiz dafür, daß

Abb: Wertentwicklung und Volatilität (BVI,1992)

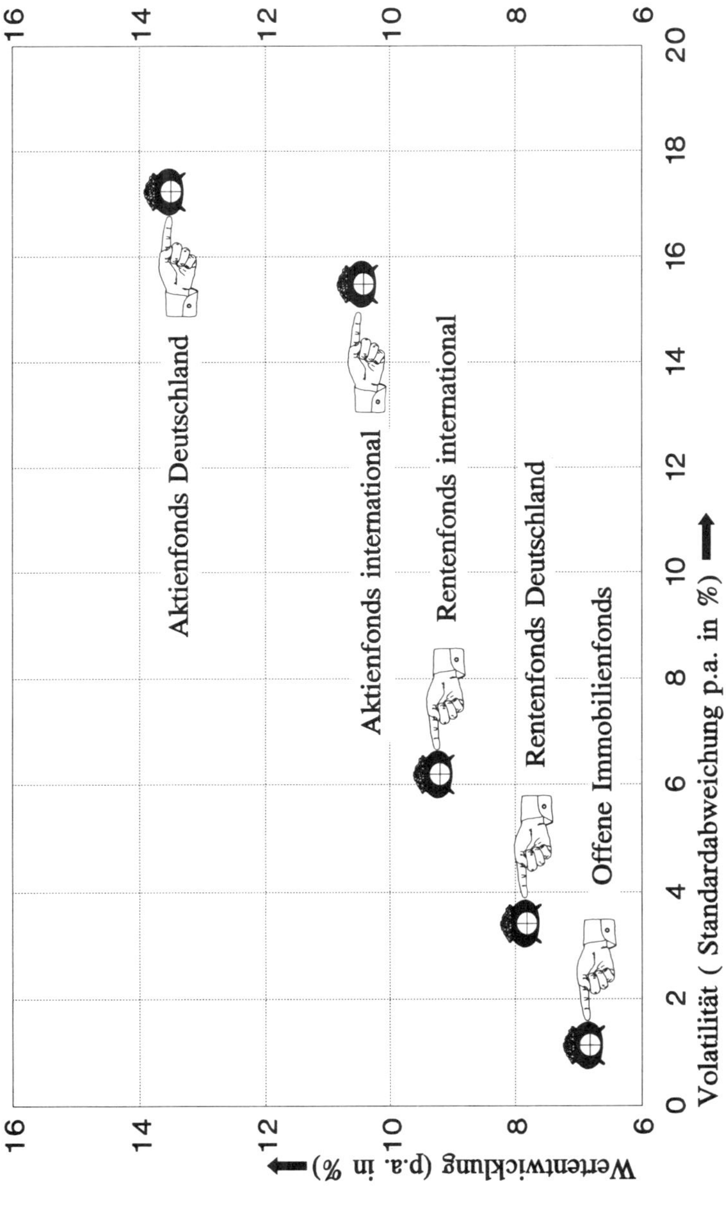

Quelle: Eigene Erstellung in Anlehnung an BVI, Investment 1992.

das Management sein Handwerk versteht. Wertentwicklungzahlen beantworten also auf keinen Falle die Frage, wieviel Ihre Anlage für Sie in 5, 10 oder 15 Jahren bringt. Ihre Aussagen dürfen nur so interpretiert werden:

> Was hätte ein bestimmter Fonds gebracht, wenn man zu einem bestimmten Zeitpunkt in der Vergangenheit angelegt hätte (zum Anteilwert) und am Ende des Betrachtungszeitraumes nach kostenfreier Wiederanlage aller Erträge wieder zum Anteilwert verkauft hätte?

Die Zahlen spiegeln immer den Verlauf des jeweils relevanten Kapitalmarktsegmentes in dem speziellen Betrachtungszeitraum wider. Und gerade bei dem in jüngster Zeit heftigen Auf und Ab der Börsen und Rentenmärkte (Fachleute sprechen in diesem Zusammenhang eben von der Volatilität) ist es äußerst schwierig, Prognosen für die Zukunft stellen zu können. (siehe Abb. nächste Seite)

Eingefleischte Kritiker der BVI-Methode mäkeln nicht zuletzt an der fehlenden Berücksichtigung der Steuern. Richtig ist zwar, daß die Nach-Steuer-Rendite die alles entscheidende Größe einer korrekten Anlageentscheidung sein sollte, aber da es sehr viele unterschiedliche persönliche Steuersätze gibt, ist die praktische Umsetzung schwierig.

Was möglich ist und auch schon von vielen Fachzeitschriften durchgeführt wird, ist die Berechnung von Nach-Steuer-Renditen für einige ausgesuchte Steuersätze. Als grobe Richtlinie für Ihre Anlageentscheidung in steuerlicher Hinsicht gilt die Faustregel:

Bei einem hohen Steuersatz und bereits ausgenutzer Freibeträge Aktien- oder Immobilienfonds kaufen (hier winken hohe steuerfreie Kursgewinne); bei niedrigem Steuersatz und noch nicht voller Ausnutzung der Freibeträge eignen sich auch Renten- oder Laufzeitfonds, je nach Ihrer persönlichen Risikobereitschaft.

Nach dieser kritischen, aber keinesfalls ablehnenden Betrachtung des Wertentwicklungs-Konzeptes des BVI halten wir also fest, daß die Performance eines Fonds wichtig ist. Für Ihre Anlageentscheidung ist aber auch etwas anderes von Bedeutung, was durch den Performance-Kult schon manchmal in Vergessenheit geraten kann — das richtige *Timing* der Einmal-Anlage.

Günstige Einstiegszeitpunkte können selbst den Tabellenletzten der Rennliste des BVI zum Aufsteiger machen. Vielleicht ist das die Erklärung für das prozyklische Verhalten der Anleger, das insbesondere bei Rentenfonds zu beobachten ist.

Ertrag und Risiko

Berechnung der „durchschnittlichen jährlichen Wertentwicklung" und „jährlichen Volatilität" in den BVI-Diagrammen

Gegeben: Periode mit n Subperioden
(Subperiode = Monat oder Quartal oder Halbjahr oder Jahr)
$P_{(0)}$: Anteilwert am Anfang der Periode
$P_{(t)}$: Anteilwert nach t-ter Subperiode (t = 1, ..., n)

1. Return (Ertrag) über die gesamte Periode:

$$R = \frac{P_{(n)} - P_{(0)}}{P_{(0)}} \times 100$$

Der konforme Subperiodenreturn r ist die Lösung der Gleichung

$$\left(1 + \frac{r}{100}\right)^n = 1 + \frac{R}{100}$$

also

2. $$r = \left(\sqrt[n]{1 + \frac{R}{100}} - 1\right) \times 100$$

Der konforme Jahresreturn r_a ist die Lösung der Gleichung

$$\left(1 + \frac{r_a}{100}\right) = \left(1 + \frac{r}{100}\right)^m \quad \text{mit } m := \begin{cases} 12, \text{ falls Subperiode = Monat} \\ 4, \text{ falls Subperiode = Quartal} \\ 2, \text{ falls Subperiode = Halbjahr} \\ 1, \text{ falls Subperiode = Jahr} \end{cases}$$

Also:

3. $$r_a = \left[\left(1 + \frac{r}{100}\right)^m - 1\right] \times 100$$

Dieser konforme Jahresreturn r_a wird in unseren Diagrammen als „durchschnittliche jährliche Wertentwicklung" ausgewiesen!

Der Return r (t) in der t-ten Subperiode ist gleich

4. $$r_{(t)} = \frac{P_{(t)} - P_{(t-1)}}{P_{(t-1)}} \times 100 \quad (t = 1, ..., n)$$

Als „Varianz" des Subperiodenreturns berechnen wir ihre mittlere quadratische Abweichung vom konformen Subperiodenreturn:

5. $$s^2 = \frac{1}{n} \sum_{t=1}^{n} (r_{(t)} - r)^2$$

Als annualisierte Varianz berechnen wir

6. $$s_a^2 = m \times s^2$$

Daraus berechnen wir gemäß

7. $$s_a = \sqrt{s_a^2}$$

die annualisierte Volatilität, die in unseren Diagrammen als „jährliche Volatilität" bezeichnet wird.

Quelle: BVI, Investment '92, S.62.

Die Anleger richten sich nach den Performance-Werten und erhalten falsche Kaufsignale. So haben Rentenfonds die höchsten Nettozuflüsse in Niedrigzinsphasen und nicht in Hochzinsphasen, und Aktienfonds finden erst bei stark gestiegenen Aktienkursen lebhaftes Interesse.

Ein Investor in Rentenfonds profitiert aber besonders in Hochzinsphasen so richtig von seinem Investment. Bleiben die Zinsen hoch, kassiert er stattliche Zinserträge, fallen die Zinsen, erwirtschaftet er hohe Kursgewinne. Ein Rentenfonds weist daher regelmäßig nach einer Hochzinsphase die höchste Performance aus; mit der Folge, daß Anleger aufgrund der Ergebnisse erst in der Niedrigzinsphase in Rentenfonds einsteigen.

In Niedrigzinsphasen besteht dagegen das Risiko steigender Zinsen mit der Folge von Kursverlusten. Bleiben die Zinsen niedrig, ergeben sich entsprechend geringere Zinserträge. Daher weisen die Rentenfonds zu Beginn einer Hochzinsphase die niedrigste Performance aus. Das hat zur Folge, daß Anleger Fest- und Termingelder bevorzugen, anstatt antizyklisch in Rentenfonds zu investieren.

Ähnliches gilt für Aktienfonds. Da aufgrund der Anlagestrategie der Anteil der Kursgewinne an den Gesamterträgen maßgeblich von der Börsenentwicklung abhängig ist, weisen Aktienfonds regelmäßig nach gestiegenen Kursen eine höhere Performance aus. Aufgrund der guten Performance steigen somit viele Anleger bei einem hohen Kursniveau ein. Weisen Aktienfonds aufgrund fallender Kurse eine weniger gute Performance aus, meiden die Investoren Aktienfonds und verschenken somit die Chance, an wieder steigenden Kursen zu partizipieren.

Für den richtigen Einstieg ist es also nicht hilfreich, nur auf die erzielte Performance zu achten, sondern gleichzeitig auf den jeweils relevanten Markt des Fonds einen gründlichen Blick zu werfen. Ein Aspekt, dem bislang viel zu wenig Beachtung geschenkt wird.

Abschließend noch ein einfaches Beispiel zur additiven Berechnung der Effektiv-Performance (Wertentwicklung):

Anteilwert am 31.12.92	DM 87,02
Anteilwert am 31.12.91	DM 85,16
Anteilwertveränderung	DM 1,86
+ Ausschüttung 15.11.92	DM 3,90
Wertzuwachs additiv	DM 5,76
Wertentwicklung in %	, = Wertzuwachs X 100 : Anteilwert am 31.12.91 = 5,76 X 100 : 85,16 = 6,76%

Im Land der unbegrenzten Möglichkeiten, den USA, aber auch in Großbritannien ist man unterdessen schon einen Schritt weiter, wenn es darum geht, die Performance von Fonds zu messen.

Auf massiven Druck der Kunden, die ihren ständig steigenden Informationsbedarf zu befriedigen trachteten, entstand fast so etwas wie eine eigene Dienstleistungsbranche; die Performance-Measurement-Industry. Ziel der sogenannten Performance-Mess-Industrie, wie man auf gut deutsch sagen könnte, ist eine Aufgliederung des Ertrags, so daß man letztendlich genau die Quellen des Ertrags bestimmen und so feststellen kann, wo Stärken des Fondsmanagements und wo Schwächen liegen.

Um das Ganze verständlicher zu machen, wollen wir die Schritte des Vorgehens kurz skizzieren:

Im ersten Schritt gilt es, eine komplette Ist-Aufnahme des Fondsvermögens zu erstellen und es sinnvoll zu gliedern. Dabei wird festgestellt, wie hoch der Fonds beispielsweise in festverzinsliche Wertpapiere in- und ausländischer Emittenten und in Bankguthaben investiert ist.

Im zweiten Schritt wird das Ergebnis pro Segment ermittelt. Ein Ergebnis dieses Schrittes könnte zum Beispiel sein, daß der Fonds aus inländischen Renten einen Ertrag von 6 Prozent erwirtschaftet hat, wenn er voll in inländischen Renten investiert wäre. Durch Gegenüberstellung mit einem adäquaten Index kann man schon bei den Segmenterträgen ablesen, wie gut das Fondsmanagement agiert hat.

Der Index dient als Benchmark (Meßlatte) für das Fondsmanagement. Übertrifft das Management diese Marke, so zeugt das von einer guten Managementleistung während des Betrachtungszeitraums. Ob das dann auch in Zukunft so sein wird, ist eine andere Frage.

Im dritten Schritt wird der Beitrag der Segmenterträge zum Gesamtertrag des Fonds gemessen. Die *Gesamtperformance* ist die Summe der einzelnen Beiträge der Segmente.

Als letzter Schritt, der weitere Informationen darüber liefert, wie gut die Fähigkeit der Manager ist, die Märkte einzuschätzen, findet eine Zerlegung des *Segmentreturns*, das heißt, der Ergebnisbeitrag jedes einzelnen Segments — statt. Zum Beipiel könnte sich der Segmentbeitrag der ausländischen Rentenwerte aus Zinserträgen und Währungsgewinnen/-verlusten zusammensetzen.

Dieses recht umfangreiche Analysesystem läßt sich auch auf andere Finanzinstrumente anwenden. Es bietet gerade für Anleger eine Vielzahl von Informationen darüber, wo die Quellen des Ertrags und die Risiken des Fonds liegen und vor allem, ob und wie sich diese Risiken ausgezahlt haben.

Als neueste Meßlatte für deutsche Aktienfonds bietet sich der Composite DAX (CDAX) an. Der CDAX ist ein Performance-Index (also um Dividendenzahlungen und Bezugsrechte bereinigt), der die Kursentwicklung von allen an der Frankfurter Wertpapierbörse gehandelten auf DM lautenden deutschen Aktien wiedergibt. Der CDAX wird während der Börsenzeit wie sein kleiner Bruder — der DAX — minütlich berechnet. Aufgrund seiner Performance-Index-Eigenschaften eignet er sich hervorragend als Benchmark für in deutsche Aktien investierende Publikumsfonds. Die Notierung erfolgt seit dem 22.04.1993.

2. Direktanlage oder Fonds — Ein Vergleich der Kosten

Bankprovisionen, Maklercourtage, Vermittlungsgebühren ... wer hat sich nicht schon mal über diese Kosten bei der Kapitalanlage geärgert. Dabei will man doch nichts anderes als den Banken und anderen Schuldnern sein mühsam erspartes Kapital gegen eine angemessene Verzinsung zur Verfügung stellen. Daß bei den Banken bei der Bearbeitung der Aufträge auch Kosten verschiedener Art anfallen, übersieht ein Anleger gerne. Er fühlt sich durch die Kosten um einen Teil des Anlageerfolgs betrogen.

Investiert man also direkt in ein festverzinsliches Wertpapier oder eine Aktie, so werden einem die anfallenden Transaktionskosten auf schmerzliche Weise bei jeder Abrechnung bewußt. Welche Kosten fallen nun aber beim Kauf und Verkauf von Fondsanteilen an? Worauf sollte man achten? Was ist billiger, Fondsanlage oder Direktanlage?

Gerade die letzte Frage — sicherlich die interessanteste — läßt sich nicht eindeutig beantworten. Es ist beim Vergleich wichtig, die Anlageziele klar vor Augen zu haben; eine pauschale Antwort — so viel vorab — wird und kann es auch in diesem Kapitel nicht geben.

Aber wir wollen das Pferd nicht von hinten aufzäumen, sondern bevor man es sich leisten kann, einen Vergleich anzustellen, muß man zunächst die exakten Kosten einer Investmentanlage kennen.

Sicherlich ist Ihnen schon aufgefallen, daß in Ihrer Tageszeitung immer zwei Preise für Investmentanteile veröffentlicht werden. Einer davon ist immer höher als der andere. Der höhere Preis ist der Ausgabepreis, also der Preis, zu dem Sie diese Fonds erwerben können. Der niedrigere der beiden abgedruckten Preise ist der Rücknahmepreis oder Anteilwert. Auf die Berechnug des Anteilwertes ist bereits in einem früheren Kapitel eingegangen worden.

Die Differenz zwischen Ausgabepreis und Rücknahmepreis ist der Ausgabeaufschlag. Der Ausgabeaufschlag ist der einzige auf den ersten Blick sichtbare Kostenfaktor bei einem Engagement in Investmentfonds. Er fällt nur einmalig beim Kauf des Fonds an, das bedeutet natürlich auch, daß er mit zunehmender Länge der Anlageperiode immer weniger ins Gewicht fällt.

Bei einem Ausgabeaufschlag von 3 Prozent werden von 100 DM Anlagebetrag nur Anteile im Wert von 97,08 DM gekauft. Je nach Fondstyp sind die Ausgabeaufschläge unterschiedlich hoch. Bei Aktienfonds liegt der Ausgabeaufschlag in der Regel bei 4 bis 5 Prozent des Anteilwertes, bei Rentenwerten um 3 Prozent und bei Immobilienfonds bei ca. 5 Prozent. Bei Fonds, die im Ausland oder an sehr exotischen Finanzplätzen investieren, können die Ausgabeaufschläge auch höher liegen. Im Vergleich zur Direktanlage klingt die Fondsanlage daher zunächst einmal teuer. Dabei ist aber zu beachten, daß man eine risikogemischte Anlage erwirbt, die alle späteren Umschichtungen unnötig macht. Man zahlt also einmal und dann nicht wieder? Falsch!

Stellen Sie sich vor, Sie haben Aktien auf dem direkten Weg erworben und wir unterstellen Kosten beim Direkterwerb von 1,5 Prozent. Mit diesen 1,5 Prozent bezahlen Sie aber nur die erste Einstiegstransaktion, beim Verkauf der Aktien und beim Kauf anderer Werte fallen diese Kosten wieder an. Und gerade bei Aktien ist eine Umschichtung der Werte von Zeit zu Zeit sicherlich dem Anlageerfolg förderlich. Kauft man sich dagegen in einen Aktienfonds ein, zahlt man beim Einstieg zwar den im Vergleich zur Direktanlage höheren Ausgabeaufschlag von round about 5 Prozent, aber damit sind zunächst einmal alle Kosten für Sie abgegolten. Im Langfristvergleich haben Sie damit nicht nur die günstigere Anlage, sondern auch die von der Kostenseite her übersichtlichste Anlageform gewählt.

Noch deutlicher wird der Vorteil der Fonds bei Rentenfonds. Da dieser Fondstyp auf jeden Fall langfristiger Natur ist, kann man den Ausgabeaufschlag von ca. 3 Prozent auf die geplante Haltedauer verteilen. Bei einem Anlagezeitraum von nur drei Jahren, zahlen Sie also pro Jahr 1 Prozent, bei einem direkten Kauf von festverzinslichen Wertpapieren zahlen Sie ebenfalls ca. 1 Prozent. Auch bei Rentenfonds lernen Sie den Komfort einer Fondsanlage zu schätzen. Denn das Fondsmanagement kümmert sich um die Wiederanlage aller Erträge; Sie brauchen nicht auf die Suche nach attraktiven Wiederanlagemöglichkeiten für Ihre Erträge zu gehen.

Offene Immobilienfonds, die in der Regel einen Ausgabeaufschlag von 5 Prozent veranschlagen, sind sogar auf den ersten Blick billiger als der Direkterwerb einer Immobilie, wo Sie mit Kosten von ca. 8 Prozent (Maklercourtage ca. 5 Prozent, Notarkosten ca.1 Prozent, Grunderwerbssteuer ca.2 Prozent) kalkulieren sollten.

Der Ausgabeaufschlag ist allerdings der einzige Kostenfaktor, der beim Kauf eines Fonds direkt für den Anleger sichtbar wird.

Indirekt wird der Investmentsparer noch über die Reduzierung des Anteilpreises hinaus mit weiteren, nur intern sichtbaren Kosten belastet. Zwar sind diese Kostenanteile pro Anteil gering, die Performance können sie dennoch schmälern.

Während der Ausgabeaufschlag auf Grund seines einmaligen Anfalls mit zunehmender Investitionsdauer an Bedeutung abnimmt, fallen die anderen im folgenden genannten Gebühren regelmäßig an.

Kosten bei der Investmentfonds-Anlage

Ausgabeaufschlag

Spesensatz, der einmalig beim Erwerb von Fonds anfällt und stellt die Differenz zwischen dem Ausgabe- und dem Rücknahmepreis eines Fondsanteils dar. Der Ausgabeaufschlag dient den Fondsgesellschaften zur Deckung ihrer Vertriebs- und Verwaltungkosten. Er muß laut KAGG im Verkaufsprospekt und auf dem Erwerbsantrag angegeben sein. Er kann nicht beliebig geändert werden. Je nach Fondskategorie ist der unterschiedlich hoch:

Geldmarktfonds:	ca. 1%
Laufzeitfonds:	ca. 1% — 2%
Sonstige Rentenfonds:	ca. 3%
Aktienfonds:	ca. 5%
Immobilienfonds:	ca. 5% — 6%
Auslandsfonds:	ca. 5% — 8%

Verwaltungs-/Managementgebühr

Sie wird von der Investmentgesellschaft für die laufende Verwaltung und Betreuung des Fonds erhoben. Sie ist abhängig vom durchschnittlichen Fondsvermögen pro Berechnungsperiode und kann dem Fonds monatlich, quartalsweise oder jährlich belastet werden. Sie beträgt im Durchschnitt ca. 0,5 Prozent p.a. Die genaue Höhe der Verwaltungsgebühr muß laut Gesetz über Kapitalanlagegesellschaften (KAGG) im Verkaufsprospekt angegeben sein. Bei Auslandsfonds darf die Verwaltungsgebühr in Abhängigkeit von der Performance berechnet werden, bei Investmentfonds nach deutschem Recht ist dies nicht zulässig.

Depotbankgebühr

Die Depotbank verwahrt die Vermögenswerte des Fonds auf einem Sperrdepot. Sie kontrolliert wie die Fondsgesellschaft selbst auch die Einhaltung der Anlagerichtlinien und die Transaktionen des Anlageausschußes. Sie bewertet börsentäglich die Ausgabe- und Rücknahmepreise. Sie ist zuständig für den An- und Verkauf der Fondsanteile und die Ausschüttungen. Die Depotbankgebühr ist wie alle anderen Gebühren auch im Verkaufsprospekt genannt und liegt bei ca. 0,5 Prozent p.a. des durchschnittlichen Fondsvermögens im Berechnungszeitraum.

☞

Depotgebühr
Für die Verwahrung der Stücke, die Abwicklung des Wertpapierverkehrs, die Buchungen etc., erhält die Depotbank eine Depotgebühr, die sie dem Fonds belastet. Sie ist nicht zu verwechseln mit der Depotbankgebühr. Die jährlich vom Fonds zahlbare Depotgebühr liegt bei ca. 0,2 Prozent p.a. des durchschnittlichen Fondsvermögens p.a. Nicht zu verwechseln sind die Depotgebühren des Fonds mit den Depotgebühren, die Sie als Anleger bei Ihrer Bank für die Verwahrung der Fondsanteile entrichten. Diese Depotgebühren muß jeder Anleger selbst tragen. Sie können diese Gebühren aber umgehen, indem Sie die Fondsteile bei der Fondsgesellschaft direkt verwalten lassen. Die meisten Fondsgesellschaften besorgen dies kostenlos.

Transaktionskosten
Durch den An- und Verkauf von Wertpapieren entstehen Transaktionskosten, die dem Fonds direkt belastet werden. Sie entsprechen im Wesen den Kosten bei einer Direktanlage. Der Höhe nach sind sie in aller Regel nur halb so hoch, das heißt, bei Aktien und Optionsscheinen 0,5 Prozent pro Transaktion und bei Renten 0,25 Prozent. Für Spezialitätenfonds gelten gesonderte Kostensätze.

Sonstige Kosten
Die oben beschriebenen Kostenarten belasten einen Fonds am stärksten. Bei der Verwaltung eines Publikumsfonds fallen noch weitere Kostenpositionen an, die dem Fonds in der Regel direkt belastet werden: Kosten für die Veröffentlichung der Fondspreise, Kosten für Vorbereitung, Druck und Versand von Verkaufsprospekten, Kosten für den Wirtschaftsprüfer, der den Fonds mindestens einmal jährlich prüft.

Da wäre zunächst einmal das, was das Fondsmanagement für seine hoffentlich gute Arbeit verlangt; die Verwaltungs- oder Managementgebühr. Die genaue Höhe ist den Vertragsbedingungen im Verkaufsprospekt des Fonds zu entnehmen, aber als Faustregel kann man sagen, daß die Gebühren ca. 0,5 Prozent p.a. des Fondsvermögens betragen. Wie in dem abgebildeten Beispiel für eine Ertrags- und Aufwandsrechnung eines Fonds zu sehen ist, ist die Verwaltungsvergütung der größte Kostenposten.

Die Depotbank will für ihre Leistung ebenfalls entlohnt werden, sie wacht über die Einhaltung der Anlagerichtlinien, berechnet die Rücknahmepreise und wickelt sämtliche Anteilkäufe und -verkäufe ab. Die Depotbankvergütung beträgt in der Regel zwischen 0,3 und 0,5 Prozent des Sondervermögens.

Darüber hinaus erhält die Depotbank für die Verwahrung der Wertpapierbestände des Fonds noch eine Depotgebühr in Höhe von ca. 0,1 Prozent bis 0,2 Prozent p.a.

Ebenfalls zu Lasten des Fondsvermögens gehen die Prüfungskosten durch eine Wirtschaftsprüfer-Gesellschaft, die Veröffentlichungskosten (Druck und Veröffentlichung der Rechenschaftsberichte), die Transaktionskosten bei An- und Verkauf von Vermögensgegenständen und die Kosten für die Einlösung von Ertragsscheinen und die Erneuerung der Ertragsscheinbögen.

Summa Summarum ergibt sich für die untenstehende Beispielrechnung eine Kostenbelastung von 0,13 DM je Anteil. Nicht zuviel für eine derart komfortable Anlageform.

Ertrags- und Aufwandsrechnung

für den Zeitraum vom 1.1. - 31.12.1992

(einschließlich Ertragsausgleich)	insgesamt DEM	je Anteil DEM
Inländische Zinsen aus Wertpapieren	155703283,56	2,06
Inländische Zinsen aus Geldanlagen	11962167,07	0,16
Ausländische Zinsen aus Wertpapieren	1194918,69	0,01
Ausländische Zinsen aus Geldanlagen	6909789,72	0,09
Erträge insgesamt	**175770159,04**	**2,32**
Verwaltungsvergütung	8431860,84	0,11
Depotbankvergütung u. fremde Depotgebühren	1470210,04	0,02
Prüfungskosten	52896,00	0,00
Veröffentlichungskosten	271485,48	0,00
Aufwendungen insgesamt	**10226452,36**	**0,13**
Ordentlicher Nettoertrag	**165543706,68**	**2,19**

Berechnung der Ausschüttung

Ausschüttung auf Ertragsschein Nr. 25 am 15.02.1993

Anteilumlauf Stück - 75716331 -

Vortrag aus dem Vorjahr	164040948,63	2,17
Ordentlicher Nettoertrag	165543706,68	2,19
Realisierte Gewinne	20014527,22	0,26
Für Ausschüttung verfügbar	**349599182,53**	**4,62**
Der Wiederanlage zugeführt*	3658524,00	0,05
Vortrag auf neue rechnung	171793097,23	2,27
Ausschüttung	**174147561,30**	**2,30**

Der zur Anrechnung oder Erstattung von Kapitalertragssteuer berechtigende Zinsanteil beträgt DEM 60249670,20 = DEM 0,80 je Anteil.

*Realisierte Gewinne aus Finanzterminkontrakten

Quelle: Deka, Rechenschaftsbericht.

Es lohnt sich für Sie also nicht, bei der Fondsauswahl den Fonds mit der günstigsten Kostenstruktur zu suchen. Erstens wäre das sehr mühsam und zweitens sind die 0,13 DM sowieso in der Wertentwicklung berücksichtigt, da diese Kostenbelastung direkt auf den Anteilpreis wirkt. Dagegen lohnt es sich schon, die Ausgabeaufschläge der unterschiedlichen Fondsarten, bei Aktienfonds beispielsweise zu vergleichen.

Überhaupt findet sich in der deutschen Anlegerschar das Vorurteil, ein Fonds wäre unter Tradinggesichtspunkten ungeeignet, da man erst den hohen Ausgabeaufschlag erwirtschaften muß, bevor man in die Gewinnzone gelangt. Das ist sicherlich zum Teil richtig.

Wir wollen es aber so hier nicht stehen lassen. Fonds, die auf kurzfristigen Anlageerfolg ausgerichtet sind, wie beispielsweise Geldmarktfonds oder kurzlaufende Laufzeitfonds, haben auch einen niedrigen Ausgabeaufschlag von 1 Prozent-1,5 Prozent.

Zwei weitere Aspekte, die auch unter Tradinggesichtspunkten interessant sind, sind das Umtauschrecht („Switchrecht") und das Recht der Teilliquidation.

Einige Fondshäuser erlauben den Anlegern das Switchen von einem Fonds in einen anderen ohne Zahlung des Ausgabeaufschlages oder gegen eine geringe Gebühr (vergleiche „Umbrellafonds"). Es wäre also möglich, in die Fondsfamilie mit einem Rentenfonds (geringerer Ausgabeaufschlag als ein Aktienfonds) einzusteigen und dann von dem Umtauschrecht Gebrauch zu machen und in einen Aktienfonds umzusteigen. Eventuell kann man sich so billiger in einen Aktienfonds einkaufen.

Wenn Sie trotz einer langfristigen Ausrichtung Ihres Investments einen vorübergehenden Liquiditätsengpaß durchleiden — die Investmentgesellschaften sind ja gar nicht so! Einige Fondsgesellschaften bieten für solche Fälle einen speziellen Service an: Die Teilliquidation.

Es erlaubt den kurzfristigen Ausstieg aus einem Fonds, wenn sich entweder akuter Geldbedarf einstellt oder sich am Kapitalmarkt an anderer Stelle gute Chancen ergeben. Hat man diese Chancen hoffentlich erfolgreich genutzt, steigt man wieder in seinen Fonds ein, ohne erneut den Ausgabeaufschlag zu zahlen.

Teilliquidation heißt, daß der Investor einen bestimmten Prozentsatz seiner Fondsanteile zum Rücknahmepreis verkaufen kann. Dies allein wäre ja nichts außergewöhnliches, sondern ist grundsätzlich bei allen Investmentfonds möglich. Legen Sie das entnommene Geld jedoch innerhalb eines bestimmten Zeitraumes wieder in denselben Fonds an, so können Sie die Fondsanteile zum aktuellen Rücknahmepreis erwerben. Die vorübergehende Liquidation kostet also keinen Ausgabeaufschlag. Vorausssetzung ist nur, daß die Fondsanteile nicht effektiv, sondern in einem Investmentdepot der Fondsgesellschaft verwahrt werden. Meist läuft das Teilliquidationsrecht 12 Monate und erlaubt, bis zu 90 Prozent der Fondsanteile vorübergehend zu verkaufen.

Umstritten ist, ob eine Teilliquidation auch möglich ist, wenn Sie als Anleger verkaufen wollen, weil Sie Kursverluste erwarten. Einige Fondsgesellschaften akzeptieren diese Usance, andere hingegen lassen sich vorher Ihre Wiederanlageabsicht schriftlich bestätigen.

Fonds sind also nicht so unflexibel wie viele Anleger denken, aber man muß bei der Fondswahl darauf achten, welche Kosten entstehen, ob ein Umtauschrecht oder ein Recht auf Teilliquidation gewährt wird, wenn man nicht gedenkt, die Anteile passiv ins Depot oder in den Safe zu legen.

3. Vater Staat bei der Kollekte: Fonds und ihre Besteuerung

Kommen wir zu einem weniger erfreulichen weil immer mit Kosten verbundenen Kapitel, den Steuern. Steuern? Ein wichtiger Aspekt der Geldanlage? ...Nicht immer, aber eben immer öfter. Beschäftigen wir uns hier damit, und zwar etwas ausführlicher. Immerhin ist es wichtig, vor der Anlageentscheidung über die steuerlichen Konsequenzen Bescheid zu wissen. Eine wichtige Einschränkung müssen wir allerdings vorab in Kauf nehmen: Steuerliche Gesetze werden von Jahr zu Jahr angepaßt. Davor sind Sie auch bei einem Investment in einen Fonds nicht geschützt. Welche Kapitalanlage Sie auch immer getätigt haben, Sie sollten in jedem Falle vor und nach der Entscheidung die steuerliche Situation gleichermaßen im Auge behalten. Auch kann Ihnen hierbei der Steuerberater behilflich sein, der in jedem Falle hinzugezogen werden sollte.

Sprechen wir also Fach- oder Steuerchinesisch, vielleicht mit einem kleinen zum Schmunzeln anregenden Zitat vorab:

Erst beim Abfassen der Einkommensteuererklärung kommt man dahinter, wieviel Geld man sparen würde, wenn man gar keines hätte.

Der Spruch stammt aus dem Munde des genialen Schauspielers Fernandel („Don Camillo"), und leicht modifiziert könnte man hier im Hinblick auf die folgenden Seiten anführen: Erst beim Studieren der steuerlichen Gesetze kommt man dahinter, wieviele Kompliziertheiten der Mensch doch ersinnen kann. Wohl denn, auf ins Abenteuer der Steuerparagraphen!

Spätestens seit der Einführung der Zinsabschlagsteuer am 01.01.1993 ist es jedem Anleger bewußt: Einkünfte aus Kapitalvermögen (so der Gesetzestext) sind gemäß Pararaph 20 des Einkommensteuergesetzes (EStG) steuerpflichtig.

Auch bei der Investmentanlage sind steuerliche Aspekte ein wichtiger — für Anleger mit einem hohen Vermögen oder einem sehr hohen persönlichen Einkommensteuersatz sogar der wichtigste Entscheidungsparameter bei der Fondsauswahl. Bevor wir aber auf die für Sie als Anleger wichtigsten steuerlichen Vorschriften eingehen, sei zunächst die Steuerpflicht — man könnte fast sagen — die „Nicht"-Steuerpflicht der Fonds beschrieben.

Warum „Nicht"-Steuerpflicht?

Das Gesetz über Kapitalanlagegesellschaften, das „KAGG" enthält besondere steuerliche Vorschriften für Investmentgesellschaften beziehungsweise deren verwaltete Vermögen. Das Fondsvermögen wird im Sinne der Köperschaftsteuer und der Vermögensteuer als sogenanntes *Zweckvermögen* eingestuft. Seine Verwendung ist an einen ganz bestimmten Zweck gebunden. Gemäß Pararaph 38a KAGG sind Investmentfonds von der Körperschaftsteuer, der Vermögenssteuer und der Gewerbesteuer befreit.

Eine beneidenswerte steuerliche Situation — werden Sie jetzt vielleicht sagen. Aber es kann auch gar nicht anders sein, wenn man sich einmal überlegt, was denn wäre, wenn der Fonds all diese Steuern zu zahlen hätte. Dann würde niemand mehr sein Geld in einen Fonds anlegen, weil auf die Erträge erst der Fonds Steuern zahlt und dann der Anleger nochmals die Ausschüttung zu versteuern hätte. Es käme also zu einer Doppelbesteuerung, die die Erträge auf ein recht unattraktives Maß schmälern würde.

Aber ein Fonds genießt noch weitere steuerliche Vorteile.

Er unterliegt nämlich nicht der sechsmonatigen Spekulationsfrist des Pararaph 23 EStG. Danach gelten als Spekulationsgeschäfte alle Veräußerungsgeschäfte, bei denen der Zeitraum zwischen Kauf und Veräußerung nicht mehr als sechs Monate beträgt (für Immobilien gilt eine Spekulationsfrist von zwei Jahren). Wird dieser Zeitraum unterschritten und betragen die Kursgewinne mehr als 1.000 DM, so ist der Kursgewinn steuerpflichtig.

Dies ist eine sehr hinderliche Vorschrift für Ihr persönliches aktives Depotmanagement, aber noch mehr für die Transaktionen eines Fondsmanagers, der mehrere Millionen umzuschichten hat.

Hier also nun die wirklich gute Nachricht für alle Fondsanleger:

Um den Investmentfonds eine größerer Flexibilität bei Kauf- und Verkaufsentscheidungen von Wertpapieren zu ermöglichen, sind die Fonds von dieser Vorschrift des Pararaph 23 EStG grundsätzlich ausgenommen. Das kommt mittelbar natürlich auch Ihnen als Anleger zugute. Denn ein aktives Fondsmanagement mit häufigen Umschichtungen ist unerläßlich für einen guten Anlageerfolg.

Wie werden nun die Dividenden von in- und ausländischen Aktien, die Zinsen aus in- und ausländischen Wertpapieren und die Mieteinnahmen eines Immobilienfonds steuerlich behandelt, wenn sie dem Fonds zufließen? Auf diese sogenannten ordentlichen Erträge zahlt der Fonds keine Steuern. Mit einer Ausnahme: die Kapitalertragsteuer auf Dividenden deutscher Unternehmen. Die im Ausland evtl. anfallende Quellensteuer auf Dividenden ausländischer Unternehmen kann der Anleger in Höhe des anrechenbaren Teils auf seine Einkommensteuerschuld anrechnen. Der Fonds selbst kann das nicht, weil ein Zweckvermögen nicht antragsberechtigt ist. Er gibt also den Anspruch auf Anrechnung ausländischer Quellensteuer an den Anteilinhaber weiter.

Eine Ausnahme bilden bei dieser komplizierten Rechtskonstruktion Dividenden von schweizerischen und französischen Aktiengesellschaften; in diesen beiden Fällen bestehen Sonderabkommen mit Frankreich und der Schweiz, so daß der Fonds selbst die Quellensteuererstattung erhält.

Noch einmal zurück zu den Dividenden inländischer Aktiengesellschaften. Der Fonds erhält die Gesamtdividende ohne Abzug der 25prozentigen Kapitalertrags- und der 36prozentigen Körperschaftsteuer. Voraussetzung ist, daß der Fonds als Zweckvermögen im Sinne des Gesetzes gilt.

Schüttet der Fonds die Dividende an die Anteilseigner nicht aus, so muß er binnen vier Wochen nach der Dividenden-Ausschüttung beziehungsweise bis vier Wochen nach Ende des Geschäftsjahres (bei thesaurierenden Fonds) 36 Prozent von allen während des Geschäftsjahres zugeflossenen inländischen Dividenden abführen. Der Fonds zahlt dann also 36 Prozent Körperschafts-, aber keine Kapitalertragsteuer in Höhe von 25 Prozent.

Das kommt wiederum mittelbar den Anlegern zugute. Denn beim Direkterwerb einer Aktie erhalten Sie ein Körperschaftsteuerguthaben, das erst über das komplizierte Erstattungsverfahren für Lohnsteuerpflichtige wieder an sie zurückfließt. Zunächst aber haben Sie erst mal weniger von Ihrer Dividende als ein lohnsteuerpflichtiger Fondsanleger, der in einem Aktienfonds investiert ist. Durch diese Besserstellung der Fondsanleger eignet sich das Investmentsparen im besonderen für Kleinanleger, da das Erstattungsverfahren für das Körperschaftsteuerguthaben elegant umgangen werden kann. Es sei denn, Sie haben Ihrer Bank einen Freistellungsauftrag erteilt: Dann fließt Ihnen die Dividende bis zur Höhe der Freibeträge ebenfalls ohne Abzug von Kapitalertrags- und Körperschaftssteuer zu.

Mieterträge eines Immobilienfonds fließen dem Fonds ebenfalls steuerfrei zu.

Soviel zu den ordentlichen Erträgen. Wieso... werden Sie fragen, fließen dem Fonds denn noch weitere Erträge zu?

Die Antwort lautet: Ja! Wenn es sich nicht um ordentliche Erträge handelt, so können es nur außerordentliche Erträge sein. Und diese haben es in sich, insbesondere werden sie im zweiten Teil dieses Kapitels wichtig, wenn es darum geht, die steuerliche Seite eines Investmentanlegers zu erläutern. Außerordentliche Erträge sind — allgemein gesprochen — *Veräußerungsgewinne* und *Bezugsrechtserlöse*[1].

Bezugsrechtserlöse sind bei Zufluß zum Fonds und bei Ausschüttung an den Anteilinhaber steuerfrei, also unproblematisch und in der Praxis auch nicht von großem Gewicht.

Anders dagegen die Veräußerungsgewinne, also Kursgewinne von Aktien und Anleihen, die der Fonds während des Geschäftsjahres verkauft hat und deren realisierter Gewinn dem Anteilwert zugeschrieben wird. Entsprechend sind beim Immo-

1 Bezugsrechte werden Aktionären im Rahmen von Kapitalmaßnahmen (i.d.R. Kapitalerhöhungen) gewährt, die separat von der Aktie an der Börse während einer Bezugsfrist gehandelt werden und zum Bezug neuer Aktien der Gesellschaft berechtigen.

bilienfonds Gewinne aus dem Verkauf von Immobilien innerhalb eines Geschäftsjahres zu berücksichtigen.

Veräußerungsgewinne sind beim Fonds unabhängig von jeglichen Spekulationsfristen des Paragraphen 23 EStG steuerfrei. Daß dieser Umstand der erhöhten Flexibilität des Fondsmanagements dem Anleger mittelbar nützt, ist bereits erwähnt worden. Gleichzeitig wird mit dieser Regelung wieder eine Doppelbesteuerung vermieden, da der Anteilinhaber bei Verkauf seiner Investmentanteile innerhalb der Sechs-Monatsfrist im Sinne des Pararaph 23 EStG steuerpflichtig wird (sofern der Gewinn über 1.000 DM liegt).

Der Vollständigkeit halber — und nur deshalb — sei gesagt, daß Fonds auch von der Börsenumsatzsteuer befreit waren. Diese Steuer wurde jedoch für jedermann am 1.1.1991 abgeschafft.

Bis hier war es für Sie ein nur informatives, aber jetzt wird es für Sie ein wichtiges Kapitel — für einige unter Ihnen sicherlich das Kernkapitel — wenn es darum geht, die für Sie persönlich optimale Fondsauswahl zu treffen. Jetzt beleuchten wir die steuerlichen Aspekte aus Ihrer Sicht als Anleger.

Es wird wieder unterschieden zwischen inländischen und ausländischen Erträgen, sowie zwischen ordentlichen und außerordentlichen Erträgen. Wir bringen die Zinsabschlagsteuer in Zusammenhang mit Investmentfonds und versuchen einige legale Tricks zur Vermeidung derselbigen zu geben.

Am Ende dieses Kapitels werden Sie sehen: Es läuft bei der steuerlichen Attraktivität eines Fonds immer auf dasselbe hinaus: Ein hoher Anteil an steuerfreien Kursgewinnen bürgt — wie bei anderen Kapitalanlagen auch — für eine geringe Steuerpflicht.

Man denke nur an den „Run" auf niedrigverzinsliche Renten nach dem 1.1.1993. Kleiner Zinsertrag, aber hoher Kursgewinn waren von den Anlegern gefragt, die auch den erhöhten Sparerfreibetrag mit ihren Einkünften aus Kapitalvermögen übertreffen.(siehe Abb. nächste Seite)

Was ist für Sie wichtig, wenn Sie einen Ausschüttungsfonds gewählt haben? Dabei vernachlässigen wir zunächst die Art des Fonds, es ist uns also egal, ob es sich um einen Aktien-, Renten- oder gemischten Fonds handelt.

Steuerpflichtig im Sinne des Pararaph 20 EStG ist nur der Teil der Ausschüttung, der sich aus Dividenden, Zinsen oder Mieten (bei Immobilienfonds) ergibt.

Steuerfrei sind dagegen Kursgewinne (beziehungsweise Veräußerungsgewinne aus Immobilienverkäufen bei Immobilienfonds) und Gewinne aus Bezugsrechtsverkäufen.

Die Steuerschuld entsteht für den Anleger im Moment der Ausschüttung. Von dieser Steuerschuld können Sie noch Freibeträge absetzen. Dazu gehören Ihre persönli-

Abb.: Vergleich Normalverzinsliche vs. niedrigverzinsliche Anlage

NIEDRIGVERZINSLICHE ANLAGE		HOCHVERZINSLICHE ANLAGE	
Postanleihe v. 1986, 5,75%, 8 Jahre Restlaufzeit		**Bundesanleihe v. 1991; 9,0%; 8 Jahre Restlaufzeit**	
Nominalzins	5,75 %	**Nominalzins**	9,0 %
Kaufkurs	96,0 %	**Kaufkurs**	113,27 %
Rückzahlungskurs	100,0 %	**Rückzahlungskurs**	100,00 %
Laufzeit	8 Jahre	**Laufzeit**	8 Jahre
Steuersatz	55 %	**Steuersatz**	55 %
laufende Verzinsung	5,99 %	**laufende Verzinsung**	7,95 %
Rückzahlungsgewinn (steuerfrei)	0,52 %	**Rückzahlungsverlust**	0 %
Rendite vor Steuern	6,51 % p.a.	**Rendite vor Steuern**	6,48 % p.a.
Steuern auf Zinsen	3,29 %	**Steuern auf Zinsen**	4,37 %
Nettorendite (nach Steuern)	3,22 % p.a.	**Nettorendite (nach Steuern)**	2,11 % p.a.

VERGLEICH DER BEIDEN ANLAGEN

Niedrigverzinsliche Anlage	3,22 % p.a.
Hochverzinsliche Anlage	2,11 % p.a.
Differenz	1,11 % p.a.

Quelle: Eigene Erstellung

chen Werbungskosten, also alle Aufwendungen, die in unmittelbarem Zusammenhang mit den Einkünften aus Kapitalvermögen (sprich: der Ausschüttung) stehen. Das kann die Depotgebühr der Bank sein, die Verwaltungsgebühr für einen Vermögensverwalter oder Berater, bei Eigenverwahrung die Safemiete oder Schuldzinsen für Kredite, die in diesem Zusammenhang aufgenommen wurden; alles nur eine Frage der zweifelsfreien Nachweisbarkeit. Keine Werbungskosten sind hingegen Kosten, die nur im Zusammenhang mit dem Kauf oder Verkauf von Fondsanteilen stehen, wie beispielsweise der Ausgabeaufschlag oder die Bankprovision. Übersteigen die Werbungskosten nicht die Pauschalbeträge von 100 DM für Ledige und 200 DM für Verheiratete, so ist es am einfachsten, die Pauschalbeträge anzusetzen.

Das Limit für Nebeneinkünfte aus Kapitalvermögen beträgt 800 DM p.a.. Als Nebeneinkunft zählt das Körperschaftsteuerguthaben aus einer Dividendenzahlung eines inländischen Unternehmens. Will man umgehen, daß die Kapitalertrag- und die Körperschaftsteuer von der Dividende einbehalten werden, reichen Sie entweder eine *Nichtveranlagungsbescheinigung* (im folgenden kurz NV-Bescheinigung genannt) oder — seit dem 01.01.1993 — einen *Freistellungsauftrag* bei der Depotbank ein.

Eine NV-Bescheinigung erhält jeder unbeschränkt Steuerpflichtige mit inländischem Wohnsitz, dessen Einkommen 27000 DM bei Ledigen und 54000 DM bei Verheirateten nicht überschreitet. Sie muß beim Finanzamt beantragt werden und gilt für drei Jahre.

Investmentfonds und die Zinsabschlagssteuer

Mit einem Urteil vom 27. 6. 1991 hat das Bundesverfassungsgericht den deutschen Gesetzgeber verpflichtet, bis 1.1. 1993 eine tatsächliche Gleichheit der Besteuerung von Einkünften aus Kapitalvermögen sicherzustellen. Die Bundesregierung wollte daraufhin mit der Erhöhung der Sparerfreibeträge und der gleichzeitigen Einführung der Zinsabschlagsteuer auf Zins- und Dividendenerträge für mehr Steuergerechtigkeit sorgen. Das heißt, eigentlich wollte die Regierung nicht, sondern aufgrund des Urteils mußte sie.

Bis zum Jahre 1993 oblag es jedem Steuerpflichtigen selbst, die richtigen Beträge in der *Anlage KSO* des Einkommensteuerjahresausgleichs einzusetzen oder auch mal weniger oder nichts anzugeben. Das Bankgeheimnis und die lukrative Möglichkeit von Tafelgeschäften wägten viele Sparer in Sicherheit.

Die Einführung der Zinsabschlagsteuer veränderte die Situation maßgeblich. Rechtlich gesehen ist die Zinsabschlagsteuer nichts anderes als eine Vorauszahlung auf die persönliche Einkommensteuerschuld.

Nicht für jeden Sparer wirkte sie sich negativ aus. Im Gegenteil: Positiv hervorzuheben ist die Verzehnfachung des Sparerfreibetrags bei der Einkommensteuer von bisher 600/1.200 DM auf 6.000/12.000 DM (Alleinstehende/Verheiratete). Der Steuerfreibetrag erhöht sich noch um den unverändert gebliebenen Werbungskosten-Pauschalbetrag von 100/200 DM. Mit Beginn des Jahres 1993 wird es für die meisten nun viel einfacher, steuerehrlich zu sein. Für die, deren Einkünfte die genannten Freigrenzen nicht übersteigen — und das sind laut Statistik rund 85 Prozent der Bundesbürger, und auch für die restlichen 15 Prozent, denn denen werden nun von (fast) allen Zinsen 30 Prozent Zinsabschlagssteuer (ZASt) — bei Tafelgeschäften 35 Prozent — durch das auszahlende Kreditinstitut abgezogen. Stückzinsen unterliegen erst ab dem 1.1. 1994 der Zinsabschlagssteuer.

Um in den Genuß der erhöhten Sparerfreibeträge zu kommen und sofort mit der Aussschüttung der Fondserträge diese ungekürzt um Zinsabschlagsteuer (ZASt) zu erhalten, muß der Anleger seiner depotführenden Bank oder Investmentgesellschaft rechtzeitig vor der Ausschüttung einen Freistellungsauftrag nach amtlichem Muster oder die bereits durch die Körperschaftssteuer bekannte NV-Bescheinigung vorlegen. Sie haben dabei auch die Möglichkeit, den Freistellungsbetrag auf mehrere Institute und Konten aufzusplitten.

Erträge, die diese Freigrenzen übersteigen, unterliegen der Zinsabschlagsteuer in Höhe von 30 Prozent. Bei Tafelgeschäften beträgt sie gar 35 Prozent; somit also schlechte Zeiten für Tafelgeschäfte. Die Steuer ist sofort bei Zahlung der Erträge fällig und wird von den Kreditinstituten einbehalten und an das Finanzamt ohne Namensangaben abgeführt. Das Bankgeheimnis bleibt also gewahrt.

Was bedeutet das alles für Investmentsparer? Sie müssen Ihrer depotführenden Bank, die für Sie Ihre Investmentanteile verwahrt, einen Freistellungsauftrag in der Höhe der erwarteten Ausschüttungen erteilen und zwar rechtzeitig vor der Ausschüttung. Besitzen Sie ein Investmentkonto, einen VL-Vertrag oder einen Auszahlplan bei einer Investmentgesellschaft, so müssen Sie der Gesellschaft einen ausreichend limitierten Freistellungsauftrag erteilen. Wichtig! Bei Ehegatten müssen beide Ehepartner den Auftrag unterschreiben, wenn sie zusammen zur Einkommensteuer veranlagt werden.

Zinsabschlagssteuer und Investmentfonds			
Fondsart	**Depotverwaltung der…** inländischen Depot	**…Anteile im** ausländischen Depot	**Tafelgeschäfte**
Deutscher ausschüttender Fonds	30 % ZASt auf die zinsabschlagssteuerpflichtigen Erträge	Kein Abzug von ZASt	35 % ZASt auf die zinsabschlagsteuerpflichtigen Erträge
Handling:	Freistellungsauftrag/ NV-Bescheinigung oder Anrechnung bei Einkommensteuererklärung		Anrechnung bei Einkommensteuer
Deutscher thesaurierender Fonds	30 % ZASt auf die zinsabschlagssteuerpflichtigen Erträge	30 % ZASt auf die zinsabschlagssteuerpflichtigen Erträge	
Handling:	Freistellungsauftrag/ NV-Bescheinigung oder Anrechnung bei Einkommensteuererklärung	Anrechnung bei Einkommensteuererklärung	
Luxemburger ausschüttender Fonds	Zur Zeit kein Abzug von ZASt	Kein Abzug von ZASt	Zur Zeit kein Abzug von ZASt
Luxemburger thesaurierender Fonds	Kein Abzug von ZASt	Kein Abzug von ZASt	ZASt nicht relevant

Quelle: BVI

Sie werden sich jetzt fragen, warum man sich bei soviel Steuerärger noch für einen Ausschüttungsfonds entscheiden kann. Es gibt doch auch noch thesaurierende Fonds. Aber das hilft Ihnen in steuerlicher Hinsicht keinen Deut weiter. Zinsen, Dividenden und Mieteinnahmen (bei Immobilienfonds) müssen ebenso versteuert werden, obwohl Sie sie nicht effektiv ausgezahlt bekommen.

Das sieht ungerecht aus?

Stimmt, ist es aber nicht.

Denn der Anteilwert Ihres Fonds steigt ja um den Betrag, der sonst ausgeschüttet worden wäre. Sie profitieren von den erwirtschafteten ordentlichen Erträgen also über die Zunahme des Anteilwertes und müssen sie deshalb auch versteuern. Für Kursgewinne und Erlöse aus Bezugsrechtsverkäufen gilt wieder die Steuerfreiheit für Privatanleger. Die Erträge eines thesaurierenden Fonds gelten in dem Moment als zugeflossen, in dem das Geschäftsjahr des Fonds endet (Pararaph 39 KAGG).

Halten Sie die Anteile im Betriebsvermögen, gelten Abweichungen von dem oben beschriebenen Besteuerungsverfahren für Anteile, die im Privatvermögen gehalten werden. Bei Ausschüttungsfonds sind dann auch Kursgewinnanteile der Ausschüttung zu versteuern, da sie ja auch so wie der Rest der Ausschüttung das Betriebsergebnis erhöhen. In der Tabelle der DEKA — der Investmentgesellschaft der Sparkassen — zur steuerlichen Behandlung der Fonds ist deshalb nach Privatvermögen und Betriebsvermögen unterschieden und beim Betriebsvermögen ist der Anteil der Kursgewinne an der Ausschüttung mit angegeben.

Handelt es sich um einen Thesaurierungsfonds, so sind die Kursgewinne weiterhin steuerfrei, weil sich zwar der Anteilwert erhöht, aber keine Buchwertänderung eintritt, da Investmentanteile in deutschen Bilanzen zum Niederstwertprinzip angesetzt werden.

Abb.: DEKA-Tabelle zur steuerlichen Behandlung von Privat- und Betriebsvermögen.

Sparkassen-Fonds		ArlDeka		DekaFonds		DekaSpezial		DekaGenüsse + Renten		RenditDeka	
Wertpapier-Kenn-Nummer		**-847451-**		**-847450-**		**-847466-**		**-847982-**		**-847453-**	
Ausschüttung	**DEM je Anteil**	**1,23**		**1,23**		1)		**4,25**		**2,30**	
Gesamtausschüttung	**DEM je Anteil**	**1,35**		**1,70**				**4,25** 3)		**2,30**	
Ertragschein-Nummer		31		38		-		1		25	
Steuerpflichtig		Privat Vermögen	Betriebs-Vermögen	Privat Vermögen	Betriebs-Vermögen	Privat Vermögen	Betriebs-Vermögen	Privat Vermögen	Betriebs-Vermögen	Privat Vermögen	Betriebs-Vermögen
Inländische Dividenden	DEM je Anteil	0,33	0,33	1,31	1,31	0,52	0,52	-,--	-,--	-,--	-,--
Inländische Zinsen	DEM je Anteil	0,29	0,29	0,31	0,31	1,02	1,02	3,84	3,84	2,09	2,09
Ausländische Dividenden(Brutto)	DEM je Anteil	0,84	0,84	-,--	-,--	0,64	0,64	-,--	-,--	-,--	-,--
Ausländische Zinsen(Brutto)	DEM je Anteil	-,--	-,--	-,--	-,--	-,--	-,--	0,26	0,26	0,10	0,10
Veräußerungsgewinne		-,--	-,--	-,--	0,07	-,--	-,--	-,--	0,03	-,--	0,11
Insgesamt steuerpflichtig	**DEM je Anteil**	**1,46**	**1,46**	**1,62**	**1,69**	**2,18** 2)	**2,18** 2)	**4,10**	**4,13**	**2,19**	**2,30**
Auf die deutsche Steuer anrechenbare oder auf Antrag bei der Ermittlung des Gesamtbetrages der Einkünfte abziehbare ausländische Steuer	DEM je Anteil	0,11	0,11	-,--	-,--	0,13	0,13	-,--	-,--	-,--	-,--
Hierfür maßgebliche ausländische Bruttoerträge	DEM je Anteil	0,61	0,61	-,--	-,--	0,60	0,60	-,--	-,--		
Anrechenbare Körperschaftsteuer	DEM je Anteil	0,12	0,12	0,47	0,47	0,19	0,19	-,--	-,--	-,--	-,--
Die anrechenbare Körperschaftsteuer errechnet sich mit 9/16 aus einem Dividendenanteil von 4)	DEM je Anteil	0,21	0,21	0,84	0,84	0,33	0,33	-,--	-,--	-,--	-,--
Anrechenbare Kapitalertragsteuer	DEM je Anteil	0,09	0,09	0,09	0,09	-,--	-,--	0,57	0,57	0,24	0,24
Die anrechenbare Kapitalertragsteuer errechnet sich aus einem Zinsanteil von 5)	DEM je Anteil	0,29	0,29	0,31	0,31	-,--	-,--	1,90	1,90	0,80	0,80
Rücknahmepreise (für die Vermögensteuer)											
30. Dezember 1991	DEM je Anteil	51,04		51,04		163,05		62,81		32,77	
30. Dezember 1992	DEM je Anteil	46,47		46,11		150,65		70,65		34,29	

1)DekaSpezial, Deka Tresor, Deka 98 und DekaZins-international schütten gemäß ihrer Vertragsbedingungen keine Erträge aus.
2)Dieser Betrag gilt den Anlegern aufgund gesetzlicher Bestimmungen als am 31. Dezember 1992 zugeflossen.
3)In den thesaurierenden Erträgen sowie im Rücknahmepreis zum 30. Dezember 1992 sind rechnerisch zugewachsene Zinsen aus Zerobonds enthalten: DEM 4,09 je Anteil
4)Auf Anweisung der Finanzverwaltung errechnet sich das Steuerguthaben wie folgt: Zur Anrechnung oder Vergütung von Körperschaftsteuer berechtigender Teil der Ausschüttung (Dividendenanteil DEM je Anteil), multipliziert mit der Zahl der vorhandenen Anteile, davon 9/16. Der Betrag wird in der Steuerbescheinigung ausgewiesen bzw. bei rechtzeitiger Vorlage einer Nichtveranlagungsbescheinigung des Finanzamtes oder eines Freistellungsauftrages gutgeschrieben.

Verkauft der Privatanleger nach Ablauf der Spekulationsfrist, sind die Kursgewinne steuerfrei. Anders dagegen, wenn die Anteile im Betriebsvermögen gehalten werden. Dann nämlich sind auch Kursgewinne beim Verkauf der Anteile steuerpflichtig, weil im Moment des Verkaufs die bis dahin thesaurierten Kursgewinne realisiert werden und zu Betriebseinnahmen werden. Und als solche sind sie steuerpflichtig.

Und noch ein Unterschied: nicht alle juristischen Personen können in den Genuß der Körperschaftsteuergutschrift kommen, beipielsweise Stiftungen und gemeinnützige Institutionen.

Man kann also sehen, wie wichtig es für Anteilinhaber aus steuerlicher Sicht ist, über die genaue Zusammensetzung der Ausschüttung informiert zu werden. Genau aus diesem Grund hat der Gesetzgeber den Kapitalanlagegesellschaften eine Bekanntmachungspflicht über die Zusammensetzung der Erträge auferlegt. Nach jeder Ausschüttung müssen folgende Mindestangaben gemacht werden:

- ✔ Betrag der Ausschüttung
- ✔ die in der Ausschüttung enthaltenen Beträge an:
  - ✔ steuerfreien Kursgewinnen bzw. Veräußerungsgewinnen
  - ✔ Erträge aus Bezugsrechtsverkäufen
  - ✔ Betrag der anrechenbaren ausländischen Quellensteuer
  - ✔ Betrag der anzurechnenden oder zu vergütenden Kapitalertragsteuer
  - ✔ Betrag der anzurechnenden oder zu vergütenden Körperschaftsteuer

Diese Veröffentlichungspflicht gilt natürlich auch für Thesaurierungsfonds.

Doch was viele Anleger nicht bedenken: Nicht nur die *Erträge* aus Investmentfonds, sondern auch der *Besitz von Anteilen* ist *steuerpflichtig*. Er unterliegt der *Vermögensteuer*. Investmentanteile gehören zum *Sonstigen Vermögen*. Sie werden mit ihrem Rücknahmepreis am 31.12. des Jahres angesetzt, das dem für die Vermögensteuer maßgebenden Zeitraum vorausgeht. Man findet diese Kurse in einer Beilage zum Bundesanzeiger. Wie bei der Einkommensteuer sind auch bei der Vermögensteuer Freibeträge anzusetzen. Sie betragen 70.000 DM für den Steuerpflichtigen beziehungsweise 140.000 DM bei zusammen veranlagten Ehegatten, sowie für jedes Kind unter 18 Jahren nochmal 70.000 DM.

Stammen die Anteile aus einer Erbschaft, so unterliegen sie der Erbschaftsteuer. Auch hier erfolgt der Ansatz zum Rücknahmepreis. Die Freibeträge betragen 250.000 DM für Ehegatten in Steuerklasse 1, 90.000 DM für Kinder des Verstorbenen oder, wenn es keine gibt, 90.000 DM für die Enkelkinder des Verstorbenen.

Und was ist mit unterschiedlichen Fondstypen?

Bis jetzt haben wir uns bei unserer steuerlichen Betrachtung nicht sonderlich um den Fonds*typ* gekümmert. Das soll jetzt anders werden. Ohne auf alle steuerlichen Besonderheiten der neuesten Fondskreationen eingehen zu können, wollen wir hier auf grundlegende Aspekte hinweisen.

Wie Sie bereits wissen, müssen alle Zinsanteile der Ausschüttung versteuert werden. Das ist naturgemäß bei DM-Rentenfonds der überwiegende Teil der Ausschüttung. Der steuerfreie Anteil aus Kursgewinnen ist bei DM-Rentenfonds erfahrungsgemäß eine zu vernachlässigende Größe. Der Betrag der Ausschüttung wird also nicht viel von dem Betrag abweichen, den Sie in Ihrer Steuererklärung anzugeben haben. Ein einfaches Beispiel verdeutlicht das:

DM-Rentenfonds schüttet je Anteil	2,30 DM aus
davon Zinsen	2,23 DM
davon Kursgewinne	0,07 DM

In der Steuererklärung geben Sie nur die Ausschüttung aus Zinsen an, also 2,23 DM. Das ergibt bei 1.000 Fondsanteilen einen steuerpflichtigen Ertrag von 2.230 DM. Bei einem Einkommensteuersatz von 30 Prozent zahlen Sie 669 DM an das Finanzamt — es sei denn, Sie haben Ihren Freibetrag nicht anderweitig genutzt.

Bei Aktienfonds ist der *Dividendenanteil* der Ausschüttung steuerpflichtig. Steuerfrei ist dagegen der — im Idealfall — wesentlich größere Anteil an Kursgewinnen der Gesamtausschüttung sowie die Verkaufserlösanteile aus Bezugsrechten. Allerdings ist bei Aktienfonds das Körperschaftsteuerguthaben in Höhe von 56,25 Prozent der Bardividende zu berücksichtigen.

Ein einfaches Beispiel soll auch hier wieder zur Erklärung helfen.

Ein Aktienfonds mit Anlageschwerpunkt Deutschland schüttet 1,70 DM aus:

Barausschüttung	1,70 DM
davon Kursgewinne	0,50 DM
Köperschaftsteuer-guthaben	0,68 DM
(Dividendenanteil	1,30 DM)
Gesamtausschüttung	2,38 DM

Da 0,50 DM aus Kursgewinnen stammen, die steuerfrei sind, beträgt der steuerpflichtige Anteil der Gesamtausschüttung 1,88 DM. Bei 1.000 Investmentanteilen ergibt sich ein steuerpflichtiger Ertrag von 1.880 DM. Bei einem Einkommensteuersatz von 40 Prozent wären 752 DM für den Fiskus, wenn da nicht das anrechenbare Körperschaftsteuerguthaben wäre.

Da die Köperschaftsteuer bereits bei der Dividendenzahlung vom Unternehmen einbehalten und an den Fiskus abgeführt worden war, müssen Sie diesen Betrag jetzt auf Ihre Einkommensteuer anrechnen. Von den 752 DM können Sie also noch 680 DM (1.000 Anteile * 0,68 DM) an bereits gezahlter Körperschaftssteuer abziehen, so daß letztlich ein geringer Betrag von 72 DM an noch zu zahlender Steuerschuld übrigbleibt.

Je größer also der steuerfreie Anteil an Kursgewinnen in einer Ausschüttung, umso niedriger ist die letztendlich verbleibende Steuerschuld. Vor diesem Hintergrund gewinnen die Aktienfonds deutlich an Attraktivität.

Bei *Immobilienfonds* ist der Anteil der Ausschüttung, der sich aus Mieteinnahmen ergibt, steuerpflichtig. Steuerfreie Anteile der Ausschüttung sind Veräußerungsgewinne oder Gewinne aus Höherbewertungen von Immobilien. Das auch bei Immobilienfonds ein sehr hoher steuerfreier Anteil des Ertrages zu erzielen ist, zeigt folgende Bilanz in einem Despa-Fonds-Prospekt, einem der führenden deutschen Immobilienfonds:

> Eine Anlage von 10.000 DM stieg seit der Fondsauflegung am 3.11.1967 bis zum 31.12.1992 bei Wiederanlage der Erträge auf ein Vermögen von 57.744,52 DM Von dem Wertzuwachs in Höhe von 47.744,52 DM waren 21.469,39 DM (=45%) steuerfrei und 26275,13 DM (=55 Prozent) steuerpflichtig.

Am Anfang dieses Kapitels wurden Ihnen einige legale Steuerspartricks versprochen. Als Lohn der Lektüre zum Schluß des Kapitels einige Tips:

TIP # 1:

Geschicktes Timing bei der Wahl des Umschichtungszeitpunktes:

Diese Variante bietet sich insbesondere bei Geldmarktfonds an, da diese über niedrige Ausgabeaufschläge verfügen (1- 1,5 Prozent). Erst wenn die Zinsen steuerlich als zugeflossen gelten, sind sie zu versteuern. Als zugeflossen gelten sie erst im Zeitpunkt der Ausschüttung. Kauft man also einen Geldmarktfonds kurz nach der Ausschüttung und verkauft diesen kurz vor der nächsten Ausschüttung, so vereinnahmt man den in

☞

der Zwischenzeit gestiegenen Anteilwert steuerfrei. Allerdings ist dabei auch die sechsmonatige Spekulationsfrist zu beachten, die dieses Verfahren nur einmal jährlich erlaubt. Um die Finanzbehörden nicht hellhörig zu machen, sollte man nach dem Ausstieg sein Geld in einer anderen Kapitalanlageform parken oder sich zumindest einen anderen Fonds aussuchen.

TIP # 2:

Fonds mit verlängerten Geschäftsjahren:

Eine weitere Möglichkeit, Spekulationsfrist und legales Steuernsparen unter einen Hut zu bringen, sind Fonds mit verlängerten Geschäftsjahren. Die erste Ausschüttung erfolgt also nicht ein Jahr nach der Auflegung, sondern beispielsweise erst eineinhalb Jahre nach der Auflegung. So profitieren Sie länger als sonst von dem steigenden Anteilwert und vereinnahmen den Ertrag als steuerfreien Kursgewinn beim Verkauf kurz vor der ersten Ausschüttung.

Zum Schluß noch ein Wort zu Auslandsfonds. Vermeiden Sie es, einen Auslandsfonds zu kaufen, der steuerlich nicht den deutschen Fonds gleichgestellt ist. Unter Umständen zahlen Sie dabei mehr Steuern, als Sie an Ertrag erhalten. Steuerlich den deutschen Fonds gleichgestellt sind alle die Auslandsfonds, deren Kapitalanlagegesellschaften einen Sitz in einem EG-Mitgliedsland haben und die in Deutschland zum Vertrieb zugelassen sind. Sie müssen beim Bundesaufsichtsamt für das Kreditwesen registriert sein und ein inländisches Kreditinstitut als Zahlstelle angegeben haben.

Wie teilweise verwirrend die letzten Seiten auch auf Sie gewirkt haben. Eines steht fest: Steuerliche Gesichtspunkte sind wichtig bei der Fondsauswahl. Checken Sie Ihre persönliche Steuersituation, *bevor* Sie sich für einen Fonds entschließen.

4. Die Guten ins Töpfchen ...Fondspicking mit den Profis

Der Investmentmarkt zählt zu den Wachstumsmärkten in der Finanzbranche und wird dies in Zukunft auch bleiben. Dank verstärkter Werbung und Öffentlichkeitsarbeit der Banken und Finanzdienstleistler sowie der PR-Maßnahmen des BVI ist der Kenntnisstand über Investmentanlagen bereits deutlich erhöht worden. Dennoch ist auf diesem Gebiet der Informationsbedarf weiterhin enorm. Dies gilt vor allem für die seit März 1990 geltenden EG-einheitlichen Bestimmungen für die Zulassungsgenehmigung, Anlagepolitik und Vertriebswege von Investmentfonds.

Dennoch gibt es am Horizont auch Probleme: Mittlerweile konkurrieren — und dies mit steigender Tendenz — mehr als 600 Fonds um die Gunst der Anleger. Ein für den nicht professionellen Anleger kaum überschaubares Angebot, das nach einer klaren, zielgegerichteten Strategie verlangt. Wie finden Sie da den erfolgreichen und für Ihre Bedürfnisse geeigneten Fonds ? Denn neben den erfolgreichen Fonds gibt es auch viele Nieten. Gerade bei einer genauen Berechnung der effektiven Rendite ergeben sich oft genug verblüffende Unterschiede.

Wer keine Zeit zum regelmäßigen Fonds-Check hat, nimmt daher in der Regel die Dienste einer Vermögensverwaltung oder einer Bank in Anspruch. Und da der Vormarsch der Investmentzertifikate unaufhaltsam zu sein scheint, werden inzwischen auch spezielle Fonds-Vermögensverwaltungen (Fonds-VV) angeboten.

Die Vermögensverwaltung mit Investmentfonds wird in zwei verschiedenen Varianten offeriert:

1. Zum einen auf Basis eines Fondspicking (oder auch Fonds-Picking). Hier gibt ein Anleger seine Rahmenbedingungen vor, ein Strategieausschuß der Vermögensverwaltung entscheidet dann selbständig über die Anlage, das heißt, in welche Fonds das Geld angelegt wird. Die Vermögensverwaltung managt das Geld also nur indirekt durch die Fondsauswahl, die ist der „Fondspicker".

2. Zum anderen als Vermögensverwaltung auf Fondsbasis (VV-Fonds). Das Geld des Kunden fließt in einem vom Kunden bestimmten Verhältnis — zum Beispiel 30 Prozent risikofreudig, 70 Prozent konservativ — direkt in bestimmte Fonds. Die Vermögensverwaltung selbst ist dann verantwortlich für die Anlagepolitik. Der Kunde hat die steuerlichen und kostentechnischen Vorteile eines Fonds verbunden mit der Tatsache, daß er die Fondsmanager — die Vermögensverwaltung — kennt und keine anonymen Fondsmanager sein Geld verwalten.

Daß Fonds-VV's ihre Existenzberechtigung haben, liegt an der Tatsache, daß immer mehr Anleger in Investmentzertifikaten eine Art standardisierte Kapitalanlage sehen, doch die Auswahl an Fonds und damit die Qual der Wahl steigt. Denn welcher Fonds ist der Richtige? Warum steigt gerade Ihr Fonds nicht so wie andere? Hier trennt sich die Spreu vom Weizen.

Genau diese Trennung für die an Zeitmangel leidenden Anleger übernehmen professionelle Fonds-Vermögensverwaltungen (Fonds-Picking), und zwar hinsichtlich der Auswahl und des Timing beim Fondsan- und -verkauf. Ganz getreu dem Motto: Die besten Wertpapierfonds haben in der Vergangenheit regelmäßig bessere Ergebnisse erzielt als die traditionelle Vermögensverwaltung.

Grundsätzlich sind zwar alle Kundenschichten potentielle Fonds-Investoren. Aber bislang werden besonders Kunden mit Beträgen bis zu 50.000 DM schwerpunktmäßig von den Banken als Klientel angesprochen. Eine Individualbetreuung lohnt sich für den Kunden nicht, weil eine effiziente Risikostreuung kaum erreichbar ist und es für die Banken unrentabel ist, weil das Volumen einzelner Aufträge zu gering ist, um die Kosten zu decken.

Dieser Trend beginnt sich jetzt langsam zu wandeln: Denn auch kapitalkräftigere Klienten sind potentielle Investmentfonds-Käufer. Aufgrund von Erbschaften und fälligen Lebensversicherungen hat das private Publikum mehr disponibles Kapital zur Verfügung. Und weil die Anlagementalität dieser Klientel sich verändert hat — sie ist renditebewußter geworden — fällt es vielen leichter, dem „sichereren" Sparbuch den Rücken zu kehren.

Unter den privaten ist bislang die *Lehndorff-Fonds-Selection* in Hamburg die konsequenteste Fonds-Picking-Gesellschaft. Sie hat eigens eine Aktiengesellschaft gegründet, um die Idee umzusetzen.

Die konsequenteste Vermögensverwaltung auf Fondsbasis verfolgen zur Zeit private Vermögensverwaltungen wie die PEH-Vermögensverwaltung in Oberursel/Taunus sowie die CC-Vermögensverwaltung in Hamburg. Beide Vermögensverwaltungen betreuen und managen eigene Fonds unterschiedlicher Risikostufen, die nach deutschem Recht zugelassen und in Deutschland vertrieben werden. Damit wird der Verwaltungsaufwand minimiert, die gewonnene Zeit kann für eine effiziente Analyse genutzt werden.

Eine reine Vermögensverwaltung mit Fonds wird aber nicht nur von privaten Vermögensverwaltern, sondern auch von einigen Banken angeboten: So bietet die Deutsche Bank Luxemburg seit einiger Zeit explizit eine Vermögensverwaltung via Investmentfonds an. Seiner Anlegermentalität entsprechend legt der Klient die Anlagestrategie mit seinem Verwalter fest, der diese dann über die Auswahl verschiedener Fonds und das notwendige Timing zum Kauf und Wiederverkauf umsetzt. Das eigentliche Depotmanagement wird somit auf das Fondsmanagement verlagert. Für den Kunden bedeutet dies weiterhin Individualität im Hinblick auf seine Anlagestrategie, aber eine professionellere Umsetzung in konkrete Anlageentscheidungen. Das „Fonds-Picking" beginnt also, das klassische „Stock-Picking" abzulösen.

Ein erster wichtiger Aspekt sowohl für das Fonds-Picking als auch für die Vermögenverwaltung auf Fondsbasis ist das Kriterium, daß Fonds unterschiedlicher Risikokategorien angeboten werden. Nur so kann den Bedürfnissen der Investoren entsprochen werden, sich ein individuelles Fondsdepot entsprechend der persönlichen Risikoneigung zusammenzustellen.

Für den konservativen Part bieten sich klassische Rentenfonds, ein geldmarktnaher Fonds oder ein gemischter Fonds mit einem niedrigen Aktienanteil von zum Beispiel 25 Prozent an. Neueste Kreationen der Fondsgesellschaften wie beispielsweise Laufzeit- und Garantiefonds, die den Anlegern für einen bestimmten Zeitraum eine — meist (noch) steuerfreie — Rendite in Form voraus festgelegter Mindest-Rücknahmepreise garantieren, können dabei auch Berücksichtigung finden.

Die Auswahl risikofreudiger Anlagemöglichkeiten auf Fondsbasis beginnt bei klassischen Aktienfonds, Branchenfonds und Regionalfonds. Optionsscheinfonds — wie beispielsweise der CC-Universal-OS-Fonds — investieren das Fondsvermögen vorwiegend in deutsche und internationale Optionsscheine und -anleihen.

Die Performance-Messung erfolgt in der Art, daß die einzelnen Fonds-Vermögensverwaltungen verschiedene sogenannte *Benchmarks* definieren, die den Anlagerahmen abstecken, die Anlegervorgaben berücksichtigen und in einer Grafik den Wertzuwachs (Rendite) und das Risiko widerspiegeln. *Benchmarks* sind Vergleichsmarken, die sich aus international gebräuchlichen Indices zusammensetzen und in ihrer Struktur möglichst genau dem Portfolio des Anlegers entsprechen.

So kann ein Depot beispielsweise zu 40 Prozent aus dem MSCI-Deutschland (Morgan Stanley Aktienindex Deutschland), zu 30 Prozent aus dem MSCI-Welt sowie zu 30 Prozent aus dem Salomon Brothers Rentenindex Deutschland oder Welt zusammengesetzt sein.

(siehe Abb. nächste Seite)

Regelmäßig, also in der Regel zweimal jährlich, erhalten die Anleger beim Fonds-Picking detaillierte Kontoauszüge, die das aktuelle Fondsvermögen beziffern.

Bei einer Vermögensverwaltung auf Fondsbasis erhält der Anleger ebenfalls regelmäßige Auszüge, die ihn über sein Depotstand informieren. Er ist jedoch in der Lage, seinen Depotstand jederzeit selbst festzustellen. Da er weiß, welche Fonds er besitzt, genügt ein Blick in die Zeitung, in der die Fondspreise täglich aktualisiert aufgelistet sind. Ein großer Vorteil, insbesondere für die neugierigen Anleger.

Vergleich der Anlagemöglichkeiten auf individueller und Fondsbasis.

Risikostufe	Fonds (Standardisiert)	Individuelle
Konservativ	Inländische Rentenfonds Laufzeit-, Geldmarktfonds Offene Immobilienfonds Termin- und Festgelder	Bundesanleihen Bundesobligationen Ausgewählte DM-Auslandsanleihen Capped-Dax-Warrants, Deep-Discount-Bonds
Mittleres Risiko	Ausländische Rentenfonds inländische Aktienfonds Ausgewählte ausländische Aktienfonds	Ausgewählte Währungs-anleihen, Aktien, Blue Chips, Zerobonds
Risikofreudig	Branchen-, Regionalfonds Länderfonds (offene & ge-geschlossene) Spezialitätenfonds, z.B. Optionsscheinfonds, OTC-Fonds	Nebenwerte Ausländische Aktien Optionsscheine OTC-Werte

Ein weiterer wichtiger Aspekt ist der Kostenaspekt. Beim Fonds-Picking wird in Abhängigkeit von der investierten Summe vorab eine einmalige *Verwaltungspauschale* berechnet, die sich — je nach Anlagekapital — zwischen 1,5 und 5 Prozent bewegt. Dazu kommen laufende Gebühren von 1 Prozent bis 2 Prozent p.a. sowie zum Teil erfolgsabhängige Honorare. Berücksichtigt werden müssen auch noch die Ausgabeaufschläge der ausgesuchten Fonds, die nochmals einige Prozentpunkte ausmachen. Im Vergleich zur individuellen VV also eine sehr teuere Angelegenheit. Selbst im Vergleich mit der eigenen Fondsanlage ist dies noch sehr teuer.

Überlegen Sie sich also gut, ob Sie Ihr Geld wirklich in eine Fonds-Picking-Vermögensverwaltung geben. Unser Fazit: Grundsätzlich noch zu teuer. Lohnt sich — wenn überhaupt — erst „in the long run“.

Ausgewählte Fonds-VV's in Deutschland

Lehndorff		
Fonds-Selection AG	Dorotheenstr. 64	22301 Hamburg
Graf Lambsdorff		
Vermögensverwaltung GmbH	Uhlenhorster Weg 7-11	22085 Hamburg
Feri Trust		
(erst ab 5 Mio.DM Depot)	Am Pilgerrain 17	61352 Bad Homburg

Die Vorteile einer Vermögensverwaltung auf Fondsbasis (VV-Fonds) sind vielfältig und auch auf der Kostenseite eindeutig. Denn innerhalb des Fonds sind die Bankgebühren wesentlich niedriger als bei einem Individualdepot. Aufgrund des größeren Fondsvolumens lassen sich erheblich günstigere Kauf- und Verkaufsprovisionen für den Fonds erzielen. Dies wirkt sich insbesondere für Aktien- und Spezialitätenfonds aus, die vergleichsweise häufiger Geschäfte tätigen als Rentenfonds.

Ein entscheidender Vorteil — besonders für den Bereich der risikofreudigen Kapitalanlage — ist die Steuerfreiheit von Fonds bei Spekulationsgeschäften. Alle in einem Fonds realisierten Kursgewinne sind — im Gegensatz zu privaten Anlegern — steuerfrei, auch wenn die Gewinnrealisierung innerhalb der sechsmonatigen Spekulationsfrist erfolgt. Für die Anleger sind alle Kursgewinne steuerfrei, wenn sie die Anteile länger als sechs Monate im Depot halten.

Die beiden letzten Vorteile — Kosten- und Steuervorteile — sprechen besonders dafür, die risikofreudige Kapitalanlage auf Fondsbasis zu tätigen, und daß Investmentfonds hinsichtlich ihres Managements, ihrer Verwaltung, Abwicklung und des Kostenaspekts individuellen Depots bei weitem überlegen sind. Hinzu kommt, daß die Anlagegrundsätze und -politik durch den Gesetzgeber — über das Bundesaufsichtsamt für das Kreditwesen — ständig überwacht werden.

Im Gegensatz zum Fonds-Picking ist die Vermögensverwaltung auf Fondsbasis sehr zu empfehlen. Sie ist kostengünstiger, transparenter und effizienter als die individuelle Vermögensverwaltung, aber persönlicher und individueller als die reine Fondsanlage.

Diese Erfahrung haben auch institutionelle Kunden gemacht. Denn sie sind in Form von Spezialfonds die kapitalkräftigste Klientel der Banken. Spezialfonds haben sich seit mehr als zwanzig Jahren als Anlageinstrument für die Verwaltung von Vorsorgekapital bewährt, weil sie individuelle, privatrechtliche Gestaltungsmöglichkeiten bei gleichzeitiger öffentlicher Aufsicht bieten.

Spezialfonds werden speziell für institutionelle Anleger wie Pensionskassen, Vorsorgeeinrichtungen berufsständischer Organisationen, Versicherungen, kirchliche Verbände, Stiftungen oder Unternehmen, die eine Anlage für Pensionsrückstellungen suchen, aufgelegt und verwaltet. Generell ist der Erwerb von Spezialfonds einem ganz bestimmten Anlegerkreis vorbehalten.

Für private Anleger kommen diese Fonds nicht in Frage.

Anders als beim Publikumsfonds hat der Anleger beim Spezialfonds die Möglichkeit, aufgrund bestimmter Erfordernisse (z. B. aufgrund satzungsmäßiger Vereinbarungen) Einfluß auf Anlageziele des Fonds zu nehmen. Im Gegensatz zu Publikumsfonds wird die Wertentwicklung von Spezialfonds nicht veröffentlicht. Obwohl Spezialfonds erst seit 1962 auf dem Markt sind, hat sich dieses Marktsegment so expansiv entwickelt, daß das Volumen der in Spezialfonds angelegten Gelder nahezu dem Volumen der Publikumsfonds entspricht.

Also... was für die Großen gut ist, kann für die Kleinen doch nicht schlecht sein, oder ?

Wie immer, auch aus diesem Kapitel das Wichtigste noch einmal…

... auf einen Blick

1. Die Performance-Messung ist ein umstrittenes Kapitel — nicht nur in diesem Buch. Man kann eine Mehrzahl von Kennzahlen unterscheiden, die den Erfolg einer Investmentanlage messen. In einem Punkt allerdings sind sich alle einig: Verglichen werden muß die Fondsperformance, sprich Fondsrendite immer mit entsprechenden Vergleichsmarken.
2. Am bekanntesten ist die BVI-Performance. Sie mißt allerdings nur die Fondsmanagementleistung, sie also läßt die Ausgabeaufschläge unberücksichtigt. So kann zwar die Leistung eines jeden Fondsmanagement gemessen werden, aber nicht die Rendite, die der Anleger erzielt hat.
3. Diesen Nachteil versucht die Effektiv-Performance zu vermeiden. Sie bereinigt die BVI-Performance um den Ausgabeaufschlag, das heißt, der Erwerb erfolgt zum Ausgabepreis und die Veräußerung zum Rücknahmewert.
4. Schließlich muß noch der persönliche Steuersatz berücksichtigt werden, um die effektive Rendite nach Steuern für jeden einzelnen Anleger zu errechnen. Dies muß jedoch individuell erfolgen.
5. Je höher die Ertragschancen eines Fonds, desto höher ist in aller Regel auch das Risiko. Das Risiko wird durch die *Volatilität* gemessen. Sie gibt die Stärke der Kursschwankungen des Fondspreises an. Danach sind offene Immobilienfonds am risikoärmsten, aber auch am renditeschwächsten.
6. Wer die Fonds-Performance noch weiter auseinandernehmen will, der unterscheidet zwischen verschiedenen Segmenten, z.B. nach Währungen, Wertpapierarten oder Ländern. Die Summe der einzelnen Segment-Performances ergibt die Gesamt-Performance.
7. Im Kostenvergleich muß sich die Fondsanlage gegenüber der Direktanlage behaupten. Die Gesamtpunkte der Fondsanlage ergeben sich aus folgenden Elementen:
   (1) Ausgabeaufschlag, der einmalig beim Ankauf eines Fonds fällig wird. Je nach Fondstyp liegt er zwischen 1 Prozent und 5 Prozent. Bei Auslandsfonds liegt es anfänglich oft höher.
   (2) Verwaltungs-/Managementgebühr, die regelmäßig für die laufende Betreuung des Fonds erhoben wird.
   (3) Depotbankgebühr, die die Depotbank für die regelmäßige Betreuung des Fonds erhebt.

☞

(4) Depotgebühr, die die Depotbank für die Verwaltung des Fondsdepots erhält.

(5) Transaktionsgebühren, die regelmäßig bei Abschluß neuer Wertpapiergeschäfte fällig werden. Sie liegen deutlich niedriger als bei Individualdepots.

8. Jeder Fonds erstellt jährlich zum Abschluß des Fondsgeschäftsjahres eine Ertrags- und Aufwandsrechnung. Sie gibt Aufschluß über die Buchhaltung des Fonds.

9. Die Besteuerung ist ein wesentlicher Faktor, meist ein unerfreulicher. Jeder Fonds ist generell von der Spekulationsfrist befreit, das heißt, alle Geschäfts sind steuerfrei, auch wenn zwischen An- und Verkauf weniger als sechs Monate liegen. Für den Anleger ist entscheidend, daß er den Fondsanteil länger als sechs Monate im Depot hält, damit er Kursgewinne steuerfrei kassieren kann.

10. Die Fonds selbst zahlen ebenso keine Körperschafts- und Kapitalertragssteuer. Die Anleger allerdings müssen die Fondserträge so versteuern, als ob sie die Dividende oder Zinsen selbst erhalten hätten — es sei denn, Sie haben einen Freistellungauftrag beantragt.

11. Die Zinsabschlagssteuer (ZASt) gilt seit 1.1.1993.

12. Danach werden bei Tafelgeschäften 35 Prozent, bei allen anderen Geschäften 30 Prozent ZASt pauschal vorab einbehalten. Das können Sie nur mit Hilfe des o.g. Freistellungsauftrags verhindern.

13. Bei Auslandsfonds müssen Sie im Auslandinvestmentgesetz (AuslInvG) nachlesen. Danach wird zwischen verschiedenen Kategorien von Auslandsfonds unterschieden. Steuerlich unbedenklich sind demnach nur *registrierte* Auslandsfonds.

14. Bei der fondsgebundenen Vermögensverwaltung lassen sich zwei Arten unterscheiden:

(1) Fonds-Picking, bei dem ein Strategieausschuß über die Kapitalanlage in diverse Fonds entscheidet. Der Anleger gibt nur seine Rahmenbedingungen vor. Da die Kosten sehr hoch sind, ist dieses Form der Investmentanlage nicht zu empfehlen.

(2) Vermögensverwaltung auf Fondsbasis, die von privaten Vermögensverwaltungen angeboten wird. Hat erhebliche Abwicklungs- und Transparenzvorteile. Hinzu kommen Kostenvorteile. Voraussetzung: Die Vermögensverwaltung managt selbst eigene Fonds.
Sie kennen den Fondsmanager, können individuell die Fondsaufteilung entscheiden. Aufgrund der genannten Vorteile empfehlenswert.

VI. DIE ZUKUNFT HAT BEREITS BEGONNEN — FONDS IN DEN NEUNZIGERN

Die Tendenzen am Investmentmarkt sind geprägt von einigen wenigen aber einschneidenden Entwicklungen, die sich in den nächsten Jahren zunehmend verstärken werden.

So hat sich das private Geldvermögen der Deutschen seit 1970 versechsfacht. Die Bundesbürger in Ost und West verfügten Ende des Jahres 1992 über ein Sparkapital von rund 3,6 Billionen DM. Bis zum Jahr 2000 wird mit einem Anstieg auf mehr als 5 Billionen DM gerechnet — Stichwort: zunehmendes Geldvermögen.

Ebenso rasant wie die Erhöhung des Geldvermögens verläuft der Anstieg der Erbschaftsgelder, die vererbt werden. Wurden 1980 „ nur“ 80 Milliarden DM an Enkel und Urenkel weitergegeben, so werden es Ende der Neunziger Jahre vermutlich schon mehr als 200 Milliarden DM sein, die in die nächste Generation wechseln — Stichwort: Erbengeneration.

Dieser neue Reichtum wird größtenteils weiter angelegt, denn nur ein kleiner Teil dient der Befriedigung lang gehegter Konsumwünsche. Dadurch erwächst der Vermögensverwaltung in Zukunft eine zunehmende Bedeutung. Und der Investmentbranche stehen viele neue Kunden ins Haus, denn gerade bei der Anlage eines größeren Vermögens stehen die Aspekte Werterhaltung und Vermögenssicherung durch Risikostreuung im Vordergrund. Diversifikation, das heißt Risikostreuung in verschiedene Kapitalanlagen, befindet sich also ganz oben in der Prioritätenliste der meisten Anleger.

Mit einer „ Buy-and-hold-“ Strategie ist an den volatilen Finanzmärkten der Gegenwart allerdings keine akzeptable Rendite zu erzielen. Es erfordert also ein aktives Investment-Management. Wer dafür keine Zeit hat, der wird sich sehr schnell von den Vorteilen der Investmentanlage überzeugen lassen. Als Anleger können Sie sich den Ihnen genehmen Fonds-Mix unter den Aspekten Sicherheit, Vermögenszuwachs, Liquidierbarkeit, laufende Erträge und — last but not least — Bequemlichkeit aussuchen.

Individuelle Präferenzen, wie sie sich zum Beispiel bei Ihnen aus den Faktoren Alter, Vermögen und Steuersatz ergeben werden, können dabei die entsprechende Berücksichtigung finden. Und so werden mittlerweile sowohl von Banken als auch von professionellen Vermögensverwaltungen fondsgebundene Vermögensverwaltungen angeboten und von der Anlegerschar auch verstärkt nachgefragt. Während klassische Vermögensverwaltungen erst bei Beträgen von 250.000 DM und mehr aktiv werden, können Vermögensverwaltungen via Fonds bereits Kunden mit kleineren Vermögen betreuen.

Daß Investmentfonds immer mehr die individuelle Kapitalanlage ersetzen, zeigt sich ansatzweise in mehreren Bereichen: fondsgebundene Lebensversicherung, Fonds-Picking und Vermögensverwaltung auf Fondsbasis — Stichwort: Fonds-Picking, das das klassische Stock-Picking ersetzt.

Der zukünftige Verlauf der Investmentbranche wird sicherlich auch durch zwei andere, bedeutsame Daten gekennzeichnet werden: Der 20.12.1985 und der 1.3.1990 haben die Weichen in Richtung EG-Harmonisierung neu gestellt. Der erste Termin steht für die Verabschiedung der EG-Harmonisierungsrichtlinie, der zweite für die Umsetzung dieser Richtlinie in deutsches Recht — die Verabschiedung der großen KAGG-Novelle.

Die Marktzutrittschancen für ausländische Fonds aus dem EG-Bereich haben sich seitdem erheblich verbessert. Die Fonds, die die Mindestvorschriften der europäischen Richtlinie erfüllen, können ihre Anteilscheine problemlos in Deutschland vertreiben.

Das wird bereits in naher Zukunft zu einem verschärften Wettbewerb auf dem deutschen Markt führen.

Trotzdem ist der Markt für Investmentfonds längst nicht gesättigt, die deutschen Anleger haben noch Nachholbedarf in Sachen Investmentanlagen. Während das Investmentvermögen pro Kopf in der Bundesrepublik per Ende 1992 bei rund 1.800 DM lag, verfügt jeder Franzose über umgerechnet mehr als 12.800 DM an Investmentanteilen. Selbst die Alpenländler aus Österreich haben mit mehr als 3.100 DM deutlich mehr Lust auf Investmentfonds.

Ziel der deutschen Investmentszene wird es daher sein, es den Franzosen nachzumachen und das Investmentvermögen pro Kopf zumindest auf einen fünfstelligen Betrag zu schrauben. Die Chancen dazu stehen nicht schlecht... zusammen mit Kurssteigerungen sollten die Neunziger ihr Ziel erreichen.

Kommen wir nunmehr zum zweiten, hochinteressanten Teil unseres Buches: Gespräche mit Fachleuten aus der Investment-Branche. Insider, die in aller Bescheidenheit wohl mit zu den besten dieser Branche gezählt werden dürfen, beantworten Fragen, geben Antworten — und lassen Einblick nehmen in dieses faszinierende Fachgebiet. Daß sie dabei so manches Mal aus der Schule plaudern mögen, war ausdrücklicher Wunsch.

Investmentvermögen pro Kopf der Bevölkerung zum Jahresende 1992
in DM

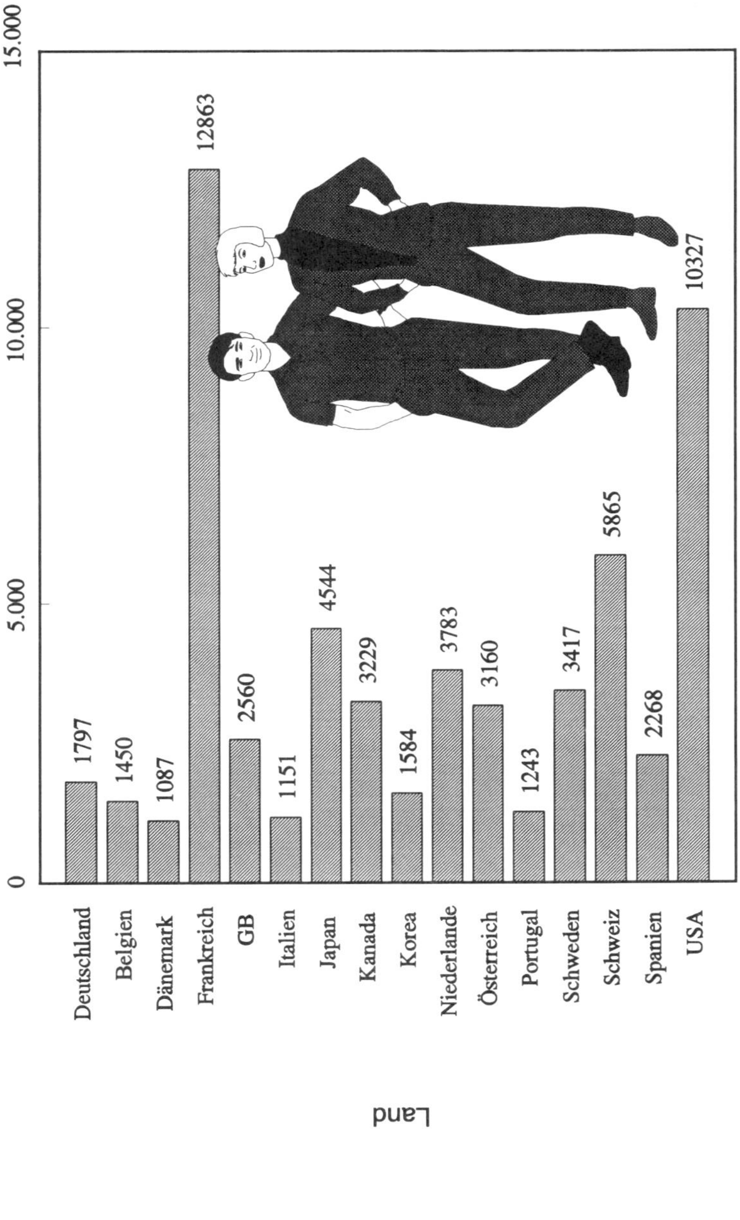

Quelle: Eigene Erstellung nach einer Erhebung des BVI.

Universal-Investment

Hans Martin Guhr,
Geschäftsführer
Universal-Investment GmbH:

„Die besten Wachstumschancen bietet der asiatische Raum."

„In diesem Jahr hat die *Universal-Investment-Gesellschaft mbH* in Frankfurt gleich zweimal Grund zum Feiern. Zum einen wird die Gesellschaft 25 Jahre alt und zum anderen feiert Hans-Martin Guhr sein 20-jähriges Dienstjubiläum als Geschäftsführer der Universal-Investment GmbH. Insgesamt kann er auf 25 Jahre Erfahrung im Investmentgeschäft zurückblicken und ist damit einer der dienstältesten und erfahrensten Investment-Chefs in Deutschland. Mit insgesamt 35 Mitarbeitern, die sämtlich am Firmensitz in Frankfurt am Main tätig sind, verwaltet Universal insgesamt 123 Investmentfonds mit einem Gesamtvolumen von mehr als 9,6 Mrd. DM. Geführt wird die Gesellschaft durch drei Geschäftsführer: Hans-Martin Guhr stehen Klaus Kränzler und Theodor Wöhlte als weitere Geschäftsführer zur Seite. Wir hatten die Gelegenheit, uns mit Herrn Guhr in der Firmenzentrale in der Mainmetropole zu unterhalten.

„Herr Guhr, die Universal-Investment GmbH ist eine der größeren und älteren deutschen Kapitalanlagegesellschaften. Dennoch unterscheidet sich die Struktur Ihrer Gesellschaft wesentlich von der anderer großer Investmentgesellschaften. Wie entstand diese Konstellation?"

Hans-Martin Guhr: „Die Universal-Investment GmbH wurde 1968 als Gemeinschaftsgründung deutscher Privatbanken und Bankiers ins Leben gerufen. Wir haben heute insgesamt 12 Gesellschafter. Bezüglich der Struktur unserer Gesellschafter sind zwei Dinge hervorzuheben: Zum einen kommen die Gesellschafter ausschließlich aus dem Bereich der Privatbanken und Privatbankiers. Es sind daher, wenn man einmal von der Berliner Bank und der Baden-Württembergischen Bank absieht, Institute ohne größeres Filialnetz. Bei allen Gesellschafterbanken kommt dem Wertpapiergeschäft eine besondere Bedeutung zu. Die Anlageberatung und Vermögensverwaltung für private und institutionelle Anleger spielt dabei in der Regel eine wichtige Rolle.

Die folgenden Banken gehören zum Gesellschafterkreis der Universal:

Baden-Württembergische Bank AG, Stuttgart
Bankhaus A. Aufhäuser, München
Bankhaus Gebrüder Bethmann, Frankfurt am Main
Bankhaus Hermann Lampe KG, Bielefeld
Berliner Bank AG, Berlin
B. Metzler seel. Sohn & Co. KGaA, Frankfurt am Main
Georg Hauck & Sohn Bankiers KGaA, Frankfurt am Main
Joh. Berenberg, Gossler & Co., Hamburg
Marcard, Stein & Co., Hamburg
Merck, Finck & Co., München
M.M. Warburg & Co, Hamburg
Schweizerische Kreditanstalt (Deutschland) AG, Frankfurt am Main.

Sie finden in der Gruppe der Gesellschafter, abgesehen von wenigen Ausnahmen, die ersten Adressen aus dem Privatbankierbereich. — Zum anderen halten alle Gesellschafter mit nur geringen Unterschieden den gleichen Anteil am Stammkapital der Universal, obwohl sie ein sehr unterschiedliches Fondsvolumen verwalten. Man kann hier also von einer Gleichberechtigung aller Partner sprechen. Wir verwalten insgesamt 40 Publikumsfonds und stehen damit zur Zeit — gemessen an der Zahl — auf Platz 2 hinter DIT, wenn man nur die in Deutschland aufgelegten Publikumsfonds betrachtet. Die hohe Anzahl der Publikumsfonds ist auch darauf zurückzuführen, daß die Universal mit einigen Vermögensverwaltungsgesellschaften zusammenarbeitet und darüber hinaus eine Reihe von Fonds mit speziellen und erfolgversprechenden Anlageschwerpunkten aufgelegt hat. Besonders erfreulich ist, daß immer häufiger Publikumsfonds der Universal in den Wertentwicklungsvergleichen des BVI vordere Plätze einnehmen. Die Publikumsfonds von Universal bilden zusammen ein Vermögen von 1,4 Mrd. DM. Zusätzlich betreuen wir 83 Spezialfonds mit einem Gesamtvolumen von 8,2 Mrd. DM. Ein Schwerpunkt unserer Tätigkeit liegt somit in der Verwaltung von Spezialfonds. Gemessen am gesamten verwalteten Vermögen gehört die Universal zu den zehn größten deutschen Wertpapier-Investmentgesellschaften.

Dem Aufsichtsrat der Universal gehören 15 Mitglieder an. Er setzt sich im wesentlichen aus persönliche haftenden Gesellschaftern beziehungsweise Vorstandsmitgliedern der Gesellschafterbanken zusammen."

„Versteht sich die Universal-Investment GmbH beziehungsweise die Gesellschafter der Universal als individueller Vermögensverwalter auf Fondsbasis?"

Hans-Martin Guhr: „So könnte man es ausdrücken, das ist richtig. Die Grundkonzeption der Universal basiert auf dem Hausfondsprinzip. Das heißt, daß jeder Gesellschafter eigene Fonds für seine Kunden bei der Universal-Investment GmbH auflegen und im wesentlichen in Eigenregie vertreiben kann. Der Grundgedanke dieser Konzeption ist es, auch den Kunden mit einem geringeren Depotvolumen eine optimale Vermögensverwaltung anbieten zu können. Wichtig hierbei ist, daß der Kunde der jeweiligen Bank die Anlagepolitik seines Hauses durch die Zusammensetzung des Anlageausschusses und seine Beratung in anlagepolitischen Fragen auch bei der Verwaltung der Fonds in wichtigen Grundzügen wiederfindet. Er hat somit einen persönlicheren Bezug zum Fondsmanagement."

„Inwiefern hat sich der Investment-Markt in Deutschland seit der Gründung der Universal-Investment verändert, und wie sehen Sie die Entwicklung bis zum Jahr 2000?"

Hans-Martin Guhr: „Seit der Gründung der Universal-Investment GmbH gab es auf dem Investment-Fonds-Markt eine starke Expansion. 1968 gab es 35 Publikumsfonds mit einem Volumen von 6,6 Mrd. DM und etwa 50 Spezialfonds in einer Größenordnung von 300 Mio. DM. Das waren Größenordnungen, die man sich heute zwar noch vorstellen kann, aber die man bei Zahlen aus dem Investmentbereich gar nicht mehr so recht gewohnt ist. Per Ende 1992 hatten die rein deutschen Publikumsfonds ein Volumen von 143 Mrd. DM bei einer Anzahl von 448 Fonds. Und die Spezialfonds haben die Publikumsfonds bezüglich ihres Volumens bereits überholt: Mit einer Anzahl von 1.986 Fonds und einem Volumen von zur Zeit knapp 166 Mrd. DM hat sich dieser Investmentbereich explosionsartig entwickelt. Publikums- und Spezialfonds haben in Deutschland derzeit ein Gesamtvolumen von 308 Mrd.DM. Mehr als 20,5 Mrd. DM wurden allein in 1992 neu angelegt. Rechnet man die Luxemburger Fonds der Tochtergesellschaften deutscher Banken und Investmentgesellschaften hinzu, kommt man auf eine Größenordnung von knapp 440 Mrd.DM. Die Deutschen und Luxemburger Fonds deutscher Kapitalanlagegesellschaften müssen eigentlich als eine Einheit betrachtet werden, da sich schon seit einigen Jahren eine gewisse Verlagerung des Investmentkapitals in das Fürstentum vollzieht. Dies gilt insbesondere für die Zeiträume nach dem Erlaß bezüglich der Quellensteuer und jetzt wieder seit der Zinsabschlagsteuerregelung. Insgesamt hat sich also das Fondsvermögen seit dem Gründungsjahr der Universal-Investment GmbH 1968 mit einer Steigerung von über 6.000% explosionsartig entwickelt. Bis zur Jahrtausendwende erwarte ich eine weitere Steigerung auf ein Volumen von insgesamt 1 Billion DM."

„Wo kommt Ihrer Meinung nach das enorme Wachstum und die Liquidität der letzten Jahre her? Reicht hier das Stichwort Erbengeneration oder spricht die Entwicklung für die überzeugende Performance der Fonds in den vergangenen Jahren?"

Hans-Martin Guhr: „Das Sparaufkommen ist in den letzten Jahren deutlich gestiegen. Ein Grund dafür ist das hohe erreichte Wohlstandsniveau. Sicherlich gilt diese Aussage angesichts der hohen Arbeitslosigkeit zur Zeit nicht für alle Teile der Bevölkerung. Das Stichwort Erbengeneration gilt in Deutschland insbesondere für die Immobilie, und bisher weniger für den Bereich der Wertpapierfonds. Das heißt, daß sich immer weniger junge Ehepaare bei der Gründung einer Familie ein neues Haus oder eine neue Wohnung anmieten oder kaufen müssen, da sie bereits Wohnraum geerbt haben. Oftmals ist es sogar so, daß von beiden Elternpaaren eine Immobilie geerbt wird und deswegen eine davon verkauft werden kann. Das Geld kann dann anderweitig, zum Beispiel in Investmentfonds investiert werden. Ein weiterer Grund für die wachsende Liquidität sind die fälligen Leistungen aus dem Lebensversicherungsbereich. Die Leistungen aus fälligen Lebensversicherungen sind in den letzten Jahren stark gestiegen. Sie haben jedoch bisher nur einen Minimalbetrag von dem erreicht, welchen sie in zehn Jahren erreichen werden. Wir arbeiten beispielsweise mit einem Lebensversicherer mittlerer Größe zusammen, der im vergangenen Jahr Ablaufleistungen aus fälligen Lebensversicherungen von mehr als 180 Mio. DM hatte. Schon in diesem Jahr werden die Abläufe dieser Gesellschaft zwischen 230-240 Mio. DM betragen. Die Begünstigten dieser Mittel suchen in aller Regel rentable und gleichzeitig relativ sichere Anlagemöglichkeiten. Dies hat vor allem zwei Gründe. Zum einen ist die Einkommenssituation überwiegend so gut, daß die fälligen Versicherungssummen nicht für den täglichen Bedarf ausgegeben werden müssen. Zum anderen wird die gesetzliche Altersversorgung von der Mehrheit nicht als ausreichend gesichert angesehen, so daß die Begünstigten private Altersvorsorge mit den Mitteln aus der fälligen Lebensversicherung treffen. Die genannten Gründe haben bewirkt, daß die Gesamtersparnis in den vergangenen Jahren stark gestiegen ist. Und ich erwarte, daß sie auch in den kommenden Jahren, allerdings mit höheren Zuwachsraten, steigen wird. Die Performance der Investmentfonds war, sehen wir einmal von den Rentenfonds ab, kurzfristig betrachtet in den letzten Jahren nicht sehr attraktiv. Aktienfonds und gemischte Fonds mit hohem Aktienanteil haben zwischen 1987 und 1992 im Durchschnitt nur ein leichtes Plus erzielen können. Auf dem

Sparkonto hätten Sie in dieser Zeit sicherlich eine bessere Rendite erreichen können. Das wäre aber eine zu kurzfristige Betrachtungsweise. Langfristig erkennt auch der Anleger, daß durch die Kapitalanlage in Wertpapierfonds höhere Renditen erzielt werden können.

Gerade die letzten Jahre mit stark schwankenden Renditen haben eine Zunahme der Fondsvolumen bewirkt. Das erscheint auf den ersten Blick zwar paradox. Aber die antizyklisch denkenden Anleger erwarten mit Recht für die kommenden Jahre eine relativ sichere, größere Steigerung der Fondsperformance bei eher etwas geringerem Risiko. Zusammenfassend ist festzustellen, daß sowohl das hohe Sparaufkommen als auch die langfristig zu erwartende gute Performance der Fonds für den Boom der Fondsbranche ausschlaggebend ist."

„Welchen Stellenwert hat für Sie der Bundesverband Deutscher Investmentgesellschaften (BVI), und wie sieht die Zusammenarbeit mit dem BVI in der Praxis aus?"

Hans-Martin Guhr: „Der BVI hat in Deutschland als Interessensvertretung der deutschen Investmentbranche ein Standing erreicht, das nicht in vielen Ländern anzutreffen ist. Das war nicht von Anfang an so. Die Bedeutung und Größe der Investmentbranche und damit auch die Bedeutung des BVI zum Zeitpunkt seiner Gründung im Jahre 1970 wird aus folgender Anekdote sehr deutlich: Ich war damals Geschäftsführer einer anderen Investmentgesellschaft, die Mitbegründer des BVI war. Die Gründungsmitglieder fuhren alle gemeinsam in einem Fahrstuhl zu der bevorstehenden Gründungsversammlung. Einer aus der kleinen Runde bemerkte auf dem Weg nach oben sehr treffend: 'Wenn der Fahrstuhl jetzt abstürzt, gibt es in Deutschland keine Investmentbranche mehr!' — Heute nimmt der Verband erfolgreich Einfluß auf die Gestaltung von Gesetzesvorlagen und Gesetzesänderungen, zum Beispiel bei der KAGG-Novelle, indem der BVI die Interessen der deutschen Investmentgesellschaften gegenüber dem Bundesaufsichstamt für das Kreditwesen (BAK) vertritt. Er nimmt auch die Interessen der Investmentgesellschaften gegenüber der Öffentlichkeit, den zuständigen Bundesressorts und Parlamentariern wahr, auf europäischer Ebene gegenüber den Organen der Europäischen Gemeinschaft und der Europäischen Investment-Vereinigung, zum Beispiel im Rahmen der internationalen Investment-Konferenz. Der BVI ist aus diesem Grund ein wichtiges Instrumentarium für die gesamte Investmentbranche. Aber der Verband hat auch beratende Funktionen für seine Mitglieder. In seinem Wirken setzt der BVI dabei auf die Kooperation der Mitgliedsgesellschaften. Die älteren und größeren Gesellschaften, die teilweise auch eigene Juristen beschäftigen, sind weniger auf den Rat des BVI angewiesen, sondern sie bringen hier eher ihre Erfahrungen ein. Die jüngeren und kleineren Unternehmen haben dagegen natürlicherweise einen höheren Informations- und Beratungsbedarf. Insgesamt unterhält die Universal-Investment GmbH einen sehr engen Kontakt zum BVI. Dieser resultiert nicht zuletzt aus der aktiven Mitarbeit der Universal-Investment auch in diversen Ausschüssen, die der BVI ins Leben gerufen hat."

„Viele institutionelle Anleger nutzen die Fondsidee in Form von Spezialfonds. Als erfahrener Investment-Profi können Sie es beurteilen: Ist die Performance von Spezialfonds besser als die der Publikumsfonds?"

Hans-Martin Guhr: „Die Managementleistung kann grundsätzlich nur dann an der erzielten Wertentwicklung gemessen werden, wenn dem Manager keinerlei Beschränkungen auferlegt werden.

Für den institutionellen Anleger — zum Beispiel eine Lebensversicherungsgesellschaft — bilden die von ihm aufgelegten Spezialfonds einen immer gewichtigeren Anteil an seinen gesamten Vermögensanlagen. Es ist daher selbstverständlich, daß er für diesen Bereich im Rahmen der Anlageüberlegungen für das gesamte verwaltete Vermögen Anlageziele definiert, Anlageschwerpunkte bildet und damit auch Risikopotential und Renditeerwartungen in die Anlagepolitik einfließen läßt. Viele institutionelle Anleger nehmen erheblichen Einfluß auf die Anlageentscheidungen des Fondsmanagers. Das bedeutet in der Praxis, daß der jeweilige Fondsmanager konkrete Vorgaben beziehungsweise Beschränkungen auferlegt bekommt. Die können zum Beispiel so aussehen, daß der Aktienanteil einen gewissen Prozentsatz nicht übersteigen darf, daß nur deutsche Wertpapiere erworben werden dürfen oder daß zum Beispiel nur kurzfristige Rentenpapiere gekauft werden sollen. Mit solchen Beschränkungen kann der Manager eines Spezialfonds oftmals keine optimale Performance erreichen. Die Performance ist hier zwischenzeitlich teilweise schlechter als bei einem Publikumsfonds ohne entsprechende Beschränkungen. Allerdings ist bei einem unerwarteten Trendwechsel an der Börse das Risiko häufig auch geringer. Daneben hat der Spezialfonds-Manager gegenüber seinem Kollegen vom Publikumsfonds einen Vorteil bezüglich der Mittelzuflüsse. Der Manager eines Spezialfonds kann bei einer sich abzeichnenden Wende teilweise relativ schnell und direkt den Zufluß neuer Mittel beim institutionellen Anleger anfordern. Er ist damit imstande, einen positiven Trend am Markt auch für die Performance seines Fonds nutzbar zu machen. Der Manager eines Publikumsfonds hat damit natürlich seine Schwierigkeiten. Das Problem der Publikumsfonds und insbesondere der Rentenfonds liegt darin, daß das Gros der Mittel von privaten Anlegern zufließt, wenn die Performance relativ gut ist beziehungsweise war. Die Performance eines Rentenfonds ist meistens in einer Zeit sinkender Zinsen sehr positiv, denn dann können in aller Regel Kursgewinne realisiert werden. Allerdings nützen dem Manager neue Anlagegelder relativ wenig, wenn die Zinsen bereits gefallen sind, da er zu diesem Zeitpunkt nur niedrigrentierende Anleihen am Markt erwerben kann. In einer Zeit steigender Zinsen ist die Performance eines Rentenfonds dagegen meistens relativ schlecht. Die Anleger verlieren in dieser Zeit oft das Vertrauen in den Fonds und verkaufen ihre Anteile, und es kommt zu Mittelabflüssen zu Lasten des Fonds. Aber gerade zu dem Zeitpunkt, an dem die Zinssteigerung ihren Höhepunkt erreicht, fehlen dem Fondsmanager dann die Mittel, die notwendig wären, um durch den Kauf von höherverzinslichen Anlagen die Performance wieder zu steigern. Dieses Phänomen ist bei den Publikumsfonds seit einigen Jahren immer wieder zu beobachten. Durch das falsche Timing des privaten Anlegers leidet die Performance des Publikumsfonds. Hier ist die Beratung der Banken oder Vertriebsgesellschaften gefragt.

Allgemein ist festzuhalten, daß sowohl die Manager von Spezialfonds als auch die Manager von Publikumfonds mit spezifischen Problemen belastet sind, die direkte Auswirkung auf die Performance der jeweiligen Fonds haben. Eine bessere Performance ist nicht automatisch gleichzusetzen mit einer höheren Managementleistung. Unter gleichen Bedingungen dürfte sich die Managementleistung von beiden Managern nur geringfügig unterscheiden."

„Aktienfonds spielen gemessen am Mittelaufkommen eine eher untergeordnete Rolle. Sind diese Fonds aus der Sicht der Anleger weniger attraktiv?"

Hans-Martin Guhr: „Wir bedauern sehr, daß die Aktienfonds gerade im Vergleich zu Rentenfonds regelmäßig weniger nachgefragt werden. Die Erklärung für diese Erscheinung ist meiner Meinung nach sehr einfach. Von der bereits erwähnten Verlagerung des Vermögens vom Sparkonto in Wertpapierfonds profitierte vor allem der klassische Rentenfonds. Hierbei spielte der Sicherheitsgedanke des Anlegers, den er vom Sparkonto her kannte, eine besondere Rolle. Der Aktienfonds galt von Beginn an als ein Fonds, der nicht garantiert eine höhere Performance bringt, der aber höhere Risiken beinhaltet. Bestärkt wurde diese Einstellung dadurch, daß auch bei den länger anhaltenden positiven Entwicklungen auf dem Aktienmarkt die Wertentwicklung der Aktienfonds hinter der des Marktes zurückblieb. In dieser Phase verkauften viele ihre Anteile, um durch Direktinvestitionen am Aktienmarkt bessere Ergebnisse zu erzielen. Das hat dazu geführt, daß auch die große Hausse nicht eine Umkehr im Anlageverhalten des Fondssparers bewirkte. Danach kam seit 1987 die Zeit der großen Enttäuschungen auf dem Aktienmarkt. Immer wieder kam es zu Rückschlägen. Die Aktienfonds konnten bis Ende 1992 per Saldo nur geringe positive Renditen erwirtschaften. Das sind natürlich Dinge, die den Anleger davon abhalten, in Aktien beziehungsweise Aktienfonds zu investieren. Meiner Meinung nach werden Aktienfonds erst dann wieder mehr Zulauf erhalten, wenn der Aktienmarkt eine längere Zeit nach oben tendiert. Aber dann haben Fondsmanager wieder das Problem, mit den Mittelzuflüssen zu bereits stärker gestiegenen Aktienkursen einsteigen zu müssen. Das birgt dann wieder Zusatzrisiken."

„Rentenfonds müssen sich regelmäßig gegen Direktanlagen behaupten. Wie sieht hier der Performance-Vergleich aus?"

Hans-Martin Guhr: „Es gibt wissenschaftliche Berechnungen, zum Beispiel von Kandlbinder, die bestätigen, daß der Rentenfonds grundsätzlich der Direktanlage überlegen ist. Wenn Sie allerdings vor einigen Jahren auf einer 9%igen Renditebasis eine Bundesanleihe gekauft hätten, lägen Sie bis heute in der Rendite besser. Bei der Anlage in eine Bundesanleihe sind Ihre Mittel voll investiert. Ein Fonds hat dagegen immer Liquiditätsreserven, um jederzeit Rückflüsse bedienen zu können, und er hat auch erst zu späteren Zeitpunkten Mittelzuflüsse, die dann nur zu geringeren Zinssätzen beziehungsweise höheren Anleihekursen angelegt werden können. In Zeiten starker Renditerückgänge liegen Sie zunächst bei einer Direktanlage besser. Allerdings kann ein Fonds auf längere Sicht gesehen, gerade in Zeiten wechselnder Renditen, durch Umschichtungen seines Portefeuilles und der laufenden Anpassung von Laufzeiten — kurze in längere oder lange in kürzere Laufzeiten — Renditen erzielen, die ein Direktanleger aufgrund seines geringen Volumens nicht ausschöpfen kann. Insofern müßte ein deutscher Rentenfonds auf längere Sicht per Saldo in der Tat stets besser als die Direktanlage sein."

„Eine dritte Form der Fondsanlage sind gemischte Fonds, die je nach Börsen- und Zinssituation Aktien oder Anleihen unterschiedlich gewichten können. Halten Sie diese Form als nichts halbes und nichts ganzes oder sind sie ein guter Kompromiß?"

Hans-Martin Guhr: „Ich persönlich sehe den gemischten Fonds als eine gute Alternative zu den beiden anderen bestehenden Fondsarten. Da in den Vertragsbedingungen der deutschen gemischten Publikumsfonds bewußt davon abgesehen wird, einen bestimmten Anlageschwerpunkt festzuschreiben, kann die jeweilige Zusammensetzung des Fondsvermögens sehr flexibel der jeweiligen Markterwartung und -entwicklung in den einzelnen Marktsegmenten, Ländern und Währungen angepaßt werden. Die Anlagepolitik des gemischten Fonds ist vorrangig darauf ausgerichtet, die Grundstruktur des Sondervermögens flexibel und schwerpunktmäßig auf die Anlagesegmente auszurichten, die aktuell die beste Wertentwicklung erwarten läßt. Gemischte Fonds können — je nach aktueller Marktentwicklung -Aktien, Genußscheine und Optionsscheine sowie festverzinsliche Wertpapiere, in aller Regel sowohl inländischer wie ausländischer Emittenten erwerben. Im Vordergrund steht das Bestreben nach einer ausgewogenen Relation zwischen Sicherheitsbedürfnis, Wachstum und Rendite.

Abb.: Mittelaufkommen der dt. Rentenfonds und Umlaufrendite (1975-1992)

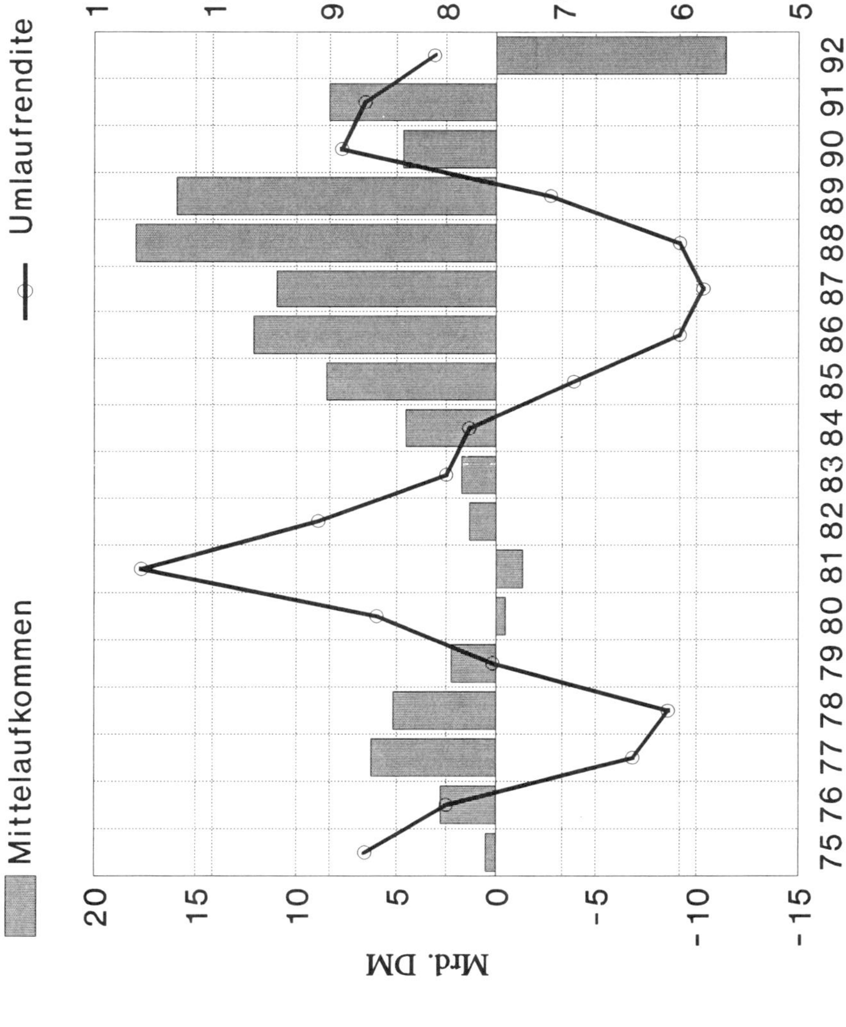

Quelle: Eigene Erstellung nach Daten Deutsche Bundesbank

Diese Politik bewirkt, daß ein Risikoausgleich zwischen den einzelnen Marktsegmenten vorgenommen wird. Die Anleger können durch die von der jeweiligen Markterwartung abhängige schwerpunktmäßige Verteilung des Fondsvermögens profitieren und gleichzeitig das Anlagerisiko durch einen gewissen Rentenanteil reduzieren. Dadurch werden extreme Bewegungen, die bei spezialisierten Fonds zu erwarten wären, vermieden."

„Welchen Märkten geben Sie auf ein Jahr gesehen die besten Chancen für einen kräftigen Aufschwung und welche Strategie sollten DM-Anleger daher haben?"

Hans-Martin Guhr: „Die besten Chancen für ein überproportionales Wachstum im nächsten Jahr, aber auch auf längere Sicht, sehe ich im asiatischen Raum. Wobei ich speziell für die japanische Aktienbörse noch Risiken sehe. Stichwort neue Regierung; Stichwort Konjunkturprogramm; Stichwort Bankenkrise bis hin zu den neusten Bestechungsaffären bieten zu viele Unsicherheitfaktoren in Japan. Gerade wenn in Japan jetzt eine neue Regierung an die Macht kommt, besteht die Gefahr, daß noch weitere ‚Polit-Leichen' aus dem Keller der bisherigen Regierungspartei, der LDP, ans Tageslicht gehoben werden.

Aber der übrige asiatische Raum bleibt meine Wachstumshoffnung Nr.1, wobei ich den Japan-Anteil vorerst auf 1/5 begrenzen würde. Ich denke mehr an die umliegenden Länder, die auch deutlich höhere Wachstumsraten erleben werden.

Mein zweiter Schwerpunkt läge auf Jahressicht und besonders auf mittelfristige Sicht von 2-3 Jahren auf deutschen Aktien und dem eidgenössischen Nachbarn Schweiz sowie Holland. Deutlicher, europäischer Schwerpunkt bleibt allerdings der deutsche Wirtschaftsraum. Hier erwarte ich weiter fallende Zinsen sowie bereits im Herbst erste Ansätze einer wirtschaftlichen Erholung. Die deutsche Exportwirtschaft wird auch von der ökonomischen Erholung anderer, wichtiger Industrienationen profitieren. Die anderen europäischen Länder würde ich aktuell eher vernachlässigen.

In Nordamerika kann man noch bis zum Jahresende dabei sein. Unter Nordamerika verstehe ich dabei eher Kanada als die USA. Mich verunsichern allerdings zunehmend die Gewinnentwicklungen verschiedener Großunternehmen in den USA, die doch deutlich schlechter ausgefallen sind als erwartet."

„Wie würden Sie als Fondmanager derzeit ein progressives beziehungsweise konservatives Depot strukturieren?"

Hans-Martin Guhr: „Unter der Prämisse, daß ich als Fondsmanager keinen Anlagebeschränkungen unterliege, sähe mein progressives Depot folgendermaßen aus:

Ich würde ca. 40% im asiatischen Raum investieren, davon allerdings nur 5% — 10% an der japanischen Börse anlegen. Wenn sich die Situation in Japan stabilisieren sollte, würde ich den Japan-Anteil erhöhen, höchstens jedoch auf 15%. Außerdem würde ich 30% — 35% in Aktien aus dem europäischen Raum investieren, hier mit den Schwerpunkten Deutschland und daneben Holland sowie der Schweiz. 10% — 15% würde ich in Amerika investieren. Schwerpunkt ist hier für mich aber wie erwähnt eher Kanada als die USA. Die restlichen 10% — 15% würde ich zunächst als Cash halten, um schnell auf Rückschläge reagieren zu können.

Das konservative Depot sähe dagegen folgendermaßen aus: Hier würde ich nur ca. 20% in asiatische Werte investieren, und dabei die japanische Börse völlig außen vor lassen. Dann würde ich 35% in mitteleuropäische Aktien investieren, auch hier mit den Schwerpunkten Deutschland unter Beimischung von Schweizer und holländischen Aktien. Ich würde nur 5% in den nordamerikanischen Raum USA/Kanada anlegen und bei diesen Aktien einen Schwerpunkt auf kanadische Rohstoffwerte legen. Des weiteren würde ich 25% in DM-Renten investieren, mit einer durchschnittlichen Restlaufzeit von 7 Jahren und den Rest von 15% als Liquidität halten."

Abb.: Progressives und konservatives Depot Hans-Martin Guhr

Hans-Martin Guhr, Geschäftsführer der Universal-Investment GmbH: „So würde ich als Depotmanager derzeit ein ...

Progressives Depot bzw. Konservatives Depot

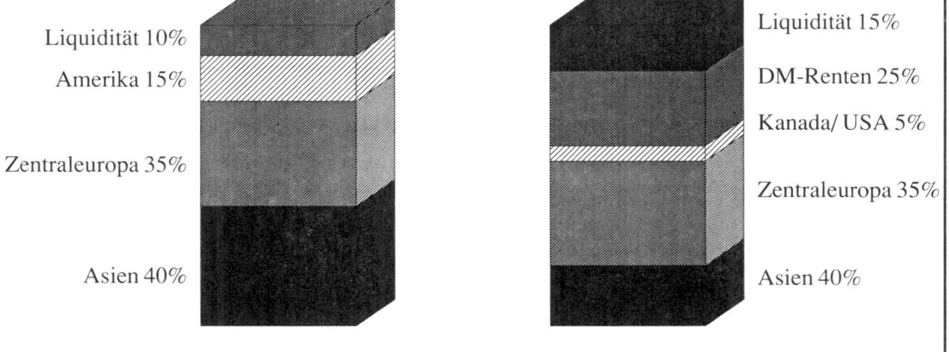

...zusammenstellen."

Quelle: Eigene Erstellung.

Prinz zu Hohenlohe & Banghard

„Hohe Mieten, hohe Wertsteigerung, hohe Renditen — Immobilien-Profis investieren in Berlin!“

Egon Banghard

Axel Banghard

Immobilienprofis blicken nach Osten! Diese Aussage anläßlich eines Immobilien-Kolloquiums im Herbst 1989 war der Beginn einer rasanten Entwicklung, die für die deutsche Immobilienbranche als revolutionär bezeichnet werden kann. Insbesondere steht seither mit Berlin wieder ein Thema auf dem Plan, das auf der einen Seite ständig die Schlagzeilen beherrscht und andererseits lange als Geheimtip galt.

Hohe Mietsteigerungen und damit verbunden hohe Wertzuwächse und erstklassige Renditen kennzeichnen seit der Wiedervereinigung den Immobilienmarkt dieser ehemaligen Inselstadt.

Der erfahrene Immobilienfachmann weiß natürlich, nach welchen Kriterien man Immobilien bewertet: Lage, Lage und nochmals Lage. Sie rangiert weit vor den übrigen Kriterien wie Substanz, Zustand oder Ausstattung.

Ein Unternehmen, das sich in über 20 Jahren eine vorbildliche und wohl einmalige Berlin-Kompetenz in puncto Entwicklung und Vertrieb von Immobilien erarbeitet hat, ist die Prinz zu Hohenlohe-Jagstberg & Banghard GmbH. Bislang hat die Unternehmensgruppe Prinz zu Hohenlohe & Banghard Eigenkapital für Bauvorhaben im Gesamtvolumen von mehr als 10 Mrd. DM an mehr als 7.000 zufriedene Kunden vermittelt.

„Ihre Unternehmensgruppe ist seit Jahren führend im Vertrieb von geschlossenen Immobilienfonds. Was unterscheidet Ihre Philosophie von der Ihrer Mitbewerber?"

PRINZ ZU HOHENLOHE & BANGHARD: „Die Frage ist einfach zu beantworten. Seit der Gründung des Unternehmens vor über 20 Jahren haben wir uns ausschließlich auf Berlin als Standort konzentriert. Denn es bedeutete aufgrund des vorbildlichen Förderungssystems, speziell im Wohnungsbereich, hohe steuerliche Ersparnisse und gleichzeitig große wirtschaftliche Sicherheit.

Wir haben uns damit ein Know-how geschaffen, das unsere Kunden schätzen und honorieren. Letztlich kommt es ihnen zugute. Wir bieten seit jeher solide Immobilien-Investitionen an. Keiner unserer Kunden hat Vermögensschaden erlitten — und wir haben circa 7.000 Dauerkunden, darunter viele Mehrfachzeichner, die bis zu fünfzig Mal gezeichnet haben. Und durch die Wiedervereinigung erfuhren fast alle unsere Objekte enorme Wertsteigerungen. Diese kommen den Kunden zusätzlich zur Steuerersparnis zugute — steuerfrei."

„Wie sprechen Sie Ihre Kundschaft an?"

PRINZ ZU HOHENLOHE & BANGHARD: „Wir führen im Verhältnis zum Umsatz eine kleine Vertriebsmannschaft von ca. 30 Mitarbeitern in der gesamten Bundesrepublik, vornehmlich in Stuttgart und Berlin. Dadurch besitzt jeder Kunde einen persönlichen Draht zu unserem Vertrieb, der eine individuelle Beratung gewährleistet. Und wir laden jeden Kunden persönlich nach Berlin ein, damit er sich die Investitions-Objekte ansehen kann. Und wer weiß, daß 65% — 70% unserer Kunden aus Baden-Württemberg kommen, der weiß auch, wie schwer es ist, diese nach Berlin zu bringen.

Jedes Wochenende führen wir solche Veranstaltungen durch — ein einmaliger Service unseres Hauses. So kann jeder Kunde sein Objekt kennenlernen und sich mit seiner Investition identifizieren. Die Angebote sind stets auf die individuellen Interessen des Kunden ausgerichtet und werden z.B. auf seine steuerliche Situation maßgeschneidert. Meist kommen die Kunden mit Ihren Steuerberatern, denn wir legen Wert darauf, daß die unabhängigen Berater des Kunden ein kompetentes Urteil abgeben. Dadurch werden unsere Objekte auch für andere Mandanten der Steuerberater interessant."

„Sie haben sich bereits vor 20 Jahren auf Berlin als Standort konzentriert. Jetzt erweitern Sie Ihre Standortpalette auf die neuen Bundesländer. Warum?"

PRINZ ZU HOHENLOHE & BANGHARD: „Bis zur Wiedervereinigung beschäftigten wir uns hauptsächlich mit dem Vertrieb steuerbegünstigter Kapitalanlagen, besonders im öffentlich geförderten Wohnungsbau und der steuerlich begünstigten Altbau-Modernisierung in Berlin. Der Umsatzanteil unserer Berlin-Objekte beläuft sich auf ca. 80 %.

Durch die Verabschiedung des Fördergebietsgesetzes und der damit verbundenen 50%-igen Sonderabschreibung hat die Bundesregierung die Voraussetzungen für einen Wiederaufbau auch in den neuen Bundesländern geschaffen. Wir exportieren unser ‚Berlin-Know-how', um an ausgewählten Standorten wie Dresden und Leipzig bei guten Gewerbeobjekten in 1A-Innenstadtlagen die gesetzlich vorgesehenen Steuervorteile mit interessanten Renditen aus den Mieterträgen für Anleger zu kombinieren.

Viele Kunden betrachten dies als eine interessante Ergänzung zu Berlin. Sie schätzen dabei in erster Linie die sicheren Steuervorteile. Wir erwirtschaften jetzt bereits 20 % des Umsatzes in den neuen Bundesländern."

„Wie prüfen und kalkulieren Sie ein Objekt?"

PRINZ ZU HOHENLOHE & BANGHARD: „Wir haben eine eigene Akquisitions-Abteilung, die über Kommunen, Erbengemeinschaften und in Ausnahmefällen auch über Makler Objekte akquirieren. Ein Objekt bedarf, bevor wir es an den Markt bringen — auch im eigenen Interesse — einer umfangreichen Prüfung. Dabei steht die Standortwahl an höchster Stelle. Hierzu bedient man sich unter anderem führender Wirtschaftsinstitute, die für die verschiedenen Objekte Makro- und Mikro-Standortanalysen durchführen. Damit erhalten wir zusätzliche Informationen über die Rahmenbedingungen der Vorhaben, die Bedarfsplanung der Stadt, die kommende Flächenstruktur und -nutzung der Region, geplante und genehmigte Vorhaben von anderen Initiatoren und das Potential des Standortes.

Wenn weitere Faktoren, wie Eigentumsverhältnisse, Baurecht, Nutzungsmöglichkeit etc. geklärt sind, beginnt die eigentliche Prüfung, die wir computerunterstützt durchführen.

Hier errechnen wir durch die Ausnutzung eines Grundstücks und die Baukosten die Erstellungskosten, analysieren die Mietsituation (Mieterträge und Indexklauseln) und kommen so zu einem Preis-Leistungsverhältnis, dem Faktor der Jahreskaltmiete. Dieser sagt aus, zum Wievielfachen der voraussichtlichen Jahres-Nettokaltmiete ein Vorhaben erstellt und dann an unsere Kunden vertrieben werden kann. Bei geschlossenen Fonds liegt der Faktor zwischen dem 15,5- und dem 18fachen. In exponierten Lagen kann der Faktor auch einmal höher liegen. Sind diese wirtschaftlichen Aspekte für uns und unsere Kunden interessant, beginnen die konkreten Vertragsverhandlungen zum Ankauf eines Objektes."

„Bislang lag der Schwerpunkt von geschlossenen Immobilienfonds in Berlin und den neuen Bundesländern eindeutig im Gewerbebereich. Wie beurteilen Sie die weitere Entwicklung?“

PRINZ ZU HOHENLOHE & BANGHARD: „Wir schätzen den ostdeutschen Markt als einen Wachstumsmarkt mit nach wie vor guter Nachfrage an guten Büros, Gewerbe- und Wohnimmobilien ein. Büros werden überall gebraucht, ob in Magdeburg, Leipzig, Dresden oder Berlin. Büroflächen sind ein problemloserer Markt als Einkaufszentren, wenn der Standort und die Miete stimmen.

So wird Berlin in fünf bis zehn Jahren eindeutig zwei Geschäftszentren haben. Neben dem Kurfürstendamm wird die Friedrichstraße mit der Chausseestraße und Unter den Linden das zweite Zentrum werden. Also investieren wir bereits jetzt unter strategischen Aspekten in diese Standorte. Daher bauen wir gerade für 68,25 Millionen DM ein Büro-, Geschäfts- und Wohnhaus in der Chausseestraße. Es wird das erste Neubauobjekt sein, das an diesem Standort am Markt sein wird mit hohen steuerlichen Vorteilen für die Kunden.“

„Bei Einkaufszentren sind die guten Standorte und die guten Mieter weitgehend verteilt. Hier sehen wir langfristig kaum größere Expansion.“

PRINZ ZU HOHENLOHE & BANGHARD: „Neben dem Gewerbebereich wird von uns zunehmend stärker der Wohnungsbereich gewichtet. Denn bedingt durch die langjährige Förderung im öffentlich geförderten Wohnungsbau mit daraus resultierenden langfristigen Mieteinnahmen hat der Anleger trotz geringen Eigenkapitaleinsatzes keine Unterdeckung im Fonds. Eine lukrative Investitionsmöglichkeit für Kunden, die eine hohe Steuerprogression aufweisen.

Nach unserer Einschätzung wird dieser Bereich weiter expandieren, zumal das Fördergebietsgesetz — zumindest im Wohnungsbereich — um vorerst zwei Jahre verlängert wird.“

„Werden Sie in Zukunft also auch Fonds im Wohnungsbereich anbieten?“

PRINZ ZU HOHENLOHE & BANGHARD: „Wir bieten nach wie vor Fonds im Rahmen des sozial geförderten Wohnungsbaus nach dem 1.Förderweg an. Der Anleger erhält 15 bis 25 Jahre lang eine garantierte Kostenmiete vom Land oder der Stadt und geht im Gegenzug dafür eine ebenso lange Bindung bei der Vermietung der Wohnung zu sehr geringen Anfangsmieten ab DM 6,50/qm ein. Durch die Abschreibung und die Förderung entsteht dennoch keine Unterdeckung, die Investition trägt sich allein durch die Steuerersparnis.

Daneben bieten wir den geförderten freifinanzierten Wohnungsbau nach dem 2. Förderweg an. Hier sind die Bindungsfristen der Förderung kürzer, die Anfangsmieten höher und die Antragsteller dürfen die Einkommensgrenze nach § 25 des zweiten Wohnungsbaugesetzes (DM 21.600,- pro Jahr für einen 1-Personenhaushalt) im

Land Brandenburg um bis zu 60 % übersteigen. Im Land Berlin ist sogar eine Überschreitung um bis zu 200 % möglich, d.h. ein 1-Personenhaushalt darf über ein Jahreseinkommen von DM 64.800 verfügen. Gefördert wird auch hier die Differenz zwischen der vom Wohnungsmieter zu zahlenden Miete und der Kostenmiete durch Aufwendungshilfen.

Auch Fonds im Rahmen der steuerlich geförderten Altbaumodernisierung werden wir weiterhin anbieten. Hier gibt es demnächst einige schöne Objekte in Berlin.

Wohnungen im ausschließich frei finanzierten Wohnungsbau haben wir bislang nicht angeboten."

„Warum haben Sie vor wenigen Jahren Ihre reine Vertriebsorientierung aufgegeben und sich in das risikoreichere Bauträgergeschäft begeben?"

PRINZ ZU HOHENLOHE & BANGHARD: „Bis 1989 waren wir eine reine Vertriebsgruppe und verkauften ausschließlich solche Objekte, die andere Initiatoren konzipierten.

Doch seit der Wiedervereinigung sind die Preise für Grundstücke speziell in Berlin stark gestiegen. Die Angebote von Bauträgern, die uns Objekte zum Vertrieb anboten, wurden zunehmend uninteressanter. Top-Immobilien wären für Anleger mit dem 20- bis 25-fachen der Jahresmiete zu teuer gewesen. Solche Objekte lassen sich nur über den Bankschalter vertreiben. Somit wurden erstklassige Lagen nur noch institutionellen Anlegern angeboten.

Und sogenannte Mega-Projekte mit 50.000 bis 100.000 qm Nutzfläche sind für uns und unsere Kunden nicht interessant. Nach unserer Einschätzung müssen sich sowohl die Kunden als auch die Mieter mit dem Objekt identifizieren können.

Daher entschlossen wir uns, selbst Grundstücke in erstklassigen innerstädtischen Lagen und guten Standorten zu erwerben, zu entwickeln und dann selbst zu vertreiben.

Unser erstes Objekt in Elsterwerda in der Nähe von Dresden mit einem Volumen von knapp 100 Mio.DM ist vorbildlich gelaufen. Mitte 1991 aufgelegt, innerhalb von 5 Monaten verkauft, läuft der Fonds erwartungsgemäß gut. Die prospektierte Ausschüttung für 1992 von 6 % vor Steuern konnte bereits vorzeitig ausgeschüttet werden. Die Mieter sind zufrieden und die Nachfrage nach dem Standort steigt, so daß wir das Projekt Elsterwerda II nachgelegt haben.

Dennoch ergeben sich mit der Bauträgerschaft zusätzliche Risiken. Die Entwicklungs- und Baukosten müssen abgesichert werden, die Vermietung garantiert werden, die Finanzierung gesichert sein. Aber die Anforderungen des Marktes haben sich hier geändert. Und wenn wir unseren Kunden weiterhin gute Standorte anbieten wollen, müssen wir diese Risiken eingehen."

„Apropos Risiken, was unterscheidet heutige geschlossene Immobilienfonds hauptsächlich von den altbekannten Bauherrenmodellen?"

PRINZ ZU HOHENLOHE & BANGHARD: „Das Konzept von Bauherrenmodellen ist ein ganz anderes. Bei Bauherrenmodellen ging es um einzelne Wohnungen als Teileigentum, die zumeist überteuert angeboten wurden, weil die Werbungskosten aufgesetzt und teilweise völlig überhöht waren. Erst durch hohe Werbungskosten wurden hohe Abschreibungen erzielt. Wenn die Finanzämter dabei nicht mit gemacht haben, ging das ganze Objekt baden.

Bei geschlossenen Immobilienfonds ist die Rechtskonstruktion anders. Der Anleger erhält zum einen eine per Gesetz garantierte Abschreibung, die Werbungskosten sind eingeschränkt und nur in einem festgelegten Maße abschreibungsfähig. Überhöhte Werbungskosten werden so vermieden.

Das zuständige Betriebsstättenfinanzamt, wo der Fonds angemeldet wird und das Objekt entsteht, prüft vor Ort die Konstruktion.

Außerdem erhält der Anleger eine Ausschüttung, die ihm entweder direkt zufließt oder zur Tilgung von Fremdmitteln genutzt wird.

Von daher ist die Sicherheit hinsichtlich der steuerlichen Konzeption gewährleistet. Des weiteren garantiert die Erfahrung eines Initiators und eine abgegebene Erstvermietungs- oder Mietgarantie die wirtschaftliche Konzeption.

Fazit: Der Anleger sollte darauf achten, daß er steuerlich sauber konzipierte Fonds von erfahrenen Anbietern mit einer langjährigen positiven Leistungsbilanz kauft. Denn auch in der jetzigen Blütezeit der geschlossenen Immobilienfonds gibt es leider wieder schwarze Schafe — sprich unseriöse Anbieter."

„An welchen Arten von geschlossenen Fonds können sich Anleger beteiligen?"

PRINZ ZU HOHENLOHE & BANGHARD: „Nach der Art des Fonds lassen sich reine Gewerbefonds von Fonds im Wohnungsbau und gemischten Fonds unterscheiden. In den neuen Bundesländern und Berlin waren bislang Gewerbefonds aufgrund der frei zu vereinbarenden Mieten und des großen Nachholbedarfs an Gewerbeflächen die gesuchte Kapitalanlage.

Nach der Art der Finanzierung lassen sich reine Eigenkapitalfonds von Mischfinanzierungen mit Eigen- und Fremdkapital unterscheiden. Bei reinen Eigenkapitalfonds wie unserem Gewerbefonds in Elsterwerda wird das gesamte Projekt nur durch Eigenkapital der Anleger finanziert. Die Ausschüttung von anfänglich 6 % fließt hier dem Anleger direkt zu. Ob der Anleger das Eigenkapital selbst finanziert, ist für die Fondsgesellschaft unerheblich.

Bei den gemischt finanzierten Fonds erfolgt eine Fremdkapitalaufnahme durch die Fondsgesellschaft, der Eigenkapitalanteil wird von den Anlegern geleistet. Ein Beispiel ist der Oderturm in Frankfurt/Oder mit einem Investitionsvolumen von 243 Mio. DM, der einen Fremdkapital- und einen Eigenkapitalanteil von jeweils 50 % hat.

Die Art der Finanzierung ist wichtig für die spätere Verwendung der Mieteinnahmen, ob sie ausgeschüttet werden können beziehungsweise für die Zins- und Tilgungszahlungen verwendet werden müssen.

Will man die verschiedenen Fondskonzeptionen jeweils auf ihre Zielgruppe hin untergliedern, sind zuerst *steuerorientierte* Fonds mit einer hohen Verlustzuweisungsquote, einem geringen Eigenkapitaleinsatz sowie relativ hohen Folgeverlusten zu nennen. Sie führen beim Anleger zu entsprechenden Steuerersparnissen. Kennzeichen von *ausschüttungsorientierten* Fonds sind hohe Barausschüttungen, die durch einen vergleichsweise niedrigen Fremdkapitaleinsatz erreichbar sind. Dafür sind die erzielbaren Steuervorteile geringer."

„Welche Kriterien sollten Anleger bei der Prüfung von geschlossenen Fondes besonders beachten?"

PRINZ ZU HOHENLOHE & BANGHARD: „Wichtig sind vorab besonders die Erfahrungen eines Fonds-Initiators. Ein Anleger sollte sich — falls vorhanden — eine Leistungsbilanz der letzten Jahre vorlegen lassen. Für das Objekt selbst ist das wichtigste Kriterium die Lage. Sie bestimmt entscheidend den Wert einer Immobilie.

Ein wichtiger Punkt ist die Vermietungssituation, insbesondere die Bonität der Mieter, die Laufzeit der Mietverträge, sowie natürlich die absolute Miethöhe. Der Anleger sollte darauf achten, ob und wie die Mietverträge indexiert sind, d.h. wie stark die Mieteinnahmen an die Entwicklung der Lebenshaltungskosten gebunden sind, damit ein Inflationsausgleich durch Mieterhöhungen gewährleistet ist. Erleichtert wird die Prüfung, wenn der Initiator eine Mietgarantie gibt. Wichtig ist auch eine Durchsicht der Prämissen der Modellrechnungen, die solchen Fondsprospekten regelmäßig beigefügt sind. Am besten läßt sich das Preis-Leistungsverhältnis durch den Faktor der Jahreskaltmiete (Kaufpreis/Jahreskaltmiete) ermitteln und beurteilen. Mehr als das 17,5-fache sollte nur in Ausnahmefällen und in exponierten Lagen akzeptiert werden.

Neben steuerlichen Aspekten sollten auch wirtschaftliche und rechtliche Aspekte unbedingt beachtet werden. Regel: Je mehr Eigenkapital notwendig ist, desto höher sollte die Ausschüttung sein. Bei 100% Eigenkapital wäre eine Anfangsausschüttung von 6 % wünschenswert.

Rechtliche Aspekte sind dann wichtig, wenn ein Fonds wider Erwarten nicht läuft: Besteht z.B. eine Nachschußpflicht, wenn der jetzige Mieter seine Miete nicht mehr zahlt und das Objekt nicht weitervermietet werden kann? Solche Regelungen sollten durch Klauseln auf eine dem Anteil entsprechende Haftung (Quotale Haftungsklausel) begrenzt werden."

„Geschlossene Immobilienfonds eignen sich besonders als Steuersparmodell. Läßt sich mit solch einem Anteil auch eine private Altersvorsorge in Form einer Immobilien-Rente gestalten?"

PRINZ ZU HOHENLOHE & BANGHARD: „Wie bereits angesprochen, unterscheiden wir Rendite-Objekte von Modernisierungsobjekten und Objekten im öffentlich geförderten Wohnungsbau. Insbesondere Renditefonds eignen sich hervorragend zur privaten Altervorsorge. Denn nach der Einzahlungsphase kommt der Anleger in den Genuß von Ausschüttungen. Und je höher die Eigenkapitalquote im Fonds, desto höher sind die folgenden Barausschüttungen. Damit kann sich jeder Anleger eine eigene Immobilienrente schaffen.

Auch Modernisierungsfonds sind für eine strategisch angelegte Altersvorsorge geeignet. Zwar sind die Einzahlungsphasen länger, dafür eignet sich ein Anleger aber nachhaltig Immobilieneigentum an. Und wird das sanierte Objekt später verkauft, verfügt der Anleger über Eigenkapital, das, je nach Steuersatz hauptsächlich oder ausschließlich aus Steuerersparnissen resultiert."

„Woran kann man Ihrer Einschätzung nach einen soliden geschlossenen Immobilienfonds erkennen?"

PRINZ ZU HOHENLOHE & BANGHARD: „An der Art der Kunden- und Objektbetreuung, dem Know-how des Initiators und der Kundenzufriedenheit. Denn mit einem geschlossenen Fonds wird den Kunden durch langjährige Erfahrung und sorgfältige Recherchen ein steuerliches und rechtliches Know-how angeboten. Dieses Know-how wird in einer *Leistungsbilanz* des Initiators dokumentiert.

Ein wichtiger Punkt ist die Beratung und laufende Betreuung der Kunden, also die Strukturierung des Vertriebs. Es kommt nicht auf den Verkauf an, sondern auf individuelle Lösungen, bei denen ein großer Teil der Investitionen durch Ersparnis von Einkommen-, Erbschafts- und Schenkungssteuer finanziert werden kann.

Wichtig ist darüber hinaus ein sorgfältiges Bau-, Vermietungs-und Verwaltungsmanagement durch den Initiator oder entsprechend qualifizierten Firmen. Ein Fonds sollte sorfältig und planmäßig durchgeführt werden. Auch die Betreuung der Objekte in den Jahren nach der Plazierung spricht Bände über die Qualität eines Fonds.

Die Kunden sollen das erhalten, was Ihnen zugesagt wird und was sie fairerweise erwarten können."

„Viele Anleger monieren die mangelnde Fungibilität der Anteile von geschlossenen Fonds, z.B. im Vergleich mit börsennotierten offenen Immobilienfonds. Welche Entwicklungen sind hier zu erwarten?"

PRINZ ZU HOHENLOHE & BANGHARD: „Dieser Einwand wird oft vorgebracht und ist oftmals — besonders bei kleinen Anbietern — berechtigt. Wir haben uns daher frühzeitig darum bemüht, eine Zweitverwertung der Anteile zu ermöglichen. Das gilt sowohl für eigene Objekte, als auch für Objekte, die wir für unsere langjährigen Partner vertrieben haben. Bislang konnten wir die Verkäufe von Beteiligungen unserer Kunden stets zu den Rückkaufswerten oder — gerade bei Sanierungsobjekten — zu höheren Werten im eigenen Kundenkreis plazieren. Wir werden auch weiterhin bemüht sein, die Fungibilität der Anteile im größtmöglichen Maße zu gewährleisten, immer unter der Prämisse, daß bislang kein Kunde einen Vermögensschaden erlitten hat und auch in Zukunft nicht erleiden soll."

„Hier sitzen Junior und Senior der Familie Banghard! Eine persönliche Frage zum Schluß: Wie wird sich die Unternehmensgruppe diesbezüglich entwickeln?"

Egon Banghard: „Ich setze schon seit einigen Jahren auf eine gesunde Altersstruktur in unserer Unternehmensgruppe. Wir haben bereits vor einigen Jahren damit begonnen, junge, dynamische Mitarbeiter zu integrieren, die heute schon einen Großteil der operativen Verantwortung tragen.

Des weiteren ist mein Sohn seit 1992 in die Geschäftsleitung verschiedener Unternehmen der Unternehmensgruppe eingetreten. Er hat dabei volles Mitspracherecht und ist gegenüber Prinz zu Hohenlohe und mir gleichberechtigt. Es wird also keinen formellen Übergang geben, denn es gibt schon heute eine partnerschaftliche Beziehung. Dadurch trägt die Jugend schon frühzeitig Verantwortung und behauptet sich neben der Erfahrung der ‚alten Hasen'. Diese Philosophie wird auch in der Zukunft beibehalten."

Alliance Fund Distributors Inc.

Manfred Eilers,
Director of Marketing:

„Globale Ausrichtung, optimaler internationaler Informationsfluß, intensive persönliche Betreuung des Kunden — das sind unsere Eckdaten."

Alliance Capital, mit einem verwalteten Vermögen von über 110 Mrd. US-$ eine der größten börsennotierten amerikanischen Investmentgesellschaften, hat in den vergangenen Jahren sein Engagement im europäischen Raum enorm ausgeweitet. Seit 1989 ist Alliance auch in Deutschland mit eigenen Fonds vertreten. Sitz der deutschen Repräsentanz ist „Schloß Elbroich" in Düsseldorf. Gesprächspartner von uns ist Manfred Eilers, Director of Marketing bei Alliance Capital und zuständig für den Vertrieb der Alliance-Angebotspalette in Europa. Herr Eilers empfängt uns in einem Flügel des idyllisch gelegenen Gebäudekomplexes. Das über 800 Jahre alte Schloß beheimatet heute das Management Center Elbroich. „Hier agieren mehrere Dienstleistungsunternehmen unterschiedlichster Ausprägungen und der Kontakt untereinander wird hier groß geschrieben", berichtet Manfred Eilers während einer kurzen Besichtigungstour vor dem eigentlichen Interview. Der kleine Rundgang endet im Büro von Herrn Eilers. Typisch amerikanisch: die Nationalflagge „Stars and Stripes" und Bilder der Geschäftsführung der Gesellschaft an der seitlichen Wand neben dem Schreibtisch. Neben diesem Büro in Düsseldorf hat er noch einen Schreibtisch in der Hauptverwaltung der Alliance Capital in New York. Trotz zweier Schreibtische ist er die meiste Zeit auf Achse, genauer gesagt im Flugzeug. Noch während des Gespräches werden telefonisch Vorbereitungen für ein am nächsten Tag geplantes Meeting in Luxemburg getroffen.

„Herr Eilers, Alliance Capital ist eine der ganz großen Investment-Beratungs-Gesellschaften in den USA. In vielen Broschüren wird immer wieder der Begriff vom ‚Invisible Giant‘ also vom ‚Unsichtbaren Riesen‘ geprägt. Das war sicherlich nicht von Beginn so. Wie wurde Alliance zum Riesen?“

Manfred R. Eilers: „Alliance Capital wurde 1962 zunächst als eine Abteilung für Investmentmanagement von Donaldson, Lufkin and Jenrette (DLJ) in New York gegründet. DLJ ist eines der größten Wertpapierhäuser in den USA. Diese Abteilung wurde 1971 unter dem heute noch geltenden Firmennamen Alliance Capital als 100% Tochter von DLJ ausgegliedert. Schon in dieser Zeit stand die Vermögensverwaltung institutioneller Anleger im Mittelpunkt der Aktivitäten. Ende der 70er Jahre legte Alliance Capital die ersten Investmentfonds auf. Als erste Investmentgesellschaft startete Alliance 1978 den Vertrieb von Geldmarktfonds in den USA. Ein weiterer Meilenstein in unserer Geschichte war 1985 der Verkauf von Alliance Capital an die Equitable Life Assurance Society. Equitable Life brachte Alliance 1988 an die Börse, blieb jedoch weiterhin Hauptgesellschafter.

Heute (1993) sieht die Aktionärsstruktur von Alliance Capital wie folgt aus: 63% des Aktienkapitals wird von Equitable Life, 12% von leitenden Angestellten und 25% von anderen, freien Aktionären gehalten. Seit 1983 hat Alliance einen rasanten Anstieg des verwalteten Vermögens zu verzeichnen. Einem Volumen von 20 Mrd. US-$ in 1983 steht heute ein Vermögen von mehr als 110 Mrd. US-$ gegenüber. Und das verwaltete Vermögen steigt ständig weiter. Der Schwerpunkt mit einem Anteil von 2/3 liegt auf dem Vermögen, das für institutionelle Anleger verwaltet wird. Gut 1/3 macht das verwaltete Fondsvermögen von privaten Anlegern aus. In den USA verwaltet Alliance die Pensionskassen von 26 der 100 größten Unternehmen. Darunter sind Unternehmen wie Coca-Cola, Ford, General Motors, IBM, Philip Morris und Xerox. Die Aktivitäten von Alliance gingen schon früh über die Grenzen des US-amerikanischen Marktes hinaus. Die globale Ausrichtung unseres Unternehmens zeigt sich insbesondere an der Vertretung unseres Hauses an allen Märkten der Welt: Australien, Japan, Taiwan und Europa.“

„Das Stichwort Europäisierung ist derzeit in aller Munde. Warum kommt Alliance Capital als amerikanisches Unternehmen gerade jetzt nach Europa?“

Manfred R. Eilers: „Das schon immer vorhandene Interesse für den europäischen Investmentmarkt wurde bei Alliance durch die Beteiligung der französischen AXA-Gruppe bei unserem Hauptaktionär Equitable Life verstärkt. Der französische Versicherungskonzern übernahm 1992 einen Anteil von 49% des Aktienkapitals der Equitable Life. In Richtung Europa taten sich Alliance dadurch natürlich neue Perspektiven und Möglichkeiten auf.“

Abb.: Entwicklung des weltweit verwalteten Vermögens von Alliance Capital

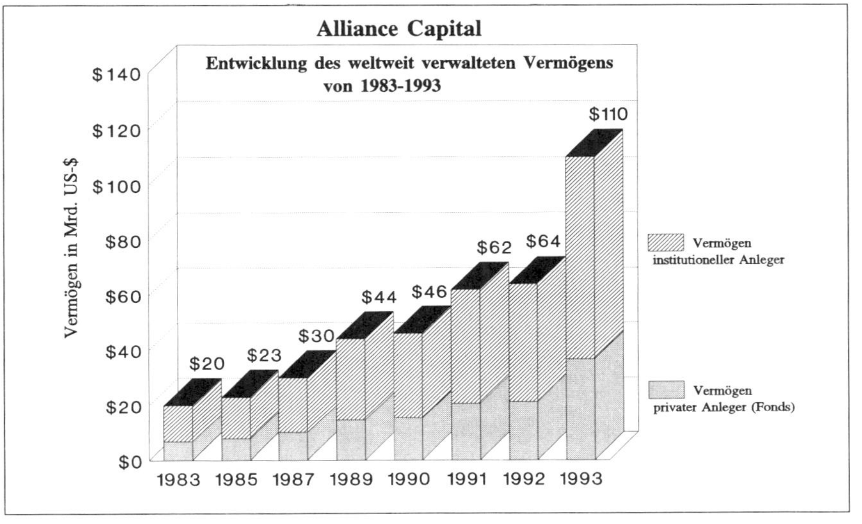

Quelle: Eigene Erstellung nach Daten von Alliance Capital.

„Die europäischen Aktivitäten von Alliance Capital konzentrieren sich insbesondere auf den deutschen Markt. Was macht gerade Deutschland als Investmentmarkt für Alliance so interessant?“

Manfred R. Eilers: „Ähnlich wie in Japan existiert in Deutschland ein sehr hohes Sparaufkommen. Im internationalen Vergleich ist das Investmentfondsvermögen pro Einwohner jedoch noch sehr gering. Die Anleger werden immer kritischer und verlangen für ihr Erspartes eine angemessene Verzinsung. Dies ist, wie es sich in den letzten Jahren gezeigt hat, auf dem in Deutschland so beliebten Sparkonto mit durchschnittlich 2,5 % Verzinsung p.a. nicht zu realisieren. Entsprechend der Mentalität des Deutschen werden in Zukunft Anlagealternativen gesucht, die sicher sind und kein hohes Risiko bergen, aber eine höhere Verzinsung versprechen. Diese Alternative ist und wird in Zukunft verstärkt die Anlage in Investmentfonds sein. Wir sehen daher in Deutschland ein großes Potential für Investmentfonds. Wir sehen auch eine fehlende Produktvielfalt auf diesem Sektor. In Deutschland werden zur Zeit noch 65% des gesamten Investmentfondsvermögens in Rentenfonds angelegt. Unsere Stärke ist die globale Ausrichtung unserer Aktivitäten. Die Internationalität spiegelt sich auch in den von uns angebotenen Fonds wider und ist deshalb so interessant für den deutschen Anleger, da vergleichbare Produkte so auf dem deutschen Markt noch gar nicht oder nur sehr rudimentär existieren.“

„Was bedeutet für Alliance die Headline ‚Investment Service International' und wie kann der deutsche Anleger davon profitieren?"

Manfred R. Eilers: „‚Investment Service International' bedeutet für uns zum einen die weltweite Vertretung unseres Unternehmens sowohl für institutionelle als auch private Anleger. Zum anderen charakterisiert diese Überschrift die global ausgerichtete Anlagestrategie von Alliance. International beziehungsweise weltweit ausgerichtete Anlage bedeutet entsprechend auch internationale Informationsbeschaffung und -verarbeitung. Gerade bei der Vermögensverwaltung für institutionelle Anleger unterliegen wir einem starken Wettbewerb. Nur eine gute Performance garantiert das Verbleiben des Vermögens zur Verwaltung in unserem Hause, und eine gute Performance kann nur durch einen optimalen internationalen Informationsfluß erreicht werden. Durch die weltweite Präsenz an allen wichtigen Märkten haben wir die notwendigen Informationsquellen, und durch eine weltweite Vernetzung unserer Mitarbeiter erreichen wir den notwendigen Informationsaustausch, um eine gute Performance zu realisieren. Der private Anleger profitiert von diesen Anstrengungen mindestens in gleichem Maße wie der Institutionelle. Dem deutschen Anleger bietet sich durch uns die Möglichkeit, sein Geld einem Management anzuvertrauen, das international erfahren und immer auf dem neuesten Informationsstand ist.

Eine Anlage in unsere Fonds ist für deutsche Anleger zwar mit einem Währungsrisiko verbunden (alle Fonds von Alliance lauten auf US-$), doch spricht das 20-Jahres-Ergebnis des Alliance-Quasar-Fonds für sich: Trotz der starken Abwertung des US-$ gegenüber der DM in den letzten Jahren hat der Fonds mit einer Wertsteigerung von über 1.300 Prozent innerhalb der letzten 20 Jahre vergleichbare Fonds weit hinter sich gelassen. Das ist nicht zuletzt ein Erfolg unserer globalen Managements."

„Der Vertriebsweg über deutsche Banken oder Sparkassen fehlt zur Zeit noch. Sind Ihre Bemühungen, Marktanteile in Deutschland zu gewinnen, deshalb nicht besonders schwer?"

Manfred R. Eilers: „Es ist richtig, daß uns der Vertriebsweg über die heimischen Banken im wesentlichen noch verschlossen ist. Bedeutender Ansprechpartner für Fonds aus dem Alliance Programm ist in Deutschland die Merrill Lynch Bank. Sie hat fünf Niederlassungen in Deutschland: Berlin, Düsseldorf, Frankfurt, Hamburg und München. Am Anfang unserer Deutschland-Aktivitäten gab es auch Sondierungsgespräche mit deutschen Banken, mit denen wir in den USA zusammenarbeiten. Allerdings wurden diese Gespräche von den Banken nach monatelangen Verhandlungen ergebnislos abgebrochen. Daß Merrill Lynch, die weltgrößte Investmentbank, unsere Produkte neben ihren eigenen Investmentfonds vertreibt, ist unserer Meinung nach ein Qualitätsbeweis. Unsere Fonds sind Spezialprodukte. Sie haben bestimmte Anlageschwerpunkte, globale Managementstrategien und sind daher erklärungsbedürftig. Die Mitarbeiter von Merrill Lynch haben das Know-how, unsere Kunden gut zu beraten. Daß ein Fonds auch ohne flächendeckende Vertriebsnetze erfolgreich sein kann, zeigt der von uns Anfang Juni aufgelegte American-Income-Portfolio Fund: Innerhalb der ersten vier Wochen wurde ohne Werbemaßnahmen ein Volumen von 70 Mio US-$ erreicht. Neben dem Vertrieb durch Merrill Lynch ist für die Zukunft ein sogenannter Fachmarktvertrieb geplant. Dieser Fachmarkt wird ein Allfinanzwarenhaus sein, in dem neben unseren Fonds auch andere Finanzdienstleistungen, wie zum Beispiel Versicherungen und Bausparverträge des gehobenen Niveaus, angeboten werden. Diese Fondsboutiquen wird es in allen größeren deutschen Städten geben. Außerdem wird die Zusammenarbeit mit anderen europäischen Banken, Versicherungen und ausgewählten Vertriebspartnern in den nächsten Jahren intensiviert."

„Welche Fondspalette hat Alliance dem deutschen Anleger anzubieten?"

Manfred R. Eilers: „Alliance hat in Deutschland bislang vier Fonds registrieren lassen:

— der Klassiker in unserer Angebotspalette ist der Alliance-Quasar-Fund; ein Small-Cap-Fonds, das heißt, er investiert ausschließlich in kleine US-Aktiengesellschaften, die ein extremes Wachstum aufweisen. Mithin auch in Firmen, die eine überdurchschnittliche Gewinndynamik aufweisen, die bislang am Markt aber noch nicht erkannt worden sind;
— der International-Health-Care-Fund, ein Spezialitätenfonds, der international in Unternehmen des Gesundheitswesens investiert; insbesondere der Bereich der US-Biotechaktien brachte in den letzten zwei Jahren eine erfreuliche Performance;
— der Global-Growth-Trends-Portfolio hat die Struktur eines Umbrellafonds mit diversen Subfonds und investiert weltweit in unterschiedliche Industriezweige mit großen Wachstumschancen;
— der Developing-Regional-Markets-Portfolio ist bezüglich seiner Anlagestrategie länderorientiert und investiert in Ländern, meist Schwellenländern, mit einem hohen Wachstumspotential, wie zum Beispiel Mexiko, Hong Kong, Singapore, Korea.

Darüber hinaus wurde jetzt die Registrierung für folgende neu aufgelegte Alliance-Funds beantragt:

— der American-Income-Portfolio-Fund ist der jüngste Fonds und investiert ausschließlich in amerikanische Bonds; Spezialität dieses Fonds ist die monatliche Ausschüttung;
— der American-Fund; er strebt langfristiges Wachstum durch Investitionen in die größten amerikanischen Unternehmen (sog. *blue chips*) an."

„In welche Aktien investiert der Alliance-Quasar?“

Manfred R. Eilers: „Dieser Fonds investiert in stark expandierende Aktiengesellschaften mit einem Eigenkapital von bis zu 50 Mio.US-Dollar. Sehr selten kaufen wir Aktien großer Firmen. Wir haben eine breite Interpretation des Begriffs ‚Wachstum‘, und zwar hinsichtlich des Gewinns und des bisher unerkannten Substanzwertes einer Aktie. Im wesentlichen suchen die Fondsmanager des Quasar nach Branchen und Sektoren, deren Aktien wegen ihres Ertrags oder ihrer Bewertung erheblich interessanter erscheinen als der allgemeine Markt. Je langfristiger und je breiter, um so attraktiver für den Quasar.

Daß diese Strategie richtig ist, zeigt sich nicht nur daran, daß *Small Caps* historisch gesehen besser abgeschnitten haben als der Standard & Poors-Index 100. Allerdings unterlag diese Entwicklung stärkeren Schwankungen als die großer und etablierterGesellschaften. Das bedeutet, daß der Quasar-Fonds etwas volatiler, das heißt schwankungsfreudiger ist. Dennoch haben die Small Caps in den vergangenen 50 Jahren im Schnitt mehr als zwölf Prozent Wertzuwachs p.a. geschafft. Die bekannten, großen Gesellschaften ‚performten‘ mit neun Prozent, Festzinsanleihen mit nur sechs Prozent.

Von daher eignet sich insbesondere der Alliance-Quasar als Beimischung für ca. 10 bis 20 % des Depotvolumens. Wir glauben, dieser Wachstumsfonds ist aufgrund seiner Gewinnchancen sein Risiko wert. „

„Es ist zu erkennen, daß alle Fonds amerikanisch ausgerichtet sind, das heißt, sie lauten auf US-$ und investieren überwiegend in Ländern des amerikanischen Kontinents. Meinen Sie, daß Sie langfristig mit dieser Produktausrichtung in Deutschland erfolgreich sein werden?“

Manfred R. Eilers: „Wir wissen, daß die bisherige Angebotspalette aus Sicht deutscher Anleger Nischenprodukte sind. Es entspricht nicht der Mentalität des deutschen Anlegers, auf Fremdwährung lautende Fonds zu erwerben und damit ein Währungsrisiko einzugehen. Allerdings glauben wir, daß unsere Fonds eine ausgezeichnete Möglichkeit zur Diversifikation außerhalb des deutschen Marktes bieten. Wir müssen trotzdem mittelfristig in der Lage sein, dem europäischen Anleger auch europäisch ausgerichtete Fonds anbieten zu können, das heißt, daß wenigstens auf DM lautende Fonds in unserem Sortiment zu finden sein werden. Ob wir die Anlageschwerpunkte auch entsprechend modifizieren, bleibt vorerst noch abzuwarten.“

„Wie kann ich als deutscher Sparer Alliance Fonds erwerben?“

Manfred R. Eilers: „Da gibt es grundstäzlich mehrere Möglichkeiten. Wie bereits erwähnt, arbeiten wir mit dem Wertpapierhaus Merrill Lynch zusammen. In den Filialen von Merrill Lynch können Sie sich vor dem Erwerb von Alliance-Fonds-

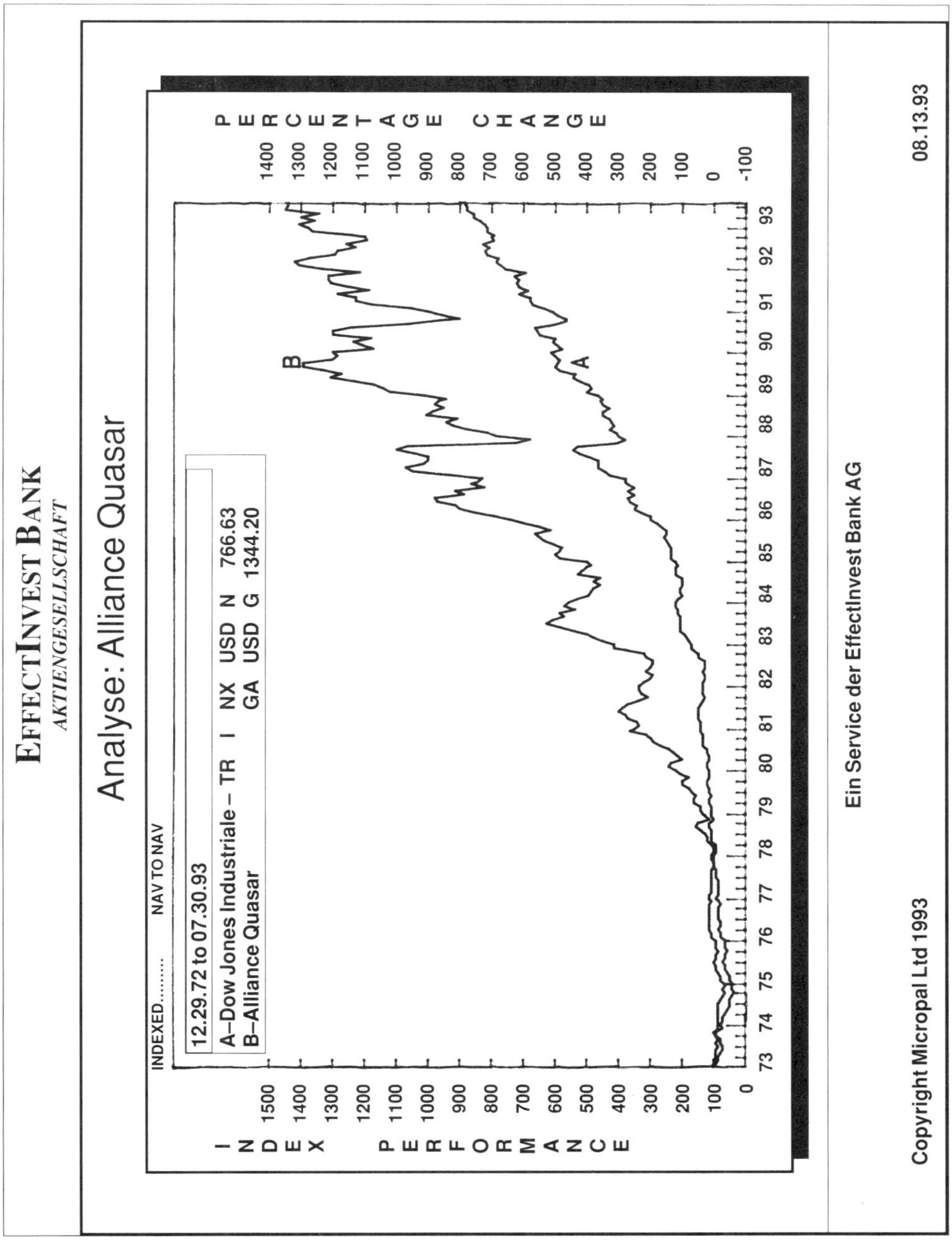
EFFECTINVEST BANK
AKTIENGESELLSCHAFT
Analyse: Alliance Quasar
INDEXED........ NAV TO NAV
12.29.72 to 07.30.93
A–Dow Jones Industriale – TR I NX USD N 766.63
B–Alliance Quasar GA USD G 1344.20
INDEX PERFORMANCE
PERCENTAGE CHANGE
B
A
73 74 75 76 77 78 79 80 81 82 83 84 85 86 87 88 89 90 91 92 93
Ein Service der EffectInvest Bank AG
Copyright Micropal Ltd 1993
08.13.93

Anteilen umfassend beraten lassen. Bei Merrill Lynch besteht allerdings eine Mindestanlage von 100.000 DM. Entschließen Sie sich, Fondsanteile zu erwerben, wird für Sie ein Konto bei Alliance eröffnet und die erworbenen Anteile Ihrem Konto gutgeschrieben. Die Beratung endet jedoch nicht mit dem Kauf der Anteile. Eigentlich beginnt Sie dann erst richtig, denn Sie haben jederzeit die Möglichkeit, zwischen den erworbenen Fonds und anderen Fonds unseres Hauses gebührenfrei zu wechseln (switchen). Empfehlungen zum Wechseln und natürlich Informationen über die Entwicklung der von Ihnen gehaltenen Fonds werden Ihnen in regelmäßigen Abständen zur Verfügung gestellt.

Und in Düsseldorf haben wir ein Repräsentationsbüro, das den Verkauf von Alliance Fonds durch unsere ausgewählten Vertriebspartner unterstützt. Hier sind Anleger bei Einmalzahlungen bereits ab 1.000 US-$, bei Einzahlplänen ab 200 US-$ dabei. Die Zahlstelle, über die sämtliche Einzahlungen abgewickelt werden, ist die BHF-Bank."

„Und welche Kosten habe ich zu erwarten?"

Manfred R. Eilers: „In unserem Haus gibt es bezüglich der Kosten drei verschiedene Modelle, die durch drei verschiedene Anteilsarten (Shares) repräsentiert werden. Es gibt A-Shares, B-Shares und neuerdings auch C-Shares.

Die A-Shares entsprechen den deutschen Investmentanteilen. Bei ihnen wird ein Ausgabeaufschlag beim Kauf erhoben, der auch in der Höhe dem der deutschen Fonds entspricht. Bei B-Shares wird lediglich bei der Rückgabe der Anteile innerhalb von vier Jahren nach dem Kauf ein Rücknahmeabschlag erhoben. Er variiert je nach Haltedauer zwischen 1% und 4%. Dieser Rücknahmeabschlag entspricht einem Prozentsatz des ursprünglichen Kaufpreises der zurückgenommenen Anteile. Es wird also keine Gebühr auf den Zuwachs des Inventarwertes über den ursprünglichen Kaufpreis erhoben. Hält der Anleger die Anteile länger als vier Jahre, dann fallen keine Gebühren an. Außerdem bleiben bei der Berechnung der Gebühren solche Anteile der Klasse B unberücksichtigt, die der Kunde aus der Wiederanlage von Dividenden oder ausgezahlten Kapitalgewinnen erhalten hat — also eine Art Wiederanlagerabatt. Schließlich sind noch die C-Shares zu nennen, bei denen weder beim Erwerb noch bei der Rückgabe Gebühren anfallen. — Andere Kosten wie laufende Depotgebühren etc. fallen für den Anleger nicht an."

„Das A & O für die Anlageentscheidung ist das Research einer Investmentgesellschaft. Wer betreibt das Research, und wer trifft die Entscheidungen in Ihrem Haus?"

Manfred R. Eilers: „Die Informationsbeschaffung erfolgt am Ort des Geschehens, also in den jeweiligen Ländern durch unsere eigenen Mitarbeiter oder Kooperationspartner vor Ort. Unsere Devise lautet hier: ‚think global, act local', also ‚Global denken, regional handeln'. Die Informationen werden unseren Portfoliomanagern in den USA dann zur Verfügung gestellt. Für jeden Fonds gibt es mehrere Portfoliomanager, die jeweils für ein Sub-Portfolio verantwortlich zeichnen. Nehmen wir zum Beispiel den Global-Growth-Trends-Portfolio, der in verschiedene Industriezweige investiert. Jeder dieser Zweige stellt ein Sub-Portfolio dar und wird von einem eigenen Portfoliomanager verwaltet. Jeder Portfoliomanager wertet die ihm zur Verfügung gestellten Informationen selbständig aus und trifft dann auch selbst die Anlageentscheidungen für sein Sub-Portfolio. Research, deren Auswertung und die Anlageentscheidung selbst liegen also in einer Hand. Jeder Manager wird dann an seinem Anlageerfolg gemessen. Der Research-Director von Alliance entscheidet neben markttechnischen Gegebenheiten auch anhand der Performance des einzelnen Managers über die Verteilung der Gesamtmittel an die einzelnen Sub-Portfolios. Erwirtschaftet ein Manager eine schlechte Performance, so muß er damit rechnen, daß Mittel von seinem Sub-Portfolio zugunsten eines besseren Managers abgezogen werden."

„Welchen Märkten geben Sie auf ein Jahr gesehen die besten Chancen für einen kräftigen Aufschwung, und welchen Alliance Fonds sollte man Ihrer Empfehlung nach haben?"

Manfred R. Eilers: „Es wird in der nächsten Zeit eine Marktverschiebung zugunsten der sogenannten Schwellenländer geben. Die Industrieländer leiden unter der Zunahme der älteren Bevölkerungsgruppen, dem Konsumrückgang, der geringen Steigerung des Bruttosozialproduktes und den niedrigen Zinssätzen für Spareinlagen. Länder wie Argentinien, Brasilien, Chile, Mexiko und Venezuela auf dem amerikanischen Kontinent und Hong Kong, Indonesien, Korea, den Phillipinen, Singapur und Thailand aus dem asiatischen Raum haben ein großes Wachstumspotential. Dieses gilt es zu erkennen und zu nutzen. Sinkende Zinsen und die wirtschaftliche Erholung werden auch im nächsten Jahr für eine höhere Bewertung der Aktien sorgen. Für progressive Anleger kann ich hier den Alliance Developing Regional Markets Portfolio empfehlen, der sich genau in diesen Ländern frühzeitig positioniert hat und gut investiert ist."

„Was bedeutet dies für die Aktien kleinerer Gesellschaften?"

Manfred R. Eilers: „Nachdem diese Aktien seit mehreren Jahren unterbewertet waren, glauben wir, daß sie sich am besten entwickeln werden. Ansätze dazu sind seit geraumer Zeit sichtbar. Die Furcht vor dem finanziellen und wirtschaftlichen Kollaps weicht wachsendem Optimismus und der Überzeugung, daß die Wirtschaft ihre Schwierigkeiten schnell überwinden wird.

Wir haben daher Werte aus den Bereichen Technologie, Gesundheitsvorsorge sowie — sehr selektiert — Banken und Versicherungen bevorzugt und werden nur bedingt in Rohstoff- und Versorgungswerte sowie in den Energiesektor investieren."

„Was machen die Luxemburg-Aktivitäten von Alliance?"

Manfred R. Eilers: „Luxemburg wird zum zentralen Stützpunkt für die europäischen Aktivitäten von Alliance ausgebaut. Schon jetzt werden sämtliche europäischen Kundenkonten in Luxemburg verwaltet. Im August diesen Jahres eröffnet dort ein erstes Service-Center von Alliance. In den USA bieten wir Anlegern kleinerer Beträge bereits Geldmarktfonds auf Kontenbasis an. Diese Fondskonten werden wie Sparkonten geführt. Ein- und Auszahlungen können jederzeit per Telefon veranlaßt werden. In den USA führen wir ca. 1,6 Mio. Konten dieser Art für unsere Kunden. Auch in Europa wird dies in naher Zukunft möglich sein. Ein erster Schritt in Richtung der Realisierung dieses Vorhaben ist die Eröffnung unseres Service-Centers in Luxemburg."

Pioneer Fonds Marketing GmbH

Jürgen Luka,
Geschäftsführer:

„Ein gut geführter internationaler Aktienfonds schlägt auf lange Sicht alle anderen Anlageformen."

Seit 65 Jahren ist die US-amerikanische Pioneer Gruppe mit ihren Investmentfonds erfolgreich am Markt vertreten. Deutsche Anleger können seit 1967 an den Pioneer-Anlagestrategien partizipieren.

Als einer der ersten verkaufte Jürgen Luka, heute Chef des Pioneer-Vertriebs in Europa, Pioneer-Fonds — und ist bis heute damit unangefochten mit an der Spitze. Von Hause aus selbst in einer Bank ausgebildet, arbeitete er — noch vor der Fusion mit der Schröder- und Hengst-Bank — lange Zeit bei der Münchmeyer Bank — etwa zur gleichen Zeit, als die IOS-Fonds auf den Markt kamen. Schon damals machte er sich Gedanken darüber, welche Fonds man Anlegern guten Gewissens anbieten kann. Seine damalige Entscheidung hat bis heute Bestand. Pioneer-Fonds stehen in der Performance-Liste stets mit ganz oben. Wir besuchten Jürgen Luka in seiner Vertriebs-Zentrale in Hamburg, von wo aus er mit seinen Mitarbeitern die Europa-Kampagne von Pioneer steuert.

„Herr Luka, warum haben Sie sich damals wie heute ausgerechnet für Pioneer-Fonds entschieden?"

Jürgen Luka: „Ich habe schon damals bei der Münchmeyer Bank mehr als 350 US-amerikanische Fonds in den USA zum Teil vor Ort und vorher hier in Deutschland analysiert, um herauszufinden, welcher der beste ist. Das ist eine schwierige Methode. Ich habe mir damals acht verschiedene Aufwärts- und acht Abwärtsphasen ausgesucht, die jeweils länger als 6 Wochen anhielten. Wir haben die Entwicklung der Fonds bewertet und den Fonds entsprechend Noten verteilt.

Schon zu diesem Zeitpunkt habe ich herausgefunden, daß Pioneer in den Abwärtsphasen stets absolute Spitze war und in den Aufwärtstrends immer im oberen Drittel lag. Das war von der Idee her auch für unsere Privatbank das Ideale, denn wir brauchten keinen GO-GO-Fonds mit 100% plus in einem Jahr, wir brauchten einen Fonds, bei dem man sicher sein kann, daß es sich um einen soliden Fonds handelt, der besonders in der Phase des Abschwungs gut läuft. Daher wählten wir die Pioneer-Gruppe und noch eine zweite Gruppe und verkauften recht gut. Dann kam die Fusion von Schröder, Münchmeyer und Hengst, die dazu führte, daß man keine kleinen Geschäfte mehr haben wollte, und es war gerade die Zeit (1971), als infolge der IOS-Krise überhaupt kein Geschäft mehr lief. Ich bin dann zum Deutschen Ring gegangen und baute eigene Fonds für den Ring auf, habe aber immer als Repräsentant für die Pioneer-Fonds weitergearbeitet."

„Pioneer hat mit einer Reihe bestimmter Fonds eine Offensive auf den deutschen Investmentmarkt gestartet. Wie sehen Sie, Herr Luka, die weitere Entwicklung der Fondsidee in Deutschland?"

Jürgen Luka: „Ich glaube, daß das Investmentgeschäft auch in Deutschland kommen wird. Und dies aus zwei Gründen: zum einen, weil die Banken aus Kostengründen zukünftig nicht in der Lage sein werden, kleine Beträge zu verwalten. Auch Vermögensverwalter werden irgendwann gezwungen sein, nur noch große Beträge zu betreuen. Sie können nicht eine Masse von Kunden bearbeiten. Und zum anderen, weil Sie Qualität, sprich gute Performance, nur dann bieten können, wenn Sie sich um die Dinge kümmern. Und Sie können sich nur dann kümmern, wenn Sie ausreichend Zeit dazu haben.

Daher sind Fonds dafür genau die richtige Anlageform. Ich glaube, daß Fonds zum Beispiel in Form von Sparplänen immer weiter um sich greifen werden. Lebensversicherungen sind eine sehr schöne Sache, aber im Langfristvergleich ist die Rendite nicht hoch genug."

„Was halten Sie von der fondsgebundenen Lebensversicherung?"

Jürgen Luka: „Ich finde die fondsgebundene Lebensversicherung eine gute Idee. Wir planen, hoffentlich noch in diesem Jahr — zusammen mit einer großen Versicherungsgruppe — eine eigene Fondspolice aufzulegen."

„Ist die Investmentidee in den USA und anderen europäischen Ländern weiter verbreitet als in Deutschland ?

Jürgen Luka: „Zumindest in den USA ist die Investmentidee wirklich weiter verbreitet. Die Kostenentwicklung im Investmentsektor ist ähnlich wie bei uns, genauso wie die Erfahrung, daß man alleine nicht viel erreichen kann, sondern nur in der Gemeinschaft. Es gibt in den Staaten viele Aktionäre, aber mehr und mehr gehen in die Fonds. Die Anlageberater in den USA sind sehr viel aggressiver, weil sie an der Provision verdienen, sie haben kein oder nur wenig Gehalt. Die Masse der amerikanischen Investmentanleger fängt mit Fonds an, wenn Sie wenig Geld zur Verfügung haben. Sie beginnen mit Sparverträgen. Die soziale Sicherheit drüben wird ganz klein geschrieben, die Menschen dort müssen sich selbst absichern. In den Staaten gibt es zwar in jeder Firma einige wenige Mitarbeiter, die nichts mehr tun müssen, da sie in den obersten Etagen sitzen, gutes Geld bekommen und Firmenaktien besitzen. Da sich die Mehrzahl jedoch selbst absichern muß, gab es in den USA schon sehr früh die Gesetze, daß man in Aktienfonds anlegen und damit steuerliche Vorteile nutzen kann. Es gibt eine Art Vermögensbildungsgesetz, das den Amerikanern erlaubt, 2.000 US-$ im Jahr anzulegen. Die Erträge sind steuerfrei. Das ist gerade im Fondsbereich sehr viel gemacht worden. Die Anleger sehen, daß Fonds, wie zum Beispiel der Pioneer Fund, eine sehr gute Performance erzielen. Und wenn wir die Ergebnisse amerikanischer Fonds betrachten und mit den deutschen Fonds vergleichen, muß man zugestehen, daß die US-Fonds besser arbeiten. Das liegt zum Beispiel auch am Fondsmanagement. Vielleicht haben die Amerikaner in diesem Bereich einfach besser ausgebildete Leute."

„Sie entschieden sich also für Pioneer, weil Pioneer-Fonds langfristig die beste Performance boten?"

Jürgen Luka: „Wir haben uns damals für Pioneer entschieden, weil wir uns ganz sicher waren (und nach wie vor sind), daß das Management das richtige ist. Pioneer ist eine durchweg langfristig orientierte Firma. Man bedenke allein folgendes: Pioneer wurde 1928 gegründet — seit diesem Zeitpunkt gab es nur zwei Präsidenten! Das Firmenmanagement ist also ausgesprochen konservativ. Der augenblickliche Präsident ist Anwalt. Alle Pioneer-Fonds sind ursprünglich aus dem Anwaltsgeschäft entstanden, denn in den USA sind Anwälte wesentlich stärker als Vermögensverwalter oder Treuhänder tätig als in Europa.

An der Spitze von Pioneer steht die Pioneer Group, darunter gibt es die Pioneering Management Corporation. Sie ist verantwortlich für das Fondsmanagement. Dann folgt die Pioneer Funds Distributor, verantwortlich für den Vertrieb der Fonds. Die Pioneer Group selbst ist Eigner einer Goldmine in Ghana, die im Moment zirka 50% des Ertrages der Gruppe einbringt. Die Mine ist sehr ertragsreich und soll darum noch ausgebaut werden.

Wir haben in Polen den ersten polnischen Investment-Fonds aufgelegt, der nur an Polen und in Polen verkauft wird. Unterstützt wird der Fonds durch eine 50%ige

Joint-Venture mit der größten polnischen Bank. Im Moment bekommen wir für diesen Fonds 750 bis 1000 Anträge pro Tag. Die Nachfrage nach diesem Fonds ist wirklich sehr gut. Aber hier handelt es sich um eine Sondersituation.

Als Polen Republik wurde, haben die Banken eine Aktion gestartet und kurzfristige Staatsanleihen verkauft, die im Moment auslaufen. Die Anleger sind alle sehr hinter unserem Fonds her. Von diesen Fondsgeldern dürfen wir 10% des Volumens in Aktien aus dem Ausland anlegen. Dann sind wir gerade dabei, in Indien einen Fonds aufzulegen, in Taiwan haben wir bereits Fonds herausgebracht. — Zur weiteren Entwicklung: Wir werden sicherlich in diesem Jahr in andere Länder expandieren. Im Augenblick werden wir von guten Unternehmen in Österreich und der Schweiz vertreten. Dänemark, Schweden und Finnland werden bald nachfolgen."

„Ausländische Fonds haben keinen leichten Stand in Deutschland. Vor allem US-Fonds, von deren Entwicklung deutsche Anleger wegen der Währungsverluste in der Vergangenheit oft enttäuscht worden sind. Weshalb ist Pioneer dennoch an den deutschen Markt gegangen?"

Jürgen Luka: „Es waren quasi die Veränderungen des Marktes. Während der 80-iger Jahre habe ich Pioneer-Fonds nur nebenbei vertreten. Die Arbeit bestand zumeist in der Information des Aufsichtsamtes und in der Erstellung von Jahresberichten. Der Vertrieb ging erst richtig 1985 los. Während ich noch Vorstand der Bausparkasse des Deutschen Rings war, erhöhte sich die Zahl der Kunden pro Jahr schlagartig, und ich entschied mich, Pioneer nunmehr hauptberuflich zu vertreten. Bis heute haben wir ein gutes Image für Pioneer aufgebaut und sind mit Sicherheit die Nummer eins im Service. Bei uns erhalten die Anleger ihr Geld innerhalb weniger Tage in DM aufs Konto, wir wechseln die DM zu besonders günstigen Kursen (nur 0,15 % Gebühren) — auch bei niedrigen Summen. Davon profitieren in erster Linie die Anleger kleinerer Summen und von Sparplänen.

Wir bieten Informationsmaterial aus Amerika in deutscher Sprache an und haben eine direkte Computerverbindung nach Boston und damit direkte Verbindung zu den Konten unserer Kunden. Unser Ziel ist es, vom Service her die besten zu bleiben, weil Pioneer besonders an langfristigen Geldanlegern interessiert ist und weil wir von der Performance her nicht immer die besten sein können. Mit der Vereins- und Westbank in Hamburg besitzen wir eine deutsche Zahlstelle für die Anlagebeträge. Die Fondsgelder selbst werden natürlich in Amerika verwaltet.

Und hinsichtlich der Währungsentwicklung ist es so wie mit einer Fußballmannschaft: Gewinnt sie meist, identifiziert man sich mit ihr, verliert sie dauernd, ist sie unten durch. Genauso ist es mit dem US-Dollar: Hat sich der Dollar gut entwickelt, wird in Dollar gerechnet, hat er sich schlecht entwickelt, wird in DM gerechnet. Das ist nun mal so, auch wenn man es sich damit zu einfach macht."

„Das Pioneer-Fondsmanagement sitzt in Boston. Nach welchen Kriterien werden die Anlageentscheidungen getroffen?“

Jürgen Luka: „Der Weg, den wir gehen, sieht folgendermaßen aus: Wir beschäftigen 18 Analytiker mit Hochschulausbildung und Berufserfahrung als Führungskräfte. Pioneer engagiert Analytiker, die in einer Branche langjährig beschäftigt waren und eine Führungsposition bekleidet haben. Die setzen wir dann nur für diese Branche ein. Pioneer hat also keinen Wirtschaftsanalysten, der sich unter anderem mit dem Schwerpunkt Biochemie beschäftigt, sondern einen Experten, der bei einer Firma dieser Branche leitend tätig war. Unsere Analytiker arbeiten nicht für einen Fonds, sondern für die gesamte Pioneer Group in einer bestimmten Branche. Das hat den Vorteil, daß man unseren Mitarbeitern so leicht nichts vormacht. Die Analytiker können Gesellschaften analysieren und dem Anlagekomitee (Anlageausschuß) vorlegen. Das Anlagekomitee entscheidet dann, in welche Fonds die Gesellschaften integriert werden sollen. Wir besitzen ein Anlagekomitte für alle Pioneer-Fonds.“

„Wie erfolgt denn die Anlageentscheidung nun konkret?“

Jürgen Luka: „Pioneer legt immer sehr langfristig an. Die Aktien, die wir kaufen, werden genau mit konservativen Investitionsanalysen bewertet. Das Pioneer ‚Basic-Value‘-System ist darauf ausgerichtet, solche Werte herauszufinden, die unterbewertet sind.

Wir kaufen, wenn wir meinen, der Kurs sei unten, der eigentliche Wert der Gesellschaft aber höher ist. Das kann zum Beispiel an einem falschen Management, einer unzureichenden Informationspolitik oder daran liegen, daß eine Gesellschaft irgendwelche Produkte verkauft, die nichts taugen.

Wenn unsere Fondsmanager der Meinung sind, ein Kurs müßte zum Beispiel 20 US-$ sein, ist aber nur 10 US-$ im Handel, dann wird mit einem Zeithorizont von normalerweise 3-5 Jahren gekauft. Wir haben also eine relativ niedrige Umschlagshäufigkeit. Wenn der Kurs von 20 US-$ erreicht ist, wird verkauft. Wir verkaufen also oft die Aktie, wenn andere erst anfangen zu kaufen, d.h. alles, was jetzt kommt, ist Spekulation. Diese Technik führt dann dazu, daß wir in einer negativen Börsenphase besser dastehen als andere, denn wir haben keine High-Flyer, deren Kurs überzogen ist und Rückschlagspotential hat. Daß diese Art von Fondsmanagement gut ist, sieht man an den Ergebnissen der letzten Jahrzehnte.

Unsere Fonds werden wie gesagt alle von Boston aus gemanagt. Wir glauben, daß wir Expertise genug haben. Unsere Leute reisen natürlich viel herum. Wenn wir eine Aktie kaufen, wurde vorher genau geprüft, wie die Gesellschaft aussieht. Wir haben ein Experiment in Amerika gestartet, das aber mehr unter Marketinggesichtspunkten zu sehen ist. Wir haben einen Europe Funds, der von sechs Submanagern in Europa gemanagt wird. Dieser Fonds wird nur in Amerika verkauft und läuft recht gut. Die sechs Submanager sind zuständig für Europa.

In Boston wird nur entschieden, in welche Länder investiert werden soll. Augenblicklich wird dieser Fonds in Holland, Belgien, Frankreich, Italien, Großbritannien und Deutschland gemanagt. Aber das ist eine Ausnahme von unserem System."

„Wann wurde der erste Pioneer-Fonds aufgelegt?"

Jürgen Luka: „1928 wurde der erste Pioneer-Fonds aufgelegt. Er ist das Flagschiff der Firmengruppe. Hier wird nur in Aktien aus Amerika investiert. Ziel ist es, laufende Erträge und einen angemessenen Wertzuwachs zu erzielen. Er ist seit 1969 auch in Deutschland vertriebsberechtigt. Das Volumen beläuft sich auf mehr als 1,8 Mrd. Dollar. 1969 kam dann der Pioneer II, der mit einem Fondsvolumen von 4,27 Mrd. US-$ der größte Pioneer-Fonds ist. Die Zielsetzung dieses Fonds sind Kurssteigerungen durch Anlage in US-amerikanischen Aktien und in bis zu 25% ausländische Qualitätsaktien. Bei dem jetzigen Volumen sind das immerhin 700 Mio.$, die für ausländische Anlagen zur Verfügung stehen.

Bei beiden Fonds sind Anlagen schon ab 1.000 US-$ möglich, in Sparplänen schon ab 50 US-$. Typisch für Pioneer sind auch die kostenlosen Switchmöglichkeiten von einem Fonds in einen anderen. Seit Mai 1993 haben wir den Pioneer International Growth Fund aufgelegt. Dieser setzt weltweit agressiver auf internationale, nicht-amerikanische Aktien, die nach Ansicht der Pioneer-Analysten in Zukunft die stärksten Kursgewinne erzielen werden. Schwerpunkte sind der asiatische Raum, speziell Malaysia und Taiwan. Dieser Fonds weist zur Zeit noch ein Volumen von 35 Mio. US-$ auf. Ich kenne das Fondsmanagement persönlich und muß sagen, daß ich einen hervorragenden Eindruck habe. Hier in Deutschland ist es kein Problem, eine Zulassung für solch einen Fonds zu bekommen. Der Pioneer International Growth Fund wird registriert werden und sollte noch im Jahre 1993 zugelassen werden."

„Warum ist das amerikanische Fondsmanagement im allgemeinen besser und professioneller als viele hiesige?"

Jürgen Luka: „Ich glaube aus zwei völlig unterschiedlichen Gründen. In Deutschland sind die Gesellschaften publizitätsscheu, als Anleger erhalten Sie kaum Informationen. In Amerika ist praktisch bei jeder Firma das Top-Management selbst an der Firma beteiligt, d.h. die Angestellten besitzen Firmenaktien und geben Ihnen jede Auskunft, die sie haben möchten, denn sie profitieren auch von den dadurch evtl. steigenden Kursen. Wir zum Beispiel bekommen jeden Tag aus Amerika ein Kursblatt, dort tauchen die eigenen Aktien auf, denn jeder Mitarbeiter ist interessiert, wie ‚seine' Aktien stehen. Das Management ist in den Staaten also viel offener, was Informationen über die Firmen angeht. Auf der anderen Seite ist es doch so, daß wir in Deutschland jahrzehntelang einen Markt hatten, wo man als Anleger überhaupt nichts tun konnte. Entweder gingen die Aktien aller Gesellschaften rauf oder runter. Der gesamte Markt lief stets nur in eine Richtung. Ich kann Ihnen aus eigener Erfahrung sagen, in einer schlechten Zeit war hier hier in Deutschland kein Geld zu verdienen. Bei fallenden Kursen blieb also keine andere Wahl, als den Cash-Anteil zu erhöhen. Heute ist es etwas anders, denn wir verfügen über mehr technische Möglichkeiten und mehr Aktien.

Pioneer ist immer zu 98% mindestens investiert, wir haben selten einen höheren Cash-Anteil, uns interessiert der Dow-Jones nicht. Wenn Sie ins Handelsblatt sehen, können Sie jeden Tag nachlesen, wieviele Aktien an der Wallstreet gestiegen, gefallen oder unverändert geblieben sind. Dort sehen Sie selten, daß alle Aktien rauf oder runter gehen, denn es sind Tausende von Aktien. Darunter sind stets Aktien, die aufgrund spezieller Situationen nicht dem Markttrend folgen.

Wenn Sie an die American Stock-Exchange gehen, können Sie immer etwas bewegen. Sie können eine Idee entwickeln und sich auf Branchen und Firmen konzentrieren. In Deutschland können Sie keine Ideen haben, weil es diese Masse von Firmen nicht gibt. Und wenn Sie eine gute Firma haben, dann können Sie mit einem großen Fonds nicht kaufen, weil die Firma zu klein ist.

Auch die Performance-Messung ist professionell. Beim Pioneer-Fonds II wird die Performance von uns mit Hilfe zweier Kategorien gemessen:

1. Performance für den amerikanischen Teil des Fonds.
2. Performance für den nicht-amerikanischen Teil des Fonds.

Das Ergebnis wird dann in beiden Teilen mit anderen Fonds verglichen. So wird erkennbar, welcher Teil welchen Performance-Beitrag geliefert hat. Und wenn bestimmte Fondsmanager über mehrere Jahre keine guten Ergebnissen erwirtschaften, werden Sie ausgetauscht. Darin sind die Amerikaner resoluter als zum Beispiel die Europäer."

„Nach welchen Kriterien kann oder soll ein Anleger Fonds von Pioneer auswählen?"

Jürgen Luka: „Es gibt einige wichtige Punkte, die dafür entscheidend sein sollten: So ist die Anlagepolitik seit 1928 erprobt und seit dieser Zeit unverändert gültig. Die Ergebnisse der Vergangenheit zeigen nachweislich die Qualität der Pioneer-Fonds. Die Performance liegt deutlich über vergleichbaren Fonds.

Die Abwicklung in den USA und in Deutschland ist sehr gut. Die Pioneer-Gruppe hat eine eigene Tochterfirma gegründet, die Pioneer-Fonds Marketing GmbH, um die Probleme, die bei Agenten, Banken oder Vermittlern auftreten können, zu vermeiden. Und schließlich kommt hinzu, daß speziell in Deutschland eine gute Vertriebsstruktur vorhanden ist. Pioneer-Fonds sind schon seit 1967 in Deutschland vertreten. Pioneer-Fonds waren die ersten, deren Vertriebsanträge vom Bundesaufsichtsamt für das Kreditwesen geprüft und 1969 genehmigt wurden. In Hamburg werden die Verkaufsunterlagen erstellt, wir verfügen über direkten Kontakt zur Zentrale nach Boston, und wir können individuelle Sparpläne und Anlagepläne für die in Deutschland angebotenen Pioneer-Fonds vertreiben. Wir bieten in Deutschland nur unsere Aktienfonds an, weil es keinen Sinn hat, wenn wir hier einen amerikanischen US-$-Renten-Fonds verkaufen würden. Insgesamt haben wir 18 Fonds in der Gruppe, der überwiegende Teil sind Money-Market-Funds und verschiedene Bond-Funds."

„Wenn Sie in Deutschland nur Aktienfonds anbieten, schließen Sie dann nicht einen Teil des Publikums von vornherein aus, nämlich die konservativ denkenden Anleger, für die Sicherheit wichtig ist? Denn Aktienfonds sind ja etwas spekulativer."

Jürgen Luka: „Ich bin nicht der Meinung, daß die Deutschen nur Rentenfonds wollen und kein Volk von Aktionären sind. Ich glaube vielmehr, das liegt daran, daß die Banken hauptsächlich Rentenfonds angeboten haben. Es ist für einen Kundenberater leicht, eine 7% oder 8%-ige Anleihe anzubieten. Mit dem Kunden gibt es dann so schnell keinen Ärger. Die Fondsgesellschaften waren zwar alle Töchter der Banken, aber nicht unbedingt die beliebtesten Töchter. Das galt über sehr viele Jahre hinweg. Wenn Sie zum Beispiel den Investa betrachten: er wurde 1956 aufgelegt, und es dauerte viele Jahre, bis Investa innerhalb der deutschen Banken eine große Rolle spielte. Der große Durchbruch kam erst, als die Banken realisierten, daß man das Rentenportfolio nicht mehr so verwalten kann, wie es damals üblich war. Das habe ich selbst in der Bank erlebt. Wir verwalteten Kunden mit 100.000-150.000 DM oder mehr, die sagten: davon muß ich jetzt leben. Damals legten wir hauptsächlich in Industrieanleihen mit halbjährlichen Kupons an. Das war kein Problem, wir suchten etwas Passendes aus und der Kunde bekam jeden Monat seine Zinsen.

Dann wurden damals die Papiere noch ausgelost. Nachher gab es dann nur noch jährliche Zinszahlungen und plötzlich war es eine fürchterliche Arbeit, damit der Kunde halbjährlich noch relativ gleiche Beträge bekam. Zu der Zeit wurden auch die Depots immer größer, und es wurde für den Kunden zu teuer, denn die Banken setzten hohe Depotgebühren durch. Von diesem Zeitpunkt an war die alte Art der Kundenbetreuung nicht mehr möglich. Und da fing es mit den Rentenfonds an. Normalerweise hat ein Rentenfonds kaum einen Sinn. Nur für denjenigen, der einen größeren Betrag anlegt und beispielsweise 1.000,- DM Zinsen im Monat braucht.

Ich glaube, daß man mit etwas mehr Aufklärung die Deutschen für eine Anlage in Aktienfonds gewinnen kann. Die Frage ist eben, wo soll man anfangen, bei welchen Beträgen, bei welchen Kunden. Ich bin nicht der Meinung, daß man jedem Kunden gleich zu amerikanischen Fonds raten soll."

„Welche Vertriebswege nutzt Pioneer und wie kommen Anleger an Pioneer-Fonds?"

Jürgen Luka: „Wir nutzen vornehmlich den Weg über freie und unabhängige Vermittler. Wir haben viele Firmen, die für uns arbeiten, d.h. wir kooperieren mit Vertriebsfirmen, seien es Ein-Mann-Betriebe oder richtig große Unternehmen wie zum Beispiel die OVB in Köln. — Weiterhin gilt: Wir schulen und informieren unsere Partner regelmäßig. Viele Firmen machen das natürlich auch selber und haben ihre eigene Philosophie, aber wir kommen zu Fachschulungen und bringen unsere Themen mit ein. Wir haben eine Schulungssoftware mit Informationsmaterial über Pioneer und die einzelnen Fonds. Damit versuchen wir einen bestimmten Qualitätsstandard zu gewährleisten."

„Über Banken verkaufen Sie gar nicht?"

Jürgen Luka: „In der letzten Zeit kam es — nicht zuletzt aufgrund der guten Performance — zwar etwas häufiger vor, daß Kunden zur Bank gehen und Pioneer-Fonds verlangen. Normalerweise aber ist es so, daß die Banken immer erst versuchen, ihre hauseigenen Produkte zu verkaufen. Das große Geschäft machen wir im direkten Vertrieb über unabhängige Berater. Der Absatz bei Pioneer hat sich seit 1985 stetig entwickelt. Wir hatten zwischendurch ein schlechtes Jahr, aber inzwischen liegen wir wieder auf dem Level von über 100 Mio. US-$ Neugeldern p.a."

„Glauben Sie, daß der direkte Vertrieb unabhängiger und genauso fundiert ist?"

Jürgen Luka: „Das ist sehr schwer zu sagen. In einer Branche, in der es keine Zulassungsbeschränkung oder offizielle Berufsausbildung gibt, keine Lehre und keine Ausbildung in dem Sinne, können Sie immer Top-Leute oder auch schlechte Leute finden. Es gibt freie Anlageberater, die ausgesprochen gut und auch steuerlich kompetent sind, die genau wissen, was sie wann verkaufen müssen, die keine falschen Bauherrenmodelle oder windige Abschreibungsmodelle verkaufen. Und genauso finden Sie am Markt dunkle Gestalten, die nur das Einmalgeschäft mit dem Kunden im Visier haben.

Auf lange Sicht werden wir hier in Deutschland Prüfungen und Zulassungen bekommen, und es wird allmählich ein seriöser Berufszweig werden. In Amerika gibt es bereits solche Prüfungen und Zulassungsbestimmungen für Investmentberater, wie auch Haftpflicht-Versicherungen für Schadensersatz bei fascher Beratung."

„Haben Sie Probleme mit der Konkurenz? Ich meine jetzt nicht mit Mitbewerbern wie Templeton, sondern mit unseriösen Anbietern?"

Jürgen Luka: „Was den Fondssektor angeht, so glaube ich nicht, daß es viele unseriöse Anbieter gibt. Wir könnten jetzt beispielsweise über Warentermingeschäfte etc. sprechen, aber das sind keine Fonds, auch wenn das manchmal behauptet wird. Ich halte das, was auf dem Commodities-Markt (Waren-Markt) gemacht wird, z.T.

für Betrug. Ich halte es auch für sehr gefährlich, daß solche Sachen hier gemacht werden dürfen, ohne irgendeine Kontrolle zu haben. Ich finde, man müßte auch zum Beispiel geschlossene Immobilienfonds in irgendeiner Form kontrollieren. Es gibt da Dinge, die nur für den Vertrieb gemacht sind, wirklich nur zum Abkassieren. Mit teilweise viel zu hohen Preisen und nur aus steuerlichen Gründen etwas anzubieten, halte ich für falsch."

„Was muß der Anleger noch beachten, wenn er in Pioneer-Fonds investiert?"

Jürgen Luka: „Pioneer-Fonds sind ganz normale offene Fonds, es wird jeden Tag ein Kurs errechnet, und es kann jederzeit liquidiert werden. Grundsätzlich gibt es keinen Unterschied zwischen einem offenen deutschen und einem amerikanischen Fonds. Die deutschen Fonds werden von einer Kreditaufsicht — dem BAK in Berlin — kontrolliert, über die amerikanischen Fonds hält die SEC (die amerikanische Aufsichtsbehörde) ihren sehr wachsamen Blick.

Es gelten weitgehend die gleichen Anlagegrundsätze wie in Deutschland, zum Beispiel 5% und 10%-Klauseln. Sonst ist bei der Anlage amerikanischer Fonds alles erlaubt, was bei Luxemburg-Fonds auch gemacht werden darf. Ansonsten gelten die gleichen Bedingungen: Die Fondsanteile können jeden Tag ge- und verkauft werden, und es gibt eine Depotbank. Die Aufklärung hinsichtlich der Risiken ist sogar noch ausgeprägter als hier: In den USA müssen die Risiken immer ganz genau im Prospekt beschrieben sein."

„Insbesondere den erfahrenen Anlegern wird der IOS-Skandal noch etwas sagen. Wie konnte es dazu kommen und könnte es heute nochmals zu so einer IOS-Pleite kommen?"

Jürgen Luka: „Es sind sicher zwei Dinge gewesen. IOS ist eine phantastische Verkaufstruppe gewesen, die Mitarbeiter wurden sehr gut geschult. Sie haben viel verkauft, wie zum Beispiel 25-US-$-Sparprogramme an Landwirte in Schleswig Holstein. Irgendwann, als der US-$ nach unten ging, wurden die Anleger nervös und haben letztendlich verkauft, weil sie vorgezogene Gebühren hatten. 50% der Gebühren für die Laufzeit von 10 Jahren wurden im 1. Jahr abgezogen. Das ist genauso schlimm, als wenn sie eine Versicherung verkaufen und jeden Monat dem Kunden einen Auszug schicken, der wie folgt lautet: Gezahlt: 100,-DM, Vertriebsgebühren: 105,- DM, Kontostand: ./. 5 DM. So geht es bei einer Versicherung, die ja im ersten Jahr durch die Beiträge nur Vertriebskosten und Gebühren tilgt. Das kann man Kunden, die das System von Anfang an nicht verstanden haben, aber nicht zumuten. Irgendwann hält der auf und will verkaufen. Meiner Meinung nach war das das größte Problem der IOS.

Der zweite Fehler war der, daß die Gelder nicht nach klassischen Fondsideen angelegt wurden, sondern auch Aktien und Anleihen eigener Unternehmen erworben wurden. Daß dies möglich war, lag daran, daß die gesetzlichen Vorschriften damals nicht so streng wie heute waren. Wenn dann auch nur eine Firma des Firmenkonglomerats kaputt geht, bricht alles zusammen. Auch die Idee des Funds of Funds war riskant. Hier hatte die IOS eine gute Idee, die aber durch eine unsinnige Kostenstruktur ad absurdum geführt wurde.

Kurzum: Aus dem IOS-Skandal in den siebziger Jahren hat man natürlich gelernt und die erforderlichen Konsequenzen gezogen. So etwas kann heute nicht mehr passieren. Die Vorschriften sind viel strenger geworden, und die Anleger sind heutzutage besser informiert."

„Gibt es den typischen Pioneer-Anleger? Nach welchen Anlagegesichtspunkten sollte der Anleger entscheiden?"

Jürgen Luka: „Der Anleger sollte in Deutschland bereits über soviel Vermögen verfügen, daß er die anzulegende Summe langfristig anlegen kann. Er sollte unter anderem das Vermögensbildungsgesetz ausgenutzt haben und einen Teil seines Geldes in Deutschland angelegt haben, sei es in Aktien oder in Rentenwerte.

Ich vertrete die Meinung, daß man als Anleger immer den größeren Teil seines Vermögens in dem Land anlegt, in dem man auch lebt. Aber man sollte heutzutage auch überlegen, ob man alles in einem Land anlegt oder die Summe nicht doch lieber splittet. Das Risiko sinkt, wenn man das Geld auf verschiedene *Länder und Anlageformen* aufteilt. Ferner sollten die Werte länger gehalten werden können, zumindest nicht so vorzeitig verkauft werden müssen, daß der Kunde noch nicht einmal die Gebühren verdient hat. Man sollte mit mindestens fünf Jahren Anlagezeit rechnen.

Was die Anlage in Amerika angeht, sollte man sich nicht zu sehr von politischen und wirtschaftlichen Einflüssen lenken lassen. Denn Amerika ist ein so großes Land mit viel Industrie und Technik, dort gibt es ständig Neuerungen und damit gute Anlagemöglichkeiten. Und schließlich dürfte das Fondsmanagement sein Handwerk verstehen. Wenn eine bestimmte Summe Geld zur Verfügung steht, muß man sich eingehend Gedanken machen, wie und worin das Geld angelegt werden soll. Dabei kann ein guter, unabhängiger Berater gute Dienste leisten."

„Welchen Märkten geben Sie auf 1 Jahr gesehen die besten Chancen für einen kräftigen Aufschwung und welchen Pioneer-Fonds sollte man daher besitzen?"

Jürgen Luka: „Ich würde im Moment einen Teil in Deutschland anlegen. Generell bin ich Europa gegenüber skeptisch, denn Europa wird noch eine Zeitlang leiden. Und bis ausländische Investoren in Europa wieder im größeren Stil investieren, dauert noch ein bißchen. Ich halte lediglich Portugal, Italien, Spanien und einige osteuropäische Länder langfristig gesehen für interessant. Hinzu kommen noch einige Länder aus dem asiatischen Raum, die sich meiner Einschätzung nach sehr positiv entwickeln werden.

Und welchen Pioneer-Fonds man besitzen sollte? Eine schwierige Frage, denn eigentlich weist jeder Fonds seine Stärken auf. Von daher empfehle ich einen guten Mix an Pioneer-Fonds. Den US-$ sehe ich am Jahresende aber bei 1,80 und im nächsten Jahr bei 2,00 DM, denn die US-Wirtschaft wird anspringen. Der Dow-Jones ist bereits vorweg gelaufen, die anderen Werte werden nachziehen, wenn sich die wirtschaftliche Erholung als nachhaltig erweist.“

PIONEER

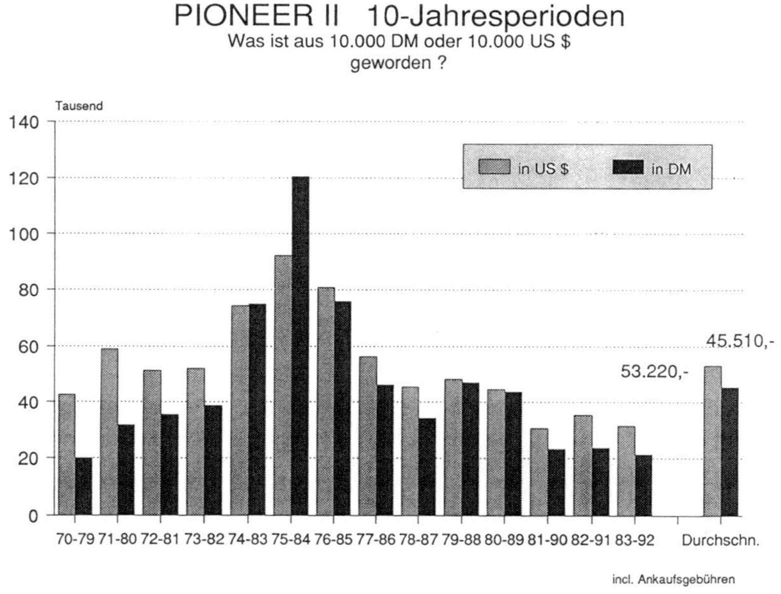

Pioneer Fonds Marketing GmbH, Hamburg

PIONEER

PIONEER FUND

Jährliche Wertentwicklung in US $ seit Gründung 1928

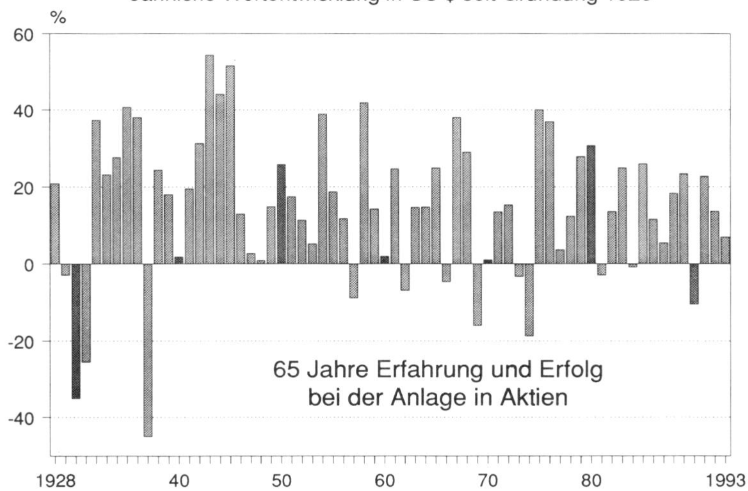

Nach BVI-Methode; Stand 31.07.93.

Pioneer Fonds Marketing GmbH, Hamburg

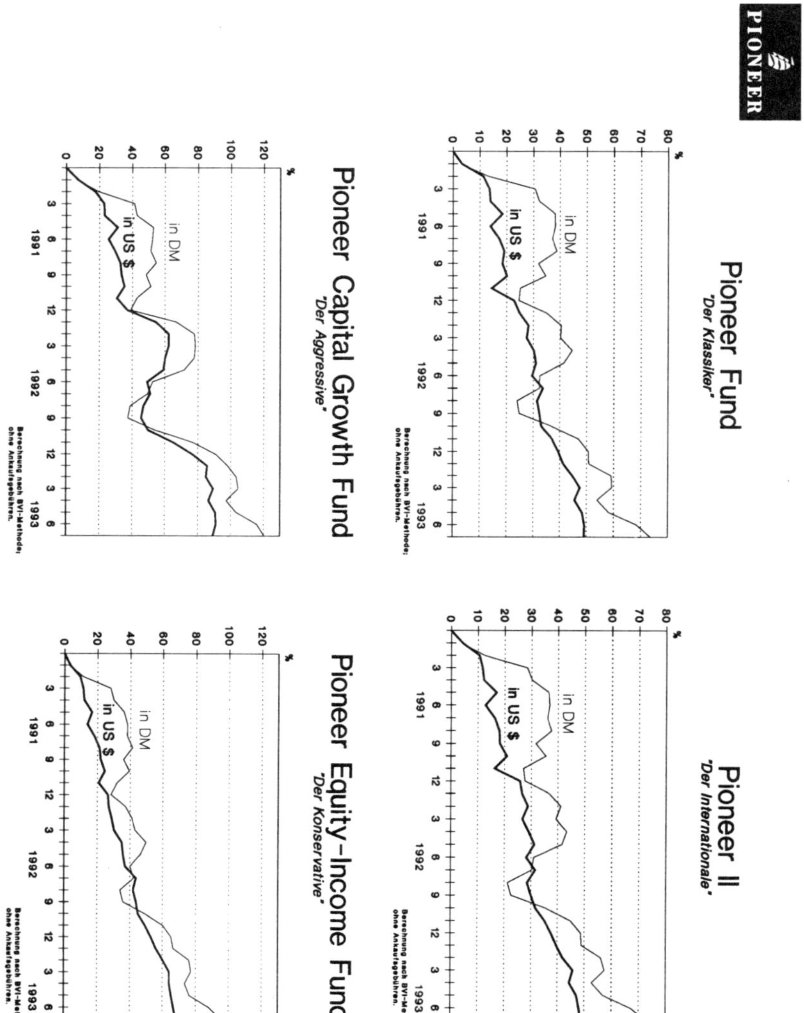

Pioneer Fonds Marketing GmbH, Hamburg

Templeton Funds/ NORAMCO

Joe Becker,
Geschäftsführer der
Noramco-Gesellschaften:

„Beteiligungen am Produktivvermögen sind die sinnvollste und langfristig sicherste Geldanlage überhaupt."

Er verkörpert wie kein anderer den Prototyp des weltweit agierenden Investment-Guru's. John Templeton kann für sich in Anspruch nehmen, die Idee des Investmentfondssparens für breite Schichten populär gemacht zu haben. Und seine Investmentfonds gehören zu den erfolgreichsten am Markt. Von Nassau auf den Bahamas aus dirigiert der Altmeister der Investment-Szene seit mehr als 20 Jahren seine Firma, Templeton, Galbraith & Hansberger, kurz Templeton Investment. Um in Templeton-Fonds zu investieren, brauchen Anleger aber nicht erst auf die Bahamas fliegen (eigentlich schade), Templeton-Fonds werden auch in Deutschland vertrieben. Den Alleinvertrieb dirigiert seit mehr als elf Jahren Joe Becker, der mit der *Noramco* Deutschland Investmentfondsvermittlungsges.mbH und der *Noramco* International die Fonds anbietet.

„Herr Becker, warum und seit wann arbeiten Sie mit Templeton?"

Joe Becker: „Die Frage, die dieser Zusammenarbeit vorausging, lautete: ‚Was will der Anleger im Endeffekt?' — Er will, daß sein Geld ihm eine möglichst hohe Rendite bringt, dies mit einem minimalen Risiko. Diese Rendite sollte auch noch steuergünstig sein, denn auf die Nettorendite kommt es an.

Unter diesen Gesichtspunkten haben wir den *Templeton Growth Fund*, das Flaggschiff der Templeton Organisation, im Jahr 1982 nach Europa gebracht. Am 28. Juli

1982 erfolgte die Anmeldung zum Vertrieb der Anteile beim Bundesaufsichtsamt für das Kreditwesen in Berlin."

„Aus welchem Grund haben Sie den Templeton Growth Fund gewählt?"

Joe Becker: „Man muß zurückdenken, wie die Situation am Kapitalmarkt aussah. Viele Beteiligungen brachten damals weder die versprochenen Steuervorteile noch die vorgesehene Rendite, dies aus einer Reihe von Gründen. Wenn man das Wort ‚Investmentfonds' erwähnte, dachte jeder an die sechziger Jahre, wo sich eine ganze Reihe von Gesellschaften, die sehr oft in ihrem Ursprungsland keiner Kontrolle unterlagen, am Markt tummelten. Das Resultat davon war, daß die Kunden Jahre brauchten, um ihr Geld wiederzubekommen. Diese Gesellschaften führten amerikanisch klingende Namen, die Notierungen erfolgten in US-Dollar, sie waren aber nicht in den USA zum Vertrieb zugelassen.

Also haben wir uns zuerst in den USA umgesehen, in dem Land mit der strengsten Wertpapieraufsichtsbehörde der Welt, der SEC, die im Anschluß an den Börsencrash von 1929 gegründet wurde. Die Zulassungsbestimmungen der SEC sind so streng, daß es den meisten nicht-amerikanischen Fonds unmöglich ist, diese zu erfüllen.

Da es in den USA eine ganze Reihe von Publikationen gibt, die alle Fonds unter den gleichen Kriterien über kurze und längere Zeiträume vergleichen, konnten wir aufgrund unserer Erfahrung aus der Vergangenheit und nach Prüfung der Publikationen einen Fonds auswählen, der folgende Anforderungen erfüllt:

1. ausgezeichnete Performance über einen *längerfristigen Zeitraum*
2. eine *kontinuierlich* gute Performance
3. für den europäischen Anleger, der nur die anteiligen Dividenden und Zinserträge versteuern muß, eine hohe Nettorendite bringt.

Der Templeton Growth Fund erfüllte diese Bedingungen, überdies konnte man auf einen langen Zeitraum zurückblicken, denn der Fonds war bereits 1954 gegründet worden.

Daß wir mit unserer Wahl richtig lagen, sehen Sie heute im Rückblick. Zwei Fonds waren über die letzten zehn Jahre und sechs Monate in der Bundesrepublik zum Vertrieb registriert. Der *Templeton Growth Fund* erzielte über diesen Zeitraum ein Plus (in Dollar) von 359 %, gegenüber +259 % für den anderen Fonds. Hinzu kommt, daß Templeton auch über die einzelnen Zeiträume von 2, 3, 5 und 7 Jahren besser war. Das ist Kontinuität. Diese Zahlen entstammen den Johnson Charts. Wir liegen also richtig.

Ein Fonds wie der Templeton Growth Fund beispielsweise, oder auch der *Templeton Smaller Companies Growth Fund,* legt besonderen Wert auf Wertsteigerung bei den Aktien. Das führt dazu, daß die Dividenden und Zinserträge, die einkommensteuerpflichtig sind, in der Regel niedrig sind, mit der Konsequenz, daß der Anleger eine hohe Gesamtrendite erzielt, bei der relativ geringe steuerpflichtige Erträge anfallen.

Wir stellen immer wieder fest, daß die Kunden überrascht sind und es fast nicht glauben können, daß sich ihr Vermögen wesentlich erhöht hat, die steuerpflichtigen Erträge aber relativ gering waren im Verhältnis zur Gesamtrendite. Aber sie haben dies schriftlich vorliegen. Die Anlage ist also ganz besonders geeignet für Anleger in einer höheren Steuerprogression. Eine Mitteilung über die anteiligen steuerpflichtigen Erträge erhalten die Anleger nach jeder Ausschüttung.

Nur mit einem solchen Produkt war es möglich, den Markt zu erobern.

Wenn Sie diese erfreulichen Resultate vergleichen mit anderen am Markt angebotenen Fonds, wundern Sie sich nicht mehr, daß hier teilweise mit großen Anzeigen ohne konkrete Resultate, oder mit Ausschüttungen geworben wird. Dann können Sie davon ausgehen, daß die Gesamtrendite schlecht war und deshalb versteckt wird. Ausschüttungen an sich bedeuten wenig; nur eines ist sicher: sie sind ganz oder teilweise einkommenssteuerpflichtig. Es kommt nur auf die Gesamtrendite an, die sich zusammensetzt aus Wertzuwachs, realisiertem Kursgewinn sowie Dividenden und Zinsen."

„Wie erklären Sie sich die guten Resultate des Templeton Growth Fund?"

Joe Becker: „Der Fonds hat im Jahre 1991 eine Gesamtrendite von +33,3 % in DM erzielt, im Jahr 1992 +10,19 % in DM und zum 31. 7. 93 für dieses Jahr +24 %, und dies bei einem Minimum an steuerpflichtigen Erträgen. Was bedeutet dies nun aber in konkreten Zahlen?

Ein Anleger, der am 31. 12. 1990 für 100.000,- DM Anteile besaß, hatte am 31. 7. 93 ungefähr 180.000,- DM auf seinem Konto!

Der Templeton Growth Fund legt weltweit an, in allen Wirtschaftszweigen, grundsätzlich in Aktien. Die Methode heißt: ‚*Billig kaufen, teuer verkaufen*'. Es hört sich einfach an, ist jedoch viel komplizierter als es klingt: Hat man eine Aktie gefunden, von der man glaubt, daß sie ‚billig' ist, dann erfolgt eine gründliche Untersuchung mit Analyse der Vergangenheit und der Zukunftsaussichten; ist sie unter diesen Aspekten immer noch ‚billig', wird ihr Preis verglichen mit Aktien der gleichen Branche auf internationaler Basis. Ist sie auch dann noch ‚billig', kommt sie auf die Kaufliste. Diese Liste beinhaltet momentan 170 Werte. Die Fondsmanager dürfen nur Aktien kaufen, die auf dieser Liste zu finden sind. Schon beim Kauf legt man den ‚Verkaufspreis' grundsätzlich fest."

„Worauf muß man bei Auslandsfonds besonders achten?"

Joe Becker: „Worauf es ja in erster Linie ankommt, ist die *Performance*. Was bringt der Fonds dem Anleger (natürlich muß der Fonds zum Vertrieb in der Bundesrepublik angemeldet sein, andernfalls ergeben sich erhebliche steuerliche Nachteile für den deutschen Anleger).

Dann kommt der Punkt *Abwicklung*. Ist die Fondsgesellschaft in der Lage, sich dem europäischen Markt anzupassen (z. B. Kontoauszüge mit den richtigen Adressen und Postleitzahlen zu verschicken)? Den Kundenservice kann beispielweise eine amerikanische Gesellschaft kaum bieten, da der Kunde aus Deutschland ja normalerweise in deutscher Sprache korrespondieren will.

Geld ist Vertrauenssache. Damit kommen wir zum dritten Punkt dieser Frage. Wir als Vertriebspartner müssen *Vertrauen in das Management und die Mitarbeiter* haben, die für den Produktpartner arbeiten. Mit anderen Worten: *‚Ein Wort muß ein Wort sein'*. Man kann nämlich nicht alles vertraglich festlegen. Wenn man dann zu dem Schluß kommt, daß eine vertrauensvolle Zusammenarbeit nicht (oder nicht mehr) gegeben ist, muß man als Vertriebsgesellschaft die Konsequenzen ziehen.

Aus diesem Grunde ist die *Noramco* unabhängig geblieben. Sie betrachtet es als ihre Aufgabe, den Kunden, Interessenten und Mitarbeitern gute Produkte zu liefern, mit den entsprechenden soliden Produktpartnern."

„Welche Templeton Fonds werden in Deutschland angeboten?"

Joe Becker: „Wie gesagt, haben wir zunächst mit dem Templeton Growth Fund ‚den Markt erobert'. Im Jahr 1991 haben wir dann zusätzlich einen zweiten amerikanischen Templeton Fonds, den *Templeton Smaller Companies Growth Fund*, zum Vertrieb beim Bundesaufsichtsamt für das Kreditwesen in Berlin angemeldet. Der Fonds investiert, wie der Name schon besagt, in kleinere Unternehmen. Dieses auch auf weltweiter Basis.

Aktien von ‚smaller companies' sind über längere Zeiträume mehr gestiegen als Aktien großer Unternehmen. So hat auch dieser Fonds eine Entwicklung, die noch etwas besser ist als diejenige des Templeton Growth Fund, mit +41,6 % in DM im Jahr 1991, +10,4 % im Jahre 1992 und +22,7 % im Jahre 1993 (30.7.93).

Im Jahr 1991 wurden dann in Luxemburg nach europäischem Recht die *Templeton Sicav Fonds* gegründet, mit 14 Unterfonds, davon neun Aktienfonds und fünf Rentenfonds. Hier empfehlen wir insbesondere den *Templeton Far East Fund*, mit einer Performance von +36,5 % in DM zum 31.7.93 über 1 Jahr, den *Templeton Emerging Markets Fund* mit +37,9 % in DM und den *Templeton American Fund* mit +39 % im gleichen Zeitraum. Diese Fonds sind natürlich spekulativer und sind eher gedacht als Anlage für einen Teil des Vermögens. Was Rentenfonds anbetrifft, so möchten wir besonders den Templeton *Emerging Markets Fixed Income Fund* erwähnen, der zum 31.7.93 eine Gesamtrendite von +35,4 % in DM aufzuweisen hat.

Sie sehen also, daß wir durchaus interessante Produkte anzubieten haben."

„Sie sind der Geschäftsführer der Noramco, Herr Becker. Was ist die Aufgabe dieser Gesellschaft?"

Joe Becker: „Die *Noramco* hat Templeton in Europa an den Markt gebracht und besitzt den Exklusivvertrieb. Es ist also die Aufgabe, gute Außendienstmitarbeiter zu finden, diesen das Produkt nahezubringen und sie vertriebsmäßig zu unterstützen.

Daneben organisieren wir regelmäßig Veranstaltungen unter dem Motto ‚gute amerikanische Investmentfonds als zusätzliche Altersversorgung'. Dort erläutern wir einige Beispiele aus der Praxis, auch unter steuerlichen Aspekten. Hatte z.B. jemand 1972 US-$ 100.000,- im Templeton Growth Fund angelegt und ab 1973 pro Quartal US-$ 2.500,- entnommen, also insgesamt US-$ 200.000,- bis zum 31.12.92, so waren trotz dieser Entnahme noch 100.054 Anteile auf seinem Konto, mit einem Wert von rund 1,4 Millionen US-Dollar! Dieses Beispiel ersehen Sie im Detail aus der nebenstehenden Tabelle. Hinzu kommt, daß diese Entnahmen in einem gewissen Sinne steuergünstig waren. Wir geben zu, es klingt unwahrscheinlich, aber es stimmt. Da es erklärungsbedürftig ist, wird es in unseren Veranstaltungen, die ‚praxisnah' sind, ausführlich behandelt. Ein zweites Beispiel erwähnt die dynamische Rente, mit einer jährlichen 6%igen Erhöhung der Entnahmen.

Wir haben eine ganze Reihe von guten Mitarbeitern, werden allerdings zusammen mit diesen den Vertrieb noch wesentlich ausbauen. Hier ist nämlich die Branche mit einer sehr großen Zukunft. Das Geld ist vorhanden, es ist nur zum großen Teil (falsch) angelegt. Ich betrachte es als unsere Aufgabe, durch Aufklärung die Kunden darüber zu informieren, daß Aktien schon immer längerfristig eine der besten Kapitalanlagen waren, daß das den einzelnen Aktien anhaftende Risiko durch eine Anlage in einem Aktienfonds durch Streuung und fachmännisches Management begrenzt wird.

Da wir keine Schalter haben, ist in der Regel ein ausführliches Gespräch mit dem Kunden notwendig. Diese Position des freien Anlageberaters oder Finanzberaters kann nicht durch Computer wegrationalisiert werden. Sie gewinnt im Gegenteil sogar immer mehr an Bedeutung und erfordert sehr viel Fachwissen."

Templeton Growth Fund

Alle Angaben in US-$

Investition $ 100.000.- am 1.1.1972

Anlage : Am 1.1.1972 wurden für diese Anlage 17.241,379 Templeton Growth Fund Anteile erworben zu einem Ausgabepreis von $5,80, der Gebühren von 5,75 % beinhaltet. Alle Dividenden- und Kursgewinnausschüttungen wurden in neuen Anteilen wieder angelegt.

Entnahmen : Ab 1973 wurden USD 2.500 pro Quartal entnommen, die Entnahmen wurden dann jährlich um 6 % erhöht.

Datum	Investition	Jahres-dividende	Invest. inkl. Dividende	Kursgewinn-ausschüttung	Entnahmen jährlich	Entnahmen kumulativ	Gesamtanzahl restl. Anteile	Inventarwert in US-$	Wert der restl. Anteile
31/12/72	100.000	1.207	101.207	2.566	0-	0-	17.761,712	8,95	158.967
31/12/73	0	1.050	102.257	13.909	10.000-	10.000-	18.314,940	7,33	134.249
31/12/74	0	2.068	104.325	2.699	10.600-	20.600-	17.408,536	6,23	108.455
31/12/75	0	2.439	106.764	515	11.236-	31.836-	16.382,663	8,39	137.451
31/12/76	0	1.929	108.693	1.768	11.910-	43.746-	15.630,757	12,03	188.038
31/12/77	0	2.459	111.152	10.911	12.625-	56.371-	15.782,225	13,47	212.587
31/12/78	0	2.021	113.173	933	13.382-	69.753-	15.118,581	15,86	239.781
31/12/79	0	3.580	116.753	4.027	14.185-	83.938-	44.410,667	6,51 [3)]	289.114
31/12/80	0	5.255	122.008	16.640	15.036-	98.975-	45.705,585	7,59	346.905
31/12/81	0	6.781	128.788	0	15.938-	114.913-	44.453,889	7,43	330.292
31/12/82	0	8.761	137.552	15.337	16.895-	131.808-	45.829,383	7,55	346.012
31/12/83	0	8.154	145.707	0	17.908-	149.716-	44.800,376	9,84	440.836
31/12/84	0	8.420	154.126	12.851	18.983-	168.699-	45.209,812	9,53	430.850
31/12/85	0	10.731	164.857	21.462	20.122-	188.821-	46.507,618	11,36	528.327
31/12/86	0	18.756	183.613	22.129	21.329-	210.150-	48.048,763	12,87	618.388
31/12/87	0	20.667	204.280	50.728	22.609-	232.759-	52.653,598	11,73	617.627
31/12/88	0	25.021	229.301	12.870	23.966-	256.725-	53.681,795	13,75	738.125
31/12/89	0	33.126	262.464	24.702	25.403-	282.128-	55.674,651	15,76	877.433
31/12/90	0	30.063	292.527	37.231	26.928-	309.056-	58.939,546	13,10	772.108
31/12/91	0	26.232	318.759	70.912	28.543-	337.599-	63.710,669	15,43	983.056
31/12/92	0	22.894	341.652	79.099	30.855-	367.855-	69.120,811	14,38	993.957
Summen :	**100.000**	**241.652**	**341.652**	**401.286**		**367.855-**	**69.120,811**	**14,38**	**993.957**

1. Der Berechnung wurden 5,75 % Emissionskosten zugrunde gelegt, in Wirklichkeit beliefen sich diese jedoch nur auf 3,5%
2. Im allgemeinen wird europäischen Anlegern von der Dividendenausschüttung eine 15 %ige Quellensteuer abgezogen, die dem Anleger bei der Anmeldung der persönlichen Einkommenssteuer angerechnet wird. Beim obigen Beispiel wurde diese Quellensteuer nicht berücksichtigt.
3. Die Anteile wurden 1979 gesplittet, so daß sich die Zahl der Anteile nicht erhöht hat.
4. Durch die Anmeldung des Vertriebs beim Bundesaufsichtsamt für das Kreditwesen ergibt sich die günstige Steuerregelung, daß nur Dividenden einkommenssteuerpflichtig sind. Da es sich beim TGF um einen Wachstumsfonds handelt, sind die Dividenden und damit automatisch die zu zahlende Einkommenssteuer gering.
5. Die Kolonne "Wert der restl. Anteile" zeigt Ihnen, welchen Wert die Anlage am Ende eines jeden Jahres hatte, obwohl US$ 10.000 pro Jahr entnommen wurden.
6. Wir haben ein Beispiel über 20 Jahre gewählt, weil die Bevölkerung länger lebt, das heißt länger auf eine zusätzliche Altersversorgung angewiesen ist. Die Entnahmen hätte natürlich auch beliebig erhöht werden können.
7. Die Zukunft läßt sich nicht ohne weiteres aus der Vergangenheit ableiten. Bei der Auswahl eines Investment Managers zeigt ein Blick auf die Vergangenheit allerdings, welche Leistungen des Management in einer sich ändernden wirtschaftlichen Welt bisher erbracht hat; bei Templeton während der letzten 38 Jahre.

TGSS Ent20yn6.93 3/93

Templeton Growth Fund

Alle Angaben in US-$

Investition $ 100.000.- am 1.1.1972

Am 1.1.1972 wurden für diese Anlage 17.241,379 Templeton Growth Fund Anteile erworben zu einem Ausgabepreis von $5,80, der Gebühren von 5,75 % beinhaltet. Alle Dividenden- und Kursgewinnausschüttungen wurden in neuen Anteilen wieder angelegt. Ab 1973 wurden USD 2.500 pro Quartal entnommen.

Datum	Investition	Jahres-dividende	Invest. inkl. Dividende	Kursgewinn-ausschüttung	Entnahmen jährlich	Entnahmen kumulativ	Gesamtanzahl restl. Anteile	Inventarwert in US-$	Wert der restl. Anteile
31/12/72	100.000	1.207	101.207	2.566	0-	0-	17.761,712	8,95	158.967
31/12/73	0	1.050	102.257	13.909	10.000-	10.000-	18.314,940	7,33	134.249
31/12/74	0	2.071	104.328	2.702	10.000-	20.000-	17.495,667	6,23	108.998
31/12/75	0	2.457	106.785	519	10.000-	30.000-	16.626,013	8,39	139.492
31/12/76	0	1.964	108.749	1.800	10.000-	40.000-	16.061,868	12,03	193.224
31/12/77	0	2.536	111.285	11.256	10.000-	50.000-	16.458,146	13,47	221.691
31/12/78	0	2.117	113.402	977	10.000-	60.000-	16.020,312	15,86	254.082
31/12/79	0	3.811	117.213	4.287	10.000-	70.000-	47.877,875	6,51 [3)]	311.685
31/12/80	0	5.696	122.908	18.036	10.000-	80.000-	50.201,759	7,59	381.031
31/12/81	0	7.483	130.391	0	10.000-	90.000-	49.827,218	7,43	370.216
31/12/82	0	9.890	140.282	17.308	10.000-	100.000-	52.768,551	7,55	398.403
31/12/83	0	9.445	149.727	0	10.000-	110.000-	52.730,946	9,84	518.873
31/12/84	0	9.970	159.697	15.218	10.000-	120.000-	54.546,484	9,53	519.828
31/12/85	0	13.032	172.729	26.064	10.000-	130.000-	57.501,110	11,36	653.213
31/12/86	0	23.443	196.172	27.509	10.000-	140.000-	60.726,596	12,87	781.551
31/12/87	0	26.510	222.682	65.069	10.000-	150.000-	67.944,783	11,73	796.992
31/12/88	0	32.853	255.534	16.898	10.000-	160.000-	70.874,443	13,75	974.254
31/12/89	0	44.509	300.043	33.154	10.000-	170.000-	75.105,270	15,76	1.183.666
31/12/90	0	41.278	341.321	51.119	10.000-	180.000-	81.440,940	13,10	1.066.876
31/12/91	0	36.897	378.218	99.743	10.000-	190.000-	90.102,330	15,43	1.390.279
31/12/92	0	32.946	411.164	113.831	10.000-	200.000-	100.054,170	14,38	1.438.779
Summen :	**100.000**	**311.164**	**411.164**	**521.964**	**0-**	**200.000-**	**100.054,170**	**14,38**	**1.438.779**

1. Der Berechnung wurden 5,75 % Emissionskosten zugrunde gelegt, in Wirklichkeit beliefen sich diese jedoch nur auf 3,5%
2. Im allgemeinen wird europäischen Anlegern von der Dividendenausschüttung eine 15 %ige Quellensteuer abgezogen, die dem Anleger bei der Anmeldung der persönlichen Einkommenssteuer angerechnet wird. Beim obigen Beispiel wurde diese Quellensteuer nicht berücksichtigt.
3. Die Anteile wurden 1979 gesplittet, so daß sich die Zahl der Anteile nicht erhöht hat.
4. Durch die Anmeldung des Vertriebs beim Bundesaufsichtsamt für das Kreditwesen ergibt sich die günstige Steuerregelung, daß nur Dividenden einkommenssteuerpflichtig sind. Da es sich beim TGF um einen Wachstumsfonds handelt, sind die Dividenden und damit automatisch die zu zahlende Einkommenssteuer gering.
5. Die Kolonne "Wert der restl. Anteile" zeigt Ihnen, welchen Wert die Anlage am Ende eines jeden Jahres hatte, obwohl US$ 10.000 pro Jahr entnommen wurden.
6. Wir haben ein Beispiel über 20 Jahre gewählt, weil die Bevölkerung länger lebt, das heißt länger auf eine zusätzliche Altersversorgung angewiesen ist. Die Entnahmen hätte natürlich auch beliebig erhöht werden können.
7. Die Zukunft läßt sich nicht ohne weiteres aus der Vergangenheit ableiten. Bei der Auswahl eines Investment Managers zeigt ein Blick auf die Vergangenheit allerdings, welche Leistungen des Management in einer sich ändernden wirtschaftlichen Welt bisher erbracht hat; bei Templeton während der letzten 38 Jahre.

TGSS Entnahme.93 3/93

RWS Vermögensplanung Aktiengesellschaft

Waldemar von Roon,
Vorstandsvorsitzender der RWS Vermögensplanung Aktiengesellschaft:

„Deutschland ist im Bereich Investment noch ein Entwicklungsland, doch das wird sich innerhalb der nächsten Jahre rapide ändern."

„RWS Gesellschaft für Planung und Vermittlung von Vermögensanlagen — ein Finanzdienstleistungsvertrieb wächst im stillen." So titulierte das kritische Deutsche Finanzdienstleistungs-Institut bereits 1990 einen positiven Bericht über die RWS. Resümee des Berichts: Bislang hat man nur Positives über die RWS beziehungsweise über seinen Initiator, den Dipl. Kfm. Waldemar von Roon, vernommen. Wir besuchten Herrn von Roon in seiner Vertriebszentrale in Hannover.

„RWS ist ein expandierendes Finanzdienstleistungsunternehmen. Sie verfügen über mehr als 500 Mitarbeiter und betreuen viele tausend Kunden. Wer ist der kluge Kopf hinter RWS?"

Waldemar von Roon: „In der Tat ist RWS ein low-publicity Unternehmen, obwohl wir bereits seit 15 Jahren am Markt aktiv sind. Es klingt unwahrscheinlich, daß noch nicht viele von uns gehört haben. Sie und ich aber wissen, daß viele Firmen, von denen man in der Öffentlichkeit noch nichts vernommen hat, dennoch sehr interessante und vor allem seriöse Unternehmen sind. Ich gebe zu, daß wir uns bisher bewußt in Richtung Publicity zurückgehalten haben. Wir sind der Auffassung, daß es sinnvoller ist, die Mittel, die zur Verfügung stehen, in die Ausbildung der Mitarbeiter und die Verkaufsförderung zu investieren."

„Wie sieht das Tätigkeitsfeld der RWS aus?"

Waldemar von Roon: „Noch sind wir nicht im gesamten Bundesgebiet tätig. Daher macht es für uns auch keinen Sinn, bundesweit zu werben. Die RWS ist historisch gewachsen und hat ihren Ausgangspunkt in Niedersachsen. Ich selbst war Landesdirektor bei der Deutschen Vermögensberatung AG und habe diese Gesellschaft von der ersten Stunde an mit aufgebaut. Davor war ich für die Bonnfinanz AG im Raum Niedersachsen tätig.

Nach der Gründung der RWS ist alles von hier ausgegangen. Wir sind heute im norddeutschen Raum in Kiel, Hamburg, Bremen, Berlin, Hannover, Harz, Wolfsburg, Braunschweig, aber auch in Köln und Baden Baden vertreten. Weitere interessante Städte, wie etwa Frankfurt und München, haben wir im Visier."

„Und wie steht's mit ihrer Unabhängigkeit, ganz unverblümt gefragt?"

Waldemar von Roon: „Um unseren Aufgaben gerecht zu werden, müssen wir völlig unabhängig sein. RWS gehört keiner Bank, keiner Versicherung oder Bausparkasse. Das Kapital befindet sich ausschließlich in unseren Händen, sprich meiner Frau, mir und erfolgreichen Mitarbeitern, die von Anfang an dabei sind. Inzwischen sind wir dabei, über einen Aktienbeteiligungsplan weitere erfolgreiche Mitarbeiter an der Firma partizipieren zu lassen. Die RWS Aktien sind bisher nicht börsennotiert. Das ist auch bis auf weiteres nicht vorgesehen. Unsere Unabhängigkeit stellt sicher, daß wir auch in Zukunft kreativ bei den Angeboten mitwirken können. Und gerade für die Zukunft scheint mir das besonders wichtig."

„Wie würden Sie die strategische Unternehmensphilosophie der RWS kennzeichnen?"

Waldemar von Roon: „Es geht darum, für die Menschen, die wir beraten, die bei einem üblichen Ausbildungsweg so gut wie nichts über Fragen der Vermögensplanung erfahren, seriöse Angebote und Produkte auszuwählen. Die meisten Menschen haben während ihrer Ausbildung nur sehr wenig zum Thema Geldanlage gehört. Auch ich als Diplom-Kaufmann muß sagen, daß ich während meiner Ausbildung nur am Rande etwas über diese Fragen mitbekommen habe.

Dabei ist das Thema Vermögensplanung für jeden von großer Bedeutung. Jeder Mensch wird im Laufe seines Lebens damit konfrontiert. Doch meist werden die Entscheidungen entweder aus dem Bauch heraus getroffen oder durch Vertreter, Banken, Bausparkassen vorgegeben. Wir haben es uns zur Aufgabe gemacht, aus der Unabhängigkeit heraus die Bedürfnisse dieser Kunden zu erkennen und mit seriösen Angeboten die Probleme zu lösen."

„Seriöse Angebote und Produkte zu vertreiben, sollte doch selbstverständlich sein. Was bedeutet es für RWS, seriöse Angebote zu offerieren?"

Waldemar von Roon: „Seriöse Angebote sollten natürlich selbstverständlich sein, sind es aber — wenn man sich den Markt einmal genauer betrachtet — bei weitem nicht. Leider. Darüber haben wir uns von der RWS schon unsere Gedanken gemacht. Man muß sich einmal vorstellen, was geschehen würde, wenn morgen die Aufsicht über Banken und Versicherungen aufgehoben würde. Dann würden sich sehr schnell Betrüger bis hin zur Mafia in dieses Geschäft hineinschleichen und ihre finsteren Interessen verfolgen.

Auf dem freien Finanzmarkt verhält es sich jedoch praktisch so. Jeder kann ohne Ausbildung, ohne eine besondere Genehmigung — außer der Gewerbeanmeldung — dieses Geschäft betreiben. Dabei ist der Finanzmarkt heute der bedeutendste Markt in Deutschland vom Volumen und von der volkswirtschaftlichen Wertschöpfung her. Der Finanzmarkt hat sogar den Baumarkt an Bedeutung übertroffen; es geht also um gewaltige Größenordnungen, nämlich Milliardenbeträge. Das davon auch finstere Elemente angezogen werden, versteht sich fast von selbst. Unserer Auffassung nach ist es dringend erforderlich, daß sich in Richtung Kontrolle der Gesellschaften, die sich mit diesem sensiblen Geschäft befassen, wie auch bei der Ausbildung der Mitarbeiter etwas tut."

„Wie würden Sie die Position der RWS am Markt beschreiben? Umreißen Sie einmal kurz die Erfolgsfaktoren Ihrer Vertriebskonzeption."

Waldemar von Roon: „RWS vertritt bei der Auswahl der Angebote einige Grundsätze, die unumstößlich sind. Wir vertreiben nur amtsgeprüfte Angebote. Das sind Produkte, die von einer staatlich anerkannten Institution, wie zum Beispiel den Bundesaufsichtsämtern für das Kreditwesen oder Versicherungswesen, geprüft und zugelassen sind. Wer von unseren Mitarbeitern zum Beispiel Anteile von geschlossenen Fonds anbieten will, muß unsere Gesellschaft verlassen, weil geschlossene Fonds nicht unseren Kriterien entsprechen. Sie sind weder amtsgeprüft, noch kann der Kunde die Anteile problemlos zurückgeben.

Unsere Strategie scheint die richtige zu sein, denn wir haben in 15 Jahren keinen einzigen Flop produziert. Im Gegensatz dazu müssen wir feststellen, daß viele andere Unternehmen nicht an den Kunden und dessen langfristigen Erfolg denken, sondern primär an den eigenen, kurzfristigen Gewinn."

„Wie garantieren Sie eine gleichbleibende Beratungsqualität Ihrer Mitarbeiter?"

Waldemar von Roon: „Das ist eine wirklich schwierige Aufgabe. Dies ist nur mit einer — Sie gestatten die Ausdrucksweise — knallharten, sehr intensiven und aufwendigen Schulung und einschneidenden Selbstbeschränkungen von Anfang an zu erreichen. Wie soll es sonst möglich sein, daß auch Branchenfremde diese komplizierte Materie in einer überschaubaren Zeit erlernen und seriös weitergeben? Wir haben bei RWS sehr frühzeitig ein System entwickelt, das ebenfalls unumstößlich ist.

Der Mitarbeiter, der zu uns kommt, ist am Anfang erst Assistent und darf keine eigenen Beratungen durchführen. Er besucht Schulungen, geht zusammen mit einem erfahrenen Berater zum Kunden und lernt theoretisch und praktisch, mit diesen Dingen umzugehen.

Im nächsten Schritt werden unsere Mitarbeiter selbst in die Lage versetzt, Kunden zu beraten; dies bleibt jedoch beschränkt auf den Angebotsbereich des Investmentsparens. Er darf auf der Stufe als Finanzkaufmann ausschließlich offene Investment, Immobilien- und Rentenfonds und die Investmentpolice anbieten. — Wenn das bewältigt ist, beginnt die Ausbildung zum Allfinanzkaufmann. Diese Ausbildung zieht sich über viele Monate hin, und jede einzelne Stufe wird durch eine Prüfung abgefragt.

Das System erlaubt es nicht, daß bei uns die Mitarbeiter im Massenverfahren ausgebildet werden. Unsere Ausbildung ist also sehr umfangreich und kostenaufwendig.

Zusammenfassend läuft die Ausbildung in drei Richtungen:

— Training on the Job
— Ausbildung in der Zentrale mit einem Pflichtprogramm an Seminaren
— Ausbildung in der Geschäftsstelle und der Direktion mit wöchentlichen Meetings, wobei alles in der Praxis Erfahrene noch einmal aufbereitet wird.

Ferner findet ein Verkaufstraining in unserer Akademie statt, das von einem der erfolgreichsten Verkaufstrainer Deutschlands durchgeführt wird. Bei Spezialfragen der Kunden, zum Beispiel über Sachversicherungen, Krankenversicherung, komplizierte Baufinanzierung, verweisen wir an unsere Angebotspartner. Man muß sich auf bestimmte Angebote beschränken, sonst überhebt man sich."

„Wie sieht das Motivationssystem für Ihre Mitarbeiter aus?"

Waldemar von Roon: „Motivation bedeutet für uns in erster Linie Ehrlichkeit. Diese ist die Grundvoraussetzung für Vertrauen. Partnerschaft setzt voraus, daß man miteinander fair und ehrlich umgeht, das heißt, wir haben eine Vertragskonzeption, die wirklich jedem eine faire Chance einräumt. Die geleistete Arbeit wird so honoriert, daß man sich nicht ungerecht behandelt fühlt. Immer dann, wenn Menschen das Gefühl haben, sie werden unfair behandelt, gibt es Ärger. Es ist nicht leicht, ein gerechtes System zu finden, aber ich glaube, es ist uns gelungen.

Wir tragen eine große Verantwortung unseren Mitarbeitern gegenüber. Deshalb haben wir ein soziales Netz für unsere erfolgreichen Mitarbeiter aufgebaut: Obwohl sie selbständig sind, haben wir eine Familienabsicherung, eine Pensionskasse und ein Versorgungswerk eingerichtet. Das alles sind Instrumente, die greifen, falls ein

Mitarbeiter unverschuldet in Notsituationen gerät und nicht mehr weiterarbeiten kann.

Das zweite, was eine dauerhafte Bindung herstellt, ist die Perspektive, über den Aktienbeteiligungsplan am Unternehmen beteiligt zu werden, und zwar in der saubersten und ehrlichsten Form, nämlich über Namensaktien. Das ist für mich der klare Weg, erfolgreiche Mitarbeiter und somit das gesamte Unternehmen zu motivieren.

Als dritten Punkt der Motivation sehe ich das Angebot, daß alle, die hart arbeiten und Erfolg haben, zusammen mit den erfolgreichsten Kollegen und den Partnern einmal im Jahr Club-Urlaub machen können. Das ist unsere Art der Anerkennung für die Leistungen innerhalb eines Jahres."

„Betreiben Sie wie viele Mitbewerber auch klassisches Zielgruppengeschäft oder wie gestaltet sich die Akquisition und Beratung in der Praxis?"

Waldemar von Roon: „Natürlich arbeiten wir auch zielgruppenorientiert. Aber wir akquirieren nicht aggressiv, sondern wir arbeiten nur auf Empfehlung. Das bedeutet, daß die Mitarbeiter ganz gezielt — zugegeben auch mit kleinen „Bonbons" — den Kunden motivieren, nachdem sich dieser ein Urteil über unsere Arbeit gebildet hat, uns bei seinen Geschäftsfreunden, Mitgliedern im Verein etc. zu empfehlen.

Voraussetzung dafür ist, daß man wirklich eine Dienstleistung anbietet, die man auch empfehlen kann — mit anderen Worten, daß die Kunden mit bisherigen Leistungen zufrieden sind."

„Welche Produkte umfaßt Ihr Angebot und welche Klientel sprechen Sie mit Ihren Dienstleistungen an?"

Waldemar von Roon: „Wir bieten die konventionellen Produkte aus der Versicherungs-, Bauspar- und Bankdienstleistungsbranche an und haben natürlich auch Investmentfonds im Programm. Wir wählen diese Angebote aufgrund unserer Erfahrung nach Qualitätsmerkmalen aus. Seit kurzem vertreiben wir exclusiv für Metzler Investment GmbH zwei neu gegründete RWS-Fonds. Metzler und RWS bleiben natürlich völlig unabhängig. Eine Verquickung der beiden Unternehmen ist nicht geplant. Die Fonds und deren Anlagepolitik sind unabhängig von den Interessen der RWS. Die Anlagepolitik erfolgt ausschließlich marktorientiert. Eine Erweiterung unserer Produktpalette in Zukunft ist nicht ausgeschlossen. Damit können wir quasi jede beliebige Kundengruppe ansprechen, obwohl wir gleichzeitig Spezialisten unseres Metiers sind."

„Welche Rolle spielen Investmentfonds im Rahmen der Vermögensplanung der RWS und Ihrer Mitarbeiter?"

Waldemar von Roon: „Wir glauben, daß das Investmentsparen für die Anleger — aber auch für unser Unternehmen — eine große Chance darstellt. Schon jetzt zeichnet die RWS mehr als 50 % des Umsatzes im Investmentbereich.

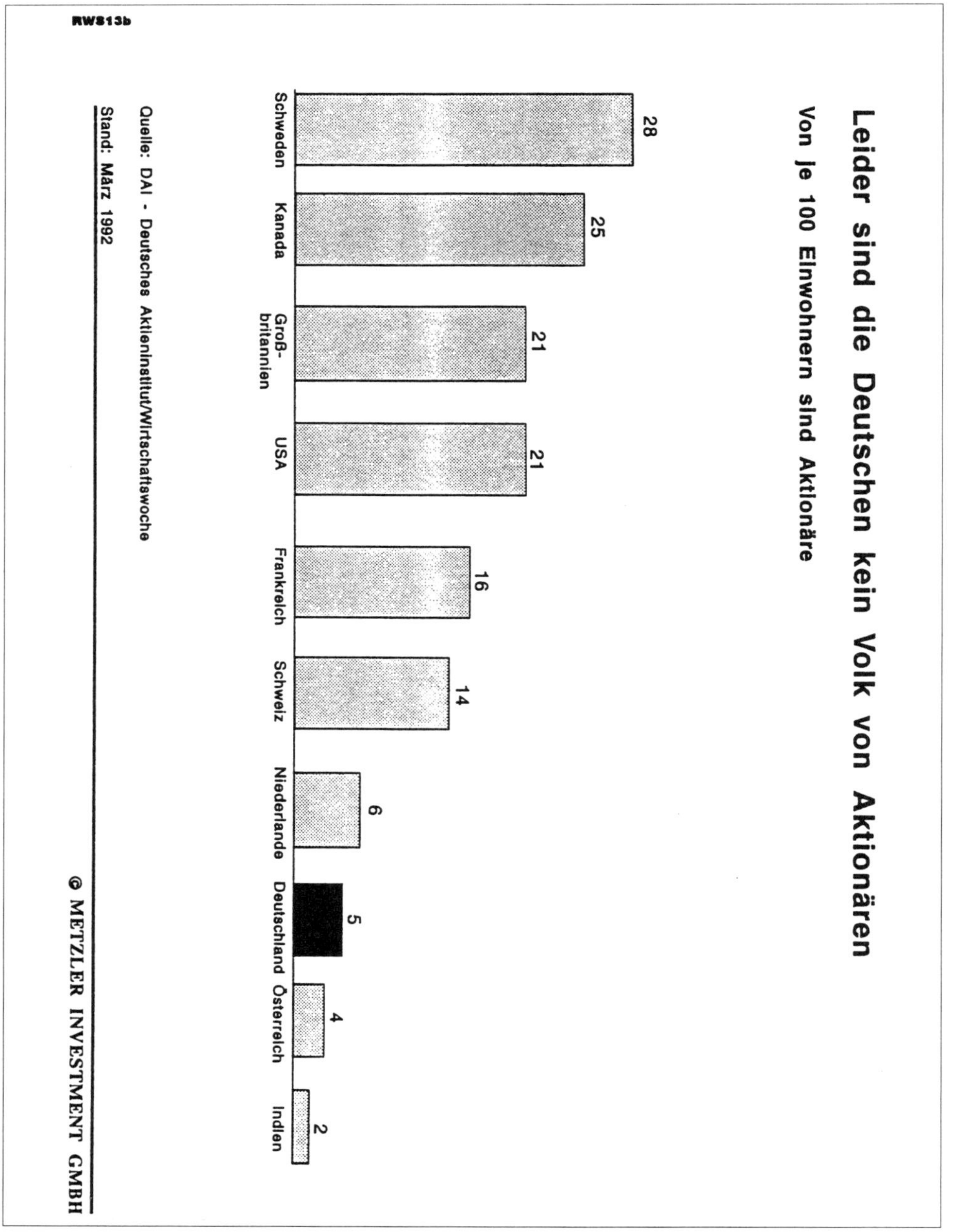
RWS13b
Leider sind die Deutschen kein Volk von Aktionären
Von je 100 Einwohnern sind Aktionäre
28
25
21
21
16
14
6
5
4
2
Schweden
Kanada
Groß-
britannien
USA
Frankreich
Schweiz
Niederlande
Deutschland
Österreich
Indien
Quelle: DAI - Deutsches Aktieninstitut/Wirtschaftswoche
Stand: März 1992
© METZLER INVESTMENT GMBH

Wir können feststellen, daß Deutschland im Investmentbereich ein absolutes Entwicklungsland ist. Wenn wir Vergleiche mit Frankreich, Amerika, Japan, Italien etc.anstellen, stehen wir an drittletzter Stelle der Welt, nach uns kommen nur noch Österreich und Indien.

Aber es bewegt sich etwas. Die neueste Statistik zeigt, daß 1992 das Investmentsparen zugenommen hat. Es ist unserer Meinung nach höchste Zeit, daß auch die Deutschen von der äußerst attraktiven und sinnvollen Sparform erfahren. Wir beginnen darum unsere Ausbildung mit diesen Angeboten. Es gibt einen ungeheuren Nachholbedarf, den wir decken wollen. Und wir glauben, daß keine Gesellschaft so geeignet ist, diesen Bereich anzupacken, wie die RWS. Denn wir haben keine Interessenskonflikte, wir müssen keine Bausparverträge verkaufen, wenn der Kunde gar nicht bauen will, und keine Lebensversicherungen, wenn der Kunde diese nicht benötigt."

„Anhand welcher Kriterien wählen Sie Ihre Produktpartner und Ihre Produkte aus?"

Waldemar von Roon: „Die Frage, wie wir unsere Angebote auswählen, ist relativ einfach zu beantworten. Wichtigster Punkt ist die Erfahrung. Ich arbeite schon seit 25 Jahren im Finanzmarkt, und da bekommt man einiges mit, hat gelernt, die Dinge zu bewerten und einzuschätzen. Wenn wir nach 15 Jahren RWS-Geschichte noch immer Umsatzsteigerungen verzeichnen können, geschieht dies nur, wenn die Kunden zufrieden sind. Wir arbeiten nur auf Empfehlung. Folglich ist für unseren Erfolg die richtige Produktauswahl sehr wichtig. Hierbei steht die Erfahrung ganz oben an. Aber auch Faktoren wie zum Beispiel Performance, Fondsstrategie beziehungsweise Fondsmanagement dürfen nicht übersehen werden.

Ähnlich ist es bei der Auswahl der Kapital-LV. Allerdings halte ich eine Kapital-LV heutzutage als Instrument der Vermögensbildung nicht mehr für unbedingt geeignet. Wir empfehlen die Kapital-LV nur, wenn zum Beispiel noch Vorsorgeaufwendungen frei sind, manchmal im Rahmen der Baufinanzierung, gelegentlich bei der Direktversicherung und Gehaltsumwandlung. Dann schauen wir, welche Gesellschaft in der Vergangenheit am erfolgreichsten gearbeitet hat, vergleichen die Abwicklungsabläufe und entscheiden uns dann für die beste Gesellschaft."

„Die RWS hat zusammen mit der Metzler-Investment GmbH zwei Investmentfonds aufgelegt, die den Namen RWS tragen. Also doch eine Änderung der Strategie und eigene Produkte?"

Waldemar von Roon: „Der RWS-RENDITEFONDS-MI und der RWS-WACHSTUMSFONDS-MI tragen unseren Namen, weil wir uns dafür entschieden haben, die Fonds exklusiv zu vertreiben. Wir wollten nicht, daß unseriöse Gesellschaften mit diesem Produkt in Verbindung kommen. Wir müssen den Kopf hinhalten, wenn einmal etwas schiefgeht. Fallen die Kurse einmal, ruft der Kunde gewöhnlich uns an, nur selten die Kapitalanlagegesellschaft. Deswegen war es für uns wichtig, im Anlageausschuß Sitz und Stimmen zu haben. Bei den Fonds bin ich Vorsitzender des Anlageausschusses, einer meiner wichtigsten Mitarbeiter sitzt ebenfalls im Anlageausschuß. Wir haben damit die Möglichkeit, die Fondspolitik hautnah an der Quelle zu kontrollieren. Wir wollen kein Fondsmanagement machen, aber wir wollen wissen, was passiert. Nur dann können wir auch die Verantwortung übernehmen.

Wenn wir so in der Verantwortung stehen, dann wollen wir auch nichts verschleiern. Wir sind der Meinung, dann muß diese Verantwortung auch in der Bezeichnung des Fondsnamens dokumentiert werden. Darum heißen die Fonds RWS-MI, diese Bezeichnung ist offen und ehrlich, ganz nach unserem Motto: Klarheit in allen Dingen, die wir tun.

Natürlich sind wir auch der Meinung, daß es für unser Image nicht gerade von Nachteil ist, wenn unser Name im Angebot auftaucht oder täglich in den Zeitungen nachzulesen ist. Wir haben nach unseren Recherchen festgestellt, daß erstmalig in Deutschland eine erfolgreiche, kompetente und anerkannte Bank, die Metzler Bank, sich mit einem Strukturvertrieb zusammengeschlossen hat. Das ist wirklich außergewöhnlich. Daß dieses Institut auch noch bereit ist, unsere Vorschläge umzusetzen und exklusiv mit uns zusammenzuarbeiten, das ist neu in der Branche, und vielleicht haben wir damit Maßstäbe gesetzt.

Es wurden zwei Fonds am 1. 6.1993 offiziell genehmigt. Die Kurse sind in den Wirtschaftszeitungen veröffentlicht. Das Mittelaufkommen haben wir ganz vorsichtig auf 30 Mio. DM p.a. kalkuliert. Wir glauben aber, daß wir dieses Ergebnis zwischen 20 % und 30 % p.a. steigern können.

Die Investmentpolice kann in Zukunft mit diesen Fonds gekoppelt werden. Das liegt bereits beim Aufsichtsamt, und wir warten auf die Genehmigung in Kürze. Ein Teil des Beitrages der Kunden im Rahmen der Investmentpolice wird dann in die RWS-Fonds einfließen. Wir glauben, daß wir in 10 Jahren in beiden Fonds mindestens eine Milliarde DM Volumen haben werden.

Wir haben aber auch andere Investmentfonds im Angebot, wie zum Beispiel die Angebote der Münchner Kapitalanlagegesellschaft, die DIFA oder ADIG . Zu den Fonds bleibt noch zu sagen, daß wir ausschließlich offene Fonds vertreiben und keine geschlossenen Fonds."

„Inwieweit haben Sie selbst Einfluß auf die Produktgestaltung?"

Waldemar von Roon: „Bisher hatten wir leider kaum Einfluß auf die Produktgestaltung. Die Vorstände einer Versicherungsgesellschaft oder einer Bausparkasse genießen hohes Ansehen. Wenn man aber einer derjenigen ist, die draußen vor Ort die

Arbeit machen, den Kunden beraten, scheint man kein vollwertiger Partner zu sein. Bisher haben wir leider keinen Einfluß und das ist auch der Grund, warum wir so froh sind über die Partnerschaft mit einer renommierten Investment-Gesellschaft wie der Metzler Investment GmbH. Es hat sich erstmalig eine Bank bereit erklärt, mit uns innovativ zusammenzuarbeiten, um unsere Vorschläge ernstzunehmen und auch umzusetzen."

„Welche herausragenden Entwicklungen stehen Ihrer Meinung nach in den nächsten zwei bis drei Jahren im Finanzdienstleistungsbereich an?"

Waldemar von Roon: „In den nächsten zehn Jahren wird der ohnehin schon gigantische Finanzmarkt noch weiter wachsen. Die größten Zuwachschancen und Zuwachsraten werden im Investmentbereich liegen. Speziell die fondsgebundene Lebensversicherung wird der große Konkurrent der Kapital-Lebensversicherung werden.

Ferner bin ich der Auffassung, daß speziell der Vertriebsweg über den selbständigen Außendienst eine bedeutende Rolle spielen wird. Die Dämme sind gebrochen durch die Tatsache, daß die Deutsche Bank, die sich bislang gegen diesen Vertriebsweg ausgesprochen hat, durch den Erwerb der Bonnfinanz als Vorreiter dokumentiert hat, daß dieser Weg des Vertriebes sehr interessant ist.

Es kann allerdings Probleme geben, wenn nicht möglichst bald die negativen Entwicklungen, wie unsolide Angebote und unseriöser Vertrieb, gestoppt werden. Insofern hoffe ich, daß in Kürze eine Kontrolle der Unternehmen, der Mitarbeiter und aller Angebote eingeführt wird, damit der deutsche Finanzmarkt sauber wird. Wenn dies allerdings nicht geschieht, kann es noch immense Probleme geben, denn das Image dieser Branche ist sehr schlecht, und nur wir selbst können mit Hilfe staatlicher Institutionen dafür sorgen, daß dieses sich verbessert. Generell glaube ich, daß speziell der RWS eine unglaublich gute Zeit bevorsteht. Wir wollen alles tun, unsere Chance zu nutzen."

„Bitte nennen Sie uns kurz fünf goldene Regeln für einen erfolgreichen und kundenorientierten Finanzdienstleister."

Waldemar von Roon: „Die goldenen Regeln für einen erfolgreichen RWS-Finanzkaufmann lauten:

— Absolut geordnete persönliche finanzielle Verhältnisse
— Eine erfolgreich abgeschlossene Ausbildung
— Die Fähigkeit, sich mit einer neuen Materie auseinanderzusetzen
— Gerne und gut mit Menschen umzugehen
— Unbedingter Erfolgswillen und Begeisterungsfähigkeit."

RENDITE · WACHSTUM · SICHERHEIT

Vermögenszusammensetzung in Deutschland erfährt eine dramatische Veränderung

- Privates Geldvermögen der Deutschen verdoppelt sich in weniger als 10 Jahren

  in 1990 3.100 Mrd DM
  (nahezu 100.000 DM/Haushalt)

  in 2000 5.500 - 6.000 Mrd DM

- Jährliche Geldvermögensbildung von 250 - 300 Mrd DM, steigender Anteil Zinsgutschriften

- Erbschaftsvolumen in den 90er Jahren über 1.500 Mrd DM

- Deutschland ist größter europäischer Finanzmarkt und der Finanzmarkt ist der größte deutsche Markt

- Seit 1970: Umschichtung in Richtung Wertpapiere und Lebensversicherungen

RWS VERMÖGENSPLANUNG AKTIENGESELLSCHAFT

MLP
Lebensversicherung AG

Dirk Petersmann,
Mitglied des Vorstandes der
MLP Lebensversicherung AG:

„Top-Rendite bei bestmöglicher Absicherung des Vermögens — das ist unsere Devise."

Die Zufriedenheit jedes Kunden durch fundierte Beratung, geprägt durch Kontinuität — und durchgängige Betreuung des Kunden in seinen einzelnen Lebensphasen — das ist die Unternehmensphilosophie von MLP, dem einzigen börsennotierten unabhängigen Finanzdienstleister in Deutschland. Seit der Emission im Jahre 1988 hat sich der Kurs der Aktie unter Berücksichtigung der Gratisaktien mehr als verdreifacht. MLP — 1969 aus der Taufe gehoben — begründete die Idee vom Allfinanz-Angebot für Akademiker. Seither rollt der Zug unaufhaltsam in Richtung Erfolg. Deutlich mehr als zwei Milliarden DM Lebensversicherungssumme pro Jahr und jährlich steigende Mitarbeiter- und Umsatzzahlen: Bald ist jeder vierte Jungakademiker MLP-Kunde. Wie gelingt ein solches „Kunststückchen"? Wir unterhielten uns darüber mit Dirk Petersmann, Mitglied des Vorstandes der MLP Lebensversicherung AG und Leiter des Bereichs „Geldanlagen" bei der MLP Finanzdienstleistungen AG.

„MLP ist ein bundesweit tätiges Finanzdienstleistungsunternehmen. Warum sind Sie seit Jahren die Nummer 1 im Markt?"

MLP: „Seit Beginn unserer Tätigkeit haben wir uns stets auf das Wesentliche konzentriert. Das heißt, wir haben nicht permanent neue Dinge angefangen, sondern das Bestehende immer weiter verbessert, bis wir selbst zufrieden waren und die Dinge beherrschten. Erst dann haben wir etwas Neues initiiert. Wir führten ein konsequentes

Zielgruppengeschäft durch, haben uns also der Reihe nach auf Kunden aus bestimmten Berufsgruppen, z.B. Ärzte, Wirtschaftswissenschaftlicher, Ingenieure, Juristen etc. spezialisiert. Wir haben unsere Tätigkeit auf das ständig steigende Servicebewußtsein der Kunden ausgerichtet.

Heute ist die Problemlösung und nicht mehr der einzelne Produktverkauf gefragt. Das setzt ebenfalls hochqualifizierte Mitarbeiter voraus, die auf etwa dem gleichen Niveau der Kunden stehen."

„Wie würden Sie Ihre strategische Unternehmensphilosophie kennzeichnen?"

MLP: „Wir sind als unabhängiger Finanzdienstleister qualitativer und quantitativer Marktführer im Segment der gehobenen Privatkundschaft. An erster Stelle steht bei uns die Qualität. Dadurch, daß wir gute, kundenorientierte Produkte und auch eine fachlich qualifizierte Beratung anbieten, ergibt sich die Quantität fast automatisch. Unser Ziel ist es, dies alles mit möglichst wenig Hierarchien und hoher Eigenmotivation der Mitarbeiter zu erreichen. Als strategisches Unternehmensziel betrachten wir die umfassende Beratung und Betreuung eines Kunden durchgehend während seiner einzelnen Lebensphasen."

„Sie verstehen sich als absolut unabhängiges Maklerunternehmen. Ist MLP wirklich absolut unabhängig und wie sichern Sie sich diese Unabhängigkeit?"

MLP: „MLP dokumentiert als AG jedes Jahr aufs neue die finanzielle Unabhängigkeit im Geschäftsbericht. Die Stammaktien sind z.Zt. zu ca. 70% in den Händen der Familie Lautenschläger, der Rest ist zu großen Teilen im Besitz von MLP Mitarbeitern und Führungskräften. In den nächsten Jahren wird Lautenschläger soviel abgeben, daß er noch 50 % + 1 der Stammaktien hält. Für diesen Teil wurde den Führungskräften ein unwiderrufliches Vorkaufsrecht eingeräumt. Bei vielen Mitbewerbern ist diese finanzielle Unabhängigkeit schon lange nicht mehr gegeben. Sie sind zumeist Mehrfachagenten.

Bei den Produkten steuern wir ganz aktiv die Verteilung auf viele Produktpartner, um nicht Abhängigkeiten in der einen oder anderen Richtung entstehen zu lassen.

Die Mitarbeiter und Geschäftsstellen arbeiten jeweils als eigenständige Profit-Center. Für diese ist die Wahl einer bestimmten Gesellschaft bezogen auf den Ertrag vollkommen ohne Bedeutung, da pro Sparte immer die gleichen Provisionssätze vergütet werden."

„Beschreiben Sie doch einmal kurz die Erfolgsfaktoren ihrer Vertriebskonzeption."

MLP: „Wir bauen auf eine langfristige Kundenbindung. Diese läßt sich hinsichtlich des sehr intransparenten Finanzmarktes nur durch eine hohe Beratungsqualität sicherstellen.

Der wichtigste Erfolgsfaktor ist die Ausbildung. In der Regel weiß der MLP-Mitarbeiter mehr über das Umfeld seines Kunden als dieser selbst. Berät beispielsweise ein MLP-Berater seit mehreren Jahren vornehmlich Ärzte, dann verfügt er über das gesamte Know-how bzgl. Berufseinstieg, Niederlassungsproblematik, Finanzierungsalternativen, Praxiseinrichtungen etc. Er kann seinen Kunden aufgrund seiner vorhandenen Erfahrungen umfassend beraten, auch in Dingen, die über die eigentliche Beratung seines Themengebietes hinausgehen. Auf diese Weise ist beim Kunden natürlich auch schnell die Akzeptanz gegeben, die Problemlösung der Versicherungs- und Finanzfragen in die Hände dieses kompetenten Beraters zu legen. Dies gilt natürlich für alle Zielgruppen, da sich jeder Berater auf eine bestimmte Klientel spezialisiert."

„Wie garantieren Sie eine gleichbleibende Beratungsqualität, und wie bilden Sie Ihre Mitarbeiter aus?"

MLP: „Wir haben eine Außendienststruktur, die mit ca. 90% Akademiker-Anteil eher atypisch ist. Unsere Mitarbeiter sind von der Ausbildung selbst primär BWL/VWL'er, Juristen oder Ingenieure. Sie durchlaufen einen Ausbildungs-Pflichtteil, der sich über ca. 3 Jahre erstreckt.

Im Anschluß daran geht es über in ein freiwilliges Pflichtprogramm, d.h. ständige interne Weiterbildung. Die Mitarbeiter müssen bestimmte Schulungen besuchen und eine bestimmte Anzahl von Ausbildungsstunden pro Jahr absolvieren, können aber selbst die Schwerpunkte setzen. Insgesamt leisteten wir 1992 ca. 14.000 Mitarbeiter-Schulungstage."

„Wie sieht das Motivationssystem für Ihre Mitarbeiter aus?"

MLP: „Unsere Mitarbeiter sind rechtlich selbständig. Die Vergütung hängt vom Arbeitseinsatz ab. Im ersten Jahr garantieren wir finanzielle Unabhängigkeit in Form eines Vorschusses, damit in der Ausbildungsphase kein Umsatzdruck entsteht. Da Geld bzw. Einkommen allein eine langfristige Motivation nie sichern kann, muß die Eigenmotivation durch Teamgeist und Beteiligung der Mitarbeiter an der Gestaltung der Produkte gefördert werden. Auch die regelmäßige Teilnahme an Schulungen sowie die Möglichkeit für Führungskräfte der Beteiligung am Unternehmen trägt dazu bei."

„Sie betreiben klassisches Zielgruppengeschäft. Wie gestaltet sich die Akquisition und Beratung in der Praxis?"

MLP: „Wir akquirieren ausschließlisch Jungakademiker in der Phase des Berufstarts. Wir gehen an die Universitäten oder die Lehrkrankenhäuser, halten Seminare für Berufseinsteiger ab, d.h. wir informieren sie darüber, was nun auf sie zukommt: Bewerbungsschreiben, Abschluß von Arbeitsverträgen, persönliche Absicherung

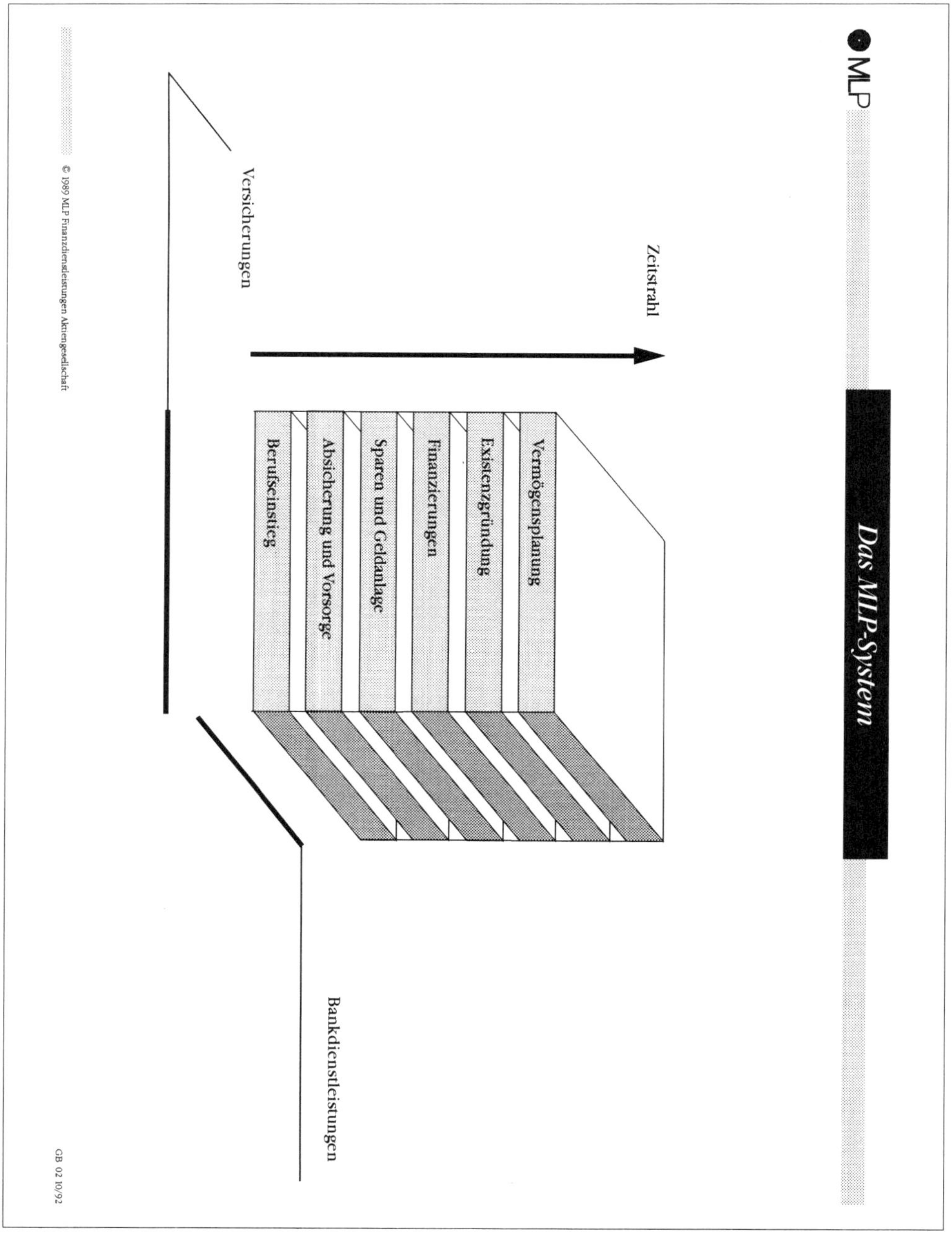
MLP
Das MLP-System
Zeitstrahl
Vermögensplanung
Existenzgründung
Finanzierungen
Sparen und Geldanlage
Absicherung und Vorsorge
Berufseinstieg
Versicherungen
Bankdienstleistungen
© 1989 MLP Finanzdienstleistungen Aktiengesellschaft
GB 02 10/92

und Vorsorge, Niederlassungsusancen etc. Aus diesen Kontakten ergibt sich später eine Beratungsquote von ca. 90%."

„Sie konzentrieren sich vornehmlich auf Jungakademiker. Ist dieses Klientel wirklich so lukrativ — einmal ganz krass ausgedrückt?"

MLP: „Langfristig gehört die angesprochene Zielgruppe der Jungakademiker natürlich zur sogenannten gehobenen Privatkundschaft. Eine Zusammenarbeit ist also für alle Beteiligten dann interessant, wenn ein Mitarbeiter sie über viele Jahre hinweg, vielleicht während des gesamten Berufslebens, betreut. In unserem Markt-Segment werden wir in den nächsten Jahren ca. 25% des Marktes mit allen Produkten außer dem Girokonto abdecken, jeder vierte Jungakademiker wird dann unser Kunde sein. Bei den Jung-Medizinern ist es jetzt bereits jeder Zweite. Die langfristige Betreuung erfordert natürlich ein hohes Maß an Qualität. Wir stecken daher viel Kraft und auch Geld in den Mitarbeiteraufbau. Insbesondere ist es uns gelungen, durch kundenadäquate Produktpolitik auch außerhalb des angestammten Medizinermarktes Fuß zu fassen. Mehr als 50 % unserer Neukunden kommen bereits aus dem Bereich der Wirtschaftswissenschaftler und Ingenieure. Damit ist das weitere Wachstum von MLP vorprogrammiert."

„Was bedeutet für MLP kundenorientierte Beratung im Bereich der Finanzdienstleistung?"

MLP: „Kundenorientierte Beratung bedeutet für uns in erster Linie die Lösung von Problemen. Der Verkauf darf nicht im Vordergrund stehen. Es ist wichtig, daß unsere Kunden wissen, daß wir für sie da sind. Unsere Zielsetzung ist die durchgängige Betreuung eines Kunden in seinen einzelnen Lebensphasen. Wir bieten daher konsequenterweise Produkte an, die jeder Lebensphase angepaßt werden können. Denn in jeder Lebensphase hat der einzelne Kunde unterschiedliche Bedürfnisse und Ziele. Selbstverständlich ist Fairneß gegenüber unseren Kunden und seine Zufriedenheit unser Gradmesser des Erfolges. Eine kurzfristige Optimierung des Provisionsertrags mit unserem Kunden ist für uns kein Thema."

„Anhand welcher Kriterien wählen Sie Ihre Produktpartner aus?"

MLP: „Die Produkte müssen in der Lage sein, die Probleme unserer Klientel zu lösen. Es müssen leistungsstarke Partner sein, sowohl was den Bereich der Wertentwicklung als auch den Bereich des Service betrifft. Die Gesellschaften dürfen keine ‚Eintagsfliegen' sein, sondern müssen ein gesundes, gewachsenes Management haben und flexibel auf Wünsche eingehen. Wir von MLP bestehen auf einer eigenen Servicestelle und die Gesellschaften müssen bereit sein, für uns exklusiv Produkte zu konzipieren. Dafür bieten wir ein sehr stornoarmes Geschäft mit einer guten Kundenklientel. Ein letzter wichtiger Punkt: die Gesellschaften sollten kulant sein, wenn es gerechtfertigt ist."

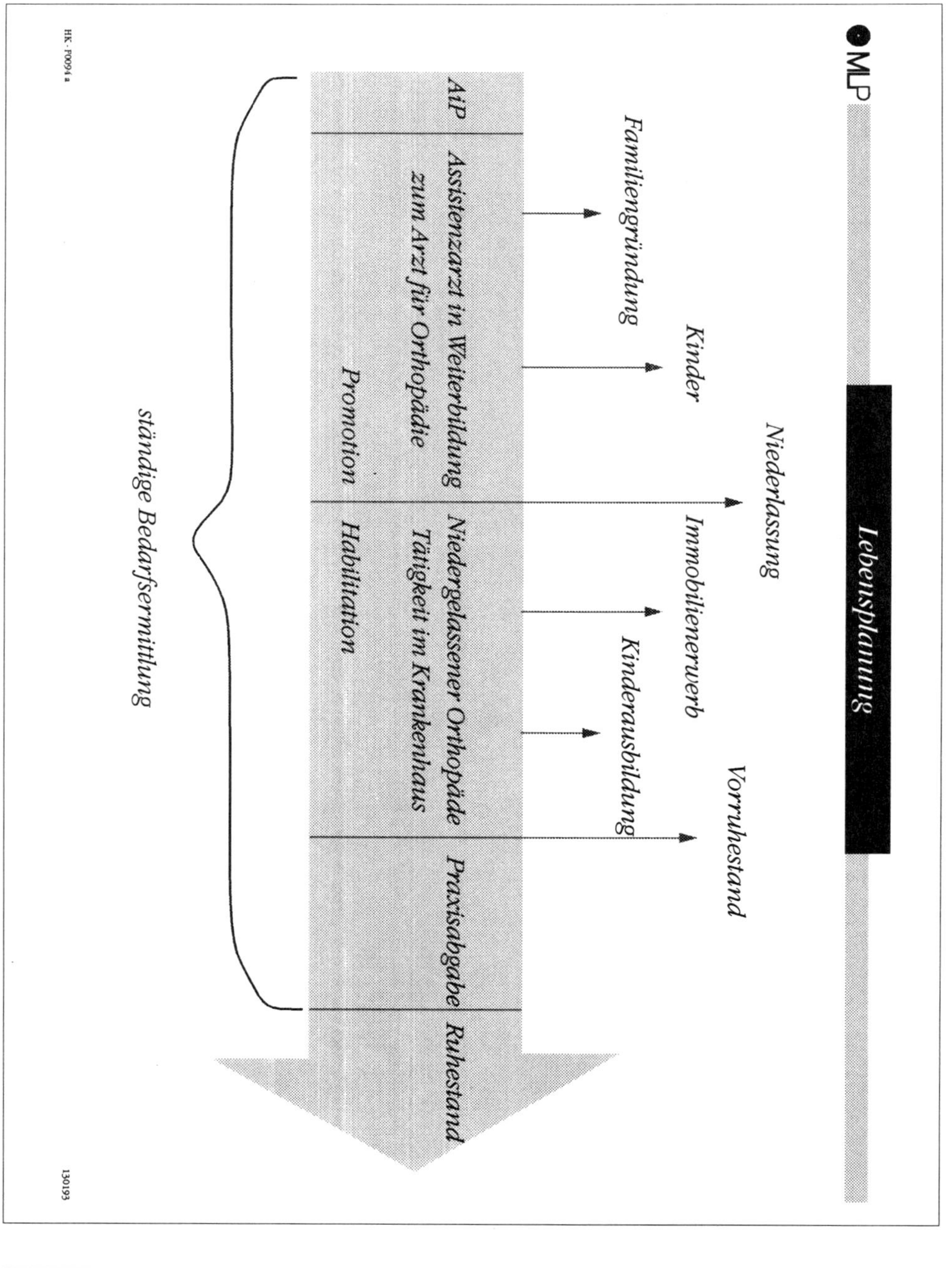
MLP
Lebensplanung
Familiengründung
Kinder
Niederlassung
Immobilienerwerb
Kinderausbildung
Vorruhestand
AiP
Assistenzarzt in Weiterbildung zum Arzt für Orthopädie
Promotion
Niedergelassener Orthopäde
Tätigkeit im Krankenhaus
Habilitation
Praxisabgabe
Ruhestand
ständige Bedarfsermittlung
HK - P0094 a
130193

„Inwieweit haben Sie selbst Einfluß auf die Produktgestaltung?"

MLP: „Ein Großteil unseres Geschäftes läuft mit Exklusivprodukten, MLP hat sich vom reinen Vermittler über den Gestalter zum Produzenten entwickelt. Wir richten uns nach den Lebensphasen unserer Klientel. Ein Arzt im Praktikum z.B. ist rechtlich gesehen bereits ein Arzt, besitzt ein Potential an Arbeitskraft, welches 5.000 DM pro Monat wert ist, er bekommt dabei als Arzt im Praktikum nur 1.300 DM netto. Er hat jedoch das Bedürfnis, seine Arbeitskraft für 5.000 DM abzusichern. In diesen Fällen muß eine Gesellschaft in der Lage sein, Produkte zu bieten, die anfangs niedrige Beiträge vorsehen, um dem Bedürfnis gerecht zu werden, nach dem einen Jahr sowohl Beiträge als auch die Absicherung flexibel zu verändern. Ein weiteres Beispiel ist die von uns neu konzipierte Fondspolice, die wir selbst gestaltet haben."

„Sie vermitteln zwar Immobilienfinanzierungen, verkaufen aber selbst keine Immobilien oder Immobilienfonds. Welche Gründe gibt es dafür?"

MLP: „Wir bieten offene Immobilien-Fonds an, jedoch keine geschlossenen Immobilien-Fonds und Immobilien. Unsere Berater dürfen aus Qualitätsgesichtspunkten nur Produkte mit ‚Gütesiegel' anbieten, eine Fehlberatung ist somit ausgeschlossen.

Zur Zeit gibt es große Mengen von überteuerten Immobilien, die mit dem Argument der Steuerersparnis verkauft werden. Der kurzfristige Steuervorteil muß auf eine sehr lange Laufzeit verteilt werden, und die Nettorenditen liegen oft unterhalb der einer klassischen Kapital-Lebensversicherung, geschweige denn einer guten Fondspolice. Ferner kann ein geschlossener Immobilien-Fonds keinen realen Zweitmarkt garantieren, wenn erst einmal die Steuervorteile ausgenutzt sind.

Unsere Klienten können aber gerne zu uns kommen, wenn sie sich für Immobilien bzw. geschlossene Immobilien-Fonds interessieren. Wir prüfen dann die Angebote. Dabei fragen wir uns immer, ob wir auch selbst in diese Anlage investieren würden.

Natürlich ist die Immobilie als solches ein gutes Anlagemedium. Wir raten den Kunden nur, die Angebote sehr gut zu prüfen und lieber das eine oder andere selbst in die Hand zu nehmen, als auf Hochglanzprospekte zu vertrauen."

„Welche Rolle spielen Investmentfonds im Rahmen der Anlageberatung Ihrer Mitarbeiter?"

MLP: „Sie spielen eine sehr große Rolle. Wir sehen in Investmentfonds und speziell in Fondspolicen die Produkte der neunziger Jahre. Der Wettbewerb in den Fondsprodukten ist viel ehrlicher und transparenter, aber auch härter als bei den Vermögensverwaltungen der Banken und der konventionellen Versicherungen. Es werden regelmäßig Daten über Erfolg und Mißerfolg veröffentlicht, die die Konkurrenzsituation verdeutlichen.

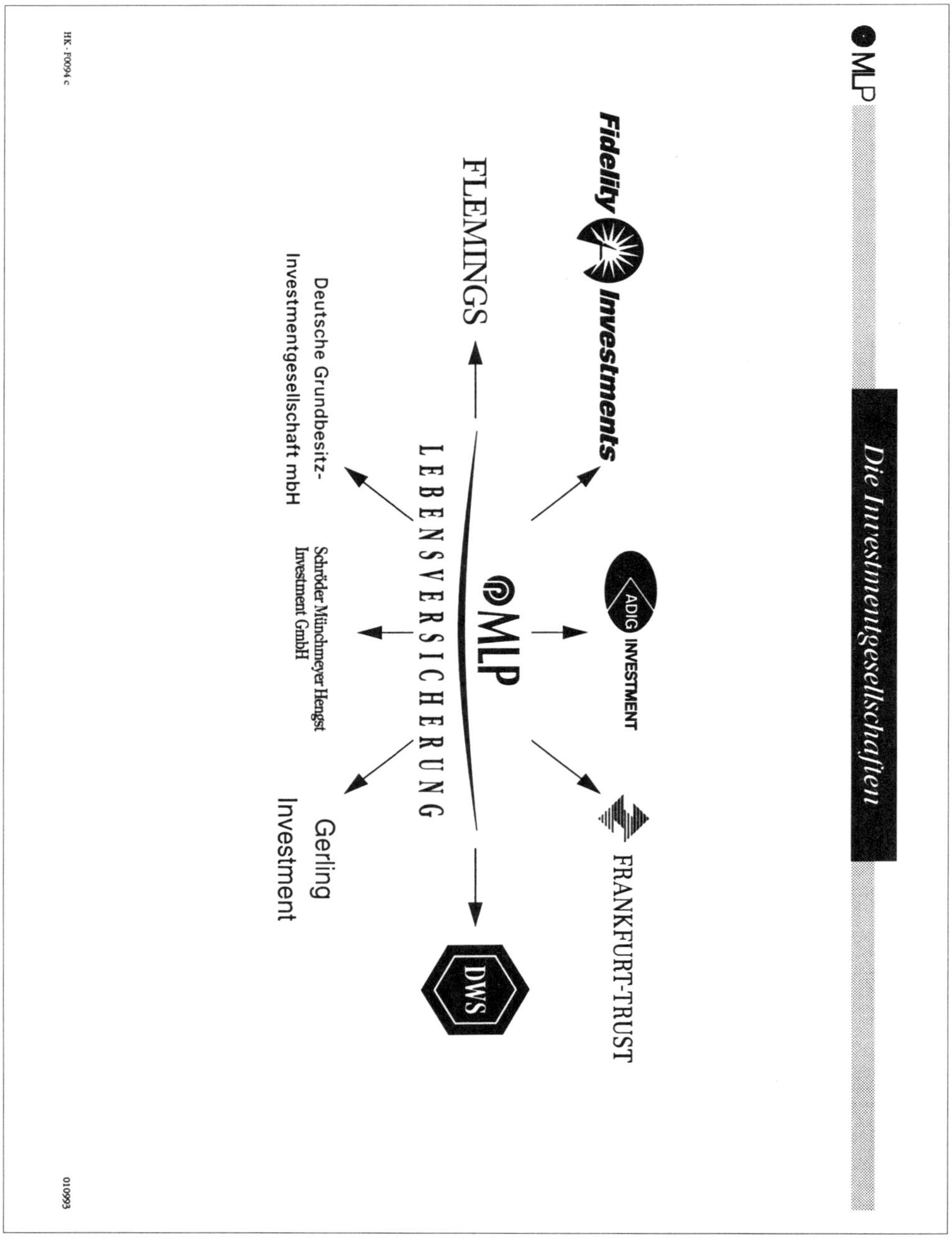
MLP
Die Investmentgesellschaften
Fidelity Investments
ADIG INVESTMENT
FRANKFURT-TRUST
FLEMINGS
MLP
LEBENSVERSICHERUNG
DWS
Deutsche Grundbesitz-
Investmentgesellschaft mbH
Schröder Münchmeyer Hengst
Investment GmbH
Gerling
Investment
HK - F0094 c
010993

Vor fünf Jahren haben wir fünf Prozent unserer neu akquirierten Kundenbeiträge in Investmentfonds angelegt. Heute legen wir über fünfzig Prozent in Investmentfonds und Fondspolicen an."

„Welche Fonds bieten Sie im Rahmen Ihrer Produktpalette an?"

MLP: „Wir haben 1985 mit dem Basis-Fonds I einen Kurzläufer-Rentenfonds ohne Agio und mit 0,2% Verwaltungskosten als Exklusiv-Fonds der MLP begonnen. Der Fonds ist seit Jahren auf Spitzenplätzen. Der Fonds wurde 1989 in unseren Vermögensaufbauplan integriert.

1991 gingen wir mit der Fondspolice wieder einen Schritt weiter, wir haben Sparen, Vorsorge und Investmentanlage unter dem Dach der Lebensversicherung mit Steuerprivileg kombiniert. Dabei hat der Kunde die Wahl zwischen 18 Investmentfonds von verschiedenen Fondsgesellschaften.

Darüber hinaus bieten wir exclusiv einen gemanagten Sparplan einer sehr erfolgreichen ausländischen Investmentgesellschaft an."

„Die Gründung der eigenen Lebensversicherung hat in der Presse für Furore gesorgt. Stichwort: MLP-Fonds-Police. Wie läuft hier das Geschäft?"

MLP: „Die MLP-Fondspolice läuft ausgesprochen gut. Mit gut 140 Mio.DM Versicherungssumme haben wir ein respektables erstes volles Jahr mit stark steigender Tendenz hinter uns gebracht. Der Markt hat die Flexibilität des Produktes erkannt, dem Anleger stehen immerhin 18 Spitzenfonds von acht renommierten Kapitalanlagegesellschaften für seine Spargelder zur Verfügung. Die Police ist sehr verbraucherfreundlich. So werden z.B. die Abschlußkosten, die normalerweise das Kundenkonto zu Beginn stark belasten, über zwölf Jahre ratierlich verteilt. Somit wird schon zu Beginn ein hoher Anteil des Beitrages angelegt. Zum damaligen Zeitpunkt, als wir die Gesellschaft gründeten, hatte der deutsche Markt keine adäquate Police zu bieten.

„Bitte nennen Sie uns kurz fünf goldene Regeln für einen erfolgreichen, aber kundenorientierten MLP-Vertriebsmann."

MLP: „Da es nicht den ‚typischen' MLP-Berater gibt, ist die Frage nicht ganz einfach zu beantworten. Der Erfolg basiert aber meist auf sehr einfachen Regeln:

1. Denke im Kopf Deines Kunden.
2. Konzentriere Dich auf das, was Du tust, beruflich und privat.
3. Zuhören ist besser als reden. Probleme muß man erkennen und aufnehmen und die Lösung anbieten.
4. Pflege Deine Kunden, enttäusche nie ihr Vertrauen!
5. Bilde Dich ständig weiter, der Markt ist kontinuierlich in Bewegung."

„Auch Kapitalanleger können sich an der MLP AG als Aktionär beteiligen? Wie partizipierte ein Anleger am Erfolg der MLP AG?"

MLP: „Sehr gut! Wenn Sie 1988, als wir an die Börse gegangen sind, 100.000 DM in MLP investiert hätten, so wäre Ihr Kapital innerhalb von 5 Jahren mit einer Rendite von über 25% p.a. gewachsen. Das meiste davon hätten Sie steuerfrei kassiert."

„Welche herausragenden Entwicklungen stehen Ihrer Meinung nach in den nächsten 2-3 Jahren im Finanzdienstleistungsbereich an?"

MLP: „Es wird sowohl positive als auch negative Entwicklungen geben.

Als positiv zu bewerten sind z.B. die steigende Produktvielfalt durch den EG-Binnenmarkt, es wird mehr Innovationen geben. Das hat zur Folge, daß der Bedarf an Beratung und somit die Nachfrage nach seriösen Anbietern steigt. Es wird gerechtere und kundenfreundlichere Vergütungssysteme geben, mit ratierlichen Tarifen und angemessenen Provisionssätzen. Provisionsmaximierer, die Einmalgeschäfte mit Kunden machen, werden das Nachsehen haben.

Die Nachfrage nach der Fondspolice und Fondsprodukten wird weiter stark steigen. Es wird Neuerungen im Bereich der Krankenversicherung, verbunden mit einigen Neuversicherungen, z.B. der Pflegeversicherung, geben.

Die negativen Seiten sind aber auch schon sichtbar: Es wird zunehmend geschlossene Immobilienfonds und Beteiligungsgesellschaften geben, die alles andere als seriös sind. Dabei wird es wie früher wieder viele schwarze Schafe geben.

Leider wird diese Problematik von der Wirtschaftspresse nur sehr zögerlich aufgegriffen. Viel häufiger wird über die Renditeunterschiede bei Lebensversicherungen von einem halben oder einem Prozent philosophiert — für den Kunden wird dieser Unterschied gegenüber den vielen ‚Geldvernichtungs-Modellen' des grauen Kapitalmarktes sicherlich das kleinere Übel darstellen!"

Lombard International Assurance S.A.

Aloyse Steichen,
Vorstandsmitglied Lombard International Assurance S.A.:

„Langfristiger Anlageerfolg läßt sich nur durch bestmögliche Streuung verwirklichen, nicht dadurch, daß man den heißen Tips hinterherläuft.“

Lombard International Assurance S.A. ist das führende unabhängige europäische Finanzdienstleistungsunternehmen, das sich auf den Bereich der fondsgebundenen Kapitalanlage spezialisiert hat. Zielgruppe von Lombard International S.A. ist das gehobene Anlegersegment. Der Hauptsitz der Gesellschaft befindet sich in Luxemburg, dem europäischen Zentrum für Privatbanken und Investmentfonds. Die Produktpalette von Lombard International wird jedoch nicht nur in Europa vertrieben, sondern in allen Teilen der Welt. Wir hatten die Möglichkeit, mit Herrn Aloyse Steichen, einem der Vorstandsmitglieder von Lombard, ein zugleich angenehmes und informatives Gespräch zu führen. Herr Steichen ist eines der Gründungsmitglieder der Lombard International S.A.. Seit 1980 ist er in der Finanzdienstleistungsbranche tätig und entschloß sich 1990 am Aufbau von Lombard mitzuwirken.

„Herr Steichen, immer mehr Bundesbürger gehen mit ihrem Geld nach Luxemburg. Worin liegt die Attraktivität von Luxemburg?“

Aloyse Steichen: „Luxemburg hat sicherlich ein gutes Bankgeheimnis, aber ich bin der Meinung, daß das allgemein überbewertet wird. Es gibt ja auch andere Finanzplätze mit einem bewährten Bankgeheimnis.

Zwei ganz wichtige Faktoren werden bei der Beurteilung Luxemburgs jedoch immer wieder übersehen. Dies ist zu zum einen die geographische Lage von Luxemburg. Es gibt keinen anderen Platz in Europa, den ein Belgier, ein Franzose oder auch ein Deutscher in circa fünf Autostunden erreicht. Ich glaube. daß das ein sehr wichtiger Punkt ist. Zum anderen ist das multikulturelle Element in Luxemburg stark vertreten. Dabei geht es nicht nur um die Sprachen, sondern vielmehr um die Art des Denkens. Ich will mal ein Beipiel nennen: Ruft ein griechischer Kunde an und bittet um Informationen zu einem beliebigen Thema, und wir schicken es ihm innerhalb eines Monats, dann ist er zufrieden. Ruft ein französischer Kunde an und bittet um Zusendung von Informationen, und er erhält sie im Laufe einer Woche, dann ist auch der zufrieden. Aber ruft ein deutscher Kunde an, und er hat die Informationen nicht am nächsten Tag um 9.00 Uhr auf dem Tisch, dann wird der reklamieren. Sie müssen also zur Erfüllung des Kriteriums ‚multikulturell' nicht nur mehrere Sprachen sprechen, sondern auch in die Köpfe der verschiedenen Nationalitäten kriechen können."

„Warum agiert Lombard von Luxemburg aus?"

Aloyse Steichen: „Außer den oben genannten Gründen ist da noch die hervorragende Infrastruktur des Bankplatzes Luxemburg zu nennen. Der Bankenplatz Luxemburg betreibt eine Art Nischenpolitik für mittelgroße Vermögen. Während Sie in der Schweiz sehr viel arabisches Kapital finden werden mit Beträgen ab 100 Millionen Mark, sind die Vermögen in Luxemburg meist kleiner als 100 Millionen Mark. Und für diese — ich sag mal — mittelreichen Kunden gibt es keinen besseren Finanzplatz als Luxemburg. Hier wird auch von den Margen her sehr viel billiger gearbeitet als beispielsweise in der Schweiz."

„Wie wird sich der Finanzplatz Luxemburg weiter entwickeln?"

Aloyse Steichen: „Es wird sicherlich im Bankenbereich nach dem Boom der siebziger und achtziger Jahre eine Konsolidierungsphase eintreten. Aber Sie reden ja mit einem Lebensversicherer, und auf dem Gebiet der Vermögensanlage über Lebensversicherungen gibt es derzeit in Luxemburg erst vier Anbieter. Hier gibt es noch Entwicklungspotential, zumal die gesetzlichen Voraussetzungen erst vor kurzem geschaffen wurden. Doch es wird sicherlich nie diesen Boom wie bei den Banken geben."

„Was ist das Besondere an Lombard? Steht der Gedanke der Kapitalanlage oder der Versicherung im Vordergrund?"

Aloyse Steichen: „Lombard bietet Kapitalanlage gepaart mit Versicherung nach den individuellen Bedürfnissen des Kunden. Es stellt sich die Frage, warum der Kunde über eine Lebensversicherung auch Kapitalanlage will. Die Antwort liegt in der Sicherheit der Anlage gepaart mit eventuellen Steuervorteilen. Eine Luxemburger Lebensversicherung unterliegt der strengen Aufsicht durch den Luxemburger Staat und bietet zum Beispiel für deutsche Kunden den Vorteil, ein Konkursprivileg zu haben. Diese Vorteile sind für einen auf Sicherheit bedachten Kunden entscheidend. In verschiedenen Ländern bietet die Lebensversicherung hervorragende Steuervorteile, die der Kunde gerne in Anspruch nimmt. Hinzu kommt, daß mit dem 1. 7. 1994 die EG-Harmonisierung im Versicherungswesen Realität wird. Dadurch kann man unsere Konzepte dann nicht nur in Deutschland, sondern zusätzlich im ganzen EG-Europa vertreiben, die unter Umständen europaweit die gleichen steuerlichen Privilegien genießen wie die Angebote von einheimischen Versicherern."

„Herr Steichen, wie sieht denn die Konstruktion Ihrer fondsgebundenen Lebensversicherungen aus?"

Aloyse Steichen: „Nehmen wir einmal das Multifonds-Depot als Beispiel. Das Multifonds-Depot ist ein Instrument zur fondsgebundenen Vermögensverwaltung. Der Anleger beteiligt sich an einer bestimmten Kombination verschiedener Fonds. Dabei gibt es verschiedene Programme, die je nach der Höhe der Anlagesumme in Anspruch genommen werden können. Dazu gehört aber auch eine Risiko-Lebensversicherung, die standardmäßig mit einer Todesfallsumme von 101% des vorhandenen Anteilguthabens abgeschlossen wird. Dafür wird keine gesonderte Prämie berechnet. Natürlich kann man auch eine höhere Todesfallabsichrung abschließen, die zwischen 101% des Anteilwertes und einer vom Eintrittsalter abhängigen Obergrenze bestimmt ist."

„Was ist denn nun das Besondere am Multifonds-Depot?"

Aloyse Steichen: „Der Anleger streut sein Vermögen nicht nur nach Anlagemedien, sondern darüberhinaus nach Währungen und Kontinenten. Dabei darf nicht vergessen werden, daß unser Einstiegsprogramm bereits mit einer Summe von 15000,- DM zu erwerben ist. Dafür nimmt der Kunde Leistungen in Anspruch, die sonst nur ein Kunde mit einem Vermögen ab einer Größenordnung von DM 500.000,- erhält. Man streut sein Vermögen zudem noch auf verschieden Anlageexperten (Fondsmanager) etc., da im Multifonds-Depot Fonds verschiedener Fondsgesellschaften enthalten sind. Und — last but not least — bieten wir mit dem Multifonds-Depot dem Kunden eine seinen Risikopräferezen entsprechende Kapitalanlage."

„In letzter Zeit strömen neben Lux-Fonds deutscher Anbieter auch immer mehr Lux-Fonds anderer Anbieter nach Deutschland. Sind alle diese Angebote unter Anlegerschutzaspekten sicher?"

Aloyse Steichen: „Ein in Luxemburg genehmigter Fonds unterliegt den strengen Bestimmungen der Aufsichtsbehörde, dem IML (Institut Monétaire Luxembourgeois). Von daher genießt ein von Ausländern aufgelegter Lux-Fonds den gleichen gesetzlichen Schutz wie ein von Deutschen angelegter Lux-Fonds. Als Lebensversicherer werden wir von einer anderen staatlichen Behörde überwacht, dem CAA (Commissariat aux Assurances), dem Aufsichtsamt für Versicherungen. Ich denke, daß die Wichtigkeit des Finanzplatzes bezogen auf das Bruttosozialprodukt von Luxemburg mittlerweile mit um 40 % so bedeutend ist, daß ein Kunde in Luxemburg höchsten Standard in dieser Angelegenheit erwarten kann. Lombard arbeitet aber auch mit Fonds, die von anderen Behörden, zum Beispiel dem SEC in den USA, genehmigt sind."

„Wie sieht es denn mit dem Schutz des Versicherungsnehmers nach Luxemburger Recht aus?"

Aloyse Steichen: „Nun ist erst einmal zu sagen, daß in Luxemburg bereits seit 1891 Gesetze bestehen, die das Versicherungswesen regeln. Wir blicken also auf eine lange Tradition zurück. Es sind im wesentlichen drei Säulen, auf denen der Schutz des Versicherungsnehmers ruht. Bevor ein Versicherungsunternehmen in Luxemburg eine Lizenz erhält, müssen folgende Voraussetzungen erfüllt sein:

- eingezahltes Mindestkapital
- Unbedenklichkeit bezüglich des Vorstandes
- Akzeptanz des Geschäftsplans

Die Überwachung des Geschäftsbetriebs wird durch das CAA vorgenommen. Das ist dem deutschen Aufsichtsamt für das Versicherungswesen vergleichbar. Außerdem muß Geld, das dem Anleger gehört, getrennt von anderen Vermögenswerten bei einer luxemburger Depotbank aufbewahrt werden. Diese Säulen bilden einen exzellenten Halt für den Schutz des Versicherungsnehmers in Luxemburg."

„Wer steckt hinter Lombard International Assurance S.A. und wie sieht die Akquisitionsstrategie aus?"

Aloyse Steichen: „Der größte Aktionär ist die Standard Life Assurance Company, einer der größten europäischen Versicherer. Daneben gibt es noch die Kyle-Stone Holdings SA, die Interallianz Bank Zürich AG und die Aberdeen Trust Holdings PLC.

Eine der Hauptthesen von Lombard besagt, daß eine unabhängige und kundenorientierte Beratung von äußerster Wichtigkeit ist. Dies ist auch der Grund, warum wir unserer Produkte nicht direkt an Endkunden vermarkten. Unsere Produkte werden weltweit ausschließlich über unabhängige Anlageberater und Privatbankiers angeboten, die darauf spezialisiert sind, Privatkunden im Bereich der Kapitalanlage fachkundig zu betreuen. Wir legen strengste Maßstäbe bei der Auswahl unserer Vertriebspartner an. Sie müssen objektiv und unabhängig beraten und über das nötige Know-how im Bereich der Risikoanalyse verfügen. Das wird von uns auch entsprechend überprüft."

„Welche Angebotspalette bietet Lombard seinen Kunden?"

Aloyse Steichen: „Wir arbeiten schwerpunktmäßig im Bereich des Financial Engineering. Deshalb sollten wir uns zunächst darauf verständigen, wer denn überhaupt unser Kunde ist. Unser Kunde ist nicht der Anleger, sondern der Vermögensverwalter einer Privatbank beispielsweise. Und wir kreieren für diesen Kunden ein ganz spezielles Nischenprodukt. Und zwar können Sie sich das so vorstellen: Wenn eine große Bank eine Tochter in Luxemburg eröffnet, dann ist das kein Problem. Wenn aber ein Vermögensverwalter aus Hamburg in Luxemburg eine Tochter eröffnen will, stößt er vermutlich bald an logistische und kapitalbedingte Grenzen. Wir bieten diesen Verwaltern unserere Dienste an. Wir sitzen in Luxemburg; wir bieten diesen Kunden an, einen Teil ihrer Geschäfte über uns abzuwickeln. Wir entwerfen dann für diesen Kunden — den Vermögensverwalter — ein individuelles Konzept. Unser Personal setzt sich auch folgerichtig zum größten Teil aus Technikern zusammen, hochspezialisierte Leute im Bereich Buchaltung, EDV oder Mathematik. Kundenberater oder Verkäufer werden Sie bei uns nicht finden. Wir verwalten also hier kein Geld, sondern *wir stellen den technischen Rahmen zur Gestaltung des Konzeptes zur Verfügung*. Eines unserer Konzepte, das auch in Deutschland angeboten wird, ist das Multifonds-Depot. Durch dieses Multifonds-Depot ist die Lombard International Assurance S.A. in Deutschland bekannt geworden. Aber auch dieses Produkt wurde mit einem Partner entwickelt. Und dieser Partner vertreibt das Produkt über unabhängige Anlageberater. Das heißt für einen deutschen Anleger, daß er sich natürlich an uns wenden kann, aber wir sein Gesuch weiterleiten an einen geeigneten Partner. Wir selbst verwalten kein Geld, wir stellen nur den Rahmen zur Verfügung."

„Was kostet den Anleger die Investition in das Multifonds-Depot?"

Aloyse Steichen: „Das Disagio beim Multifondsdepot liegt zwischen 5,75% bis 7,0%. Außerdem fällt eine jährliche Verwaltungsgebühr zwischen 1,25% bis 1,75% an. Es kommt des öfteren vor, daß gerade in Deutschland das Multifonds-Depot mit einem Fonds verglichen wird und dann als zu teuer bezeichnet wird. Ich will Ihnen sagen, warum das falsch ist. (Nebenbei bin ich der Meinung, daß wir das Multifonds-Depot noch zu preisgünstig anbieten.)

Sie müssen natürlich den richtigen Vergleichsmaßstab heranziehen. Das Multifonds-Depot ist zu vergleichen mit einem Fonds-picking-Konzept. Deshalb muß man es kostenmäßig auch mit seinesgleichen messen. Wenn Sie es mit einer Vermögensverwaltung, anderen Fondspicking-Modellen oder gar einer fondsgebundenen Lebensversicherung vergleichen, werden Sie feststellen, daß es dann nicht teurer, sondern erheblich günstiger ist. Die Kosten für die Beschaffung, Verwahrung und Verwaltung der einzelnen Fonds im Multifonds-Depot sind aufgrund der hohen Volumina, die wir regelmäßig abwickeln, sehr gering. Das Aufsichtsamt wacht darüber, daß die Ausgabeaufschläge beim Kauf der Fondsanteile 1 % nicht übersteigen, tatsächlich in der Regel aber erheblich niedriger sind. Das Konzept des Multifonds-

Depots ist so einmalig, das können Sie zur Zeit mit keinem anderen Investment-Produkt vergleichen.

Als bildhaften Vergleich könnte man sich folgendes vorstellen: als der erste Kunde in Deutschland eine Kiwi auf dem Tisch hatte, wie sollte er diese Kiwi mit seiner Banane vergleichen? War die nun teurer oder billiger? Sie können Multifonds einfach nicht zu 100% mit dem Fonds-Picking anderer, meinetwegen auch deutscher Kreditinstitute vergleichen, weil das Multifonds-Depot das Kapital des Kunden in zahlreiche Fonds der verschiedensten Anbieter streut. Die meisten anderen Fonds-Picking-Modelle beschränken sich auf die eigenen Fonds des Kreditinstiuts. Dabei ist es doch logisch, daß nicht ein Anbieter überall der Beste sein kann. Die Multifonds-Idee berücksichtigt dies und streut das Vermögen auf Fonds verschiedener Anbieter. Das ist der Grund, warum viele Kunden zu uns kommen."

„Wo wir gerade vom Multifonds-Depot sprechen; wie sieht die steuerliche Behandlung dieser Kapitalanlage aus?"

Aloyse Steichen: „Das Multifonds-Depot unterliegt in Luxemburg derzeit keinerlei Steuern. Da es sich aber um eine luxemburgische Lebensversicherung handelt, qualifiziert sie sich für deutsche Anleger derzeit nicht für steuerliche Vergünstigungen wie sie bei deutschen Lebensversicherungen üblich sind. Das heißt, so können beispielsweise Beträge nicht im Rahmen der Vorsorgeaufwendungen steuerlich geltend gemacht werden. Ich wage mal eine Prognose: Sollten in einigen Jahren Lebensversicherungen in den EG-Ländern noch immer einen steuerlichen Anreiz bieten, wird dieser dann auch für ausländische Lebensversicherungen gelten müssen. Sollten dagegen jedoch steuerliche Anreize entfallen, würde dies dann auch deutsche Versicherungen betreffen, so daß auf jeden Fall eine Gleichstellung zu erwarten ist."

„Was steckt im Vergleich zum Multifonds-Depot hinter dem eigentlichen Fonds-Picking und wie funktioniert idealtypisches Fonds-Picking?"

Aloyse Steichen: „Fonds-Picking bedeutet, daß zur Anlage eines Vermögens in mehreren Fonds nur solche Fonds ausgewählt werden, deren bisherige Leistung, also Wertentwicklung, Managementleistung — und deren Anlagepolitik — also das Anlagemedium und die Anlageregion es wahrscheinlich erscheinen lassen, daß auch in Zukunft ein nachhaltiger Anlageerfolg zu erwarten ist. Es wird also optimalerweise nur aus den besten Fonds ausgewählt. Ähnlich wie beim Stock-Picking, wo auch nur die vielversprechenden Werte Eingang ins Depot finden. Gleichzeitig ist Fonds-Picking aber auch auf unterschiedliche Anlagemärkte ausgerichtet. Das macht auch Sinn, da der Konjunkturverlauf in allen Ländern der Welt anders ist. Das heißt in der Konsequenz natürlich auch, daß der Fonds-Picker auch mal aus einem Markt aussteigen muß, der einen relativen Höchststand erreicht hat und keine weiteren Steigerungen mehr erwarten läßt. Permanentes Fonds-Picking ist also das Erfolgsgeheimnis. Märkte beobachten und danach Anlageentscheidungen treffen ist unerläßlich. Wenn man so will, ist also Fonds-Picking die Steigerung der Risikostreuung, wie sie bei Fonds (aufgrund der Streuung in zahlreiche Wertpapiere) ohnehin schon vorhanden ist."

„Eine der Grundlagen des Fonds-Picking ist die Money-Movement-Strategie? Was steckt dahinter?"

Aloyse Steichen: „Die Money-Movement-Strategie ist die wissenschaftliche Grundlage, nach der man entscheidet, wann man in welchem Anlagemedium vertreten sein muß. Es muß für jeden Bereich festgestellt werden, wann es am sinnvollsten ist, in zum Beispiel Produktivkapital (Aktien) oder Rentenpapieren oder Geldmarktinstrumenten investiert zu sein. Dies ändert sich in jedem Markt unterschiedlich, und die Theorie, die sich damit beschäftigt, wann man die Signale erkennt, zum richtigen Zeitpunkt in dem richtigen Anlagemedium zu sein, nennt man die Money-Movement-Strategie. Eine andere wichtige Komponente ist die klassische Asset Allocation, die die qualitative und quantitative Berücksichtigung der Anlagegegenstände und der internationalen Märkte definiert."

„Auf welchen Märkten sehen Sie auf Sicht von einem Jahr die größten Chancen?"

Aloyse Steichen: „Ich bin zwar nicht der Spezialist, weil ich kein Fondsmanager bin, aber ich bin täglich mit Fondsmanagern zusammen und kann mir deshalb schon ein Bild von den Finanzmärkten machen. Ich meine, daß die wachstumsstärksten Regionen Lateinamerika und Südostasien sind, auch die USA besitzen auf mittlere Sicht ein erhebliches Potential. ‚Good old Europe' wird in absehbarer Zukunft seine Probleme haben.

Erlauben Sie noch eine Bemerkung in diesem Zusammenhang. Eigentlich sind wir für diese Frage von unserem Selbstverständnis her nicht die richtige Adresse, weil unsere Philosophie gerade darin besteht, Kapital zu streuen. Es gibt einfach nicht den ‚Börsen-Guru', der immer richtig liegt und damit dauerhaften Anlageerfolg sichern kann. Das kann man nur durch Risikostreuung erreichen — und das bedeutet auch Risikostreuung auf verschiedene Fondsgesellschaften. Und dann sind wir wieder beim Multifonds-Depot, das derzeit in ca. 30 Fonds gleichzeitig investiert ist. Langfristiger Anlageerfolg läßt sich sicherlich nicht dadurch herbeiführen, daß man heißen Tips hinterherläuft. Nein, langfristiger Anlageerfolg, den Sie ja bei der Vermögensanlage haben wollen, läßt sich nur duch eine bestmögliche Streuung unter verschiedenen Gesichtspunkten und Anlagekriterien erreichen. Mit dieser Anlagepolitik wurde beim Multifonds-Depot im letzten Jahr eine Steigerung des Depotwertes von 30 % erreicht."

„Eine vielleicht etwas banal klingende Frage: Wie wichtig ist eigentlich Geldanlage?"

Aloyse Steichen: „Ich sage immer, Geldanlage ist das Zweitwichtigste im Leben. Das Wichtigste ist die Gesundheit. Diese Gesundheit setzen wir ein, um Geld zu verdienen. Umso verwunderlicher ist es, daß viele Menschen bei der Geldanlage eine Naivität an den Tag legen, die sie in viel unwichtigeren Bereichen des Lebens nicht zeigen. Dabei ist es doch logisch, daß eine Bank — also ein Global Player am Markt — die Vermögensverwaltung nie so gut managen kann wie ein Spezialist, der sich nur mit diesem Metier beschäftigt. Niemals zuvor hatte der Kunde eines Finanzunternehmens mehr Geld und Informationen als heutzutage. Gleichzeitig sorgen immer subtilere Werbepraktiken, immer kompliziertere und vielfältigere Anlageformen und immer komplexere Zusammenhänge für immer mehr Verwirrung beim Anleger. Ein Dschungel, durch den kein Laie mehr unbeschadet auf eigene Faust hindurchkommt. Was da hilft, ist nur qualifizierte und unabhängige Beratung. Das ist etwas, was keine Bank in dem Maße leisten kann wie wir das können. Ich kann daher nur jedem Anleger raten, seine geplante Geldanlage auf vier Grundsatzfragen hin zu untersuchen."

„Dann verraten Sie uns zum Schluß doch bitte, um welche Grundsatzfragen es sich dabei handelt?"

Aloyse Steichen: „Die erste Frage lautet: Wie groß ist die Sicherheit bei der Geldanlage? Das ist für die meisten Anleger der wichtigste Aspekt, ob ein Verlustrisiko besteht und wie hoch dieses wäre. Die zweite Frage wäre, inwieweit macht die geplante Anlage abhängig vom Zinsgefüge und dessen Veränderungen. Das heißt, wie stark können die Vermögenswerte schwanken, für den Fall, daß man zwischenzeitlich verkaufen will. Schließlich die Frage, wie es mit dem Inflationsrisiko aussieht? Sind die Vermögenswerte in irgendeiner Form gegen die Geldentwertung geschützt? Und letztendlich nicht ganz unwichtig: Wieviel kassiert der Fiskus von den Erträgen?

Insbesondere die letzte Frage ist für deutsche Anleger angesichts immer mehr Steuern oder sonstiger Abgaben mehr denn je ein wichtiges Thema. Ist man nach Beantwortung dieser vier grundsätzlichen Fragen dann beim Investmentfonds angelangt, so ist man zwar einen großen Schritt weiter, aber keineswegs am Ziel angelangt. Wie soll man bei der Vielzahl an Fonds beurteilen können, welcher von ihnen der Beste ist? Das einzige, was hier hilft, ist *globales Denken*. Kapitalstreuung muß auch für den Fondsanleger das zentrale Thema sein. Und zwar Streuung auf verschiedene Fondsarten, Fondsgesellschaften, Währungen, Länder. Wenn das ganze dann nach einem sinnvollen Konzept geschieht, erst dann hat man Aussicht auf dauerhaften Anlageerfolg. Wir bieten das alles in einem Produkt an. Im Multifonds-Depot."

Bank von Ernst & Cie AG

Klaus Hennig,
Geschäftsführer der
„von Ernst Deutschland GmbH“:

„80 Prozent des Erfolgs resultieren aus dem richtigen Länder- und Branchenmix — nur 20 % aus der Auswahl der einzelnen Werte.“

Die Bank von Ernst & Cie AG ist eine der alteingesessenen Privatbanken in der Schweiz. Sie wurde 1869 in Bern gegründet und feiert damit demnächst ihr 125-jähriges Bestehen. Die Bank von Ernst hat sich zunehmend auf die fondsgebundene Vermögensverwaltung spezialisiert. Die Deutschland-Repräsentanz ist in Frankfurt am Main angesiedelt. Dort treffen wir den Geschäftsführer der deutschen Repräsentanz Klaus Hennig zu einem Interview.

Herr Hennig arbeitet bereits seit über 20 Jahren mit der Bank von Ernst zusammen, ist seit 14 Jahren Deutschland-Repräsentant für die Bank und dort auch seit sechs Jahren Geschäftsführer der „Von Ernst (Deutschland) GmbH“.

„Die Eigentumsverhältnisse haben sich bei der Bank von Ernst kürzlich gravierend geändert. Wie und warum haben sie sich verändert und welche Auswirkungen wird der Wechsel der Kapitaleigner für die Firmenphilosophie haben?“

Klaus Hennig: „Die britische Hill Samuel Bankengruppe hat vor kurzem ihre 100%-ige Beteiligung je zur Hälfte an die Bayerische Vereinsbank, München und an die Creditanstalt-Bankverein, Wien verkauft. Prinzipiell haben sich dadurch zwar die Beteiligungsverhältnisse geändert, eine Änderung unserer Anlagephilosophie ist damit jedoch nicht verbunden. Auch in Zukunft werden wir mit Hill Samuel zusammenarbeiten.“

„Verstehen Sie sich unter anderem als individueller Vermögensverwalter auf Fondsbasis?“

Klaus Hennig: „Diese Frage kann ich voll bejahen. Die Anlage in Fonds gilt derzeit noch für viele als die Kapitalanlage des kleinen Mannes, die klassische Vermögensverwaltung — bei der jeder Anleger ein individuelles Depot hat — dagegen als die angemessene Form für gehobene Privatkundschaft und Großkunden. Das Umgekehrte ist eigentlich das Richtige. Die professionelle Vermögensverwaltung kann man unserer Einschätzung nach nur in Fonds realisieren. Selbst große Vermögen mit einem Volumen von drei bis fünf Mio. DM sind prinzipiell zu klein, um sie wirklich professionell und für den Kunden kostengünstig verwalten zu können. Die Aufteilung in verschiedene Fonds — durch jeweils spezialisierte Anlage-Experten verwaltet — ist die vernünftigste Lösung. In der herkömmlichen Vermögensverwaltung kann ein Vermögensverwalter höchstens 20 individuelle Depots verwalten, und auch das ist schon zuviel. Die Praxis sieht hier anders aus. Individuelle Gesamt-Verwalter von Kundenvermögen werden nach dem Volumen des von ihnen verwalteten Vermögens bezahlt. In der Regel managen Sie zwischen 50 und 100 Depots, und das kann nicht von Erfolg gekrönt sein. Wenn ich die Verwaltung über Fonds mache, habe ich je Kunde ein einzelnes Konto, aber für alle Kunden zusammen lediglich wenige verschiedene Fonds, die leichter, effizienter und effektiver zu verwalten sind.“

„Wie sieht die zukünftige Zusammenarbeit mit der Hill Samuel Group aus?“

Klaus Hennig: „Auf eine Kurzformel gebracht: Vom Kind zum Kunden und damit zum König, denn als Kunde ist man König. Das ist zwar nur ein Slogan, aber das trifft genau das, was durch die Änderung der Beteiligungsverhältnisse geschehen ist. Es ist ein sehr erfreuliches Ergebnis, weil man als Kind in der Regel zugeteilt bekommt, als Kunde kann man sich jedoch den aus eigener Sicht ‚richtigen‘ Anlageexperten in der Gruppe im jeweiligen Sachgebiet aussuchen. Das kann nur positiv für die Performance unserer Fonds sein und wird sich in Zukunft bewähren.

Es verhält sich auch keineswegs so, daß die Schweizer der konservative Pol sind, während die Engländer die progressiven, sprich risikofreudigeren Elemente in die Vermögensverwaltung einbringen. Das ist absolut nicht der Fall. Die Engländer sind ebenfalls sehr konservativ in der Anlagepolitik. Ich würde es nur anders formulieren: die Engländer sind sehr viel erfahrener in der globalen, internationalen Vermögensverwaltung, eine Folge des ehemaligen Commonwealth.

Seit vielen Generationen gibt es ja in England große Vermögensverwaltungen. Auch schon zu Zeiten, als in der Schweiz noch niemand über dieses Thema nachgedacht hat, war die Vermögensverwaltung in England bereits fest integriert. Die Schweiz gilt zwar schon seit langem als der Tresor der Welt, aber der typische Verwalter ist angelsächsischer Natur. Wenn ich mir den typischen Vermögensverwalter vorstelle: den erkennt man am Bowler, dem Regenschirm und dem Nadelstreifenanzug. Der Ursprung dieses Know-how kommt aus dem britischen Empire. Die deutschen Banken haben auf dem Gebiet der Vermögensverwaltung noch nicht genügend Erfahrungen. Wie sollten sie auch? Seit ca. 15 Jahren erst gibt es in Deutschland wieder nennenswerte Vermögen. Zwei Weltkriege, zweimal kein Vermögen. Die Briten haben das nicht gehabt. Sie haben über Generationen riesige Vermögen verwaltet. Das ist ein gewaltiges Plus. Sie sehen also, daß wir durch den Gesellschafterwechsel keineswegs das Band gekappt haben. Im Gegenteil: es ist besser geworden.

Der schweizerische Tresor und der britische Verwalter ergänzen sich ideal, was sich auch an der guten Performance ablesen läßt. Die Hill Samuel Gruppe verwaltet über 300 Investmentfonds. Das ist soviel, wie es in Deutschland vor drei Jahren insgesamt gab. Dieses Know-how steht uns zur Verfügung, und wir können es jetzt besser als bisher dort einsetzen, wo wir es brauchen.

Außerdem haben wir mehr als andere Banken — nämlich aufgrund der 50:50 Beteiligungsverhältnisse — die Möglichkeit, uns das notwendige Know-how auch von Dritten zu besorgen. Wir sind nicht majorisiert und frei in der Auswahl der richtigen Manager. Eine Menge Vorteile, die wir dank der geänderten Beteiligungsverhältnisse unseres Hauses voll zum Nutzen unserer Kunden einbringen können."

„Wie sieht die Deutschland-Strategie der Bank von Ernst aus? Mit welchen Akquisitionsstrategien wollen Sie Marktanteile gewinnen?"

Klaus Hennig: „An unserer Deutschland-Strategie hat sich durch die neuen Beteiligungsverhältnisse ebenfalls nichts geändert. Hill Samuel ist nach wie vor Investment-Berater; uneingeschränkt wie in der Vergangenheit als angelsächsische traditionsreiche Vermögensverwaltungsbank. Sie müssen auch ganz klar sehen, daß eine ausländische Bank vor dem Hintergrund der Zinsabschlagsteuer für den Anleger ganz entscheidende Liquiditätsvorteile aufweist — und zwar ganz legale Vorteile.

Wir arbeiten in Deutschland strategisch über freie Vermittler im Außendienst. Wir bauen diese Struktur intensiv seit zwei bis drei Jahren auf, so daß nach und nach ganz Deutschland über freie Berater erreichbar sein wird.

Diese Berater sind im Banksektor ausschließlich für uns tätig. Derzeit beläuft sich die Zahl der für uns aktiven Berater auf ungefähr 280 Mitarbeiter.

Zu unseren Kunden zählen vorwiegend die ‚High Net Income Individuals', wie man so schön sagt; also Kunden, die über ein überdurchschnittliches Einkommen verfügen. Dazu muß ich aber sagen, daß wir keine Bank sind, auf der sich nur Millionäre tummeln. Unsere Philosophie lautet: Es kann nicht auf die Höhe des Einkommens oder des Vermögens ankommen, ob wir eine Lösung für das Anlageproblem des Kunden haben und vor allen Dingen welche Lösung wir anbieten. Ob jemand 100.000 DM besitzt oder 10 Millionen DM, darf für seinen zukünftigen Anlageerfolg keinen Unterschied machen. Wir müssen also die Technik haben — und die besitzen wir, in aller Bescheidenheit — um beide Vermögen gleich gut und gleich effektiv anzulegen.

Und genau da scheiden sich eben praktisch bei allen Wettbewerbern die Geister, weil sie meinen, die 100.000 DM könnten sie nicht in gleicher Manier anlegen wie die 10 Millionen DM. Das ist der Fehler. Der entscheidende Punkt an der ganzen Sache ist die Verwirklichung der Anlegerziele."

„Nach welchen Kriterien werden die Anlageentscheidungen getroffen? Wie ist das Fondsmanagement organisiert?"

Klaus Hennig: „Unsere freien Berater müssen Sie als Rüsselspitze eines Elefanten sehen, wenn ich das mal salopp formulieren darf. Die freien Berater verwalten nicht das Vermögen, sondern sind Wissensvermittler zwischen der Bank und den Kunden. Sie sind sozusagen ein Teil unseres Service.

Dabei müssen Sie folgendes sehen; eine Vermögensverwaltung bedarf nicht vieler Mitarbeiter. Vermögensverwaltung bedarf vor allem des Know-how und eines Brain-Trusts. Die Bank von Ernst beschäftigt derzeit ca. 250 Mitarbeiter. Dabei sind eine gewisse Zahl von Vermögensverwaltern und strategischen Teams nicht mitgezählt, denn das sind zum Teil externe Personen. Darin liegt gerade unser Vorteil, daß wir uns die besten Manager für unsere Fonds aussuchen können. Sie können also, wenn es richtig organisiert wird, ein großes Vermögen mit einem kleinen Team verwalten. Das hat natürlich Kostenvorteile für den Kunden. Kein unnötiger Wasserkopf in der Verwaltung oder dem Back office behindert eine schlanke Kostenstruktur. Sie können das direkt an den niedrigen Kosten unserer Vermögensverwaltung ablesen: zum Beispiel 0,5 Prozent insgesamt bei der Vermögensverwaltung in Fonds. Das ist alles. Keine weiteren Depotgebühren, keine Umtauschgebühren. Sie werden lange suchen müssen, um ein vergleichbares Angebot am Markt zu finden."

„Wie sieht die Mitarbeiterstruktur aus?"

Klaus Hennig: „In der Vermögensverwaltung ist das Know-how übergewichtet. Es sind in erster Linie Portfolio-Manager. Dabei unterscheiden wir zwischen Generalisten und Spezialisten. Ich bin zum Beispiel Generalist, also jemand, der die generelle Ausrichtung der Strategie mit dem Kunden festlegt und den Kunden betreut. Dabei geht es in erster Linie um die Auswahl und Gewichtung von Ländern und Währungen und die Auswahl der Anlagesegmente. Das heißt, in den Gesprächen mit den Kunden wird beispielsweise die Höhe der Aktien- oder Rentenanteile festgelegt. Und dann ist für den Generalisten Schluß. Dann treten die Spezialisten auf den Plan. Wenn der Kunde mit dem Generalisten beispielsweise festlegt, daß 20% des Portfolios in japanische Aktien angelegt werden sollen, ist es die Aufgabe des zuständigen

Fondsmanagers für Japan, die richtigen Werte auszusuchen. Wir verfahren dabei nach dem Top-Down-Prinzip und haben damit sehr gute Erfahrungen gemacht. Bis zu 80 % des Erfolges resultieren aus der richtigen Ausrichtung des Portfolios bezüglich Länder und Branchen und nur noch 20 % aus der Auswahl der einzelnen Werte."

„Was beinhaltet die Fondspalette der Bank von Ernst?"

Klaus Hennig: „Wir verstehen uns als Spezialisten auf dem Gebiet der fondsgebundenen Vermögensverwaltung, und wir sind diejenigen, die das zum ersten Mal offerierten. Wir bieten seit 17 Jahren die fondsgebundene Vermögensverwaltung an. Bei unseren Wettbewerbern in Deutschland spricht man erst seit zirka zwei Jahren von diesem Thema.

Es gibt auf diesem Gebiet zwei Philosophien; eine davon ist, seine Anlage auf fremde Fonds auszurichten, das heißt, kein eigenes Fondsmanagement; die andere setzt auf das Management eigener Fonds.

Wir verfolgen hiervon die zweite Philosophie, und ich will Ihnen auch mitteilen, warum wir uns für diesen Weg entschieden haben. Wenn man eine umfangreiche Palette hat, ist dieser Weg zweifellos der bessere. Wenn Sie zum Beispiel ein Haus bauen (hier ist es das ‚Haus' Ihrer Vermögensverwaltung), benötigen Sie Bausteine. Das Haus ist nur dann stabil, wenn die Bausteine zusammenpassen. Bei der Vermögensverwaltung nach unserer Philosophie sind unsere Fonds die Bausteine, die optimal zueinander passen. Die Praxis zeigt, daß es viele Fremdfonds gibt, die gar nicht in dem Segment investieren, das sie ursprünglich im Visier hatten. Wenn Sie dann nur einen Fremdfonds dieser Art dabei haben — beispielsweise einen Aktienfonds, der dann doch in Anleihen investiert — wird das Ergebnis verwässert und die Bausteine passen nicht mehr zueinander. Das Problem haben sie nicht, wenn sie klar abgegrenzte Fonds haben, die man zwar auch einzeln kaufen kann, die aber primär darauf ausgerichtet sind, als Bausteine der Vermögensverwaltung zu dienen.

Als einige wenige Beispiele seien hier genannt:

- European Equity — Europäische Aktien
- North American Equity — Amerikanische und kanadische Aktien
- European fixed interest — Europäische Festverzinsliche
- Global Bond — Festverzinsliche Weltweit
- UK-Smaller Companies — Kleinere englische Aktiengesellschaften
- Japanese Equity — Japanische Aktien

Das alles sind nur einige einzelne Bausteine einer Vermögensverwaltung. Diese kann ein Kunde auf seinen ausdrücklichen Wunsch zwar auch einzeln kaufen, aber im Prinzip sind das alles Spezialgebiete, die in der Regel nur in einem Gesamtdepot unter dem Aspekt der Risikostreuung Sinn machen.

Im Moment wird die Vermögensverwaltung ausschließlich über Umbrellafonds nach luxemburger Recht durchgeführt. Steuerrechtlich sind diese Fonds den deutschen Fonds gleichgestellt. Die Fonds werden nach strategischen Gesichtspunkten im Depot gewichtet. Unser Strategie-Depot ist derzeit stark in europäischen Aktien und DM-Obligationen investiert. Die anderen Elemente sind stark untergewichtet."

„Wie wird die fortlaufende Anlagestrategie mit dem Kunden abgestimmt?"

Klaus Hennig: „Wenn ein Kunde unsere Vermögensverwaltung in Fonds in Anspruch nimmt, gibt es nur die von uns vorgegebene Linie, denn ich kann nicht ein Depot durch Dritte managen lassen, das der Kunde sich selbst zusammengestellt hat. Wie soll ich da wissen, was er wann und wie denkt? Dann verwaltet der Kunde besser selbst unter seiner eigenen Regie. In diesem Falle zahlt er auch die 0,5 % nicht, denn er ist ja sein eigener Verwalter. Nimmt er unser Know-how in Anspruch, dann handeln wir für ihn gemäß unserer Auffassung. Kurzfristig gesehen kann es durchaus mal geschehen, daß der ‚Self-Made Manager' besser liegt als unser Strategie-Depot, weil der Anleger dann auch höhere Risiken eingeht, aber langfristig gesehen — und gerade diese langfristige Perspektive macht eine effiziente Vermögensverwaltung aus — sind die 0,5% Kosten eine gute Investition."

„Was ist die Meßlatte für das Strategie-Depot?"

Klaus Hennig: „Die Benchmark unseres Strategie-Depots ist der MSCI-Welt-Index[1] auf DM-Basis. Für die einzelnen Unterfonds sind natürlich die jeweiligen individuellen Indizes der Länder und /oder Sparten die Benchmarks.

Ich kann Ihnen auch eine Zahl sagen. Das Strategie-Depot hat relativ zum Index in den zweieinhalb Jahren seines Bestehens um 12 % besser als der Index abgeschnitten. Das ist sehr gut.

Wir fahren regelmäßig eine absolut risikoarme Strategie; anders gesagt: Im vorderen Feld mitfahren, aber kurzfristig nicht unbedingt der erste sein. Langfristig gesehen wollen wir dann aber vorne liegen. Wir gehen eher mal ein zu kleines Risiko ein, als zuviel. Dafür nehmen wir dann in Einzelfällen auch geringere Erträge in Kauf, um uns erkennbare Risiken zu vermeiden.

Die Verwaltung über Fonds, die heute so überaus fortschrittlich klingt, wird in 10 Jahren völlig normal sein. Ich kann mir vorstellen, daß die heutige Vermögens-

1 Morgan Stanley Capital International Indices. Unter der Bez MSCI Index berechnet das Wertpapierhaus Morgan Stanley 7 internationale Indices, bestehend aus 1 Weltindex und 6 Regionenindices, 20 Länderindices und 38 internationalen Branchenindices. Alle MSCI-Indices haben als Basis den 1.1.1970. Sie erfassen ca. 1500 Unternehmen aus 20 Ländern und repräsentieren ca. 60% der Börsenkapitalisierung dieser Länder.

verwaltung über Einzeldepots in 10-15 Jahren weitestgehend ausgestorben sein wird, weil sie zu umständlich und zu teuer ist."

„Welchen Märkten geben Sie auf ein Jahr gesehen ab Juni 1993 die besten Chancen für einen kräftigen Aufschwung und welche Strategie sollten DM-Anleger haben?"

Klaus Hennig: „Als Generalist habe ich natürlich eine Marktmeinung. Ich möchte aber zu dieser Frage folgendes sagen: Ein Jahr ist eine kurzfristige Anlage. Als Fondsanleger sollte man aber nicht kurzfristig denken. Im Rahmen einer Vermögensverwaltung in Fonds sollte man einem Kunden diese Frage gar nicht stellen. Und der Kunde sollte sich diese Frage auch nicht stellen.

Trotzdem will ich dieser Frage nicht ausweichen. Nehmen wir doch einmal unser Strategie-Depot: Wir haben europäische Aktien übergewichtet. Die europäischen Aktien haben sicherlich Nachholbedarf auf ein Jahr gesehen. Verantwortlich für diese Marktmeinung sind die noch vorhandenen Zinssenkungsphantasien und die Aussicht auf einen Ausweg aus der Rezession. Auch die asiatischen Märkte haben gute Chancen. Aber das sind oft enge Märkte, die man in einem konservativen Depot keinesfalls übergewichten sollte. Wo ich vorsichtig gestimmt bin, ist der amerikanische Markt. Der ist mir im Verhältnis zur Wirtschaftsentwicklung zu hoch bewertet. Beim Dollar bin ich auch eher zurückhaltend. Dabei denke ich an das hohe Handelsbilanzdefizit der USA. Der Dollar muß eigentlich runter, um das Handelsbilanzdefizit zu senken. Für mich ist der Abwärtstrend des Dollar erst dann gebrochen, wenn der Dollar die Marke von DM 1,80 stabil wieder überschritten hat. Das erscheint mir eher unwahrscheinlich. Die japanischen Aktien erscheinen mir attraktiv, aber die Währung sollte man absichern. Der japanische Yen ist mir im Moment einfach zu hoch.

Im Bereich der festverzinslichen Wertpapiere sollte man auf keinen Fall im Dollar-Bereich kaufen, weil die Zinsen in den USA früher oder später steigen werden und damit Kursverluste vorprogrammiert sind. Für DM-Anleger sind DM-Obligationen ein Muß, auch wenn schon ein erheblicher Zinsverfall hinter uns liegt.

In einem aggressiver ausgerichteten Depot würde ich den Europa-Teil vermindern und den Ostasien-Anteil erhöhen und lediglich im Yen-Sektor das Depot absichern. Wenn ich mich richtig aggressiv engagiere, würde ich den Yen demnächst gegen den Dollar sogar leerverkaufen, sobald der Yen technische Schwäche zeigt. In Zahlen ausgedrückt, könnte man ein Drittel in Südostasien anlegen."

„Welche Auswirkungen hat die Zinsabschlagsteuer auf die verschiedenen Anlagealternativen, zum Beispiel Aktien und Anleihen?"

Klaus Hennig: „Die Zinsabschlagsteuer für sich gesehen hat keine Auswirkungen auf die Attraktivität einzelner Anlageformen, denn sie ist ja nichts weiter als eine

Vorauszahlung auf die Einkommensteuer. Was aber erhebliche Konsequenzen nach sich zieht, sind die erhöhten Freibeträge für Zinseinkünfte. Sie führen dazu, daß beispielsweise ein Aktienvermögen in großem Umfang einkommensteuerfrei angelegt werden kann. Auch für die festverzinslichen Wertpapiere hat das natürlich ganz erhebliche Auswirkungen. Sie verlieren durch die Zinsabschlagsteuer an Attraktivität. Ein Beispiel ist der thesaurierende Rentenfonds auf DM-Basis. Diese Art der Fonds wird aussterben, weil der Fonds alle seine Zinseinkünfte der Zinsabschlagsteuer unterwerfen muß. Das führt zu einem enormen Performance-Verlust gegenüber gleich anlegenden, aber ausschüttenden Rentenfonds. Und das wiederum zerstört die Konkurrenzfähigkeit dieses Produkts.

Auch all die anderen trickreichen Produkte wie Kombizinsanleihen, Capped Warrants und GROIS[2] werden künftig unter steuerlichen Gesichtspunkten ihre Attraktivität verlieren. Wie bei Zeros wird auch hier die Emissionsrendite auf die Laufzeit verteilt zu versteuern sein. Es wird also zunehmend seitens der Finanzverwaltung versucht, auch die bisher steuerfreien Kursgewinne mit in die Zinsabschlagsteuer einzubeziehen."

„Ausländische Fonds haben keinen leichten Stand in Deutschland. Vor allem US-Fonds, von deren Entwicklung deutsche Anleger aufgrund der Währungsverluste in der Vergangenheit oft enttäuscht worden sind. Wie stehen Sie dazu und was spricht IhrerEinschätzung nach für das Global Portfolio der Bank von Ernst?"

Klaus Hennig: „Die Anlagepolitik eines Portfolios sollte sich danach entscheiden, in welcher Währung ein Anleger denkt. Ein Nordamerikaner kann zum Beispiel amerikanische Aktien stärker gewichten als ein deutscher Anleger, weil er das Währungsrisiko nicht berücksichtigen muß; er denkt ja in US-Dollar. Unser Portfolio für DM-Anleger berücksichtigt diese Währungsrisiken und gewichtet die einzelnen Anlagesegmente entsprechend. Wir sind meines Wissens die einzige ausländische Bank, die eine auf einen DM-Anleger ausgerichtete globale Anlagestrategie im Fondssektor anbietet.

Der Ratschlag für einen deutschen Anleger ist also der: Er sollte sich vorher erkundigen, in welcher Währung der Fondsmanager denkt, dessen Fonds er kaufen will. Wenn der deutsche Anleger sich dann für einen in Dollar ‚denkenden' Fonds entscheidet, hat er sein Vermögen angelegt wie ein Amerikaner. So ein Kunde muß sich

2 Guaranteed Return-on-Investment. Das sind Wertpapiere – meist bei spekulativen Optionsscheinen – bei denen der Anleger einen garantierten Wertzuwachs in Form eines festgelegten Rückzahlungsbetrages erhält, der eine Mindestverzinsung bietet. Diese liegt i.d.R. unterhalb der normalen Verzinsung, da sie nur zur Absicherung der Spekulation dient, damit der Anleger kein Geld verlieren kann.

bewußt sein, daß er dann in Dollar denken muß. Was zählt, ist aber für ihn allein die Performance in DM, und die ist dann reiner ‚Zufall'."

„In letzter Zeit strömen neben ausländischen Fonds renommierter Anbieter auch Auslandsfonds anderer Anbieter nach Deutschland. Sind alle Angebote unter Verbraucherschutzaspekten sicher und ist der Anlegerschutz bei Auslandsfonds ähnlich gut ausgebildet wie bei deutschen Fonds?"

Klaus Hennig: „Dazu kann man eigentlich so global nur zwei Dinge sagen. Wenn Sie Auslandsfonds kaufen, müssen Sie besonders auf die steuerlichen Kriterien achten. Auslandsfonds sind zum Teil, wenn sie nicht registriert sind und auch keine Steuerrepräsentanz haben, so kraß steuerlich benachteiligt, daß man unbedingt die Finger davon lassen sollte. Das hat aber nicht zwangsläufig etwas mit Bonität oder der Seriosität des Fonds zu tun. Dieser riesige steuerliche Nachteil gilt für die meisten ausländischen Länderfonds, die von der Anlageseite her jedoch zum Teil hochinteressant sind, die aber trotzdem für deutsche Anleger ‚tödliche' Steuer-Fallen darstellen können. Denn er muß 100% der Wertsteigerung seiner Einkommensteuer unterwerfen, mindestens jedoch 10 % vom Anteilswert jährlich — selbst wenn das Anlageergebnis negativ war.

Zum zweiten sollte man stets vor dem Kauf schauen, wer hinter dem Angebot steht. Welche Gesellschaft managed oder verwaltet den Fonds, wie war die Performance in der Vergangenheit, welche Anlageschwerpunkte werden verfolgt, und welchen gesetzlichen Kontroll-Institutionen unterliegt das Angebot."

Skandia Lebensversicherung AG

Helmut Haegert,
Vorsitzender des Vorstandes
Skandia Lebensversicherung AG:

„Die fondsgebundene Lebensversicherung wird mit Sicherheit auch in Deutschland an Bedeutung gewinnen.“

Die Skandia Lebensversicherung AG, Berlin, (gegr. Oktober 1991) ist die deutsche Tochtergesellschaft der 1855 in Stockholm (Schweden) gegründeten, heute international tätigen Skandia Group. Sie bietet in Deutschland ausschließlich die Fondsgebundene Lebensversicherung an.

In England, dem Mutterland der Fondspolice, wo bereits weit über 40 Prozent der Neuabschlüsse auf die Fondsgebundene Lebensversicherung entfallen, gehört die Skandia Group mit der Skandia Life U.K. seit vierzehn Jahren zu den erfolgreichsten Anbietern in dieser Sparte. In der Schweiz bekam die Skandia als eine der ersten Versicherungen die Genehmigung für einen Fondsgebundenen Tarif.

Weltweit verfügt die Skandia Group über Prämieneinnahmen von mehr als 10 Mrd. DM und gilt seit jeher als Schrittmacher für Fondsgebundene Lebensversicherungen.

Die Skandia Lebensversicherung AG Berlin ist angetreten, um mit einer Fondsgebundenen Lebensversicherung, der Transparenten Investment Police T.I.P. den deutschen Markt zu erobern. Beim Wettbewerb um Marktanteile kann die Skandia Leben dabei in allen Bereichen auf das internationale Know-how und die langjährigen Erfahrungen der Muttergesellschaft zurückgreifen.

„Mit einer Fondspolice ist die Skandia Leben einer von wenigen Anbietern dieses Produktes auf dem deutschen Markt. Warum wird dieses Produkt Anlegern angeboten?“

Skandia: „Die Skandia-Fondspolice (T.I.P.) ist eine fondsgebundene, flexible gemischte Kapitalversicherung mit laufender Beitragszahlung. Sie ist die Kombination einer preisgünstigen Lebensversicherung mit deutschen und internationalen Investmentfonds von ersten Adressen. Sie verbindet also den Risikoschutz für den Todesfall mit der Chance für jeden Kunden, an den Kursentwicklungen der Aktien- und Wertpapiermärkte direkt teilzuhaben, indem er selbst bestimmt, nach welchen Kriterien und in welche Fonds seine Beiträge angelegt werden sollen. Dabei hat der Kunde die Flexibilität

- bei der Wahl der Höhe des Todesfallschutzes,
- bei der Auswahl der Investmentfonds,
- bei der prozentualen Aufteilung des Sparanteils auf die Fonds, und
- bei der Möglichkeit, jederzeit auch während der Laufzeit der Fondspolice die Fonds beliebig und ohne das Skandia hierfür Gebühren erhebt, zu wechseln.

Wir sind sicher, daß wir durch unser international vorhandenes Know-how dem Kunden ein ausgereiftes Produkt anbieten. Das Produkt selbst, die Verwaltungsabläufe und die gesamte Organisation wurden erfolgreich in Großbritannien, den USA und der Schweiz entwickelt und auf den deutschen Markt übertragen. Dieser Erfahrungsvorsprung kommt unseren Kunden besonders zugute.“

„Welche Bedeutung hat die fondsgebundene Lebensversicherung für Ihre Unternehmung und Ihren Vertrieb?“

Skandia: „Wir bieten zielgruppenorientierte Produkte an. Dabei setzen wir mit unserem Angebot den Akzent auf die Zeit nach dem aktiven Berufsleben, denn die Krise der öffentlichen Sozialversicherung macht die private Vorsorge für den wohlverdienten Ruhestand wichtiger denn je. Die Lasten, die für die Rentenversicherung auf die öffentlichen Haushalte zukommen, sind bald nicht mehr finanzierbar. Das Verhältnis von Aktiven zu Rentnern von heute 10 : 4 wird sich bis zum Jahr 2040 auf 1 : 1 verschlechtern. Um das heutige Rentenniveau zu halten, würde dies drastisch steigende Beiträge oder ein Vielfaches der heutigen Bundeszuschüsse erfordern. Beides ist nicht darstellbar. Hier wird insbesondere die Lebensversicherung — als rein private Vorsorge oder als betriebliche Absicherung (Direktversicherung mit Gehaltsumwandlung) —, die nicht nur die Absicherung des Lebensstandards im Ruhestand bietet, sondern durch eine garantierte Todesfalleistung auch den unverzichtbaren Risikoschutz für die Familie sicherstellt, noch mehr als heute an Bedeutung gewinnen.

Um dies zu gewährleisten, haben wir einzelne Produktbausteine entwickelt und strategische Allianzen begründet, das heißt, wir haben das moderne Prinzip der Arbeitsteilung auf die Versicherung übertragen. Die Skandia ist Versicherer und als solches zuständig für den Versicherungsschutz und die Verwaltung der Policen. Die Kapitalanlage dagegen wird dem professionellen Können der Fondsmanager der einzelnen Kapitalanlagegesellschaften anvertraut. Diese Kapitalanlagegesellschaften — zum Teil schon fast 50 Jahre mit Erfolg auf dem Markt — sind institutionell ungebunden und verwalten die ihnen anvertrauten Gelder allein im Kundeninteresse.

In welche der Fonds investiert wird, bestimmt allein der Kunde, wobei die einmal gewählte Fondszusammenstellung jederzeit und ohne daß dies zusätzliche Kosten verursacht, verändert werden kann.

Speziell für die in Deutschland ausschließlich angebotene Fondsgebundene Lebensversicherung mit flexiblen Tarifen ergeben sich Prinzipien, die das Produkt, aber auch einen Teil unserer Unternehmensphilosophie kennzeichnen.

Die Skandia Lebensversicherung bringt mit der T.I.P. niemanden in Interessenskonflikte. Wir bieten keine traditionellen Lebensversicherungstarife an, weil die Fondspolice das überlegene Produkt ist. Daher müssen wir nicht wie andere Gesellschaften Rücksicht auf andere Angebote nehmen, weder in der Argumentation noch in den Konditionen.

Wir arbeiten in Deutschland ausschließlich mit selbständigen, unabängigen Vermittlern zusammen, die ihren Kunden ganz indidivuelle und differenzierte Strategien empfehlen. Nur wer sein Produkt auf diese Art in den Markt gibt, ist auch gezwungen, das Angebot ständig zu verbessern und weiterzuentwickeln, weil der selbständige Vermittler seinem Kunden nur das beste Produkt am Markt anbietet.

Wir verknüpfen mit der Skandia T.I.P. auch keine eigenen Investmentfonds, obwohl die Skandia mit der International Skandia SICAV einen ausgezeichneten Umbrella Fund besitzt. Wir vertrauen unsere Kunden international erfahrenen unabhängigen Fondsmanagern an und setzen uns nicht dem Vorwurf aus, auf eigene Investmentinteressen zu schielen.

Letztlich zahlen wir die Vermittlungsprovision über die gesamte Laufzeit verteilt. Dadurch erwerben die Kunden bereits mit der ersten Beitragszahlung ein Guthaben und damit einen Rückkaufwert."

„Ist die Bedeutung von fondsgebundenen Lebenversicherungen international größer?"

Skandia: „International ist die Bedeutung, zumindest gemessen am Prämienanteil erheblich größer. In England, dem Mutterland der Fondsgebundenen Lebensversicherung, liegt der Geschäftsanteil am gesamten Lebensgeschäft bei über 40%. Dort gibt es alle Produkte des konventionellen Versicherungsbereiches auch als fondsgebundene Produkte. In Schweden wurde ein fondsgebundener Tarif erst 1990 von den dortigen Aufsichtsbehörden genehmigt. Heute liegt der Anteil der Beiträge, die in fondsgebundene Tarife fließen, auch dort bei mehr als 40%.

Dies streben wir auch in der Bundesrepublik an. Der deutsche Markt ist im Bereich der fondsgebundenen Versicherungen im internationalen Vergleich völlig unterentwickelt und noch sehr restriktiv. Heute liegt das Verhältnis von herkömmlicher Kapitallebensversicherung und fondsgebundener Lebensversicherung bei ca. 95:5, in zehn Jahren schätzen wir es auf 50:50 ein. In fünfzehn Jahren werden die Fondsgebundenen Tarife überwiegen. So akzeptieren jetzt auch einige Hypothekenbanken unsere Transparente Investment Police (T.I.P.) als Instrument zur Tilgungsaussetzung bei Immobilienfinanzierungen. Unabhängig von den Fonds, die der Kunde in seiner T.I.P. auswählt, kann er für ein Darlehn, das über 30 Jahre läuft, eine T.I.P. mit einer Laufzeit von 30 Jahren und einer Beitragssumme (jährlicher Beitrag x Laufzeit in Jahren) von 50 Prozent des Darlehns zur Tilgungsaussetzung verwenden. Soll die Finanzierung in 25 Jahren abgeschlossen sein, muß die Skandia Fondspolice bei einer ebenfalls 25jährigen Laufzeit eine Beitragssumme von 60 Prozent des Darlehns aufweisen. Dies ist ebenfalls ein Zeichen für die steigende Akzeptanz unserer Fondspolice.

Die Einführung unserer Transparenten Investment-Police ist also nur ein erster Schritt. Wir werden sie mit der Zeit verfeinern, ergänzen und auf weitere Versicherungssparten, beispielsweise die Berufsunfähigkeitsversicherung übertragen.

Entscheidend bei all unseren Überlegungen ist die Tatsache, daß die Skandia ein Versicherer ist und kein Kapitalanlage-Unternehmen. Daher achten wir strikt auf die Trennung zwischen der Versicherung eines Risikos und der Anlage von Beiträgen."

„Wie schätzen Sie die weitere Entwicklung der Investment-Police ein? Welche Neuerungen oder Änderungen sind zu erwarten?"

Skandia: „Wir bieten eine flexible Fondspolice an, mit anderen Worten, der Kunde hat die Wahl zwischen einer Mehrzahl von Fonds, aber nicht zwischen allen Fonds, die am Markt existent sind. Der Trend geht möglicherweise in die Richtung, eine völlig offene Investmentpolice anzubieten. Dann könnte ein Kunde zwischen allen Investmentfonds, die am Markt aufgelegt sind, wählen. Ich bin mir allerdings keineswegs sicher, ob dies der Weisheit letzter Schluß ist. Ich halte es für besser, wenn die Versicherungsgesellschaft nach bestimmten, leistungs- und performanceorientierten Kriterien eine Vorauswahl trifft und so den Kunden bei der Entscheidung indirekt unterstützt.

Andere Entwicklungen gehen in die Richtung einer Ausweitung des Investment-Gedankens über die Fondspolicen hinaus. Denkbar sind auch andere ‚investment-related' Versicherungstarife, zum Beispiel im Bereich der Unfall-, Berufsunfähigkeits- oder Rentenversicherung.

Grundsätzlich könnten alle konventionellen Versicherungssparten auf Investment-Policen umgestellt werden. Entscheidend ist nur der Gedanke des transparenten Beitragssplitting und die strikte Trennung zwischen der reinen Risikoabsicherung und der eigentlichen Anlage der Gelder.

Eine Aufteilung des Beitrags in Risikoschutzprämie, Kosten- und Verwaltungsanteil und Sparbeitrag findet ohnehin bereits statt. Und die Kapitalanlage wickeln viele Versicherungen auch schon über eigene Investmentfonds ab.

Von daher ist der Weg in die transparente Richtung gar nicht mehr so weit. Und den Vermittlern und Maklern, die dies erkennen und bereits frühzeitig umsetzen, werden es die Kunden danken."

„Welche Anlegergruppen sprechen Sie mit diesem Produkt besonders an?"

Skandia: „Unsere Zielgruppe ist die gehobene Privatkundschaft, also Unternehmer, Freiberufler, leitende Angestellte usw. Diese Gruppen wollen bei der Produktentscheidung die Wahl zwischen mehreren Produkten haben, daher verkauft die Skandia nur über Makler und unabhängige Vermittler. Das ist gut für die Kunden und gut für die Höhe der Vertriebskosten. Ein eigener Vertrieb würde wesentlich höhere Kosten verursachen.

Und betrachtet man das Segment der Spitzeneinkommen europaweit, dann steht die Bundesrepublik ganz oben. Von den Haushalten in Europa, die ein Bruttoeinkommen von mehr als 200.000 DM haben, sind fast die Hälfte in der Bundesrepublik angesiedelt. Doch obwohl fast 50 Prozent aller potentiellen Kunden in Deutschland leben, hat die Fondspolice in Deutschland nur einen Marktanteil von knapp 4 Prozent.

Es ist also nur konsequent, daß wir jetzt auch auf dem deutschen Markt präsent sind. Und da die Skandia-Fondspolice so flexibel ist, können wir sowohl Kunden, bei denen eher der Absicherungsaspekt im Vordergrund steht, als auch Kunden, die eher anlageorientiert denken, ansprechen.

„Welche Modelle der fondsgebundenen LV bieten Sie ihren Kunden an?"

Skandia: „Unsere T.I.P. ist besonders flexibel gehalten. Der Kunde kann unterschiedliche Todesfalleistungen zwischen 50 und 500 Prozent wählen, ein Tarif mit einem 10 %-igen Todesfallschutz ist in Arbeit.

Für junge Familien, bei denen die Absicherung in der Regel im Vordergrund steht, empfiehlt sich beispielsweise ein relativ hoher Todesfallschutz, der im Laufe der Zeit reduziert werden kann. Der Vorteil: Je geringer der Todesfallschutz, desto höher werden die Sparanteile. Bei Kunden, die bereits eine Kapitallebensversicherung abgeschlossen haben, steht meist der Anlageaspekt im Vordergrund. Hier empfiehlt sich ein geringer Todesfallschutz, damit von Beginn an die Sparanteile möglichst hoch sind und gewinnbringend angelegt werden können.

Im Todesfall wird entweder die garantierte Todesfalleistung oder — falls der Fondswert größer ist — dieser Fondswert plus 5 % der garantierten Todesfalleistung ausgezahlt. Ausgangspunkt der garantierten Todesfalleistung ist die geleistete Gesamt-Beitragssumme (Jährlicher Beitrag mal Laufzeit in Jahren). Bei einer Jahresprämie von 5.000 DM und einer Laufzeit von 20 Jahren beläuft sich die Beitragssumme auf 100.000 DM. Je nach Bedarf kann der Kunde für den Todesfallschutz zwischen 50.000 DM (50%), künftig sogar 10.000 DM (10%) und 500.000 DM (500%) wählen. Der erhöhte Risikoschutz hat natürlich seinen Preis. Am Ende der Laufzeit erhält der Kunde bei einer Wertsteigerung der Fonds um jährlich 9% mit einer 500-Prozent-Police rund 192.000 DM. Hätte er einen 50%-igen Todesfallschutz gewählt, bekäme er rund 235.000 DM gutgeschrieben.

Der Mindestbeitrag beträgt 150 DM pro Monat. Die Laufzeiten variieren von 12 bis 50 Jahren, das Mindesteintrittsalter liegt bei 15 Jahren, das Höchstendalter bei Ablauf bei 75 Jahren. Natürlich bieten wir auch eine Dynamisierung der Versicherungssumme an. Der Kunde kann wählen zwischen einer festen Erhöhung zwischen 5% und 10% jährlich oder einer Erhöhung entsprechend der Beitragsgrenze zur gesetzlichen Rentenversicherung.

Vom Beitrag wird die Prämie des gewählten Risikoschutzes abgedeckt und der Kostenanteil berechnet. Der Rest fließt in die Investmentanlage. Pro Fonds muß ein Kunde mindestens zehn Prozent seines Beitrags investieren. Das heißt, der Kunde kann bis zu zehn verschiedene Fonds wählen. Mehr noch: Bei der Skandia-Fondspolice können die Kunden im Laufe der Zeit die Fondsanlagen wechseln, wenn sie von einer anderen als der am Anfang getroffenen Auswahl bessere Renditen erwarten. Der Kunde hat die Wahl, seine bereits bestehenden Fondsbestände und/oder die Auswahl für die noch zu zahlenden Beiträge zu wechseln. Ein Fondswechsel (Switch) ist kostenlos und auf Basis des Rücknahmepreises ohne neue Ausgabeaufschläge unbegrenzt möglich.

Auch hier kommt den Kunden unser ausgereiftes Verwaltungssystem zugute: Durch unser international vernetztes Computersystem werden die Switch-Aufträge der angeschlossenen Vermittler gegeneinander ‚gematcht'. Will also ein Kunde beispielsweise den Fidelity America verkaufen und ein anderer Kunde gleichzeitig kaufen, wird dies zunächst nur rein buchungstechnisch erfaßt. Das Fondsvermögen selbst wird noch nicht berührt. Zur tatsächlichen Ausführung gelangen nur die Überhänge, das heißt, wenn sich dadurch Änderungen im Gesamtbestand aller Fondsanteile ergeben. Nur diese Spitzen werden dann veräußert oder zusätzlich erworben.

Das spart zusätzlichen Verwaltungsaufwand und Transaktionskosten für den An- bzw. Verkauf von Fonds und damit Kosten für den Kunden."

„Bei einer klassischen LV trägt das Anlagerisiko die Versicherungsgesellschaft, bei einer Fondspolice trägt dies der Versicherungsnehmer? Wie läßt sich diese Anlage für den Versicherungsnehmer risikomäßig einschätzen?"

Skandia: „Bei einer konventionellen Kapitallebensversicherung (KLV) kann ein Kunde nur durch die Wahl der Versicherungsgesellschaft Einfluß auf die Anlagepolitik nehmen, die letztendlich den Erfolg einer Police bestimmt. Aber auch bei einer Kapitallebensversicherung wird zwischen Risikoprämie, Kostenanteil und Sparbeitrag unterschieden. Grundsätzlich kann der Sparbeitrag auf drei verschiedene Vermögensbereiche verteilt werden: das Sachvermögen (z. B. Grundstücke), das Produktivvermögen (Aktien) und Geldvermögen (Renten, Termingelder). Diese drei Vermögensbereiche stehen sowohl der Fondspolice (Aktien-, Renten- und offene Immobilienfonds) als auch der Kapital-Lebensversicherung (hier durch direkte Anlage oder Fonds) zur Verfügung. Der Unterschied der „normalen KLV" zur Skandia T.I.P. liegt nun darin, daß die Sparbeiträge der Versicherungsnehmer bei der KLV nicht individuell nach seinen Wünschen angelegt werden, sondern in den sogenannten Deckungsstock fließen und dort für alle gleichermaßen angelegt werden. Die Anlage unterliegt dabei aufsichtsrechtlichen Beschränkungen im Hinblick auf Aufteilung des Kapitals auf die verschiedenen Investmentbereiche. Das führt dazu, daß der Deckungsstock der KLV überwiegend in festverzinsliche Wertpapiere investiert ist und nur ein geringerer Teil in die renditeorientierte Aktienanlage fließt. Die Fondspolice gibt dem Kunden nun die Möglichkeit, seine Sparbeiträge dynamischer aufzuteilen, also beispielsweise einen höheren Anteil in deutsche oder internationale Aktien zu investieren und so an den Chancen dieser Märkte zu 100 Prozent teilzuhaben — denn bei der Skandia T.I.P. erhält der Kunde 100 Prozent der Wertsteigerungen und Erträge auf seinem „Versicherungskonto" gutgeschrieben. Indes trägt er dafür auch das Risiko des Kursrückgangs.

Allerdings trägt auch die Versicherungsgesellschaft ein indirektes Risiko des Anlageerfolgs, denn eine Fondspolice ist immer nur so gut wie ihre Fonds. Deshalb hat die Skandia eine Vorauswahl von Fondsgesellschaften bzw. Fonds getroffen, die zur Disposition der Kunden stehen. Die Skandia ist dabei von der Devise ausgegangen: Leistung ist alles, aber sie muß beständig sein. Wir haben also nur Fonds ausgewählt, die langjährig und konstant eine gute Performance aufweisen konnten. Eintagsfliegen sind für uns nicht interessant.

Der Kunde muß für die Skandia T.I.P. kein Anlageprofi sein. Die Skandia-Fondspolice ist ein langfristig ausgelegter Vertrag. Es geht nicht primär um die Ausnutzung kurzfristiger Marktchancen, sondern um langfristig ertragreiche Anlage.

Um das Risiko einzuschätzen, bespricht der Kunde zusammen mit seinem Berater seine persönlichen Vorstellungen und Risikobereitschaft. Anhand von Kurzcha-

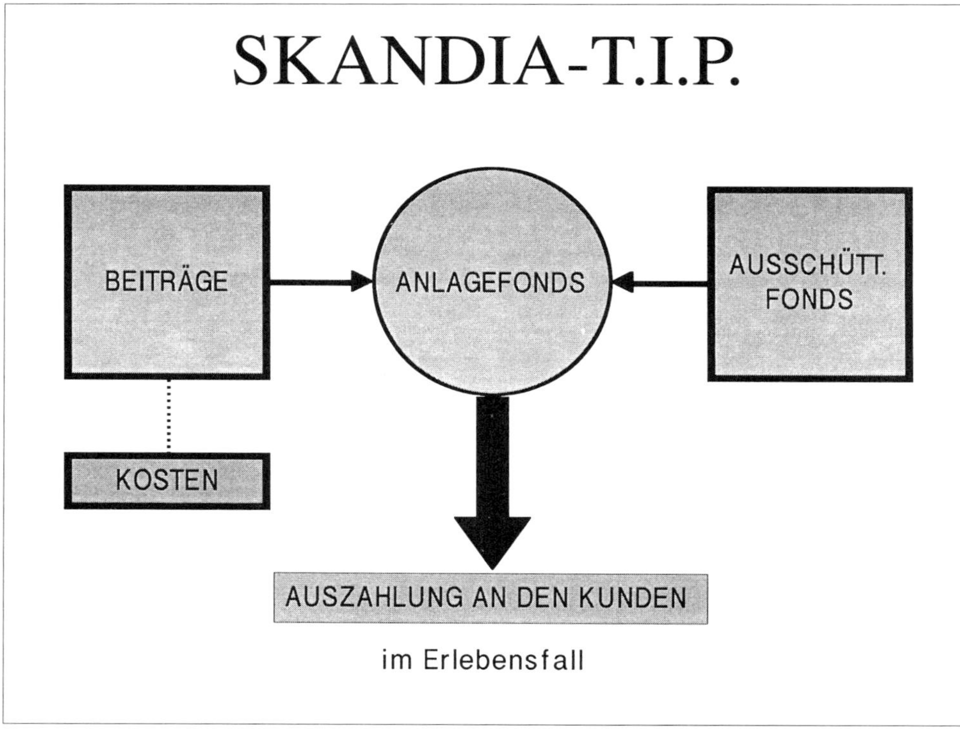

rakteristika der Anlageschwerpunkte der jeweiligen Fonds und der Ergebnisse der letzten Jahre kann sich der Kunde dann ein Bild über die ihm zur Auswahl stehenden Fonds machen."

„Welche Arten von Fonds dienen als Grundlage für ihre Fondsgebundene Lebensversicherung und wie findet ein Anleger die für Ihn richtigen Fonds?"

Skandia: „Wir stellen dem Kunden eine breite Palette von Fonds zur Verfügung. Die letztliche Entscheidung bei der Fondsauswahl für die Police trifft der Kunde selber. Sie ist wie erwähnt abhängig von seiner Risikomentalität, seinen persönlichen Motiven und den Versicherungsparametern wie Laufzeit, Höhe des Beitrags etc.

In sgesamt hat die Skandia Lebensversicherung mehr als 30 Fonds von renommierten Investmentgesellschaften im Angebot. Auch hier kommt unsere internationale Perspektive und Erfahrung dem Kunden zugute. Seit Jahren arbeiten wir erfolgreich mit der international anerkannten Investmentgesellschaft Fidelity Investment zusammen. Dadurch bieten sich dem Kunden vielfältige Fondsalternativen, um internationales Anlage-Know-how zu nutzen. Weiterhin offerieren wir Investmentfonds von den deutschen Investmentgesellschaften Oppenheim KAG, E.I. Euroinvest KAG sowie Deutsche Grundbesitz-Investmentgesellschaft.

Der Kunde kann zwischen einer Vielzahl verschiedener Fonds-Typen wählen. Zur Auswahl stehen konservative Rentenfonds, Geldmarktnahe Fonds, diverse Aktienfonds mit unterschiedlichen Schwerpunkten (Deutschland, USA, Asien), Branchenfonds wie der Focus Umwelttechnologie Fonds von Euroinvest und eine Reihe von Länderfonds.

Mit dem Grundbesitz-Invest haben wir auch einen offenen Immobilienfonds im Angebot, der in deutsche Gewerbeimmobilien erster Lage investiert. So bieten wir jedem Kunden die Möglichkeit für ein individuelles Versicherungs-Investment-Portfolio.

Die Erfahrungen unseres ersten Geschäftsjahres in Deutschland zeigen, daß das breite Angebot tatsächlich genutzt wird. Allerdings verteilen sich rund 80 % des Volumens auf zwölf Fonds."

„Wie gestalten sich die steuerlichen Aspekte einer Fondspolice für den Versicherten?"

Skandia: „Bei mindestens 12-jähriger Anlagedauer kommt der Kunde wie bei der herkömmlichen Lebensversicherung in den Genuß des Steuerprivilegs, das heißt, er vereinnahmt alle Erträge aus der Skandia-Fondspolice steuerfrei. Allerdings sind nach § 10 Einkommensteuergesetz (EStG) Beiträge zu eine Fondsgebundenen Lebensversicherung nicht zum Sonderausgabenabzug zugelassen. Bei Tod der versicherten Person ist die Auszahlung zu jedem Zeitpunkt -auch vor Ablauf der 12 Jahre — steuerfrei. Besonders erwähnenswert ist zudem, daß auch bei kurzfristigem Wechsel der Fondsanlage keine Spekulationssteuer fällig wird."

„Im Erlebensfall wird die gesamte Leistung — bestehend aus den Fondsanteilen — fällig. Was passiert, wenn die Kurse zum Zeitpunkt des Ablaufs besonders tief stehen?"

Skandia: „Hat sich der Markt zum Zeitpunkt des Ablaufs gerade ungünstig entwickelt oder braucht ein Kunde nicht sofort sein angesammeltes Kapital, hat er die Möglichkeit, die Skandia-Fondspolice um bis zu fünf Jahre beitragsfrei zu verlängern — ohne erneute Gesundheitsprüfung. Das ist wichtig, damit der Kunde seine Fondsanteile zum richtigen Zeitpunkt zu Geld machen kann. Er kann sich aber auch bei Ablauf die Fondsanteile selbst in ein privates Depot bei seiner Bank übertragen lassen und das Depot dort weiterführen, bis der Zeitpunkt für die Veräußerung günstiger ist."

„Wie beurteilen Sie die Rolle und Bedeutung der Überschußbeteiligung bei Fondspolicen, der bei der Kapital-Lebensversicherung eine große Bedeutung zufällt?"

Skandia: „Die Rolle der Überschußbeteiligung ist bei der KLV viel bedeutender als bei der Fondspolice. Bei der KLV fließen sämtliche Erträge aus den Anlagen in die Reserven, die gleichmäßig allen Versicherungsnehmern zugute kommen. Bei der

Fondspolice ist dies grundsätzlich anders. Dem einzelnen Versicherungsvertrag des Kunden werden die aus seinen Sparanteilen erworbenen Fondsanteile direkt zugeordet. Die Skandia ist in der Lage, den Versicherungsvertrag des Kunden journalmäßig wie ein Investmentkonto zu führen. Das bedeutet, wie in einem Depot wird der aktuelle Wert der Fondspolice des Kunden einfach ermittelt aus der Anzahl der Anteileinheiten multipliziert mit den jeweiligen Rücknahmepreisen der Fondsgesellschaften. Das führt dazu, daß sämtliche Kurssteigerungen der Fondsanteile automatisch den Wert der einzelnen Police erhöhen und nicht nach einem komplizierten Schlüssel verteilt werden müssen. Gleiches gilt auch für die Erträge (=Ausschüttungen) der einzelnen Fonds. Da für jeden Versicherungsnehmer individuell feststeht, wieviele Fondsanteile auf seinen Vertrag entfallen, werden sofort 100 Prozent der Erträge seiner Fondsanteile auf seinen Vertrag verbucht und zum Ankauf von neuen Investmentanteilen verwendet — und dies zum Rücknahmepreis. Der Kunde erhält bei der Skandia T.I.P. somit nicht nur 100 % der Wertsteigerung seiner Fondsanteile, sondern auch 100 % der Erträge, ohne daß Skandia Gebühren abzieht oder Rückstellungen aus den Erträgen bilden muß. Ein klarer Vorteil der Skandia Fondspolice T.I.P."

„Wie steht es mit der Haftung der Versicherungsgesellschaft für schlechte Ergebnisse und wie wird der Anlegerschutz gewährleistet?“

Skandia: „Sowohl bei herkömmlichen Lebensversicherungen als auch bei der Fondsgebundenen Lebensversicherung werden die Kapitalanlagen staatlich kontrolliert. Zum einen durch das Bundesaufsichtsamt für das Versicherungswesen (BAV), das alle Tarife genehmigen muß und für alle Versicherungen als Kontrollorgan zuständig ist. Das heißt, ein Fonds kann nur in eine fondsgebundene Lebensversicherung eingestellt werden, wenn das BAV dies genehmigt. Die Fonds selbst werden permanent vom Bundesaufsichtsamt für das Kreditwesen (BAK) kontrolliert, dem obersten Kontrollorgan der Banken und Investmentgesellschaften. Das BAK genehmigt jeden Investmentfonds einzeln und achtet darauf, daß die Fondsgesellschaften die Fonds nach den gesetzlich verankerten Grundsätzen und Anlagerichtlinien verwalten und die Anlagehöchstgrenzen einhalten. Verstöße werden hart geahndet.

Von daher genießt ein Kunde der Fondspolice doppelte institutionelle Kontrolle. Nur daß die Art und Gewichtung der Kapitalanlage jetzt auch für den Kunden sehr viel transparenter ist.

Eine Haftung für schlechte Ergebnisse gibt es allerdings weder von Versicherungs- noch von den Fondsgesellschaften. Dies kann auch nicht der Fall sein. Denn der Erfolg ist zwar auch vom Fondsmanagement, aber in erster Linie von der generellen Marktentwicklung abhängig. Bei schlechter Marktentwicklung werden daher sowohl die Ergebnisse der fondsgebundenen Tarife als auch die Ergebnisse der klassischen Lebensversicherungen schlechter sein als bei einer guten Marktentwicklung."

„Ist zu erwarten, daß fondsgebundene Produkte noch in anderen Versicherungssparten an Bedeutung gewinnen?"

Skandia: „Wir erwarten, daß sich auch in Deutschland der Investment-Gedanke weiter durchsetzen wird. Denn klassische Versicherer arbeiten wie bereits erwähnt zum Teil auch heute schon hinter den Kulissen wie die Fondsgebundene Lebensversicherung, das bedeutet, sie trennen den eigentlichen Risikoschutz von der Kapitalanlage. In England sind alle konventionellen Versicherungsbereiche ‚unit linked', das heißt die Anlage des Sparanteils erfolgt transparent über Investmentfonds. Das Ziel der Skandia Lebensversicherungs AG ist, von Berlin aus ein großes Marktsegment von der klassischen Kapital-Lebensversicherung zu gewinnen. Nicht des Geschäftes wegen, sondern weil wir überzeugt sind, daß wir ein gutes Produkt anbieten, das kundenfreundlich, weil transparent und steuerunschädlich ist.

Es ist schwer zu sagen, ob der Investment-Aspekt auch noch in anderen Versicherungssparten an Bedeutung gewinnnen wird. In dieser Hinsicht ist der deutsche Markt noch sehr restriktiv. Die Entwicklung in anderen europäischen Ländern allerdings weist deutlich in diese Richtung."

ANHANG

Steuern — noch nicht genug?

Sie haben noch nicht genug gehört über die steuerliche Behandlung Ihrer Einkünfte aus Kapitalvermögen?

Hier sind Sie genau richtig ... dieses Buch will und kann auch gar keinen Steuerberater ersetzen, aber man will ja schließlich mitreden können, auch wenn die Materie immer schwieriger wird.

In diesem Teil des Anhangs finden Sie noch einmal einiges über die steuerliche Behandlung von Einkünften aus Kapitalvermögen. Sie können dieses Wissen auf die Erträge aus Investmentfonds anwenden oder auch auf Ihre anderen Zinseinkünfte aus festverzinslichen Wertpapieren übertragen.

Einkünfte aus Kapitalvermögen

1. Berechnung:

	Einnahmen	
	./. Werbungskosten	(DM 100,- Pauschale)
	./. Sparerfreibetrag	(DM 6.000,- p.Pers.)
	= **Einkünfte aus Kapitalvermögen**	

2. Steuerpflichtige Einnahmen aus Kapitalvermögen und deren steuerliche Behandlung:

   a. Zinsen aus festverzinslichen Wertpapieren
      - Nominalverzinsung ist steuerpflichtig
      - Kursgewinne sind steuerfrei

   b. Dividendenwerte
      - Dividende + Körperschaftsteuerguthaben sind voll steuerpflichtig
      - die Kapitalertragsteuer ist nur eine Vorauszahlung auf die endgültige Einkommensteuer

Beispiel

persönlicher Steuersatz 40%

DM	1.200,-	Dividende
+ DM	675,-	Körperschaftsteuerguthaben (9/16 von DM 1.200)
= DM	1.875,-	steuerpflichtige Einnahme

===========

DM	750,-	Einkommensteuer (40% von DM 1.875)
./.DM	975,-	Vorauszahlungen (siehe unten)
DM ./.	225,-	Erstattung in der Einkommensteuererklärung

===========

Vorauszahlung

Kapitalertragsteuer	DM 300,-	(25% auf DM 1.200,-)
+ Körperschaftsteuerguth.	DM 675,-	(9/16 von DM 1.200,-)
= Vorauszahlungen	DM 975,-	

Steuerfrei bleibende Einnahmen aus Kapitalvermögen

1. Bei einkommensteuerpflichtigen Personen:

Alleinstehende	DM 6.100,-	(Werbungskosten-Pauschale DM 100,- + Sparerfreibetrag DM 6.000,-)
Ehegatten	DM 12.200,-	(Werbungskostenpauschale DM 200,- + Sparerfreibetrag DM 12.000,-)

2. Bei lohnsteuerpflichtigen Personen:

Alleinstehende	DM 6.900,-	(siehe oben + DM 800,-Nichtveranlagungs-Freibetrag)
Ehegatten	DM 13.000,-	(siehe oben + DM 800,-Nichtveranlagungs-Freibetrag)

3. Kinder ohne sonstiges Einkommen:

DM	11.877,-	
DM	5.669,-	Grundfreibetrag
DM	6.000,-	Sparerfreibetr.
DM	100,-	Werbungskosten
DM	108,-	Sonderausgabenp.
DM	11.877,-	max. Zinseinn.

4. Rentner ab dem 65. Lebensjahr:

40% der Einkünfte ohne Berücksichtigung der Versorgungsbezüge (Altersentlastungsbetrag)

maximal:

Alleinstehende	DM 3.720,-	(40% von DM 9.300,-)
Ehegatten (beide 65 J.)	DM 7.440,-	(40% von DM 18.600,-)

Beispiel:

Ehegatten, beide 65 Jahre, haben jeweils Zinseinnahmen von DM 12.000,-

DM	24.000,-	Zinseinnahmen
./. DM	7.440,-	40% Altersentlastungsbetrag Maximum
=	16.560,-	
./.	12.200,-	Freibeträge (siehe oben)
=	4.360,-	max. steuerpflichtiger Anteil

Spekulationsgeschäfte

Spekulationsgeschäfte liegen vor, wenn zwischen Anschaffung und Veräußerung des Wertpapieres weniger als sechs Monate liegen. Spekulationsgewinne und Verluste eines Kalenderjahres können miteinander verrechnet werden.

Der Saldo bleibt bis zur Freigrenze von DM 1000,- steuerfrei (bei Ehegatten wird diese Grenze für jeden Partner gesondert ermittelt).

Bei Überschreitung der Freigrenze ist der volle Betrag steuerpflichtig.

Beispiel:

	Ehemann	Ehefrau
Geschäft 1	+ 1.000,-	+ 4.000,-
Geschäft 2	./. 500,-	./. 2.000,-
Saldo	500,-	2.000,-
Freigrenze	1.000,-	0,-
steuerpflichtig	0,-	2.000,-*

➢ keine Anwendung der Freigrenze, da DM 1.000,- überschritten

Allgemeines zur Zinsabschlagsteuer

➢ Die Zinsabschlagsteuer ist eine Steuervorauszahlung und wird im Lohnsteuerjahresausgleich oder im Veranlagungsverfahren zur Einkommensteuer auf die Steuerschuld angerechnet.

➢ Die Zinsabschlagsteuer wird von der zinsauszahlenden Stelle auf alle Erträge erhoben und anonym an das Finanzamt abgeführt (Wahrung des Bankgeheimnisses!!)

➢ Die Zinsabschlagsteuer beträgt 30%, bei Tafelgeschäften 35% der Zinserträge.

➢ Ausgenommen von der Zinsabschlagsteuer sind bis jetzt:

- ☑ Zinserträge aus Sichteinlagen und Bausparguthaben, wenn der Zinssatz höchstens 1% beträgt.
- ☑ Zinserträge aus Bausparguthaben, wenn eine Prämie oder Arbeitnehmersparzulage gewährt wird.
- ☑ Stückzinsen 1993 (ab 1994 nicht mehr)
- ☑ Zinsgutschriften bis zu DM 20,- je Konto
- ☑ Erträge in ausländischen thesaurierenden Investmentfonds.
- ☑ Im Ausland ausgezahlte Erträge (in Luxemburg wird kein Steuerabschlag für Ausländer genommen)

➢ Im Rahmen der Freibeträge (6.100,- DM für Ledige, 12.200 DM für Verheiratete) wird die Zinsabschlagsteuer nicht einbehalten, wenn der Steuerpflichtige den auszahlenden Stellen einen Freistellungsauftrag erteilt. Ehegatten können diesen Freistellungsauftrag im Regelfall nur gemeinsam stellen. Der Auftrag ist an den amtlichen Vordruck gebunden. Der Freibetrag kann auf mehrere zinsauszahlende Stellen verteilt werden. Die Freistellungsaufträge können von den Finanzbehörden überprüft werden. Eine Einblicknahme in die Konten, Guthaben oder die Zinserträge ist damit nicht verbunden.

➢ Anstelle des Freistellungsauftrages kann der Steuerpflichtige bei seinem zuständigen Finanzamt eine Nichtveranlagungsbescheinigung beantragen. Die NV-Bescheinigung führt zu einer von der Zinsabschlagsteuer befreiten Auszahlung von Zins- und Dividendenerträgen in unbeschränkter Höhe. Für jede zinsauszahlende Stelle ist eine Original-NV-Bescheinigung erforderlich.

➢ Freistellungsaufträge können nur für Guthaben im Privatvermögen erteilt werden. Ausgenommen sind also:

- ☑ betriebliche Guthaben
- ☑ Treuhandguthaben
- ☑ Personengemeinschaften
- ☑ Sparclubs
- ☑ Mietkautionskonten, die auf den Vermieter lauten

➢ Steuerbegünstigte und steuerbefreite Körperschaften, Vereine und dergl. mehr können eine Befreiung von der Zinsabschlagsteuer nur durch eine NV-Bescheinigung erreichen.

- Körperschaften, die nicht von der Körperschaftsteuer befreit sind, können einen Freistellungsauftrag bis zu 6.100 DM erteilen.
- Die Kapitalertragsteuer auf Dividendenzahlungen beträgt unverändert 25%, die vom Kunden eingereichten Freistellungsaufträge beziehen sich ebenfalls auf diese Kapitalertragsteuer sowie auf das Körperschaftsteuer guthaben. In diesen Fällen erhält der Kunde die Bruttozahlung. Allerdings wird die Kapitalertragsteuer und das Körperschaftsteuerguthaben unter Nennung des Kundennamens vom Bundesamt für Finanzen von der Bank zurückgefordert. Die Anonymität ist in diesem Fall also aufgehoben.

Weitere wichtige Steuerarten für Einkünfte aus Kapitalvermögen

- Die *Kapitalertragsteuer* ist eine spezielle Erhebungsform der Einkommensteuer für Einkünfte aus Kapitalvermögen. Der Steuerabzug ist eine Vorauszahlung auf die künftige Steuerschuld und wird bei der späteren Veranlagung angerechnet. Auf Dividenden inländischer Unternehmen wird die Steuer in Höhe von 25% direkt bei Auszahlung der Kapitalerträge fällig. Ausnahmen sind bei Vorlage der NV-Bescheinigung bzw. Vorlage eines Freistellungsauftrages möglich.
- Die *Körperschaftsteuer* ist die der Einkommensteuer für Privatpersonen entsprechende Steuer für juristische Personen. Das sind im wesentlichen Kapitalgesellschaften sowie nicht rechtsfähige Vereine, Stiftungen und sonstige Vermögensmassen. Aktiengesellschaften bezahlen die Steuer von ihren Gewinnen. Auf den Dividenden lastet also bereits ein Steueranteil, den die Aktionäre sich auf die persönliche Einkommensteuerschuld anrechnen lassen können oder unter bestimmten Umständen sogar erstattet bekommen (Nichtveranlagungs-Bescheinigung oder Freistellungsauftrag). Ansonsten erhalten sie mit der Dividendengutschrift zusätzlich eine Steuergutschrift (Körperschaftsteuerguthaben) in Höhe von 9/16 der Bardividende. Diese Gutschrift kann der Aktionär mit der persönlichen Einkommensteuer verrechnen.
- Der *Besitz von Vermögen* ist bei Überschreiten der vermögenssteuerlichen Freibeträge steuerpflichtig. Festverzinsliche Wertpapiere, Aktien, Fondsanteile und andere Vermögensgegenstände gehören gem. Paragraph 110 Bewertungsgesetz zum sonstigen Vermögen und sind gem. Paragraph 11 Bewertungsgesetz zu bewerten und zu versteuern.

Wo man sich sonst noch Rat holen kann — Investment-Information

Sowohl für Anlageberater als auch für Sie als private Anleger stellt sich immer wieder die Frage, wie sich der Ertrag aus einer Kapitalanlage optimieren läßt. Zweifellos spielt dabei der Informationsstand, aufgrund dessen ein Investor seine Anlageentscheidung trifft, eine wesentliche Rolle. Mit anderen Worten: Je besser die Informationen, desto profitabler die Kapitalanlage. Dies gilt in gleichem Maße für das Investmentsparen und die Anlage in Investmentfonds.

Investment-Informationen über alle in Deutschland zugelassenen und vertriebenen Fonds sind kostenlos beim Bundesverband Deutscher Investmentgesellschaften e.V. (BVI) in Frankfurt erhältlich. Neben investmentpolitischen Neuerungen werden kurz-, mittel- und langfristige Performance-Vergleiche, Analysen über die steuerliche Behandlung von Investmenterträgen sowie jährlich ein Jahrbuch „Investment" mit Daten, Fakten und Entwicklungen zum abgelaufenen Investmentjahr veröffentlicht. Außerdem stellt Ihnen der BVI in seiner 12-seitigen Broschüre „Ein Stück Bürohaus für 100 Mark" Informationen zu offenen Immobilienfonds zur Verfügung. Und für Anleger wie Steuerberater gibt der BVI jährlich eine Steuer-Informations-Broschüre heraus.

Auch alle 55 Investmentgesellschaften, deren Adressen beim BVI erhältlich sind, liefern kostenlose Informationen über sämtliche von ihnen betreuten Fonds. Interessant ist besonders, welche Investmentgesellschaften Fonds im Rahmen der Vermögensbildung (936-DM-Gesetz) im Programm führen.

Eine Beschreibung aller einzelnen Fonds bietet der Hoppenstedt-Verlag in seinem *Vademecum der Investmentfonds*. Inhalt dieses Standardwerks sind die einzelnen Verwaltungsgesellschaften, die Anlageschwerpunkte der jeweiligen Fonds, das Investmentgesetz sowie alle wesentlichen Neuerungen des abgelaufenen Jahres.

Eine Datenbank speziell für Investmentfonds bietet die *Micropal Ltd.* Die Gesellschaft ist der zur Zeit wohl größte und qualifizierteste Anbieter von Fondsdaten. Die Datenbank bietet Zahlen und Fakten über nationale wie internationale Fonds per Datenfernübertragung, mit Auswertungen über die kurz- und langfristige Wertentwicklung in Abhängigkiet der jeweiligen Anlageform. Mehr als 20.000 Fonds in mehr als 40 Währungen können jederzeit abgerufen werden.

Weitere interessante Informationen finden Sie in drei Börsenbriefen im Investment-Bereich: Der Investment-Fonds-Newsletter des Investment-Fonds-Centers aus Berlin ist für DM 60,- p.a. erhältlich und berichtet monatlich über die Neuerungen im Investmentbereich. Informativ ist auch der Investment-Report des A.Schmidt-Verlags, der zweimonatlich kostenlos über Anlagekonzept und Wertentwicklung von Fonds informiert. Einen monatlich erscheinenden und kostenlos erhältlichen Infodienst für Auslandsfonds bietet die PEH-Vermögensverwaltung an.

Eine monatliche Analyse nationaler und internationaler Anlagefonds veröffentlicht der bekannte Publizist Heinz Brestel im Verlag Fuchsbriefe in seiner Fonds-Performance.

Kritisch beleuchten auch die diversen Börsenzeitschriften die Wertentwicklung, Vertriebsstrukturen und Anlagepolitiken von Investmentfonds. Zu nennen sind hier in erster Linie die Zeitschriften FINANZtest (zweimonatlich), FINANZEN (monatlich) und BÖRSE Online (wöchentlich).

Auch das Kapitalanlage-Informationszentrum, Oberursel, untersucht das Anlagemedium Investmentfonds. Hier werden Anlagekonzepte und -strategien sowie die Performance untersucht, kritisch beleuchtet und kommentiert.

Charts von Investmentfonds sind beim QUINTESSENZ Finanz Service in Heidelberg erhältlich. Zusammen mit den wichtigsten Angaben zum Fonds selbst werden monatlich aktualisiert die jeweiligen Anlageschwerpunkte mit angegeben. Eine hilfreiche Unterstützung für jeden Fondsinvestor und Fondsverkäufer.

Vorschläge zum Nachschlagen

Mit dem Boom des Investmentbranche steigt auch die Nachfrage nach Informationen. Aktuelle Informationen finden Sie in Zeitschriften und Zeitungen, das Basis- und Hintergrundwissen liefern Bücher zum Thema.

✎ An Investmentfonds verdienen
Peter Fehrenbach, Haufe Verlag, ca. 48 DM.
Ein kritisch geschriebenes Fachbuch, das fundiert über Chancen und Risiken von Fonds berichtet und Anlagestrategien aufzeigt.

✎ Investmentfonds. Wege zum Reichtum
Manfred Gburek, Gabler Verlag, ca. 58 DM.
Eine locker geschriebene Anleitung zum Umgang mit Investmentfonds. Erzählt gut lesbar über 30 Jahre Erfahrungen im Investmentbereich.

✎ Wertpapier-Investmentfonds
Laux/Päsler, Knapp-Verlag, ca. 33 DM.
Ein Insider-Buch, das mit fundierten Sachkenntnissen aufwartet. Das Autorengespann leitet hauptberuflich den deutschen Bundesverband BVI in Frankfurt.

✎ Geldanlage 1992/93
Tiedemann/Talkenberger/Holz, Möwe-Verlag, 78 DM.
Ein praxisorientierter Führer für die Anlage und den Vertrieb von Investment- und Immobilienfonds. Mit vielen aktuellen Insidertips und nützlichen Anleitungen.

✎ Handbuch des Investmentsparens
Päsler, Gabler-Verlag, 98 DM.
Ein Standardwerk und wichtiger Ratgeber vom Geschäftsführer des BVI, der qualifiziert über alle Themengebiete rund um Investmentfonds, von Anlagestrategien, Performance-Meßmethoden und über Vertriebsstrategien von Investmentfonds informiert.

✎ Investmentfonds
Balk/Eller/Gutmann, Economica-Verlag, 46,80 DM
Ein leicht verständlich geschriebener Praxisleitfaden für private Anleger.
Mit guten Informationen und praktischen Beispielen.

Sachwortregister (Kap. I-VI)

Verzeichnis der Schaubilder und Tabellen:

Universal-Investment-
Gesellschaft mbH
Lindenstraße 1
60325 Frankfurt
Tel.: 0 69 / 7 56 19 10
Fax: 0 69 / 75 61 91-55

Unternehmensgruppe Prinz zu
Hohenlohe & Banghard
Uhlandstraße 175
10719 Berlin
Tel.: 0 30 / 8 84 67-0
Fax: 0 30 / 8 84 67-1 09

Alliance Fund Distributors Inc.
Representative Office MCE
Am Falder 4
40589 Düsseldorf
Tel.: 02 11 / 7 57 07 66
Fax: 02 11 / 75 00 53

Alliance International Fund
Services S.A.
European Bank and Business Center
6D, route de Trèves
L-2633 Senningerberg/Luxembourg
Tel.: 0 03 52 / 34 95 42
Fax: 0 03 52 / 34 95 49

Pioneer Fonds Marketing GmbH
Am Hehsel 42
22339 Hamburg
Tel.: 0 40 / 5 38 76 74
Fax: 0 40 / 5 38 70 85

Templeton Funds
NORAMCO Zentrale
Keltenweg 6
D-54669 Bollendorf
Tel.: 0 65 26 / 5 96-5 98
Fax: 0 65 26 / 86 91

RWS Vermögensplanung AG
Wegsfeld 42
30455 Hannover
Tel.: 05 11 / 49 39 11
Fax: 05 11 / 49 31 90

MLP Finanzdienstleistungen AG
Forum 7
69126 Heidelberg
Tel.: 0 62 21 / 30 82 01
Fax: 0 62 21 / 30 82 05

Lombard International Assurance S.A.
Airport
2, route de Trèves
L-2633 Senningerberg
Tel.: 0 03 52 / 34 61 91
Fax: 0 03 52 / 34 61 90

Bank von Ernst & Cie AG
Repräsentanz Deutschland
Fürstenbergerstraße 23
60322 Frankfurt am Main
Tel.: 0 69 / 15 20 08-80/90
Fax: 0 69 / 15 20 08-10

Skandia Lebensversicherung AG
Kurfürstendamm 180
10707 Berlin
Tel.: 0 30 / 8 85 77 00
Fax: 0 30 / 8 82 23 10

Michael Demuth
Creative Capital
Bleichenbrücke 11
20354 Hamburg
Tel.: 0 40 / 34 24 82
Fax: 0 40 / 34 14 13